22nd Chinese National Conference on Computational Linguistics (CCL 2023)

Evaluations

Harbin, China
3 - 5 August 2023

ISBN: 978-1-7138-8990-8

Printed from e-media with permission by:

Curran Associates, Inc.
57 Morehouse Lane
Red Hook, NY 12571

CURRAN ASSOCIATES INC.
proceedings
.com

Some format issues inherent in the e-media version may also appear in this print version.

Printed with permission by Curran Associates, Inc. (2024)

Association for Computational Linguistics
209 N. Eighth Street
Stroudsburg, Pennsylvania 18360

Phone: 1-570-476-8006
Fax: 1-570-476-0860

acl@aclweb.org

Additional copies of this publication are available from:

Curran Associates, Inc.
57 Morehouse Lane
Red Hook, NY 12571 USA
Phone: 845-758-0400
Fax: 845-758-2633
Email: curran@proceedings.com
Web: www.proceedings.com

CCL Evaluations 2023

The 22nd Chinese National Conference on Computational Linguistics: Evaluations

Proceedings of the Evaluations

August 3 - August 5, 2023

Harbin, China

Order copies of this and other CCL proceedings from:

Chinese National Conference on Computational Linguistics (CCL)

Courtyard 4, South Fourth Street, Zhongguancun , Haidian District, Beijing

100190, China

Tel: + 010-62562916

Fax: + 010-62661046

cips@iscas.ac.cn

Introduction

Welcome to the Evaluation Workshop of CCL 2023, abbreviated as CCL23-Eval.

Since 2017, the yearly CCL conference has included evaluation workshops, in order to facilitate proposal of important new tasks and accompanying evaluation metrics, and release of new datasets in the Chinese information processing community. We expect that participants make thorough use of state-of-the-art models and propose novel approaches in order to help us understand the technique boundaries and possible directions for future research.

The major change of CCL23-Eval, compared with previous ones, is that we publish selected overview reports and system reports at ACL/CCL anthology, to make it easier for future researchers to read and cite the papers. We also plan to release the talk videos and slides in the CCL 2023 website. All our efforts are aimed at promoting technique accumulation and peer communication.

CCL2023-Eval includes 10 tasks. Each task has a organizer committee, whose jobs include defining the task, providing training/dev/test data, collecting submissions and running evluatation and releasing results, writing an overview report, etc. For each task, the organizer committee builds a separate reviewer pool, probably including the committee themselves, for reviewing system reports of the same task.

Each team is encouraged to submit a system report, especially if they have achieved good results or have attempted novel approaches. Each system report is reviewed by at least two reviewers, and is required to make corresponding modification according to the comments. The overview reports are reviewed by at least two members of the CCL23-Eval committee. Finally, we have accepted 9 overview reports and 25 system reports.

Here we sincerely thank all reviewers, organizers, and participants for their hard work.

Bin Li, Zhenghua Li, Hongfei Lin
July 2023

Organizers

Evaluation Chairs

Bin Li	Nanjing Normal University, China
Zhenghua Li	Soochow University, China
Hongfei Lin	Dalian Institute of Technology, China

Table of Content

CCL23-Eval 任务1系统报告：基于信息论约束及篇章信息的古籍命名实体识别

张兴华, 刘天昀, 张文源, 柳厅文
中国科学院信息工程研究所
中国科学院大学网络空间安全学院
{zhangxinghua, liutianyun, zhangwenyuan, liutingwen}@iie.ac.cn

摘要

命名实体识别旨在自动识别出文本中具有特定意义的实体（例如，人名、地名），古籍文献中的命名实体识别通过识别人名、书籍、官职等实体，为深度挖掘、组织古汉语人文知识提供重要支撑。现有的中文命名实体识别方法主要聚焦在现代文，但古籍中的实体识别具有更大的挑战，表现在实体的**歧义性**和**边界模糊性**两方面。由于古籍行文简练，单字表达加剧了实体的歧义性问题，句读及分词断句难度的提升使实体边界的识别更具挑战性。为有效处理上述问题，本文提出一种基于信息论及篇章信息的古籍命名实体识别方法。通过检索古籍文本的来源信息融入篇章先验知识，并在同一篇章的古籍文本上采取滑动窗口采样增强，以引入篇章背景信息，有效缓解实体歧义性问题。此外，在信息论视角下，约束实体的上下文信息及实体本身特征的编码，最大程度保留泛化特征，去除冗余信息，缓解实体边界模糊的问题，在词义复杂多样、句读困难的古文典籍中提升命名实体识别性能。最终，在token-wise和span-level感知的命名实体识别基础框架下，本文的方法取得了最优的评测性能。

关键词： 古籍命名实体识别 ；实体歧义性 ；实体边界模糊性 ；信息论 ；篇章信息

System Report for CCL23-Eval Task 1: Information Theory Constraint and Paragraph based Classical Named Entity Recognition

Xinghua Zhang, Tianyun Liu, Wenyuan Zhang and Tingwen Liu
Institute of Information Engineering, Chinese Academy of Sciences
School of Cyber Security, University of Chinese Academy of Sciences
{zhangxinghua, liutianyun, zhangwenyuan, liutingwen}@iie.ac.cn

Abstract

Named entity recognition (NER) aims to automatically detect specific entity spans with predefined categories (e.g., *person*, *location*), and classical named entity recognition is the important premise to explore and organize classical Chinese humanistic knowledge by recognizing *person*, *book* and *official position* entity. Most existing Chinese named entity recognition methods focus on modern literature, but classical NER possesses significant challenges in entity ambiguity and boundary fuzziness. Due to the concise writing style in classical text, single word expression exacerbates the ambiguity problem, and the increased difficulty of sentences and phrases makes the entity boundaries more challenging. To solve above challenges, this paper proposes the information theory constraint and paragraph based classical NER framework. Specifically, we retrieve

第二十二届中国计算语言学大会论文集，第1页-第13页，哈尔滨，中国，2023年8月3日至5日。
(c) 2023 中国中文信息学会计算语言学专业委员会

<table>
<tr><td>{圣宗|PER}/诏/{白|PER}/鞫之，{白|PER}/正/其事。</td></tr>
<tr><td>{虏|PER}/绝/临洮/道，白水军/使/{高柬于|PER}/拒守，{虏|PER}/引去。</td></tr>
<tr><td>{齐王|OFI}/{宪|PER}/白/帝/曰：“{李安|PER}/出自/皂隶，所典/唯/庖厨/而已。</td></tr>
<tr><td>{玄|PER}/又/议/复/肉刑，{琳之|PER}/以为</td></tr>
<tr><td>{觊|PER}/子/{长公|PER}，{澡|PER}/二子/{淹|PER}、{玄|PER}/并在都，驰信/密报</td></tr>
<tr><td>悦性/冲玄，怡神/虚白，餐松/饵术，栖息/烟霞。</td></tr>
<tr><td>{崇成|PER}，本名/{灰|PER}，泰州/{司属司|OFI}/人，{昭祖|PER}/玄孙/也</td></tr>
</table>

Table 1: 古典书籍中实体标注样例：PER为人名，OFI表示官职名；单字“白”、“玄”在不同的上下文中具有多重含义，句读采用“/”分隔；句中的字已由繁转简

the source information of classical text to inject the paragraph prior knowledge, and perform the data augmentation via sliding window on text from the same paragraph, introducing background knowledge and alleviating the entity ambiguity issue. In addition, we constrain the feature encoding of entity context and surface name from the perspective of information theory to maximize the general features and reduce redundant information, mitigating the entity boundary fuzziness. Experimental results show that our method based on token-wise and span-level aware NER framework achieves the best performance in classical NER.

Keywords: Classical Named Entity Recognition , Entity Ambiguity , Entity Boundary Fuzziness , Information Theory , Paragraph Information

1 引言

命名实体识别（Name Entity Recognition）任务旨在自动识别出文本中人名、地名、机构名等事件基本构成要素的重要实体。作为一项重要的信息抽取任务，在信息检索 (Fetahu, 2021; Guo, 2009; Mokhtari, 2019; Zhang, 2021; Zhang, 2022)、问答 (Li, 2019; Longpre, 2021)等任务中具有重要意义。古籍文献的命名实体识别是正确分析处理古汉语文本的基础步骤，也是深度挖掘、组织人文知识的重要前提。近年来，学界已有多项研究关注史籍、方志、诗词、中医等类目的古籍命名实体识别，构建了一些针对垂直领域的小型标注数据集，实体标注的体系和规范有所差异，识别范围往往由三种基本实体类别扩充至人文计算研究所需的多种特殊类别，如书名、药物名、疾病名、动植物名等。这些研究所构建针对特殊领域的小型标注数据集，实体类型有差异。总体而言，古籍命名实体识别任务仍旧缺乏可用于模型训练以及评测的公开数据资源，阻碍了技术的长足发展。另一方面，古文字词含义的多样性、行文结构的连续性以及多用繁体字、无句读等特点，也增加了古籍文献命名实体识别任务的复杂和困难程度。

因此，北京大学人工智能研究院和北京大学数字人文研究中心联合组织了古籍命名实体识别评测 (pku, 2023)，基于“二十四史”，设计了涵盖人名、书名、官职名的实体知识体系，构建了覆盖多个朝代的历时、跨领域的数据资源，完善古籍命名实体识别任务的建立。已有命名实体识别的架构大致可以分为基于序列标注 (Lample, 2016; Zhang, 2018; Devlin, 2019)、基于实体span (Tan, 2020; Fu, 2021)和基于文本生成 (Yan, 2021; Zhang, 2022)的框架。基于序列标注的框架将每个序列位置标注为一个标签，比如按照BIO标注，然后采用多层感知机MLP或条件随机场CRF进行解码；基于实体span的方法枚举所有可能的span进行实体分类；而基于文本生成的框架将命名实体识别形式化为文本生成任务，将句子中的目标实体转化为序列进行训练和解码。然而，古籍文本的行文风格相比现代文具有较大差异，古文字词含义的多样性（比如存在大量单字的表达，如表 1所示）以及句读的复杂性给古籍文本中的命名实体识别带来巨大挑战。已有的命名实体识别框架中哪种更适合古籍文本的实体识别任务，以及如何有效处理古籍实体的歧义性及句读困难带来的实体边界模糊问题值得进一步探究。

第二十二届中国计算语言学大会论文集，第1页-第13页，哈尔滨，中国，2023年8月3日至5日。

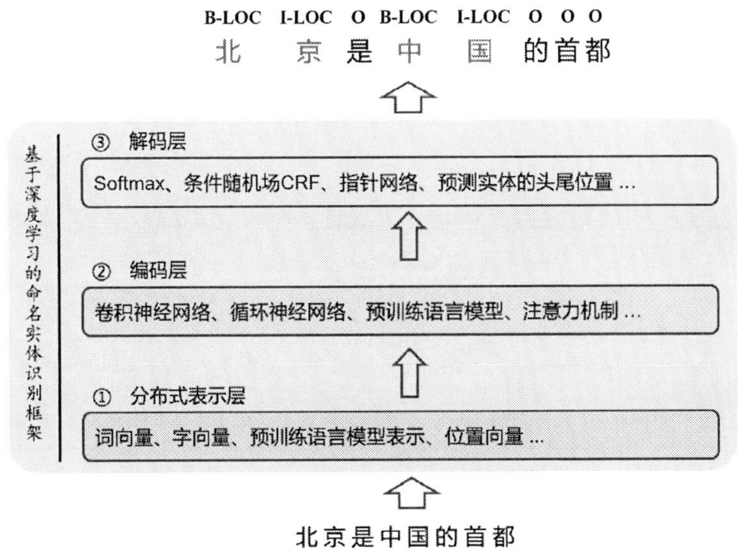

Figure 1: 基于深度学习的命名实体识别框架：分布式表示层、编码层和解码层

为此，本文探究了token-wise感知的序列标注框架和span-level感知的实体识别框架在古籍命名实体识别中的性能表现，并结合古籍的篇章信息，有效处理实体的歧义性问题，因为同一篇古文中的字词含义具有相对一致的表达，如表 1中的"{圣宗|PER}/诏/{白|PER}/鞫之，{白|PER}/正/其事。"，如果在上下文中出现"武白"，同时结合句子中的上下文及"白"的语义信息，更容易识别出上述句子中的人名(PER)实体"白"。与现代文相比，古籍文本的句读或者分词断句更加困难，为实体识别的边界确立带来很大挑战，如何能够动态地综合建模实体的上下文及实体本身的信息，对古籍实体识别具有重要意义。因此，我们从信息论的视角，尽可能保留句子中对识别实体有用的信息，并同时去除冗余信息，以更好地兼顾上下文及实体本身的信息。最终，我们提出的系统框架在古籍命名实体识别任务上取得了最优的性能。

2 方法

为了有效处理古籍文本中实体的歧义性及边界模糊性的问题，本文的研究方法主要包括两种经典的实体识别框架：**Token-wise**感知的序列标注和**Span-level**感知的实体识别框架，并结合古籍的篇章信息有效缓解实体的歧义性问题，在信息论的指导下建立一个可动态考虑实体指称本身及其上下文信息的优化目标，从而更好地建模实体的边界信息，有效应对古籍中分词断句难度大造成的实体边界模糊的问题。

如图1所示，命名实体识别模型整体可以分为3层：分布式表示层、编码层和解码层。分布式表示层用于将文本转化为Embedding向量表示，编码层将Embedding向量经过多层神经网络映射到隐层，得到文本的隐向量表示，用于解码层解码得到每个Token的实体标签。

2.1 分布式表示层&编码层

在预训练语言模型的时代，我们选择BERT系列的语言模型，完成分布式表示层和编码层，可以形式化表示为：

$$\mathbf{H} = \mathrm{BERT}(X) \tag{1}$$

其中，$X = <x_1, x_2, ..., x_n>$表示一个长度为n的句子，$\mathbf{H} = <\mathbf{h}_1, \mathbf{h}_2, ..., \mathbf{h}_n> \in \mathbb{R}^{n \times d}$为最后一层隐向量表示。

Token-wise感知的序列标注框架（2.2节）和Span-level感知的实体识别框架（2.3节）在分布式表示层和编码层具有相同的结构，而在解码层略有差异，本文将分别在其对应章节进行简要介绍。

第二十二届中国计算语言学大会论文集，第1页-第13页，哈尔滨，中国，2023年8月3日至5日。

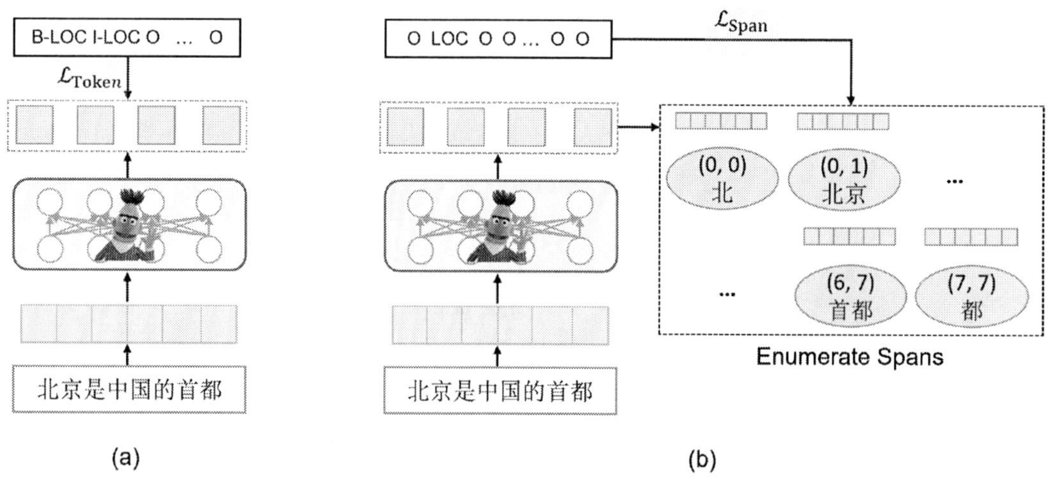

Figure 2: (a) Token-wise感知的序列标注 (b) Span-level感知的实体识别

2.2 Token-wise感知的序列标注框架-解码层

命名实体识别的解码方式有很多种，包括CRF、Softmax、指针网络、头尾实体预测等，在token-wise结构中，我们选择Softmax进行解码。因为BERT系列的预训练语言模型已经学习到足够的句子单元之间的依赖关系，所以BERT+Softmax的精度与BERT+CRF相当，而且推理速度更快。对于指针网络等在BERT上继续引入其它的神经网络结构，从以往的经验来看，调参难度较大，并且收敛较小。采用token-wise的序列标注模型结构如图2 (a)所示，针对得到的隐层序列表示$\mathbf{H} = <\mathbf{h}_1, \mathbf{h}_2, ..., \mathbf{h}_n> \in \mathbb{R}^{n \times d}$，句子中每个字(token) x_i 的组合标签（例如，B-LOC）概率分布为:

$$p(\mathcal{C}^k|x_i) = \frac{\exp\{\mathbf{w}_k^\top \mathbf{h}_i + b_k\}}{\sum_{j=1}^{|\mathcal{C}|} \exp\{\mathbf{w}_j^\top \mathbf{h}_i + b_j\}} \tag{2}$$

其中组合标签指的是实体边界标识集{B, I, O}与实体类型标签集{PER, LOC, ORG}的组合$\mathcal{C}$={B-PER, I-PER, B-LOC, I-LOC, B-ORG, I-ORG, O}。$[\mathbf{w}_k; b_k]$表示第k个组合标签的分类头参数，$p(\mathcal{C}^k|x_i)$表示字(token) x_i 属于第k个类别的概率。其最终的优化目标基于交叉熵损失进行计算:

$$\mathcal{L}_{\text{Token}} = -\frac{1}{|\mathcal{D}|} \sum_{X_i \in \mathcal{D}} \sum_{x_j \in X_i} \sum_{k=1}^{|\mathcal{C}|} y_{j,k} \log(p(\mathcal{C}^k|x_j)) \tag{3}$$

其中$y_{j,k}$为y_j中的第j个元素，y_j为token x_j的one-hot标签，$\mathcal{D}$为训练语料。

2.3 Span-level感知的实体识别框架-解码层

在编码得到句子中每个token的隐层序列表示$\mathbf{H} = <\mathbf{h}_1, \mathbf{h}_2, ..., \mathbf{h}_n> \in \mathbb{R}^{n \times d}$之后，本文穷举句子中的所有满足最大实体长度限制的实体span $S = s_1, s_2, ..., s_m$，然后为每个span赋予实体的类别标签$t \in \mathcal{T}$ ={PER, LOC, ORG, O}。以"北京是中国的首都"为例，最大实体长度限制为2，那么穷举的实体span集合S ={北, 北京, 京, 京是, ..., 首都, 都}，以及对应的标签Y ={O, LOC, O, O, ..., O, O}。

每个实体span的表示由两部分组成：**边界表示**和**span长度表示**。第i个实体span的边界表示由实体的开始token表示$\mathbf{h}_i^s$和结束token表示$\mathbf{h}_i^t$拼接得到：$\mathbf{h}_i^{bd} = [\mathbf{h}_i^s; \mathbf{h}_i^t]$；span长度表示为了编码实体的长度信息，每个实体长度len_i均对应一个与$\mathbf{h}_j$维度相同的可优化的向量表示$\mathbf{l}_i^{len}$。最终每个实体span的表示通过拼接两部分的表示得到：$\mathbf{h}_i^{span} = [\mathbf{h}_i^{bd}; \mathbf{l}_i^{len}]$。那么句子中每个span的实

第二十二届中国计算语言学大会论文集，第1页-第13页，哈尔滨，中国，2023年8月3日至5日。

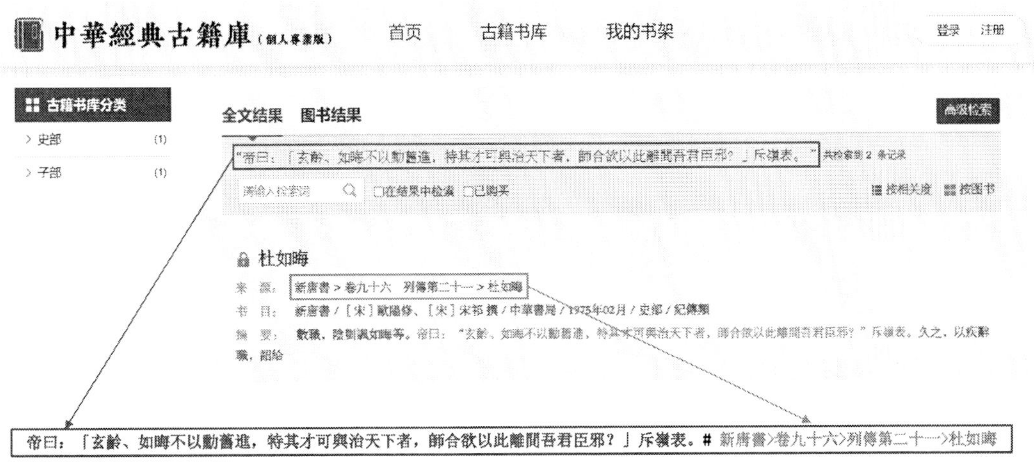

Figure 3: 检索融入古籍文本的来源信息

体类型标签（例如，LOC）概率分布为：

$$p(\mathcal{T}^k|s_i) = \frac{\exp\{\mathbf{w}_k^\top \mathbf{h}_i^{span} + b_k\}}{\sum_{j=1}^{|\mathcal{T}|} \exp\{\mathbf{w}_j^\top \mathbf{h}_i^{span} + b_j\}} \tag{4}$$

其中$[\mathbf{w}_k; b_k]$表示第k个类别标签的分类头参数，$p(\mathcal{T}^k|s_i)$表示实体span s_i 属于第k个类别的概率。其最终的优化目标基于交叉熵损失进行计算：

$$\mathcal{L}_{\text{Span}} = -\frac{1}{|\mathcal{D}|} \sum_{X_i \in \mathcal{D}} \sum_{s_j \in S_i} \sum_{k=1}^{|\mathcal{T}|} y_{j,k} \log(p(\mathcal{T}^k|s_j)) \tag{5}$$

其中$y_{j,k}$为y_j中的第j个元素，y_j为span s_j的one-hot标签，$\mathcal{D}$为训练语料，S_i通过对句子X_i按照最大长度限制穷举span得到。

2.4 篇章信息利用

考虑到古籍中同一篇文章具有相对一致的表达，比如同一篇中相对集中地用单字人物缩写，并且上下文中会出现人物的全称，如表1中的人名“白”在上下文中会多次提到该人名，且会提及其全称“武白”，如果能够考虑篇章信息，对解决实体歧义性问题将有很大增益。因此，本文设计了两种数据增强的策略：融入篇章先验信息和篇章内滑动窗口采样。

融入篇章先验信息：为了将同一篇章内的文本进行关联，本文在中华经典古籍库[0]中去查找每句话的来源，如图3所示。通过将检索到的来源“新唐书>卷九十六>列传第二十一>杜如晦”拼接在原句子“帝曰：“玄龄、如晦不以旧进，特其才可与治天下者，师合欲以此离间吾君臣邪？”斥岭表。”后面，引入篇章先验信息，隐式地增强篇章内的关联。增强后的文本采用token-wise感知的序列标注框架进行编码-解码，值得注意的是，拼接的来源对应的token不参与序列标注模型的训练和推理。

篇章内滑动窗口采样：通过前面步骤，可以将训练语料中的句子按照来源出处聚合成一个篇章，如图4所示，即来自同一来源的句子拼接合并在一起。通过设置最大的窗口长度以及移动的步长，在聚合的篇章中不断滑动窗口进行数据增强。通过在同一篇章文本上进行滑动增强，可以显式增加篇章内的关联，获得更加丰富的语义信息。增强后的文本同样采用token-wise感知的序列标注框架进行训练。

[0]https://publish.ancientbooks.cn/docShuju/platform.jspx

帝曰：「玄齡、如晦不以勳舊進，特其才可與治天下者，師合欲以此離間吾君臣邪？」斥嶺表。及葬，加司空，謚曰成。手詔虞世南勒文于碑，使言君臣痛悼意。構位慈州刺史。次子荷，性暴詭不循法，尚城陽公主，官至尚乘奉御，封襄陽郡公。承乾謀反，荷曰：「琅邪顏利仁善星數，言天有變，宜建大事，陛下當為太上皇。王為皇太子，授左庶子，遷兵部尚書，進封蔡國公，食三千戶，別食益州千三百戶。俄檢校侍中，攝吏部尚書，總監東宮兵，進位尚書右僕射，仍領選。蓋如晦長於斷，而玄齡善謀，兩人深相知，故能同心濟謀，以佐佑帝，當世語良相，必曰房、杜云。方為相時，天下新定，臺閣制度，憲物容典，率二人討裁。每議事帝所，玄齡必曰：「非如晦莫籌之。」及如晦至，卒用玄齡策也。 … …

Figure 4: 篇章内跨句滑动窗口采样（部分示例），不同的句子用不同颜色标识

2.5 信息论视角下的实体识别

与现代文的行文风格相比，古籍文本的句读或者分词断句的难度更大，这为实体识别中实体边界的检测带来巨大挑战。因此，本工作采用基于span的框架，来建模实体span-level的信息，同时从信息论的视角显式地约束实体特征的表达：最大化实体上下文特征与实体surface name特征之间的互信息，增强泛化特征的编码；最小化冗余信息，防止模型过分记忆实体的surface name或句子中的某些偏置。

为此，考虑两个具有相同类型的实体s_1和s_2，同时具有相同的上下文，但其实体指称不同。那么s_1与其隐层状态表示$\mathbf{h}_1^{span}$的互信息$I(s_1;\mathbf{h}_1^{span})$可以通过链式法则分解得到：

$$I(s_1;\mathbf{h}_1^{span}) = \underbrace{I(\mathbf{h}_1^{span};s_2)}_{\text{泛化特征}} + \underbrace{I(s1;\mathbf{h}_1^{span}|s_2)}_{\text{冗余信息}} \tag{6}$$

其中$\mathbf{h}_1^{span}$和$\mathbf{h}_2^{span}$为实体span s_1和s_2的表示，$I(\mathbf{h}_1^{span};s_2)$表示非特定实体的信息，$I(s1;\mathbf{h}_1^{span}|s_2)$表示$s_1$中特有的实体信息，这部分信息并不能从$s_2$中得到。

因此，针对两个正样本样例来说，任何包含两个句子中所有共享信息的特征$\mathbf{h}^{span}$也一定会包含特定的标签信息，所以句子中的特定信息是冗余的，因此我们的优化目标应该是最大化共享信息$I(\mathbf{h}_1^{span};s_2)$，同时最小化句子特定信息$I(s1;\mathbf{h}_1^{span}|s_2)$。

如Wang (2022)证明，$I(\mathbf{h}_1^{span};s_2)$的下界是$I(\mathbf{h}_1^{span};\mathbf{h}_2^{span})$，因此最大化$I(\mathbf{h}_1^{span};\mathbf{h}_2^{span})$近似最大化$I(\mathbf{h}_1^{span};s_2)$，基于InfoNCE可以实现上述目标：

$$\mathcal{L}_{general} = -\frac{1}{|\mathbf{D}|}\sum_{j=1}^{m}\log\frac{\exp(sim(\mathbf{h}_1^{span},\mathbf{h}_2^{span})/\tau)}{\sum_{k=1}^{m}\exp(sim(\mathbf{h}_1^{span},\mathbf{h}_k^{span})/\tau)} \tag{7}$$

其中$\mathbf{D}$为整个构造的正负样本对语料（正样本通过实体指称的替换得到），m为每条样本的正负样本数量，τ为温度系数。同样地，$I(s1;\mathbf{h}_1^{span}|s_2)$的上界为：

$$\mathcal{L}_{specific} = \mathbb{E}_{s_1,s_2}\mathbb{E}_{\mathbf{h}_1^{span},\mathbf{h}_2^{span}}[D_{JS}[p(\mathbf{h}_1^{span}|s_1)||p(\mathbf{h}_2^{span}|s_2)]] \tag{8}$$

其中D_{JS}表示JS散度(Jensen-Shannon divergence)，$p(\mathbf{h}_1^{span}|s_1)$和$p(\mathbf{h}_2^{span}|s_2)$均通过均值和方差进行刻画（类似变分自编码器），$\mathcal{L}_{specific}$的目标是确保$\mathbf{h}^{span}$的不变性。

2.6 训练及推理

训练优化：本文提出的系统中，包含token-wise的序列标注模型$\mathcal{M}_{token}$及其融入篇章先验信息的模型$\mathcal{M}_{token_prior}$、滑动窗口采样模型$\mathcal{M}_{token_slide}$，信息论视角下的Span-level的模型$\mathcal{M}_{span_info}$。其中token-wise系列的模型$\mathcal{M}_{token}$、$\mathcal{M}_{token_prior}$和$\mathcal{M}_{token_slide}$的优化损失为公式3$\mathcal{L}_{\text{Token}}$，Span-level感知的模型$\mathcal{M}_{span_info}$优化损失为$\mathcal{L}_{\text{Span}} + \mathcal{L}_{\text{general}} + \mathcal{L}_{\text{specific}}$。
融合推理：考虑到两种模型架构不同的优势，本文保留$\mathcal{M}_{span_info}$（最大span长度设为10）预测的长度大于等于4的实体，而$\mathcal{M}_{token}$、$\mathcal{M}_{token_prior}$、$\mathcal{M}_{token_slide}$和$\mathcal{M}_{span_info}$（最大span长度设为4）集成后保留长度小于4的实体，最后将结果集成得到每条句子中最终的预测答案。

第二十二届中国计算语言学大会论文集，第1页-第13页，哈尔滨，中国，2023年8月3日至5日。

3 实验

3.1 数据集

训练集以"二十四史"为基础语料，包含13部书中的22卷语料，随机截断为长度约100字的片段，标注了人名（PER）、书名（BOOK）、官职名（OFI）三种实体，总计15.4万字（计标点）。训练集有2347条数据，测试集224条。在线下模型训练中，随机选取20%的验证集用于超参数的调优。

3.2 实现细节

本文中的模型架构为RoBERTa(Liu, 2019)，预训练参数来自于Hugging Face中在古文数据上预训练的roberta-classical-chinese-large-char[1]。对于模型$\mathcal{M}_{token}$、$\mathcal{M}_{token_prior}$和$\mathcal{M}_{token_slide}$，学习率为2e-5，batch大小设置为16；$\mathcal{M}_{token_slide}$的滑动窗口大小为100，滑动步长为4。$\mathcal{M}_{span_info}$模型的学习率设置为1e-5，batch大小为32，最大实体长度分别设置为4和10进行实验。

3.3 实验结果

队伍	F1值
KDSec_IIE	96.15
翼智团	95.82
北京信息科技大学智能信息处理研究所	95.34
小新	95.08
wzjj98	94.34

Table 2: 线上评测性能（F1值）

线上结果 如表2所示，最终我们提出的方法在线上评测中取得了96.15%的F1值，一方面我们有效缓解了古籍中实体的歧义性和边界模糊性问题，另一方面，充分发挥了不同实体识别框架的优势，比如token-wise感知的序列标注框架受限于长实体的识别，而span-level的框架弥补了该缺陷。

架构	模型	P	R	F1
Token-wise	$\mathcal{M}_{token}$	93.01	92.88	92.94
	$\mathcal{M}_{token\_prior}$	92.59	94.74	93.65
	$\mathcal{M}_{token\_slide}$	92.87	93.88	93.37
Span-level	$\mathcal{M}_{span\_info}$(最大实体长度4)	92.29	88.53	90.37
	$\mathcal{M}_{span\_info}$(最大实体长度10)	93.80	94.74	94.26

Table 3: 变体模型线下实体识别性能

各种变体模型的性能 表3给出了我们构建的两大类五种模型，在线下构造的验证集中实体识别的性能（精准度P，召回率R及F1值）。可以看出，信息论视角下Span-level的实体识别框架性能最优，而当最大长度设置为4时，其性能出现了明显下降，因为验证集中存在相当数量长度大于4的实体。相比基准的token-wise感知的序列标注模型$\mathcal{M}_{token}$，引入篇章先验信息及篇章内滑动窗口数据采样的方法$\mathcal{M}_{token_prior}$和$\mathcal{M}_{token_slide}$均取得了显著提升，证明了古籍命名实体识别任务中，篇章信息的重要性。

不同实体长度下的性能 图5展示了token-wise和span-level两类框架在不同长度实体上的F1值，其中token-wise的模型是$\mathcal{M}_{token}$，Span-level的模型是$\mathcal{M}_{span_info}$(最大实体长度10)。从图中可以看出，当实体长度较小时，两种框架的性能相当，而Span-level的框架在长实体上展现出了更

[1]https://huggingface.co/KoichiYasuoka/roberta-classical-chinese-large-char

第二十二届中国计算语言学大会论文集，第1页-第13页，哈尔滨，中国，2023年8月3日至5日。

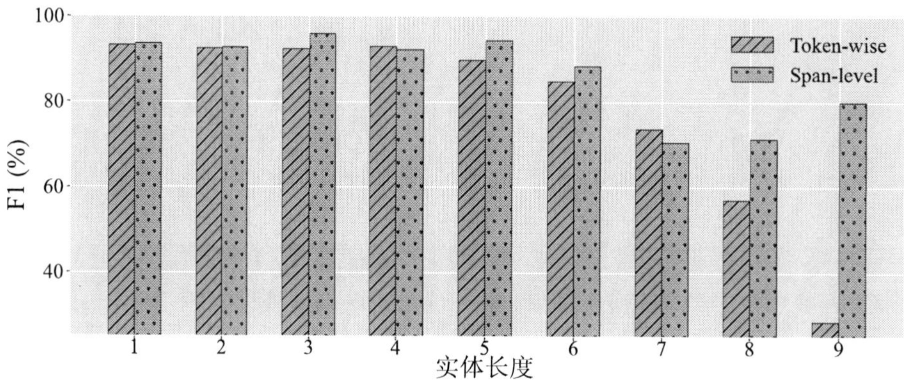

Figure 5: 两类框架在不同长度实体（K=1,2,3, ..., 9）上的性能

大的优势，由于其可以获取更长距离的依赖关系，因此选择这两类框架进行融合是可以互补取得更有效性能的。

架构	模型	P	R	F1
Token-wise	$\mathcal{M}_{token}$	92.25	92.11	92.18
	$\mathcal{M}_{token\_prior}$	91.57	93.69	92.62
	$\mathcal{M}_{token\_slide}$	91.65	92.65	92.15
Span-level	$\mathcal{M}_{span\_info}$(最大实体长度4)	91.40	87.68	89.50
	$\mathcal{M}_{span\_info}$(最大实体长度10)	92.90	93.83	93.37

Table 4: 变体模型线下实体边界检测性能

实体边界检测的性能 表4描述了线下验证集上各变体模型边界检测的性能，实体边界检测指的是实体左右边界的识别，不考虑实体类型，也就是说当实体的左右边界完全正确时，我们认为整个实体预测正确。可以看出基于信息论显式建模泛化特征、消除冗余特征（$\mathcal{M}_{span\_info}$，最大实体长度设置为10），可以在一定程度上缓解古籍文本中实体边界模糊的问题。

3.4 案例研究

如表5所示，相比基础的序列标注模型$\mathcal{M}_{token}$，本文采用的其它变体$\mathcal{M}_{token_prior}$，$\mathcal{M}_{token_slide}$以及$\mathcal{M}_{span_info}$在缓解实体歧义性和边界模糊性挑战上均有自己的优势。如第1个例子中的“白”，由于$\mathcal{M}_{token}$不能关联到训练语料中同一篇章内有关“武白”的句子，因此其不能将句子中所有的“白”识别出来，而$\mathcal{M}_{token_prior}$拼接篇章先验信息后，便可以将所有人名“白”识别出来。对于第2个例子，由于训练语料中存在大量“曰”字后面接人名的样本，因此$\mathcal{M}_{token}$倾向于将“悉编掣逋”等官职名(OFI)错误预测为人名(PER)，而训练语料中与之同一篇章内的句子存在“曰”字后面接官职名的样本，通过篇章内的滑动窗口采样，强化了上述模式，$\mathcal{M}_{token_slide}$从而缓解了实体上下文模式的歧义性。从最后两个例子可以看出，相比$\mathcal{M}_{token}$，信息论视角下的Span-level的模型$\mathcal{M}_{span_info}$可以缓解实体边界的模糊性问题，例如“唐柳芳”本身是指唐代的柳芳，而$\mathcal{M}_{token}$不能清晰地识别实体的左边界，也许仅学习到“{PER}有言”这样的模式，造成结果错误。

3.5 LLM在古籍命名实体识别上的表现

通过实验发现，LLM在该任务上可以表现出不错的性能，但仍然与专有小模型存在差距。利用原始训练数据以LoRA (Hu, 2022)方式微调ChatGLM-6B 20个Epoch，在测试集中可以达到83%左右的性能，但需要大量的后处理进行格式对齐。此外，本文进行了ChatGPT (gpt3.5-turbo-0315)在零样本、1个同源样本和5个同源样本下的Few-shot性能测试（同源样本指prompt中的例子选自与验证集相同的文章），如表6所示。

第二十二届中国计算语言学大会论文集，第1页-第13页，哈尔滨，中国，2023年8月3日至5日。

挑战	模型	推理结果
实体歧义性	$\mathcal{M}_{token}$	{圣宗|PER}诏{白|PER}鞫之，白正其事。使高丽还，权中京{留守|OFI}。时{慎行|PER}诸子皆处权要，以白断百姓分籍事不直，坐左迁。×
	$\mathcal{M}_{token\_prior}$	{圣宗|PER}诏{白|PER}鞫之，{白|PER}正其事。使高丽还，权中京{留守|OFI}。时{慎行|PER}诸子皆处权要，以{白|PER}断百姓分籍事不直，坐左迁。✓
	$\mathcal{M}_{token}$	{都护|OFI}一人，曰{悉编掣逋|PER}；又有{内大相|OFI}曰{曩论掣逋|PER}，亦曰{论莽热|PER}，{副相|OFI}曰{曩论觅零逋|PER}，{小相|OFI}曰{曩论充|PER}，各一人；×
	$\mathcal{M}_{token\_slide}$	{都护|OFI}一人，曰{悉编掣逋|OFI}；又有{内大相|OFI}曰{曩论掣逋|OFI}，亦曰{论莽热|OFI}，{副相|OFI}曰{曩论觅零逋|OFI}，{小相|OFI}曰{曩论充|OFI}，各一人；✓
实体边界模糊性	$\mathcal{M}_{token}$	别封{真定县男|OFI}，行并州{刺史|OFI}。{显祖|PER}受禅，别封{朝陵县|OFI}，又封{霸城县|OFI}，加位特进。×
	$\mathcal{M}_{span\_info}$	别封{真定县男|OFI}，行并州{刺史|OFI}。{显祖|PER}受禅，别封朝陵县，又封霸城县，加位特进。✓
	$\mathcal{M}_{token}$	{唐柳芳|PER}有言：帝定祸乱，而{房|PER}、{杜|PER}不言功；×
	$\mathcal{M}_{span\_info}$	唐{柳芳|PER}有言：帝定祸乱，而{房|PER}、{杜|PER}不言功；✓

Table 5: 案例分析

方案	ROUGE-1	ROUGE-2	ROUGE-L	BLEU
零样本	96.36	81.10	84.82	69.11
1个同源样本示例	94.34	81.99	85.34	72.11
5个同源样本示例	94.72	84.78	87.39	75.67

Table 6: ChatGPT在不同示例样本数量下的性能表现

由于LLM生成的结果存在一些未见字符或者格式不一致的问题，因此我们采用生成式指标进行评估。随着同源示例样本增加时，ROUGE-2、ROUGE-L、BLEU指标都随之增加，这也验证了我们之前的猜想；但ROUGE-1却出现了降低和波动，分析实验结果发现，样例增多后会导致模型生成与示例相关的内容，造成性能指标的波动和降低。[2]

4 相关工作

已经有多种研究范式和模型结构用于命名实体识别任务。早期的工作基于序列标注的范式，将句子序列中每个token标注为一个组合标签，从而派生出不同的标注规范，比如BIO或BIOES，结合实体类型标签，形成形如B-PER、I-PER的实体标签。之后将命名实体识别任务视为token的分类任务，衍生出有监督机器学习的序列标注模型。隐马尔可夫模型HMM (Bikel, 1999; Zhou, 2002) 能够捕捉现象的局部性，但难以捕捉序列远距离信息。最大熵模型MEM (Borthwick, 1998; Tsai, 2004) 通过已有先验知识的前提下选择熵最大的概率分布，确定某实体类型。条件随机场CRF (McCallum, 2003; Krishnan, 2006) 能够捕获数据的全局分布，改善长距离依赖的问题。在深度学习方法中，BiLSTM+CRF (Huang, 2015; Lample,

[2]输入ChatGPT的Instruction为"我希望你充当古籍命名实体识别专家，将以下输入文本中的所有的人名（PER），书籍名（BOOK），官职名（OFI）进行提取，返回结果将识别的实体替换实体—类别的格式，其中类别使用PER、BOOK、OFI标识。不要输出解释，更不要更改我的原始文本，只输出最终结果即可，你明白了吗？"。同源样本示例以"如*的返回结果为*"的方式添加到"其中类别使用PER、BOOK、OFI标识之后"

第二十二届中国计算语言学大会论文集，第1页-第13页，哈尔滨，中国，2023年8月3日至5日。

2016)或BERT+CRF是一种经典的命名实体识别架构，但由于BERT (Devlin, 2019)强大的上下文编码能力，CRF带来的性能增益降低，但推理速度变慢，因此BERT+Softmax的模型结构凭借其可靠的性能和效率，逐步取代了BERT+CRF。

与序列标注不同的是，基于实体span的方法将命名实体识别视为文本跨度分类问题，已经成为主流方法之一。基于预训练语言模型，相关研究工作 (Sohrab, 2018; Luan, 2019; Wadden, 2019) 通过连接span或聚合单词的表示，将他们接入线性分类器进行实体类型预测。 (Yu, 2020) 采用双仿射分类器融合实体首尾边界的表示进行span分类。同时，一些研究方法通过增加边界监督信息改善基于span的框架。(Zheng, 2019; Tan, 2020) 通过多任务学习检测实体边界，(Shen, 2021) 在span的预测后进行边界回归，而 (Li, 2022) 设计了两种词对关系辅助span分类。

近年来，端到端的生成式抽取框架直接将命名实体识别任务转换为文本生成任务，将句子中的目标实体转为序列进行训练和解码。(Dan, 2016)首先应用生成式框架在该任务中，输入句子并输出实体起始位置、长度和类型。(Straková, 2019)通过将嵌套实体标签建模为多标签解决嵌套命名实体识别的问题。(Hang, 2021)基于BART (Lewis, 2020)及指针网络的思想实现实体跨度及类型序列的生成，而(Lewis, 2022) 则基于T5 (Colin, 2020)生成实体序列，通过循环一致性训练的方法提升了无监督命名实体识别的能力。

现有的研究方法大多集中在英文及中文现代文的命名实体识别，缺少对古文的相关研究。而古文相比现代文具有更大的实体歧义性和边界模糊性，因此本文通过引入古文篇章知识及信息论，更好地缓解实体指称本身的歧义性，权衡实体指称本身及其上下文特征的编码。

5 总结

本文介绍了我们解决古籍命名实体识别任务的框架，从缓解古籍实体的歧义性和边界模糊性入手，在token-wise和span-level感知的两种框架基础上，融入古籍的篇章信息，并从信息论的视角编码泛化特征，去除冗余信息，提升古籍文本中实体识别的性能。在相关古籍文本上进行评测时，我们发现有几个未来亟待探究或解决的问题：

- 实体边界检测和类型预测的难度差异：我们将实体识别任务分解为两个子任务：实体的边界检测和类型预测分别进行训练，通过评估发现，边界检测的性能要远低于实体类型的预测，这也证明了古籍高难度的句读或分词断句，为实体的边界检测带来巨大挑战

- 同一句中具有较强的模式一致性：如下面这句话：

  "{萧惟信|PER}，字{耶宁|PER}，楮特部人。五世祖{霞赖|PER}，{南府宰相|OFI}。曾祖{乌古|PER}，{中书令|OFI}。祖{阿古只|PER}，{知平州|OFI}。"

  其具有很强的一致性的同位模式，通过单次解码很大概率会漏掉上述模式中的某些实体，因此强化句子中该同位模式的关联是一个值得探究的问题

- 大模型在实体识别中的表现有待提升：正如我们在前面评估的那样，大模型在实体识别任务上的性能有较大的提升空间，由于其生成的不确定性以及幻想等问题，造成非原句实体出现在生成结果中的现象；同时经过评测发现，大模型对实体的边界识别不够精准，如何构建指令或设计策略，使大模型更高效地适配到实体识别任务上值得探究

参考文献

苏祺, 王莹莹, 邓泽琨, 杨浩, 王军. 2023. *CCL23-Eval 任务1总结报告：古籍命名实体识别(GuNER2023)*.

Xiao Wang and Shihan Dou and Limao Xiong and Yicheng Zou and Qi Zhang and Tao Gui and Liang Qiao and Zhanzhan Cheng and Xuanjing Huang. 2022. *MINER: Improving Out-of-Vocabulary Named Entity Recognition from an Information Theoretic Perspective.* Proceedings of the 60th Annual Meeting of the Association for Computational Linguistics (Volume 1: Long Papers).

Xinghua Zhang and Bowen Yu and Yubin Wang and Tingwen Liu and Taoyu Su and Hongbo Xu. 2022. *Exploring Modular Task Decomposition in Cross-Domain Named Entity Recognition.* Proceedings of the 45th International ACM SIGIR Conference on Research and Development in Information Retrieval.

第二十二届中国计算语言学大会论文集，第1页-第13页，哈尔滨，中国，2023年8月3日至5日。

Besnik Fetahu, Shervin Malmasi, Anjie Fang, and Oleg Rokhlenko. 2021. *Gazetteer Enhanced Named Entity Recognition for Code-Mixed Web Queries.* Proceedings of the 44th International ACM SIGIR Conference on Research and Development in Information Retrieval.

Jiafeng Guo, Gu Xu, Xueqi Cheng, and Hang Li. 2009. *Named entity recognition in query.* Proceedings of the 32nd international ACM SIGIR conference on Research and development in information retrieval.

Shekoofeh Mokhtari, Ahmad Mahmoody, Dragomir Yankov, and Ning Xie. 2019. *Tagging Address Queries in Maps Search.* Proceedings of the AAAI Conference on Artificial Intelligence.

Ningyu Zhang, Qianghuai Jia, Shumin Deng, Xiang Chen, Hongbin Ye, Hui Chen, Huaixiao Tou, Gang Huang, Zhao Wang, Nengwei Hua, and Huajun Chen. 2021. *AliCG: Fine-grained and Evolvable Conceptual Graph Construction for Semantic Search at Alibaba.* Proceedings of the 27th ACM SIGKDD Conference on Knowledge Discovery and Data Mining (KDD '21).

Xiaoya Li, Fan Yin, Zijun Sun, Xiayu Li, Arianna Yuan, Duo Chai, Mingxin Zhou, and Jiwei Li. 2019. *Entity-Relation Extraction as Multi-turn Question Answering.* Proceedings of the 57th Annual Meeting of the Association for Computational Linguistics.

Shayne Longpre, Kartik Perisetla, Anthony Chen, Nikhil Ramesh, Chris DuBois, and Sameer Singh. 2021. *Entity-Based Knowledge Conflicts in Question Answering.* Proceedings of the 2021 Conference on Empirical Methods in Natural Language Processing.

Guillaume Lample, Miguel Ballesteros, Sandeep Subramanian, Kazuya Kawakami, and Chris Dyer. 2016. *Neural architectures for named entity recognition.* Proceedings of the 2016 Conference of the North American Chapter of the Association for Computational Linguistics: Human Language Technologies.

Yue Zhang and Jie Yang. 2018. *Chinese NER using lattice LSTM.* Proceedings of the 56th Annual Meeting of the Association for Computational Linguistics (Volume 1: Long Papers).

Jacob Devlin, Ming-Wei Chang, Kenton Lee, and Kristina Toutanova. 2019. *BERT: Pre-training of deep bidirectional transformers for language understanding.* Proceedings of the 2019 Conference of the North American Chapter of the Association for Computational Linguistics: Human Language Technologies, Volume 1 (Long and Short Papers).

Chuanqi Tan, Wei Qiu, Mosha Chen, Rui Wang, and Fei Huang. 2020. *Boundary enhanced neural span classification for nested named entity recognition.* Proceedings of Thirty-Fourth AAAI Conference on Artificial Intelligence (AAAI 2020).

Jinlan Fu and Xuanjing Huang and Pengfei Liu. 2021. *SpanNer: Named Entity Re-/Recognition as Span Prediction.* Proceedings of the 59th Annual Meeting of the Association for Computational Linguistics and the 11th International Joint Conference on Natural Language Processing (Volume 1: Long Papers).

Hang Yan, Tao Gui, Junqi Dai, Qipeng Guo, Zheng Zhang and Xipeng Qiu. 2021. *A Unified Generative Framework for Various NER Subtasks.* Proceedings of the 59th Annual Meeting of the Association for Computational Linguistics and the 11th International Joint Conference on Natural Language Processing (Volume 1: Long Papers).

Shuai Zhang, Yongliang Shen, Zeqi Tan, Yiquan Wu and Weiming Lu. 2022. *De-Bias for Generative Extraction in Unified NER Task.* Proceedings of the 60th Annual Meeting of the Association for Computational Linguistics (Volume 1: Long Papers).

Edward J Hu and yelong shen and Phillip Wallis and Zeyuan Allen-Zhu and Yuanzhi Li and Shean Wang and Lu Wang and Weizhu Chen. 2022. *LoRA: Low-Rank Adaptation of Large Language Models.* International Conference on Learning Representations.

Yinhan Liu and Myle Ott and Naman Goyal and Jingfei Du and Mandar Joshi and Danqi Chen and Omer Levy and Mike Lewis and Luke Zettlemoyer and Veselin Stoyanov. 2019. *Roberta: A robustly optimized bert pretraining approach.* arXiv preprint arXiv:1907.11692.

Daniel M Bikel and Richard Schwartz and Ralph M Weischedel. 1999. *An algorithm that learns what's in a name.* Machine learning.

GuoDong Zhou and Jian Su. 2002. *Named entity recognition using an HMM-based chunk tagger.* Proceedings of the 40th annual meeting of the association for computational linguistics.

第二十二届中国计算语言学大会论文集，第1页-第13页，哈尔滨，中国，2023年8月3日至5日。

Andrew Borthwick and John Sterling and Eugene Agichtein and Ralph Grishman. 1998. *Description of the MENE Named Entity System as used in MUC-7.* Proceedings of the Seventh Message Understanding Conference (MUC-7), Fairfax, Virginia, April 29-May 1, 1998.

Richard Tzong-Han Tsai and Shih-Hung Wu and Cheng-Wei Lee and Cheng-Wei Shih and Wen-Lian Hsu. 2004. *Mencius: A Chinese named entity recognizer using the maximum entropy-based hybrid model.* International Journal of Computational Linguistics & Chinese Language Processing, Volume 9, Number 1, February 2004: Special Issue on Selected Papers from ROCLING XV.

Andrew McCallum and Wei Li. 2003. *Early results for named entity recognition with conditional random fields, feature induction and web-enhanced lexicons.* Proceedings of the 7th Conference on Natural Language Learning, Edmonton, May 31-Jun 1, 2003.

Vijay Krishnan and Christopher D Manning. 2006. *An effective two-stage model for exploiting non-local dependencies in named entity recognition.* Proceedings of the 21st international conference on computational linguistics and 44th annual meeting of the association for computational linguistics.

Mohammad Golam Sohrab and Makoto Miwa. 2018. *Deep Exhaustive Model for Nested Named Entity Recognition.* Proceedings of the 2018 Conference on Empirical Methods in Natural Language Processing.

Yi Luan and Dave Wadden and Luheng He and Amy Shah and Mari Ostendorf and Hannaneh Hajishirzi. 2019. *A general framework for information extraction using dynamic span graphs.* Proceedings of the 2019 Conference of the North American Chapter of the Association for Computational Linguistics: Human Language Technologies, Volume 1 (Long and Short Papers).

David Wadden and Ulme Wennberg and Yi Luan and Hannaneh Hajishirzi. 2019. *Entity, Relation, and Event Extraction with Contextualized Span Representations.* Proceedings of the 2019 Conference on Empirical Methods in Natural Language Processing and the 9th International Joint Conference on Natural Language Processing (EMNLP-IJCNLP).

Juntao Yu and Bernd Bohnet and Massimo Poesio. 2020. *Named Entity Recognition as Dependency Parsing.* Proceedings of the 58th Annual Meeting of the Association for Computational Linguistics.

Changmeng Zheng and Yi Cai and Jingyun Xu and Ho-fung Leung and Guandong Xu. 2019. *A Boundary-aware Neural Model for Nested Named Entity Recognition.* Proceedings of the 2019 Conference on Empirical Methods in Natural Language Processing and the 9th International Joint Conference on Natural Language Processing (EMNLP-IJCNLP).

Chuanqi Tan, Wei Qiu, Mosha Chen, Rui Wang, and Fei Huang. 2020. *Boundary enhanced neural span classification for nested named entity recognition.* In Proceedings of the AAAI conference on artificial intelligence, volume 34, pages 9016–9023.

Yongliang Shen, Xinyin Ma, Zeqi Tan, Shuai Zhang, Wen Wang, and Weiming Lu. 2021. *Locate and label: A two-stage identifier for nested named entity recognition.* In Proceedings of the 59th Annual Meeting of the Association for Computational Linguistics and the 11th International Joint Conference on Natural Language Processing (Volume 1: Long Papers), pages 2782–2794.

Jingye Li, Hao Fei, Jiang Liu, Shengqiong Wu, Meishan Zhang, Chong Teng, Donghong Ji, and Fei Li. 2022. *Unified named entity recognition as word-word relation classification.* In Proceedings of the AAAI Conference on Artificial Intelligence, volume 36, pages 10965–10973.

Dan Gillick, Cliff Brunk, Oriol Vinyals, and Amarnag Subramanya. 2016. *Multilingual language processing from bytes.* In Proceedings of the 2016 Conference of the North American Chapter of the Association for Computational Linguistics: Human Language Technologies, pages 1296–1306.

Jana Straková and Milan Straka and Jan Hajic. 2019. *Neural Architectures for Nested NER through Linearization.* Proceedings of the 57th Annual Meeting of the Association for Computational Linguistics.

Hang Yan, Tao Gui, Junqi Dai, Qipeng Guo, Zheng Zhang, and Xipeng Qiu. 2021. *A unified generative framework for various ner subtasks.* In Proceedings of the 59th Annual Meeting of the Association for Computational Linguistics and the 11th International Joint Conference on Natural Language Processing (Volume 1: Long Papers), pages 5808–5822.

第二十二届中国计算语言学大会论文集，第1页-第13页，哈尔滨，中国，2023年8月3日至5日。

Mike Lewis and Yinhan Liu and Naman Goyal and Marjan Ghazvininejad and Abdelrahman Mohamed and Omer Levy and Veselin Stoyanov and Luke Zettlemoyer. 2020. *BART: Denoising Sequence-to-Sequence Pre-training for Natural Language Generation, Translation, and Comprehension.* Proceedings of the 58th Annual Meeting of the Association for Computational Linguistics.

Andrea Iovine and Anjie Fang and Besnik Fetahu and Oleg Rokhlenko and Shervin Malmasi. 2022. *CycleNER: an unsupervised training approach for named entity recognition.* Proceedings of the ACM Web Conference 2022.

Colin Raffel and Noam Shazeer and Adam Roberts and Katherine Lee and Sharan Narang and Michael Matena and Yanqi Zhou and Wei Li and Peter J. Liu. 2020. *Exploring the Limits of Transfer Learning with a Unified Text-to-Text Transformer.* Journal of Machine Learning Research.

Zhiheng Huang and Wei Xu and Kai Yu. 2015. *Bidirectional LSTM-CRF models for sequence tagging.* arXiv preprint arXiv:1508.01991.

Lample, Guillaume, Miguel Ballesteros, Sandeep Subramanian, Kazuya Kawakami, and Chris Dyer. 2016. *Neural architectures for named entity recognition.* arXiv preprint arXiv:1603.01360.

Jacob Devlin, Ming-Wei Chang, Kenton Lee and Kristina Toutanova. 2019. *BERT: Pre-training of Deep Bidirectional Transformers for Language Understanding.* Proceedings of NAACL-HLT.

第二十二届中国计算语言学大会论文集，第1页-第13页，哈尔滨，中国，2023年8月3日至5日。

CCL23-Eval 任务1系统报告：基于持续预训练方法与上下文增强策略的古籍命名实体识别

王士权，石玲玲，蒲璐汶，方瑞玉，赵宇，宋双永
中国电信股份有限公司数字智能科技分公司
{wangsq23，pulw，fangry，zhaoy11，songshy}@chinatelecom.cn
sll0107@sina.com

摘要

本文描述了队伍"翼智团"在CCL23古籍命名实体识别评测中提交的参赛系统。该任务旨在自动识别出古籍文本中人名、书名、官职名等事件基本构成要素的重要实体，并根据使用模型参数是否大于10b分为开放赛道和封闭赛道。该任务中，我们首先利用古籍相关的领域数据和任务数据对开源预训练模型进行持续预训练和微调，显著提升了基座模型在古籍命名实体识别任务上的性能表现。其次提出了一种基于pair-wise投票的不置信实体筛选算法用来得到候选实体，并对候选实体利用上下文增强策略进行实体识别修正。在最终的评估中，我们的系统在封闭赛道中排名第二，F1得分为95.8727。

关键词： 命名实体识别，持续预训练，实体修正

System Report for CCL23-Eval Task 1: Named Entity Recognition for Ancient Books based on Continual Pre-training Method and Context Augmentation Strategy

Shiquan Wang，Lingling Shi，Luwen Pu，Ruiyu Fang，Yu Zhao，Shuangyong Song
China Telecom Corporation Ltd. Data&AI Technology Company
Beijing, China
{wangsq23，pulw，fangry，zhaoy11，songshy}@chinatelecom.cn
sll0107@sina.com

Abstract

This article describes the entry system submitted by our team in the CCL23 ancient book named entity recognition evaluation. The task aims to automatically identify important entities of the basic elements of events such as names of people, titles of books, and official titles in ancient texts, and divide them into open tracks and closed tracks according to whether the model parameters used are greater than 10b. In this task, we first use the domain data and task data related to ancient books to continuously pre-train and fine-tune the open source pre-training model, which significantly improves the performance of the pedestal model on the task of named entity recognition in ancient books. Secondly, an untrusted entity screening algorithm based on pair-wise voting is proposed to obtain candidate entities, and the context enhancement strategy is used to correct entity recognition for candidate entities. In the final evaluation, our system ranked second in the closed circuit with an F1 score of 95.8727.

Keywords: Named Entity Recognition, Continuous Pre-training, Entity Modification

1 引言

古籍命名实体识别任务的目标是自动识别古籍文献中人名、地名、机构名等重要实体，这是正确分析古汉语文本、深度挖掘人文知识的基础步骤(苏祺, 2023)。然而，古籍命名实体识别任务缺乏公开的用于模型训练和评测的数据资源，制约了技术的进一步发展。此外，古籍文献命名实体识别任务受古文字词含义多样性、行文结构连续性、繁体字和无句读的影响具有较高的复杂性。

我们提交的系统采用两阶段策略提高模型在古籍命名实体识别任务上的表现，第一阶段通过基于领域和任务知识的持续预训练与微调提升基座模型在古籍命名实体识别任务上的性能表现，第二阶段通过基于上下文信息的实体修正提升模型对于不置信实体的判别准确率。

我们首先基于领域和任务知识对基座模型进行持续预训练与微调，针对古籍文本复杂的语言结构、古老的语义表达和特定的文化背景，我们使用开源的二十四史数据进行领域持续预训练，增加预训练语言模型对于古籍文本的理解能力，使用评测数据集进行任务持续预训练，增加模型对于该数据集文本的理解能力，同时采用W2NER、BERT-CRF和BERT-Span等多种方式针对命名实体识别任务进行模型微调。

我们其次基于实体的上下文信息对其进行修正，我们观察到引入实体所在上下文信息后可以帮助模型更好的对其进行分类，因此针对不同模型的投票结果，我们首先设计了一种基于pair-wise投票的不置信实体筛选算法得到预测不置信的实体候选，然后通过加入实体所在二十四史篇章的上下文对识别结果进行修正。我们的系统在最终线上评测中F1得分为95.8727，获得了封闭赛道第二名的成绩。

2 相关工作

命名实体识别（Name Entity Recognition）任务旨在自动识别出文本中人名、地名、机构名等事件基本构成要素的重要实体。因为它具有各种各样的基于知识的应用，例如关系提取(Wei et al., 2020; Li et al., 2021b)、实体链接(Le and Titov, 2018; Hou et al., 2020)等，所以长期以来一直是自然语言处理(NLP)领域的一项基本任务。目前NER任务的主流方法分为四种，分别是（1）基于序列标注的NER方法(Lample et al., 2016)；（2）基于超图的NER方法(Lu and Roth, 2015; Katiyar and Cardie, 2018)；（3）基于序列到序列的NER方法(Yan et al., 2021)；（4）基于跨度的NER方法(Luan et al., 2019; Li et al., 2021a)。

基于序列标注的NER方法出现于早期的NER任务中，该方法将文本序列中的每个词都视为一个单独的标注单元，通过为每个词分配一个标签来识别实体。通常主流的研究方法结合了条件随机场（CRF）(Lafferty et al., 2001)、卷积神经网络（CNN）(Strubell et al., 2017)、循环神经网络（RNN）(Tang et al., 2018)和Transformer(Yan et al., 2019)进行模型建模，并结合特征工程来捕捉词的上下文信息、词性等特征。该方法的优势在于其简单性和高效性。

基于超图的NER方法将文本中的实体识别任务建模为在超图上进行推理和解码的问题。超图是一个拓展了传统图模型的概念，它允许节点和边连接形成高阶组合关系。在超图中，每个节点表示一个单词，边表示词之间的关系，而超边则表示更高阶的组合关系，可以跨越多个节点。通过在超图上定义合适的特征表示和推理算法，可以捕捉到更复杂的上下文和语义信息，提高命名实体识别的性能。Lu和Roth等人(Lu and Roth, 2015)率先在NER任务中使用基于超图的方法，随后该方法被Wang和Lu等人(Wang and Lu, 2018)进行扩展和增强。

基于序列到序列的NER方法通常使用序列到序列（Sequence-to-Sequence）模型来解决命名实体识别（NER）任务。该方法使用编码器-解码器框架，其中编码器将输入序列编码为固定维度的表示，而解码器根据编码器的输出生成目标实体。Gillick等人(Gillick et al., 2016)将Seq2Seq模型应用到NER任务中，通过解码器直接输出对应句子中包含实体的起始位置、跨度长度和标签。

基于跨度的NER方法是一种使用跨度（Span）作为基本单位进行命名实体识别（NER）的方法。该方法通过枚举所有可能的跨度组合，并对每个跨度进行分类，从而确定文本中的实体位置和类型(Xu et al., 2017; Yamada et al., 2020)。Li等人(Li et al., 2020)对NER进行了重新定义，将其视为机器阅读理解(MRC)任务，并将实体作为答案跨度进行提取。Shen等人(Shen et al., 2021)提出了一种两阶段的标识方法，通过过滤器和回归器生成跨度提案，并将其分类到相应的类别中。

第二十二届中国计算语言学大会论文集，第14页-第22页，哈尔滨，中国，2023年8月3日至5日。

在本次评测中我们主要结合了基于序列标注的NER方法和基于跨度的NER方法提取古籍文本中蕴含的实体，最终取得封闭赛道第二名的成绩。

3 模型

在本次古籍命名实体识别评测中我们提出的模型结构如图1所示，该模型由两阶段构成，第一阶段包括基于领域和任务知识的持续预训练以及微调。领域知识持续预训练指的是利用任务相关的领域语料对开源基座进行持续训练，我们采用的领域知识来自于二十四史原文。任务知识持续预训练指利用未标注的训练集进行持续预训练，任务知识相比领域知识更具备领域相关性且训练成本更低。微调阶段我们使用了带标签的训练数据数据对模型进行精调；第二阶段基于上下文信息对实体识别结果进行修正，该阶段主要利用实体上下文信息对不同结构模型投票产生的不置信实体进行修正。接下来将分别介绍这两阶段的主要内容。

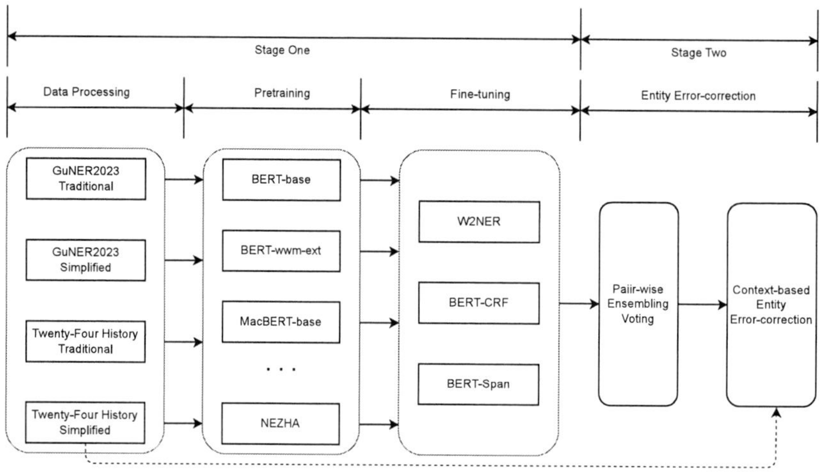

图 1: 模型结构图

3.1 基于领域知识和任务数据的持续预训练与微调

3.1.1 基于领域知识和任务数据的持续预训练

由于开源中文预训练语言模型在初始预训练的过程中使用的古籍数据较少，而本次赛事提供的训练集和测试集均为古籍原文数据，直接使用比赛数据进行微调，首先不能充分的利用开源预训练语言模型的语义表征能力，其次预训练语料的领域分布和任务领域分布存在较大的差异，而领域持续预训练和任务持续预训练可以通过引入领域信息和任务信息来提高模型在下游任务上的表现(Gururangan et al., 2020; Yang et al., 2021)。

首先二十四史是中国古代历史著作的集合，包含了丰富的历史文本，涵盖了各个历史时期和领域的内容。这些古籍数据对于古籍命名实体识别具有重要的参考价值；其次二十四史中包含了大量关于人名、官职名、书名等实体的描述，这些数据与本次比赛任务的领域高度相关。因此我们选择使用网络上可以搜集到的二十四史数据对开源预训练语言模型进行领域持续预训练，经过领域持续预训练之后，再利用未标注的训练集进行任务持续预训练，经过持续预训练模型可以更好地理解古籍文本的语言特点、实体命名规律和上下文关系，从而提升模型在古籍命名实体识别任务上的性能。

3.1.2 基于任务数据的模型微调

在本次评测中，我们选择了三种不同的模型结构进行微调，分别是W2NER(Li et al., 2022)、BERT-CRF和BERT-Span。

其中W2NER是一种基于字级别特征的序列标注模型，它将统一的NER建模为词与词关系分类，通过利用相邻词和尾首词关系对实体词之间的相邻关系进行有效建模，解决了NER的内核瓶颈问题。BERT-CRF方法结合了BERT模型和条件随机场（CRF）来进行命名实体识别。

第二十二届中国计算语言学大会论文集，第14页-第22页，哈尔滨，中国，2023年8月3日至5日。

该模型结构通过BERT获得输入序列的特征向量，然后通过CRF层对这些特征向量进行序列建模，进而识别出命名实体的边界和类别。BERT-Span方法结合了BERT模型和Span方法来进行序列标注，与BERT-CRF相似，该模型结构同样通过BERT模型获取输入序列的特征向量，不同之处在于BERT-Span方法通过Span方法对特征向量进行处理，并基于预测实体的起始位置和结束位置来定位命名实体。该方法通过预测实体的起始和结束位置的概率分布来识别实体的边界，并根据最高概率的起始和结束位置来确定实体的边界。值得注意的是,我们使用的预训练语言模型均为经过领域知识和任务数据持续预训练后的模型。

3.2 基于上下文信息的实体修正

在微调训练过程中，我们发现单模型即可充分拟合训练数据集，而且不同模型对验证集的预测结果大致趋同。但是不同结构的模型，甚至同结构的模型在不同训练轮次的预测结果上仍存在稍许差异，这些差异反映了模型对候选实体的不置信程度，对这些不置信样本的精细化处理，是我们在本次评测任务中取得进一步提升的关键，具体算法如算法1所示：

算法 1 基于pair-wise投票的不置信实体筛选

关键词：
定义R_i为模型i对测试集识别出的实体序列$[entity_i^1, entity_i^2, ..., entity_i^m]$；
定义修正操作op_k为四元组$< op_type, span(entity_m^j), label(entity_m^j), label(entity_n^k) >$，其中$op_type \in \{add, delete, change\}$，
函数span得到实体所在的文本区域位置，
函数label得到实体的类型，
定义$\lambda(op_i)$为操作op_i的置信度

Input: 单模型预测结果和对应的验证集F1分值的集合$RS = [< R_1, S_1 >, < R_2, S_2 >, ..., < R_n, S_n >]$，置信度过滤阈值$\theta$

Output: $[\lambda(op_1), \lambda(op_2), ..., \lambda(op_n)]$

```
result=[]
for 采样两个单模型结果(< R_m, S_m >, < R_n, S_n >) do
    for j = 1, ..., len(R_m) do
        for k = 1, ..., len(R_n) do
            if span(entity_m^j) == span(entity_n^k) and label(entity_m^j) != label(entity_n^k) then
                if (< op_type, span(entity_m^j), label(entity_m^j), label(entity_n^k) >) not in result then
                    Registering λ(< op_type, span(entity_m^j), label(entity_m^j), label(entity_n^k) >) to result;
                    Updating λ(< op_type, span(entity_m^j), label(entity_n^k), label(entity_m^j) >) to 0.0;
                end
                op_type = get_op_type(entity_n^k, entity_m^j);
                Updating λ(< op_type, span(entity_m^j), label(entity_m^j), label(entity_n^k) >) by adding S_n − S_m;
                Updating λ(< op_type, span(entity_m^j), label(entity_n^k), label(entity_m^j) >) by adding S_m − S_n;
            end
        end
    end
end
Filtering the result with λ(op_i) smaller than θ;
return result;
```

第二十二届中国计算语言学大会论文集，第14页-第22页，哈尔滨，中国，2023年8月3日至5日。

我们首先保留多个经过领域和任务知识持续预训练的模型微调结果；其次利用不同模型结构的优势，利用投票方法和基于pair-wise投票的不置信实体筛选算法得到预测不置信的实体候选区域，例如测试集中，“以玉虎吐募兵人下蜀江，代失八都守中、。”的候选提及区域“玉虎吐”在不同模型的预测结果中属于不同的实体类别，因此将其视为一个不置信区域；然后利用二十四史中同段落、同篇章中的上下文对候选区域进行辅助预测，对于命名实体“玉虎吐”，我们补充其出现的段落、篇章级语义上下文“宗王囊加、玉枢虎儿吐华与脱欢悉议加封。”后，可以得到实体类别为PER。最后我们将补充上下文进行修正后的结果和原结果进行融合。

4 实验

本小节将介绍我们在本次评测任务中实验所涉及的内容，主要包括数据处理、实验参数设置、实验结果与分析三部分。

4.1 数据处理

本次评测任务提供的数据集（GuNER2023）[0]来源于网络上公开的二十四史文本，其中训练集包括2347条文本，测试集包括224条文本，这些文本均是从二十四史基础语料中随机截断的，长度约为100字。其中训练集标注了文本中的人名（PER）、书名（BOOK）和官职名（OFI）三种实体，测试集无标注。

由于目前大部分开源中文预训练语言模型的预训练语料大多以简体中文为主，因此我们通过繁简转换开源工具OPENCC把该数据集转换为简体中文，值得注意的是，在繁体转简体的过程中我们记录了字级别的繁简映射关系，在最终把简体预测结果转换成繁体时可以做到无损转换。除了本次评测任务提供的数据集外，我们收集了网络上公开可用的二十四史文本，包括繁体[1]、简体和白话文版本[2]。我们将其按照句号进行分割，将该部分数据和本次评测任务提供的数据集一起作为模型持续预训练的语料。

4.2 实验设置

我们使用的深度学习框架为PyTorch，编程语言为Python。W2NER、BERT-CRF和BERT-Span中使用的开源预训练语言模型有BERT-wwm-ext、MacBERT-base、MacBERT-large、ERNIE-large、GuwenBERT-base和MengziBERT-base等，重要参数设置如表1所示。

name	value
emb_dropout	0.5
conv_dropout	0.5
out_dropout	0.33
max_epochs	500
batch_size	32
learning_rate	1e-3
weight_decay	0
clip_grad_norm	5.0
bert_learning_rate	5e-6
warm_factor	0.1
seed	13

(a) W2Ner参数设置

name	value
task_type	crf
train_epochs	10
swa_start	5
train_batch_size	24
dropout_prob	0.1
max_seq_len	512
lr	2e-5
other_lr	2e-3
seed	123
weight_decay	0.01
loss_type	ls_ce

(b) BERT-CRF参数设置

name	value
task_type	span
train_epochs	10
swa_start	5
train_batch_size	24
dropout_prob	0.1
max_seq_len	512
lr	2e-5
other_lr	2e-3
seed	123
weight_decay	0.01
loss_type	ls_ce

(c) BERT-Span参数设置

表 1: 模型参数设置

4.3 实验结果与分析

4.3.1 实验一

为了寻找到最适合处理古籍领域文本的基座模型，我们首先在GuNER2023数据集上基于W2NER架构尝试了若干开源预训练语言模型，实验结果如表2所示。

[0]https://tianchi.aliyun.com/dataset/151499
[1]http://www.guoxuedashi.net/a/30p/
[2]https://github.com/maxzxc0110/24-histories

第二十二届中国计算语言学大会论文集，第14页-第22页，哈尔滨，中国，2023年8月3日至5日。

Model	ERNIE-large	GuwenBERT-base	BERT-base	MacBERT-large	MengziBERT-base	BERT-wwm-ext
GuNER2023_split	81.6057	85.4847	90.1980	90.6496	91.6667	**92.2014**

表 2: GuNER2023数据集上开源预训练语言模型的实验结果

表2展示了在GuNER2023数据集上基于不同开源预训练语言模型W2NER的性能表现，GuNER2023_split表示将训练集数据按照9:1的比例随机划分训练集和验证集，其中的F1得分为该开源预训练语言模型在繁体数据集上和简体数据集上的最高F1得分。从实验结果可以看出BERT-wwm-ext在GuNER2023数据集上表现最佳，因此在本次评测中我们选择该模型作为后续实验的基座模型。

4.3.2 实验二

由于BERT-wwm-ext在预训练的过程中使用的大多为简体中文，为了提高BERT-wwm-ext在古籍文本领域中进行命名实体识别任务时的性能表现，我们利用网络上开源的二十四史语料和GuNER2023数据集对该模型进行了领域持续预训练（DAP）和任务持续预训练（TAP），模型结构为W2NER，实验结果如表3所示。

Metric	no_trick	+DAP	+TAP
GuNER2023_split_t	90.9449	91.5805	92.9980
GuNER2023_split_s	92.2014	92.9383	93.3400
GuNER2023_s	\	93.4394	93.8958

表 3: GuNER2023数据集上基于BERT-wwm-ext持续预训练的实验结果

表3展示了在GuNER2023数据集上对BERT-wwm-ext进行持续预训练的实验结果，其中GuNER2023_split_t表示繁体的GuNER2023数据集并且随机抽取出十分之一的数据作为验证集，GuNER2023_split_s表示简体的GuNER2023数据集并且随机抽取出十分之一的数据作为验证集，GuNER2023_s表示全部简体的GuNER2023数据集，不抽取部分数据作为验证集。no_trick表示使用公开的BERT-wwm-ext模型，+DAP表示在公开的模型参数基础上使用获取的24史数据进行基于领域知识的持续预训练，+TAP表示在领域知识持续预训练后使用GuNER2023数据集进行基于任务的持续预训练。实验结果表明加入基于领域知识和基于任务的持续预训练后模型的性能获得了提升，在GuNER2023_split_t数据上分别获得了0.6356和2.0531的绝对提升，在GuNER2023_split_s数据上分别获得了0.7369和1.1386的绝对提升。这证明在古籍命名实体识别任务上进行领域持续预训练和任务持续预训练是有必要的。除此之外，我们还尝试了使用全部数据不划分验证集的方法进行模型训练，实验结果证明在该评测任务中使用全量数据可以获得更好的性能表现，这是因为在该任务中数据量较少，因此后续实验均使用全量数据进行模型训练。

4.3.3 实验三

为了弥补单个模型结构的局限性和增加模型投票时的多样性，除W2NER外，我们选取了BERT-CRF和BERT-Span两种额外的模型结构来参与该评测任务，模型微调后实验结果如表4所示。

Metric	Precision	Recall	F1
W2NER	94.9200	94.0770	**94.4968**
BERT-CRF	94.1942	92.8924	93.5388
BERT-Span	94.6721	91.2142	92.9110

表 4: GuNER2023数据集上模型微调的实验结果

表4展示了W2NER、BERT-CRF和BERT-Span三种不同的模型结构在GuNER2023数据集上微调后的实验结果，实验结果表明基于字级别特征的W2NER可以更好的捕获词与词之间的联系，从而更好的识别出古籍文本中的重要实体，值得注意的是，我们修改了W2NER获取句向量的方法，将其从取最后BERT四层的平均输出改为取最后一层的输出，该方法获得

第二十二届中国计算语言学大会论文集，第14页-第22页，哈尔滨，中国，2023年8月3日至5日。

了0.6010的绝对提升。虽然BERT-CRF和BERT-Span单模型的表现结果不如W2NER，但是在模型投票的过程中我们发现三种不同结构的模型对于某些实体的识别结果存在差异性。

4.3.4 实验四

由于不同结构的模型对于某些实体的判别存在差异，为了利用不同结构模型之间的差异性，我们设计了一种基于上下文信息进行实体修正的方法，实验结果如表5所示。

Metric	Precision	Recall	F1
W2NER	94.9200	94.0770	94.4968
+context_correction	95.1629	96.5932	**95.8727**

表 5: GuNER2023数据集上基于上下文进行实体修正的实验结果

表5展示了在W2NER上利用上下文信息进行实体修正的实验结果，其中+context_correction表示在W2NER中加入上下文信息修正方法。该方法首先通过基于pair-wise投票的不置信实体筛选算法共筛选出120个不置信的候选提及区域，然后让模型对加入篇章级别的上下文信息后的实体进行预测，最终共有26个实体的类别发生了变化，我们将发生变化的实体类别和W2NER的结果进行融合，最终获得了1.3759的绝对提升。实验结果证明加入实体所在篇章的上下文信息可以改善模型对于该实体的不置信程度，从而提高模型在古籍命名实体识别任务上的性能表现。

5 总结与展望

在本次CCL23古籍命名实体识别评测中，我们观察到古籍文本的特殊性和复杂性以及不同结构的模型对于同一实体预测的差异性，因此提出了基于领域和任务知识的持续预训练与微调的方法和基于上下文信息的实体修正方法，通过领域和任务知识提高模型对于古籍领域文本的理解能力，通过上下文信息提高模型对于不置信实体的判别能力。我们"翼智团"队伍提交的系统在封闭赛道中排名第二，测试集上F1得分为95.8727。然而，我们的挑选不置信实体和上下文的方法还有改进的空间，未来可以通过探索更有效获取不置信实体及上下文的方法来进一步提高模型的性能表现。

致谢

我们的队伍在参加本次CCL23古籍命名实体识别评测中受益匪浅，在不断学习的过程中突破了自我，在持续的交流与合作中取得了进步。我们衷心感谢中国电信股份有限公司数字智能科技分公司的领导和同事们对我们在技术、时间和硬件方面的大力支持。同时，我们要特别感谢主办方组织本次比赛，提供了跨领域、历时的数据资源，推动了古籍资源的智能开发和利用，促进了技术的突破与发展。

参考文献

Dan Gillick, Cliff Brunk, Oriol Vinyals, and Amarnag Subramanya. 2016. Multilingual language processing from bytes. In *Proceedings of NAACL-HLT*, pages 1296–1306.

Suchin Gururangan, Ana Marasović, Swabha Swayamdipta, Kyle Lo, Iz Beltagy, Doug Downey, and Noah A. Smith. 2020. Don't stop pretraining: Adapt language models to domains and tasks. In *Proceedings of the 58th Annual Meeting of the Association for Computational Linguistics*, pages 8342–8360.

Feng Hou, Ruili Wang, Jun He, and Yi Zhou. 2020. Improving entity linking through semantic reinforced entity embeddings. In *Proceedings of the 58th Annual Meeting of the Association for Computational Linguistics*, pages 6843–6848.

Arzoo Katiyar and Claire Cardie. 2018. Nested named entity recognition revisited. In *Proceedings of the 2018 Conference of the North American Chapter of the Association for Computational Linguistics: Human Language Technologies, Volume 1 (Long Papers)*, pages 861–871.

第二十二届中国计算语言学大会论文集，第14页-第22页，哈尔滨，中国，2023年8月3日至5日。

John D Lafferty, Andrew McCallum, and Fernando CN Pereira. 2001. Conditional random fields: Probabilistic models for segmenting and labeling sequence data. In *Proceedings of the Eighteenth International Conference on Machine Learning*, pages 282–289.

Guillaume Lample, Miguel Ballesteros, Sandeep Subramanian, Kazuya Kawakami, and Chris Dyer. 2016. Neural architectures for named entity recognition. In *Proceedings of NAACL-HLT*, pages 260–270.

Phong Le and Ivan Titov. 2018. Improving entity linking by modeling latent relations between mentions. In *Proceedings of the 56th Annual Meeting of the Association for Computational Linguistics (Volume 1: Long Papers)*, pages 1595–1604.

Xiaoya Li, Jingrong Feng, Yuxian Meng, Qinghong Han, Fei Wu, and Jiwei Li. 2020. A unified mrc framework for named entity recognition. In *Proceedings of the 58th Annual Meeting of the Association for Computational Linguistics*, pages 5849–5859.

Fei Li, ZhiChao Lin, Meishan Zhang, and Donghong Ji. 2021a. A span-based model for joint overlapped and discontinuous named entity recognition. In *Proceedings of the 59th Annual Meeting of the Association for Computational Linguistics and the 11th International Joint Conference on Natural Language Processing (Volume 1: Long Papers)*, pages 4814–4828.

Jingye Li, Kang Xu, Fei Li, Hao Fei, Yafeng Ren, and Donghong Ji. 2021b. Mrn: A locally and globally mention-based reasoning network for document-level relation extraction. In *Findings of the Association for Computational Linguistics: ACL-IJCNLP 2021*, pages 1359–1370.

Jingye Li, Hao Fei, Jiang Liu, Shengqiong Wu, Meishan Zhang, Chong Teng, Donghong Ji, and Fei Li. 2022. Unified named entity recognition as word-word relation classification. In *Proceedings of the AAAI Conference on Artificial Intelligence*, volume 36, pages 10965–10973.

Wei Lu and Dan Roth. 2015. Joint mention extraction and classification with mention hypergraphs. In *Proceedings of the 2015 Conference on Empirical Methods in Natural Language Processing*, pages 857–867.

Yi Luan, Dave Wadden, Luheng He, Amy Shah, Mari Ostendorf, and Hannaneh Hajishirzi. 2019. A general framework for information extraction using dynamic span graphs. In *Proceedings of the 2019 Conference of the North American Chapter of the Association for Computational Linguistics: Human Language Technologies, Volume 1 (Long and Short Papers)*, pages 3036–3046.

Yongliang Shen, Xinyin Ma, Zeqi Tan, Shuai Zhang, Wen Wang, and Weiming Lu. 2021. Locate and label: A two-stage identifier for nested named entity recognition. In *Proceedings of the 59th Annual Meeting of the Association for Computational Linguistics and the 11th International Joint Conference on Natural Language Processing (Volume 1: Long Papers)*, pages 2782–2794.

Emma Strubell, Patrick Verga, David Belanger, and Andrew McCallum. 2017. Fast and accurate entity recognition with iterated dilated convolutions. In *Proceedings of the 2017 Conference on Empirical Methods in Natural Language Processing*, pages 2670–2680.

Buzhou Tang, Jianglu Hu, Xiaolong Wang, and Qingcai Chen. 2018. Recognizing continuous and discontinuous adverse drug reaction mentions from social media using lstm-crf. *Wireless Communications and Mobile Computing*, 2018.

Bailin Wang and Wei Lu. 2018. Neural segmental hypergraphs for overlapping mention recognition. In *Proceedings of the 2018 Conference on Empirical Methods in Natural Language Processing*, pages 204–214.

Zhepei Wei, Jianlin Su, Yue Wang, Yuan Tian, and Yi Chang. 2020. A novel cascade binary tagging framework for relational triple extraction. In *Proceedings of the 58th Annual Meeting of the Association for Computational Linguistics*, pages 1476–1488.

Mingbin Xu, Hui Jiang, and Sedtawut Watcharawittayakul. 2017. A local detection approach for named entity recognition and mention detection. In *Proceedings of the 55th Annual Meeting of the Association for Computational Linguistics (Volume 1: Long Papers)*, pages 1237–1247.

Ikuya Yamada, Akari Asai, Hiroyuki Shindo, Hideaki Takeda, and Yuji Matsumoto. 2020. Luke: Deep contextualized entity representations with entity-aware self-attention. In *Proceedings of the 2020 Conference on Empirical Methods in Natural Language Processing (EMNLP)*, pages 6442–6454.

第二十二届中国计算语言学大会论文集，第14页-第22页，哈尔滨，中国，2023年8月3日至5日。

Hang Yan, Bocao Deng, Xiaonan Li, and Xipeng Qiu. 2019. Tener: adapting transformer encoder for named entity recognition. *arXiv preprint arXiv:1911.04474*.

Hang Yan, Tao Gui, Junqi Dai, Qipeng Guo, Zheng Zhang, and Xipeng Qiu. 2021. A unified generative framework for various ner subtasks. In *Proceedings of the 59th Annual Meeting of the Association for Computational Linguistics and the 11th International Joint Conference on Natural Language Processing (Volume 1: Long Papers)*, pages 5808–5822.

Zinong Yang, Ke-jia Chen, and Jingqiang Chen. 2021. Guwen-unilm: Machine translation between ancient and modern chinese based on pre-trained models. In *Natural Language Processing and Chinese Computing: 10th CCF International Conference, NLPCC 2021, Qingdao, China, October 13–17, 2021, Proceedings, Part I 10*, pages 116–128. Springer.

邓泽琨杨浩 王军苏祺, 王莹莹. 2023. Ccl23-eval 任务1总结报告: 古籍命名实体识别(guner2023).

第二十二届中国计算语言学大会论文集，第14页-第22页，哈尔滨，中国，2023年8月3日至5日。

CCL23-Eval 任务1系统报告：基于增量预训练与对抗学习的古籍命名实体识别

李剑龙
中国工商银行/ 北京
BISTU-IIIP / 北京
1436631592@qq.com

于右任
BISTU-IIIP / 北京
a154377713@163.com

刘雪阳
BISTU-IIIP / 北京
1239996108@qq.com

朱思文
BISTU-IIIP / 北京
1391911891@qq.com

摘要

古籍命名实体识别是正确分析处理古汉语文本的基础步骤，也是深度挖掘、组织人文知识的重要前提。古汉语信息熵高、艰涩难懂，因此该领域技术研究进展缓慢。针对现有实体识别模型抗干扰能力差、实体边界识别不准确的问题，本文提出使用NEZHA-TCN与全局指针相结合的方式进行古籍命名实体识别。同时构建了一套古文数据集，该数据集包含正史中各种古籍文本，共87M，397,995条文本，用于NEZHA-TCN模型的增量预训练。在模型训练过程中，为了增强模型的抗干扰能力，引入快速梯度法对词嵌入层添加干扰。实验结果表明，本文提出的方法能够有效挖掘潜藏在古籍文本中的实体信息，F1值为95.34%。

关键词： 古籍命名实体识别；增量预训练；快速梯度法

System Report for CCL23-Eval Task 1: GuNER Based on Incremental Pretraining and Adversarial Learning

Jianlong Li
ICBC / Beijing
BISTU-IIIP / Beijing
1436631592@qq.com

Youren Yu
BISTU-IIIP / Beijing
a154377713@163.com

Xueyang Liu
BISTU-IIIP / Beijing
1239996108@qq.com

Siwen Zhu
BISTU-IIIP / Beijing
1391911891@qq.com

Abstract

GuNER is the basic step for analyzing and processing ancient Chinese texts correctly, which is also an important prerequisite for in-depth mining and organizing human knowledge. Due to its high information entropy and difficulty, the technological research progress in ancient Chinese filed is slow. To address the issues of poor anti-interference ability and inaccurate entity boundary recognition in existing entity recognition models, this article proposes a method of combining NEZHA-TCN with global pointer for ancient named entity recognition. At the same time, an ancient text dataset was constructed, which includes various ancient texts from the historical collection, totaling 87M and 397,995 texts, for incremental pretraining of the NEZHA-TCN model. In the process of model training, in order to enhance the anti-interference ability of the model, the fast gradient method is introduced to add interference in the word embedding layer. The experimental results show that the method proposed in this article can effectively mine the entities in the ancient texts, with an F1 value of 95.34%.

Keywords: GuNER , Incremental pretraining , Fast gradient method

1 引言

古籍命名实体识别(苏祺 et al., 2023)是当前汉语领域研究的热点问题之一，其旨在通过自然语言处理技术从古汉语文本中抽取出人名、官职名、书籍名等关键信息。然而，古籍命名实体识别领域面临诸多困难。当前古籍文本研究不仅缺乏相应的模型技术支持，而且还面临领域可用训练数据较少的问题，这阻碍了技术的长足发展。

作为汉语理解与分析的关键一环，对古籍文本进行准确高效分析能够为古文分析人员提供技术支持，减轻技术人员的工作量，提升古文在汉语言文学的影响力。但目前，古籍文本分析研究人员少，导致相关工作进展缓慢，算法模型产出滞后。且现有的模型都是沿用在其他领域的模型，导致算法领域特质不鲜明，无法更加高效地对古文文本进行有效分析。针对模型抗干扰能力差，词边界信息难以区分，且开源数据缺乏的问题，本文提出一种基于增量预训练与对抗学习的古籍命名实体识别模型（Ancient Named Entity Recognition Model Based on Incremental Pretraining and Adversarial Learning，ANER-IPAL）用于古籍命名实体识别。

2 相关工作

随着深度学习技术的不断发展，古籍命名实体识别研究主要依托于命名实体识别技术的发展，而命名实体识别研究可以分为三个阶段：传统方法阶段、神经网络阶段和预训练模型阶段。

传统方法阶段主要包括：基于模板的方法和基于统计的方法。基于模板的方法是指利用已建立的规则对句子进行模式匹配，找出句子中对应的实体。这种方法需要语言学家制定相关规则，在数据量较少的情况下可以取得良好的效果。然而，模板中预定义的规则并不适用于领域迁移和未登录词识别场景。因此，基于统计的方法应运而生。基于统计的方法是指利用条件随机场(Conditional Random Field，CRF)、隐马尔可夫模型(Hidden Markov Model，HMM)和最大熵模型(Maximum Entropy Model，MEM)对数据集进行统计和特征建模，并找出文本中的实体。Yang等人(2006)设计了基于HMM的中文命名实体识别算法来识别文本中出现的命名实体，并在当时取得了良好的效果。Duan和Zheng(2011)使用CRF进行中文领域的实体识别模型建模，通过CRF模型获得各标签序列的分数值，并解码得到命名实体识别结果。

随着深度学习模型的不断发展，命名实体识别的研究方向也从传统方法发展到神经网络方法。神经网络方法不需定义实体抽取规则，它可以自动从文本数据中挖掘潜在特征，并完成命名实体识别任务。由于深度学习方法的高效性和便捷性，近些年，基于此方法的命名实体识别工作如雨后春笋般涌现。Huang等人(2015)提出了一种结合BiLSTM和CRF的中文命名实体识别模型。借助于BiLSTM善于捕捉长距离依赖关系，CRF可以优化序列输出的特点，BiLSTM-CRF模型在命名实体识别任务上取得了良好的效果。Ma和Hovy(2016)提出了BiLSTM-CNN-CRF模型用于实体识别，首先利用CNN获取句子的词级别特征，然后利用BiLSTM获取句子的时序依赖特征，并使用CRF对实体识别结果进行优化。面对模型无法同时关注字词特征的缺陷，Zhang和Yang(2018)提出了Lattice-LSTM模型，该模型通过引入分词结果信息，增加模型输入层的特征信息量；接着利用LSTM提取字词融合信息的隐藏时序特征，进而提升命名实体识别效果。Zhang等人(2019)也提出了一种基于词汇形式的命名实体识别模型，通过结合词级别和字符级别特征，提升了模型在中文命名实体识别任务上的性能。为准确对特定类实体进行准确识别，尼扎木丁等人(2017)使用统计规则对维族人名进行了研究，并获得了优异的命名实体识别结果。马合木提等人(2017)提出了一种基于模糊匹配和语音转换的命名实体识别方法，通过模糊匹配和结合语音模态信息进行实体识别，实验表明，该方法能够有效地识别文本中的命名实体。

由于传统的神经网络模型不能很好地表示句子的语义特征，基于大规模语料库的预训练语言模型应运而生。近年来，随着预训练语言模型的提出，命名实体识别的研究也进入到基于预训练语言模型的时代。廖列法(2023)提出一种基于注意力机制和特征融合的实体识别模型，借助BERT模型的语义表示能力获得了令人满意的实体识别结果。Xu和Li(2021)在生物医学领域的命名实体识别任务中，提出了BERT-BiLSTM-CRF模型，该模型通过关注领域的关键信息，从而获得更好实体识别效果。Li等人(2022)在ALBERT、BiGRU和CRF模型的帮助下，通过预训练语言模型增强句子的信息表达，并使用BiGRU关注文本中的长距离依赖，结合CRF获得更准确的实体序列标签，最终在MARS数据集上取得了良好的性能。郜成胜等人(2020)提出一种基于混合神经网络的命名实体识别方法，通过引入多种深度学习结构来构建命名实体识别模

第二十二届中国计算语言学大会论文集，第23页-第33页，哈尔滨，中国，2023年8月3日至5日。

型，并使用联合任务解码方式，解码得到命名实体识别结果。为了解决当前模型无法从多个角度挖掘更深层次特征的问题，Li和Meng(2021)通过拆解汉字并添加拼写信息来丰富模型的输入，以便模型可以从多个维度提取特征。相关研究人员发现，引入外部知识有助于提升中文命名实体识别的效果。在此基础上，Hu等人(2022)引入了基于BERT模型的知识库实体增强概念，通过结合知识库信息，强化实体边界概念，并在中文命名实体识别任务中取得了良好的性能。Liu等人(2021)提出将外部词典信息添加到BERT模型中，以丰富模型的输入特征，从而获得更好的识别效果。

上述研究工作为古籍实体识别任务带来了新的思路。然而，这些模型往往容易出现实体边界识别不准确和抗干扰能力差，且无法高效关注古籍文本特征的问题。此外，一些模型还依赖于分词结果，这需要额外的分词模型。因此，这些模型很难部署，无法在专业领域广泛使用。为推动古籍命名实体识别研究工作，本文在构建抗干扰能力强和能有效关注关键信息的模型之外，还提出一套能供模型继续预训练的古籍文本数据。

3 基于增量预训练与对抗学习的古籍命名实体识别方法

在古籍文本实体识别方法的构建上，为了更好地关注古籍文本中的关键信息，对其进行更为有效地编码，并准确区分各个实体之间的边界，使用NEZHA-TCN-GP模型进行古籍命名实体识别；为了将模型语义表达能力迁移到古籍文本领域，适应古文文本表达习惯，提出一种基于古籍数据的预训练方法，通过搜集大量古文文本并进行数据处理，实现NEZHA-TCN模型的预训练任务；同时为了增强模型的泛化能力，提出使用对抗学习思路用于NEZHA-TCN-GP模型的训练；并在最后结合规则处理方法，将一些常见的古籍书名和官职名加入规则库，最后得到古籍文本实体识别结果。

3.1 NEZHA-TCN-GP模型

为了更好地对文本进行编码，在选取基线模型时，使用NEZHA-Chinese-Base模型（后面称为NEZHA模型）对古籍文本进行词向量的获取，同时在模型最后一层加上两层的时序卷积神经网络，用于挖掘潜藏在古籍文本中的局部时序关联语义信息，提升模型对句子特征的编码能力。为了提升模型的抗干扰能力，使用FGM在词嵌入层添加干扰信息。同时在解码层上使用全局指针网络对文本中的实体进行位置解码，最后解码得到实体信息。相关模型的架构如图1所示：

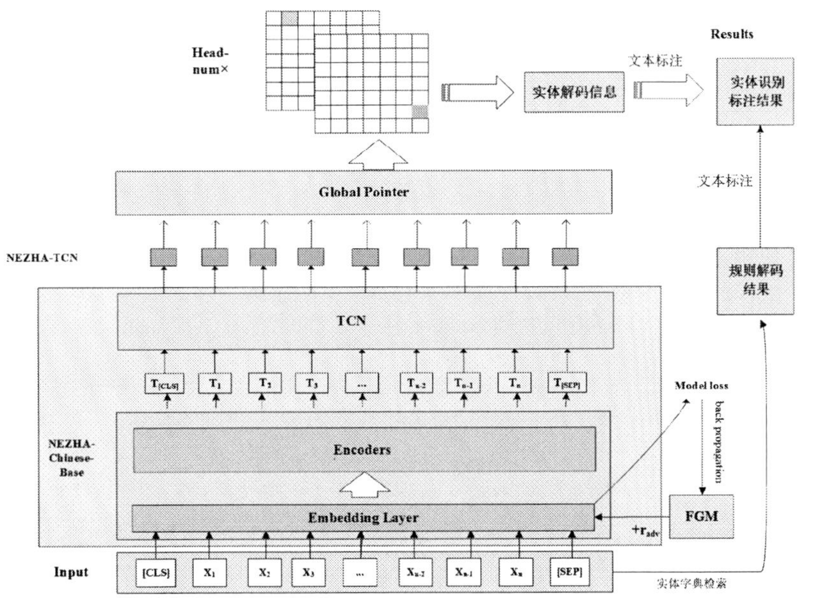

Figure 1: 模型整体架构图

在模型的编码层使用NEZHA模型对相应的古籍文本进行编码处理。与BERT模型不

第二十二届中国计算语言学大会论文集，第23页-第33页，哈尔滨，中国，2023年8月3日至5日。

同，NEZHA模型使用相对位置编码词向量，该方式能够让模型更好地挖掘文本中的字符关联信息。通过使用相对位置的正弦函数计算输出和attention的得分。该想法源于Transformer中使用的函数式绝对位置编码。在训练时通过引入混合精度训练方式进行模型的训练，完成预训练过程的加速。

值得注意的是，为了更好地关注古籍文本中的潜藏的局部特征和时序关系，我们在NEZHA模型的后面加上了两层时序卷积网络，该网络通过膨胀式卷积神经网络对文本中的特征信息进行增强关注，TCN 模型以CNN 模型为基础，并有如下两个特点:

- 序列建模: 传统的卷积神经网络并不能关注潜藏在文本中的时序信息，导致模型对文本时序关系建模能力差。而TCN模型通过设计时序卷积模块，关注文本中的时序信息，增强网络的时序信息建模，能够深层次地挖掘文本中的关联信息。
- 历史记忆: 时序卷积神经网络通过使用空洞卷积和残差模块完成网络的建模，让模型能够提升长时序文本建模能力，关注时序跨度大的关联关系信息，从而提升模型的性能。

同时时序卷积神经网络支持并行计算。与在RNN 中对后续时间步的预测必须等待其前任完成的情况不同，卷积可以并行完成，因为每一层都使用相同的滤波器。因此，在训练和评估中，长输入序列可以在TCN 中作为一个整体进行处理，而不是像在RNN 中那样按顺序处理。TCN还具有更大的局部感受视野，TCN 可以通过多种方式改变其感受野大小。TCN模型的构造如图2所示。

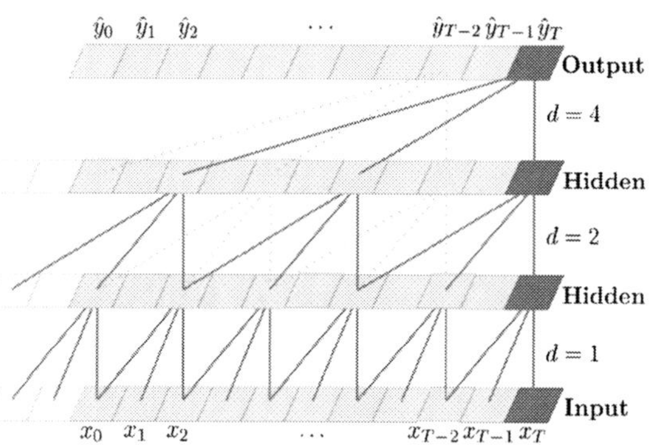

Figure 2: TCN模型结构图

为了更好地识别实体的边界，本模型使用全局指针识别句中实体。与使用CRF作为解码层的模型不同，全局指针将实体识别任务建模为子串提取任务，这种建模方式可以更准确地识别实体信息。对于长度为n的句子，句子中连续片段的最大数量为n(n+1)/2。然后，模型需要从这些片段中选择实体。假设句子中实体总数为k，实体类别数为m。全局指针可以将任务建模为在句子中选择k个实体并对每个实体进行m分类的任务。因此，对于句子："迈尔万出生于中国。"，可以维护一个维度数为[Num-head, L, L]的矩阵，其中Num-head表示实体类别总数，L为句子的长度。全局指针旨在从上述句子中提取"迈尔万"与"中国"，并将其识别为名称与位置实体。对于上述句子，其包含名称实体"迈尔万"和位置实体"中国"。对于CRF方法，句子的标签解码过程可使用图3表示；对于全局指针模型，句子中的实体信息可使用二维矩阵进行表示，如图4所示。

在图3中，命名实体识别任务被建模为一个标签序列预测任务，并利用CRF获得概率最大的预测标签序列。在图3中，深黄色和深蓝色的部分表示句中实体。句子包含两个实体类别，其中Num-head值为2，每个头代表一种实体类别。因此，对于句子中的一个实体，当起始位置为i，结束位置为j时。坐标(i, j)位置用"1"标记，其他位置使用"0"标记。

与CRF相比，全局指针可以规避字符级别的标签错误。此外，全局指针可以更准确地识别实体的边界。在全局指针层前，通过模型编码层和对抗学习层已经得到了经过扰动的句子编码信息，可表示为$H-[h_1, h_2, ..., h_n]$。对于每一个词向量，其经过全连接层，可得到$q_{i,c}$和$k_{j,c}$，其计算方式可以使用公式(1)和(2)表示。

第二十二届中国计算语言学大会论文集，第23页-第33页，哈尔滨，中国，2023年8月3日至5日。

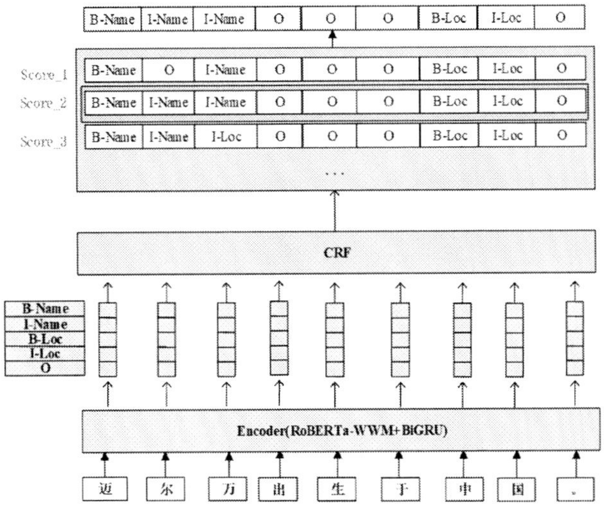

Figure 3: 基于CRF的实体识别解码结构

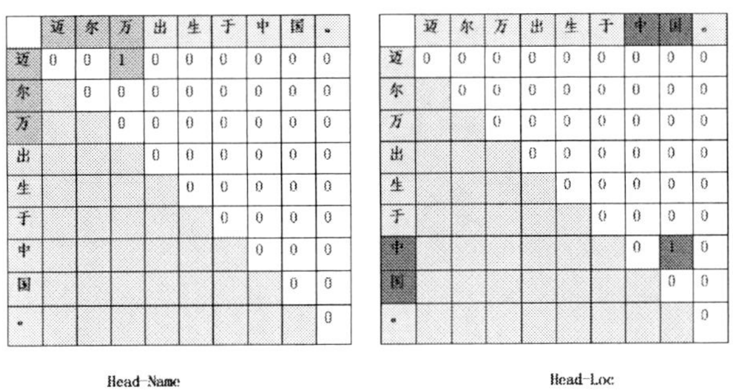

Figure 4: 基于全局指针的实体识别解码结构

$$q_{i,c} = w_{q,c}h_i + b_{q,c} \tag{1}$$

$$k_{j,c} = w_{k,c}h_j + b_{k,c} \tag{2}$$

上述式子中，$q_{i,c}$和$k_{j,c}$用于全局指针评分函数的构造，c表示某一实体类别，$w_{q,c}$和$w_{k,c}$表示权重参数，$b_{q,c}$和$b_{k,c}$表示偏置参数。根据公式(1)和(2)进行评分函数的构造，如公式(3)所示。

$$s_c(i,j) = q_{i,c}^T k_{j,c} \tag{3}$$

式(3)中，S_c表示句子中位置i到位置j字符为实体类型c的分数。为了关注句子中各词位置信息，使用RoPE(Shaw et al., 2018)显式地添加位置信息。RoPE是一个变换矩阵，其计算方式满足方程：，因此可以在评分函数中显式地添加位置信息得到式(4)。

$$s_c(i,j)' = (R_i q_{i,c})^T (R_j k_{j,c}) = q_{i,c}^T R_i^T R_j k_{j,c} = q_{i,c}^T R_{j-i} k_{j,c} \tag{4}$$

公式(4)中，表示添加位置信息后的评分函数，表示位置编码矩阵，和表示词向量经线性变换后可用于评分的输出。

第二十二届中国计算语言学大会论文集，第23页-第33页，哈尔滨，中国，2023年8月3日至5日。

同时，添加位置信息的评分函数，可用于评估句子中对应位置实体属于c类型的分数。因此，全局指针模型的损失函数可以使用评分函数进行构造，计算方式如公式(5)。

$$loss = log(1 + \sum_{(i,j)\in P_c} e^{-s_c(i,j)}) + log(1 + \sum_{(i,j)\in Q_c} e^{s_c(i,j)}) \tag{5}$$

在式(5)中，只需要考虑i¡=j的情况，且公式满足条件(6)和(7)。

$$\Omega = (i,j)|1 \leq i \leq j \leq n \tag{6}$$

$$Q_c = \Omega - P_c \tag{7}$$

在公式(6)和(7)中，i和j代表实体在句子中的起始和结束位置，n代表句子的长度，P_c代表实体集合，Q_c表示实体类型不是c的实体集合。

3.2 基于古籍数据的预训练

为了让模型更好地对古籍文本进行语义表达，本文构建了一套古籍文本，为领域内数据扩充提供支持；同时为了强化模型在古籍文本上的字符级映射能力，本文提出一种结合MLM预训练方式的NEZHA-TCN模型，该模型使用NEZHA-Chinese-Base作为基础模型，并使用时序卷积神经网络充分挖掘潜藏在古籍文本中的字符级别关联关系。

3.2.1 古籍数据的获取与处理

为了更好地将模型参数微调至古籍文本领域，本文搜集了大量的古籍文本，用于NEZHA-TCN模型的预训练。文本数据包含24史中的所有文本信息。由于古籍命名实体识别任务的文本长度基本都是在100左右，且最大长度不超过128。因此将相关的文本信息进行处理，按照逗号、句号等信息将相关的文本切分为长度大于20小于128的长度，这样能使模型更好的学习古籍文本间的关联信息。相关数据处理流程如图5所示。

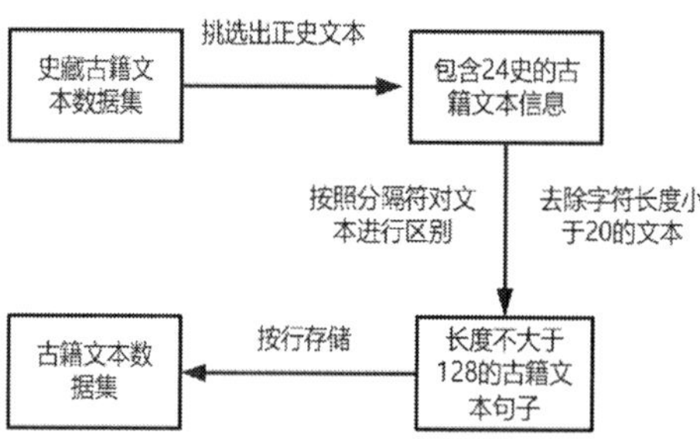

Figure 5: 古籍文本预训练数据处理流程

从图5中可以看到，本文搜集的古籍文本数据需要经过切分拼接处理，并将相关的数据处理成与训练数据类似的格式，即保持字符的繁体形式和长度特征，古籍数据集相关信息如下表所示。

从表中可以看出，本文提出的古籍数据集，一共包含正史文本中的24部书籍，同时文本被处理成长度接近于100个字符的繁体中文文本。在处理过程中，我们还舍弃了长度值小于20个字符的文本，防止文本过短带来模型性能的影响。数据集一共包含近40万条文本，各条文本按书籍内出现顺序排序。

在数据处理过程中，由于提供的训练数据为繁体字，在实验过程中，我们发现直接使用繁体字进行模型的训练和预测较简体字效果要好，因此在模型预训练过程中，我们将相关的简体字转化为繁体字进行NEZHA-TCN模型的预训练。在预训练过程中，使用正常单字掩码方式进行模型的预训练，并将掩码概率设置为15%，使得模型能够更好地关注文本间的信息。

第二十二届中国计算语言学大会论文集，第23页-第33页，哈尔滨，中国，2023年8月3日至5日。

古籍文本参数信息	数据描述
数据集大小	87M
文本最小长度	20字符
数据总量	397995条
文本来源	24史文本
最大长度	128字符
词典字符数量	21128

Table 1: 古籍预训练数据文本信息

3.2.2 古籍数据的预训练

在对NEZHA-TCN模型进行预训练时，使用单字掩码的方式进行字符的掩码操作，在古文句子中随机选定15%的字符，在选定的字符中，80%的字符被替换为“[MASK]”，10%的字符被随机替换为其他单词，其余10%保持不变。实验结果表明，沿用BERT预训练方法中的掩码机制可以提高模型的泛化能力和句子语义建模能力。

在预训练过程中，古籍文本总数将近40万条，batch-size设置为32，文本最大长度为128，并保存模型训练到第500,000轮次时使用模型进行下游任务的精调处理。更加具体的预训练参数如下表所示。

预训练参数	参数值
掩码概率	15%
掩码方式	单字掩码
随机数种子	42
批尺寸大小	32
学习率	5e-5
最大长度	128
训练步数	500,000

Table 2: 实验环境配置

3.3 对抗学习

为了提高模型的抗干扰能力，使用快速梯度法(Fast Gradient Method，FGM)(Miyato et al., 2016)在模型训练过程中添加干扰。FGM可以获得更好的对抗样本，提高模型的性能。使用FGM进行模型训练，其过程包括两个步骤:

- 最大化内部损失函数值: 为了在模型训练过程中往损失值增加的方向引入扰动，并在优化空间中找到最大的影响函数，内部损失函数值应最大化。
- 最小化任务判别损失函数值: 在对模型添加干扰后，模型的输出分布也能与原始分布保持一致。因此，在上述最大化内部损失函数值的情况下，该模型在外部需要找到最优的模型参数，任务判别损失函数应最小化。

对抗训练过程中的最小-最大公式描述如公式(8)所示。

$$\min_{\theta} E_{(x,y)\sim D}[\max_{r_{adv}\in S} L(\theta, x + r_{adv}, y)] \tag{8}$$

在式子(8)中，表示模型的参数。E表示在对抗性学习过程中的期望值。D表示数据集信息。L表示被扰动的神经网络的损失函数。x和y分别表示输入和输出。r_{adv}表示对模型添加的扰动，S表示扰动空间。对于FGM算法，输入数据的梯度可表示为式(9)。在对抗学习过程中，扰动值的计算可用公式(10)表示。

$$g = \nabla_x L(\alpha, x, y) \tag{9}$$

第二十二届中国计算语言学大会论文集，第23页-第33页，哈尔滨，中国，2023年8月3日至5日。

$$r_{adv0} = \alpha sgn(g) \tag{10}$$

式(10)中，表示添加扰动的概率，sgn为阶跃函数。与快速梯度下降法(Fast Gradient Sign Method，FGSM)不同，FGM模型添加的扰动信息使用梯度二范数进行计算，这可以让模型得到更好的泛化能力。FGM的扰动值计算方式如式(11)所示。

$$r_{adv} = \alpha g/\|g\|_2 \tag{11}$$

式(11)中，α表示添加扰动的概率，r_{adv}表示所添加的扰动量。为了更好地解释模型中FGM的计算流程，可使用图6对模型训练过程如何添加相应的扰动进行描述。

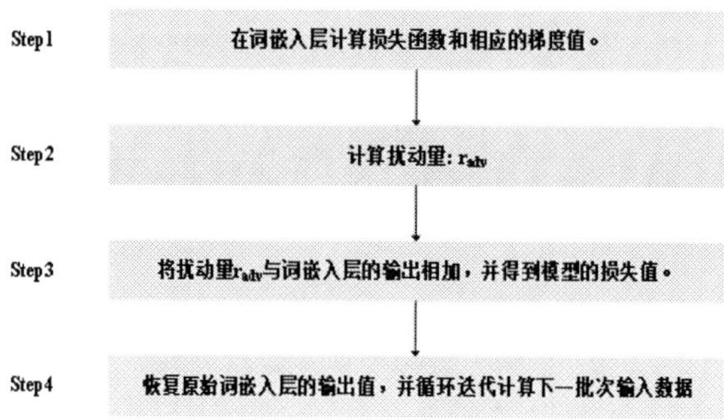

Figure 6: FGM对抗训练流程图

在对模型编码和相应的扰动量的使用下，模型在词嵌入层得到了经过添加扰动量的词向量信息。在模型编码层中经过embedding层后的词向量信息可以使用公式12表示。

$$h_{ea} = h_e + h_{adv} \tag{12}$$

在式(12)中，h_{ea}表示添加扰动后的词向量表示，h_e表示经过词嵌入层得到的词向量输出，r_{adv}表示添加的扰动量。接着将得到的词向量h_{ea}送入到模型编码层中，得到经过关键信息增强和语义信息优化的字符编码向量$H = [h_1, h_2, ..., h_n]$。

3.4 结合规则

在研究中，我们发现，模型中存在一些常见的预测错误，比如漏标，错标的情况出现，为了更好地整理预测结果，我们结合相应的规则进行结果的矫正输出。由于测试集数据量少，此种方法会有一定的效果。

同时在模型的预测中，我们还注意到本文提出的模型会无差别地识别嵌套实体和非嵌套实体，而在真实数据中，没有嵌套实体地出现，因此在数据输出处理时，我们使用如下规则选择嵌套实体中的某一个实体，保证模型能够以最大概率输出，得到最好的结果。嵌套实体的留取规则为：将所有实体按照实体初始位置进行升序排序，按照实体结束位置进行降序排序，去除后续嵌套的实体。

4 实验

4.1 实验数据集

本文主要使用古籍命名实体识别数据集(苏祺 et al., 2023)进行模型的微调，在去除提供训练数据集中不存在实体的句子后，数据集一共包含2137文本，3种类型实体，分别为：BOOK（书籍名）、PER（人名）和OFI（官职名称）。三类实体分布不均衡，其中BOOK类型实体最少。在训练数据处理过程中，使用BIO方式对数据进行标注，其中“B”表示实体开头字符，“I”表示实体非开头字符，“O”表示非实体元素。为了更好地验证本文提出模

第二十二届中国计算语言学大会论文集，第23页-第33页，哈尔滨，中国，2023年8月3日至5日。

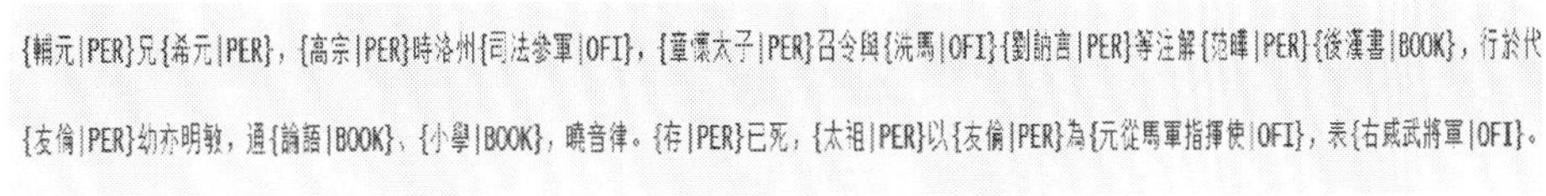

Figure 7: 数据标注示例图

型的有效性，在实验中，随机选取前2000条数据样本进行训练，后137条数据作为验证集，测试集数据224条。该数据集的原始标注情况如图7所示。

从图7中可以看到，在原始标注信息中使用大括号将相应的实体进行标注，并使用相关分隔符标识实体的类型。同时在训练数据中，所有出现的实体没有嵌套情况出现，因此在后续实体解码过程中，可以直接将嵌套实体进行规则化处理。

4.2 评价指标

在实验中，选择Micro-F1作为评价模型性能的主要指标，并在文中将其记为F1值。同时使用Recall和Precision作为辅助指标查看模型的效果，相关指标的计算方式如式(13)、(14)和(15)所示。

$$Recall = \frac{|S \cap G|}{|G|} * 100\% \tag{13}$$

$$Precision = \frac{|S \cap G|}{|S|} * 100\% \tag{14}$$

$$F_1 = \frac{2 * Recall * Precision}{Recall + Precision} * 100\% \tag{15}$$

在上述公式中，G 表示数据集中所有实体集合，可以表示为$G = \{g_1, g_2, g_3, ..., g_n\}$. S 表示模型预测实体的结果集合，可以表示为$S = \{s_1, s_2, s_3, ..., s_n\}$. 任意一个元素$G$ and S 包含实体和相应的实体类型。

4.3 实验环境与参数

古籍命名实体识别研究使用Linux系统进行实验，同时使用Python编程语言进行模型代码编写，计算资源为GPU，显存大小为16g，更加具体的实验环境如下表所示。

环境名称	参数值
操作系统	Linux
编程语言	Python3.7
CPU	i5-9300h
内存大小	16g
GPU型号	GeForce RTX 2080 Ti
Pytorch	1.10.0
Transformers	4.9.2

Table 3: 实验环境配置

从上表中可以看出，本实验使用PyTorch深度学习框架进行模型的训练与测试，同时结合第三方资源库Transformers进行预训练语言模型框架代码的开发。在本节中，各数据集上的模型参数配置如下表所示。

从表中可以看出，Batch-size设置为48，Max-len为128，Num-head表示各个数据集实体类别总数。模型使用分段学习率进行参数调整，预训练模型部分使用微调策略进行训练，学习率为5e-5，全局指针层使用更大的学习率进行参数调整，学习率为1e-3。在模型训练中，对抗学习的扰动概率为0.25。

第二十二届中国计算语言学大会论文集，第23页-第33页，哈尔滨，中国，2023年8月3日至5日。

参数名称	参数值
Max-len	128
Batch-size	48
Type-num	3
Learning rate 1	5e-5
Learning rate 2	1e-3
α	0.25
随机数种子	42

Table 4: 模型参数

4.4 实验结果分析

本节主要对本文提出的方法进行实验验证。在实验中使用相关数据集进行消融实验，以验证本文提出的模型相较于其他模型的优势。消融实验的具体参数有：LSTM、TCN、预训练、对抗学习、结合规则。因此在基线模型的选取上，将NEZHA-Chinese-Base+全局指针模型作为基线模型，后续将其称为NEZHA。各种模型在测试集上的F1值如下表所示。

模型名称	**F1**（%）
NEZHA	91.15
NEZHA-LSTM	91.90
NEZHA-TCN	92.32
Nezha-TCN+预训练	93.35
Nezha-TCN+预训练+对抗学习	94.22
ANER-IPAL	95.34

Table 5: 模型消融实验结果

从上表中可以看到，基线模型使用NEZHA-Chinese-Base模型作为词向量编码器，并结合使用全局指针对文本中的实体进行预测，其F1值也达到了90%以上，这表明:NEZHA-Chinese-Base在本任务上有着较好的语义表征能力，全局指针解码器也能很好的解决古籍命名实体识别任务。在模型加上TCN模块后，模型能够有效挖掘文本中的语义关联信息，较基线模型在F1值上提升了1.17%。同时在本文提出的古籍数据上进行继续预训练能够有效提升模型对古文文本的实体识别效果，F1值较无增量预训练的方法也有所提升。在训练过程加上对抗学习能够有效提升模型的泛化性能，在训练数据较少的情况下提升较为明显。消融实验结果表明，使用TCN、预训练、对抗学习和结合规则这几种方法都能够有效提升古籍命名实体识别的预测效果，且最后的F1值为95.34%。

5 总结

本文从算法构建和数据出发，不仅为古籍文本领域构建了一套可用于古籍文本预训练的数据，还构建了一整套用于古籍命名实体识别研究的算法。实验结果表明，本文提出的方法能够有效地将预训练语言模型的能力进行场景迁移，同时还能够有效且稳定地关注古籍文本中的关键特征信息，对提升古籍文本实体识别准确率有较好的效果。

致谢

感谢北京信息科技大学智能信息处理研究所对本工作的支持。

参考文献

苏祺,王莹莹,邓泽琨,杨浩,王军. 2023. CCL23-Eval 任务1总结报告: 古籍命名实体识别(GuNER2023).

Hongkui Y, Huaping Z, Qun L. 2006. Chinese Named Entity Recognition Based on Cascading Hidden Markov Model. *Journal of communication*, 27(2):87–94.

第二十二届中国计算语言学大会论文集，第23页-第33页，哈尔滨，中国，2023年8月3日至5日。

Duan H, Zheng Y. 2011. A Study on Features of The Crfs-Based Chinese Named Entity Recognition. *International Journal of Advanced Intelligence*, 3(2):287–294.

Huang Z, Xu W, Yu K. 2015. Bidirectional LSTM-CRF Models for Sequence Tagging. *arXiv preprint*, arXiv:1508.01991.

Ma X, Hovy E. 2016. End-To-End Sequence Labeling via Bi-Directional LSTM-CNNs-CRF. *arXiv preprint*, arXiv:1603.01354.

Y Zhang, J Yang. 2018. Chinese NER Using Lattice LSTM. *arXiv preprint*, arXiv:1603.01354.

Y Zhang, J Yang. 2019. Chinese Named Entity Recognition Augmented with Lexicon Memory. *arXiv preprint*, arXiv:1912.08282.

塔什甫拉提·尼扎木丁,汪昆,艾斯卡尔·艾木都拉. 2017. 统计与规则相结合的维吾尔语人名识别方法. 自动化学报, 43(04):653–664.

热合木·马合木提,于斯音·于苏普,张家俊. 2017. 基于模糊匹配与音字转换的维吾尔语人名识别. 清华大学学报*(*自然科学版*)*, 57(02):188–196.

廖列法,谢树松. 2023. 基于注意力机制特征融合的中文命名实体识别. 计算机工程, 1-10[2023-03-11]. DOI:10.19678/j.issn.1000-3428.0064432.

Xu L, Li J. 2021. Biomedical Named Entity Recognition Based on BERT and BiLSTM-CRF. *Computer Engineering and Science*, 43(10):1873–1879.

Junhuai L, Miaomiao C, Huaijun W, et al. 2022. Chinese Named Entity Recognition Method Based on ALBERT-BGRU-CRF. *Computer Engineering*, 48(06):89–94.

郜成胜,张君福,李伟平. 2020. 一种基于混合神经网络的命名实体识别与共指消解联合模型. 电子学报, 48(03):442-448.

Li J, Meng K. 2021. MFE-NER: Multi-Feature Fusion Embedding for Chinese Named Entity Recognition. *arXiv preprint*, arXiv:2109.07877.

Hu J, Hu Y, Liu M, et al. 2021. Chinese Named Entity Recognition Based on Knowledge Base Entity Enhanced BERT Model. *Journal of Computer Applications*, 42(9):2680–2685.

Liu W, Fu X, Zhang Y, et al. 2021. Lexicon Enhanced Chinese Sequence Labeling Using BERT Adapter. *arXiv preprint*, arXiv:2105.07148.

Shaw P, Uszkoreit J, Vaswani A. 2018. Self-Attention with Relative Position Representations. *arXiv preprint*, arXiv:1803.02155.

Miyato T, Dai A M, Goodfellow I. 2016. Adversarial Training Methods for Semi-Supervised Text Classification. *arXiv preprint*, arXiv:1605.07725.

第二十二届中国计算语言学大会论文集，第23页-第33页，哈尔滨，中国，2023年8月3日至5日。

CCL23-Eval任务1总结报告：古籍命名实体识别(GuNER2023)

苏祺[1,3,4]，王莹莹[2,4]，邓泽琨[2,4]，杨浩[3,4]，王军[2,3,4]✉
[1]北京大学外国语学院　[2]北京大学信息管理系
[3]北京大学人工智能研究院　[4]北京大学数字人文研究中心
{sukia, dzk, yanghao2008, junwang}@pku.edu.cn, ying_y_wang@126.com

摘要

第22届中国计算语言学大会(CCL)提出了中文信息处理方面的10个评测任务。其中，任务1为古籍命名实体识别评测，由北京大学数字人文研究中心、北京大学人工智能研究院组织。该任务的主要目标是自动识别古籍文本中事件基本构成要素的重要实体，以提供对古汉语文本进行分析处理的基础。评测发布了覆盖多个朝代和领域的"二十四史"评测数据集，共15万余字，包含人名、书名、官职名三种实体超万数。同时设置了封闭和开放两个赛道，聚焦于不同规格的预训练模型的应用能力。共有127支队伍报名参加了该评测任务。在封闭赛道上，参赛系统在测试集上的最佳性能达到了96.15%的F1值；在开放赛道上，最佳性能达到了95.48%的F1值。

关键词：　古汉语 ；命名实体识别 ；评测 ；古文信息处理

Overview of CCL23-Eval Task 1: Named Entity Recognition in Ancient Chinese Books

Qi Su[1,3,4],Yingying Wang[2,4],Zekun Deng[2,4],Hao Yang[3,4],Jun Wang[2,3,4]✉
[1]School of Foreign Languages, Peking University
[2]Department of Information Mangagement, Peking University
[3]Institute for Artificial Intelligence, Peking Univeristy
[4]Research Center for Digital Humanities, Peking University
{sukia, dzk, yanghao2008, junwang}@pku.edu.cn, ying_y_wang@126.com

Abstract

The 22nd China National Conference on Computational Linguistics (CCL2023) presented 10 evaluation tasks in the field of Chinese information processing. Among them, Task 1 (GuNER2023) focused on the evaluation of Named Entity Recognition (NER) for Ancient Chinese texts, organized by the Digital Humanties Research Center and the Institute of Artificial Intelligence at Peking University. The main objective of this task was to automatically identify important entities related to the basic components of events in ancient texts, thus providing a foundation for analyzing and processing Classical Chinese texts. The evaluation released the *Twenty-four Histories* dataset, which covers multiple dynasties and domains, including three types of entities: personal names, book titles, and official positions. Two tracks, restricted and unrestricted tracks, were set up to assess the capabilities of pre-trained models with different specifications. A total of 127 teams registered for this evaluation task. In the restricted track, the best-performing system achieved an F1 score of 96.15% on the test set, while in the unrestricted track, the highest performance researched an F1 score of 95.48%.

本研究得到国家自然科学基金国际重点合作项目"中国儒家学术史知识图谱构建研究"(项目号:72010107003)的支持

Keywords: Ancient Chinese , Named Entity Recognition , Evaluation , Ancient Language Information Processing

1 引言

古籍命名实体识别（Named Entity Recognition）任务的目的是自动化抽取古籍善本中的明确实体对象，实体类型包括人名、地名、机构名以及其他可定义的实体类型，例如官职名、书名等 (苏祺et al., 2021)。古籍文献的命名实体识别是正确分析处理古汉语文本的基础步骤，也是深度挖掘和组织人文知识的重要前提，对于在数字人文环境下历史人文数据库和工具的构建具有显著的学术价值和实践意义。

近年来，学界已有多项研究关注史籍、方志、诗词、中医等类目的古籍命名实体识别，并构建了一些针对特定领域的小型标注数据集。实体标注的体系和规范也有所差异，识别范围通常由三种基本实体类别扩充至人文计算研究所需的多种特殊类别，如书名、药物名、疾病名、动植物名等 (杜悦et al., 2021; 黄水清et al., 2015; 刘江峰et al., 2022; 崔竞烽et al., 2020; 李娜, 2021; 谢靖et al., 2022; 林立涛et al., 2022)。总体而言，古籍命名实体识别任务仍然缺乏可用于模型训练以及评测的公开数据资源，阻碍了技术的进一步发展。另一方面，古汉语在不同时代和不同领域的古籍文献中具有丰富的字形变化和语境含义，以及行文结构的连续性、无句读等特点，这也增加了古籍文献命名实体识别任务的复杂和困难程度。

北京大学人工智能研究院和北京大学数字人文研究中心联合组织了本次古籍文献的命名实体识别评测，基于“二十四史”建构了覆盖多个朝代的历时、跨领域数据资源，以完善古籍命名实体识别数据的扩充和任务的建立。与以往的古籍命名实体识别数据集和评测任务相比，本次评测具有以下特色：

首先，针对不同朝代和领域的古籍文献所反映出的语言和实体特征差异，本次评测选择了历史典籍“二十四史”来建立实体标注体系和数据集，以期提升古籍命名实体识别模型在不同领域的适用性。“二十四史”是中国古代各朝撰写的二十四部正史的总称，均以纪传体编撰。它上起传说中的黄帝时期，下至明朝崇祯十七年，涵盖了中国古代政治、经济、军事、思想、文化、天文、地理等各方面的内容，是各个历史时期社会各领域的缩影和记录。

其次，本次评测数据集的实体知识体系涵盖了人名、书名和官职名三种类型。在历史典籍中，与事件相关的人物、地点等实体是最为重要和易于获取的知识，同时，官职身份亦是体现事件中人物关系的重要信息，需要准确地识别和挖掘。

最后，本次评测设置了封闭和开放两个赛道，旨在比较、探索和挖掘不同规模的预训练语言模型在古籍命名实体识别任务中的应用能力。封闭赛道要求参赛队伍禁止使用大模型，而开放赛道要求必须使用大语言模型。

本文主要包含如下内容：第2节主要介绍了古籍命名实体识别的相关工作，包括数据集、实体标注和模型算法等。第3节详细介绍了本次评测的具体设置，例如数据集、评价指标、赛道要求等。第4节概述了本次评测的参赛情况。第5节展示参赛队伍所使用的方法，并进行了总结分析。最后，第6节对本次评测进行了总结。

2 相关工作

2.1 古籍实体标注数据集

实体标注是对数字化古籍文本进行概念与知识的抽取、挖掘的重要支撑，但其人工标注成本显著高于现代汉语。一方面是因为古籍文本的电子化数据资源相对较少，另一方面则是古籍实体标注对标注人员的知识背景有较高的要求，需要具备一定的古汉语专业知识。而手工标注的操作效率低下，使得标注成本不断攀升。早期的古籍数据集主要关注于史籍文本中的人名和地名等基本实体类型，例如朱晓 (2012)标注了编年体《明史本纪》中的人名，皇甫晶和王凌云 (2013)标注了西晋陈寿所著《三国志·蜀书》十五卷中的人名，黄水清等 (2015)标注了《春秋左氏传》中的地名等等。随后的研究逐渐将实体标注范围扩充至其他多种可定义的实体类型。例如，李娜 (2021)标注了《方志物产》山西卷中物产信息的别名、人名、地名、引用名、用途名等，谢靖等 (2022)利用词典资源完成了《黄帝内经》中医学概念实体的标注，林立涛等 (2022)等对25部先秦典籍语料库中的动物实体进行了标注，崔竞烽等 (2020)通过网络、论文

第二十二届中国计算语言学大会论文集，第34页-第40页，哈尔滨，中国，2023年8月3日至5日。

和书籍进行菊花古典诗词数据的采集，并对其中的时间、地点、季节、花名、花色、人物和节日等7类命名实体进行了标注。此外还有许多古籍实体标注数据集的构建研究，不再一一赘述。

综合而言，现有的古籍实体标注数据集往往聚焦于特定类目和领域的文本，不同数据集之间的语言和实体特征存在明显差异，标注的体系和方法也各有不同，因此不能统一适用于模型训练。为此，本次评测选用历史典籍“二十四史”建构了覆盖多个朝代的历时跨领域数据资源，旨在扩充古籍命名实体识别数据集，并提升识别技术的领域适应性。

2.2 基于预训练语言模型的古籍命名实体识别方法

命名实体识别模型的编码层对输入进行抽象语义表示，解码层则用于预测实体的边界和类型。2018年10月谷歌AI团队发布新的语言表征模型——BERT（Bidirectional Encoder Representation from Transformers） (Devlin et al., 2019)，刷新11项自然语言处理任务记录。其后预训练模型作为编码层并结合下游任务微调逐渐成为主流的文本挖掘方法。崔竞烽等 (2020)在古典诗词的“花”类实体抽取中引入了预训练模型，并证明了BERT (Devlin et al., 2019)在诗词实体抽取任务上具有一定的优势。

中文BERT是基于中文维基百科训练的包含简体和繁体中文的预训练模型，普适性虽强，但在面对特定领域文本的自然语言处理任务时，其功能的发挥容易受限。而古代汉语与现代汉语在语法、语义、语用方面存在较大差异。古籍命名实体识别数据集具有领域特定的特殊性，因此领域化的深度预训练语言模型成为提高古籍文本实体识别效果的关键技术。GuwenBERT [2]模型是基于殆知阁古文文献语料进行训练的，包含15,694本古文书籍，总字符数达到1.7亿。该模型对所有繁体字进行了简体转换处理，并结合现代汉语RoBERTa (Liu et al., 2019)权重和大量古文语料，将现代汉语的部分语言特征迁移到古代汉语中，在2020年“古联杯”命名实体识别评测比赛中获得了二等奖。胡韧奋等 (2021)针对古汉语句子长度较短且多数不含断句和标点信息的特点，将古文段落作为输入单位，将自动断句作为下游任务，同样基于殆知阁古文文献语料训练得到一个古汉语深层语言模型，在古汉语自动断句任务上实现了高精度，并在“古联杯”命名实体识别评测比赛中获得了一等奖。王东波等 (2022)提供的SikuBERT和SikuRoBERTa则是基于《四库全书》繁体语料在BERT (Devlin et al., 2019)和RoBERTa (Liu et al., 2019)上进行继续训练的预训练模型，其设计面向《左传》语料的命名实体识别等任务，验证了SikuBERT等预训练模型在古文词法、句法和语境学习以及泛化能力方面具有较强的能力。命名实体识别模型常用的解码层方法包括条件随机场（Conditional Random Field, CRF）、指针网络（Pointer Network）、循环神经网络（Recurring Network）等。

谢志强等 (2022)针对古汉语中的嵌套命名实体识别问题，使用全局指针网络(Global Pointer Network)作为解码器，并结合了RoBERTa-classical-chinese、SikuRoBERTa、SikuBERT、RoBERTa-wwmext、BERT-wwm-ext和GuwenBERT六个预训练语言模型，在基于《史记》标注的人名、地名、官职、书名和时间这五类实体的数据集上进行了实验。实验结果表明，RoBERTa-classical-chinese和SikuRoBERTa结合全局指针网络在古汉语嵌套命名实体识别任务上能够获得良好的性能。陈雪松等 (2023)指出了一种古汉语实名实体识别方法，称为SikuBERT-BiLSTM-MHA-CRF。他们利用SikuBERT预训练模型 (王东波et al., 2022)，结合双向LSTM（Bidirectional Long Short- Term Memory）网络和多头注意力机制，实现了性能的提升。严承希等 (2023)针对古籍命名实体识别任务中的少样本问题，利用深度主动学习算法实现了高性能的预测，并且减少了迭代次数，从而有效降低了人工成本。

本次评测基于预训练语言模型的规格限制，设置了封闭和开放两个赛道，以期展示基于预训练语言模型的古籍命名实体识别方法在评测数据集上的性能。

3 评测设置

3.1 评测数据集和评价标准

本次评测提供官方评测数据集“古籍命名实体识别2023”(GuNER2023)，由北京大学数字人文研究中心组织标注，语料来源是网络上公开的部分中国古代正史纪传文本。数据包括供参赛队伍进行模型训练与调优的训练集，以及评测参赛队伍模型性能的封闭测试数据集。同时，各参赛队伍可以自行使用其他公开的人工标注数据集和伪数据集。训练集以“二十四史”为基础语料，包含13 部书中的22 卷语料，随机截断为长度约100 字的片段，标注了人名（PER）、书名

[2]GuwenBERT https://github.com/ethan-yt/guwenbert

第二十二届中国计算语言学大会论文集，第34页-第40页，哈尔滨，中国，2023年8月3日至5日。

（BOOK）、官职名（OFI）三种实体，总计15.4 万字（计标点）。数据集标注过程如下：首先，至少两名普通标注者独立对相同的文本进行标注。如果存在标注结果的不一致，那么专业标注者将进行第二轮标注检查。对古籍中不同类型命名实体的标注规范将另外撰文详述。

评测数据集格式为文本文件，参赛队伍可根据模型需要进行转化处理。其中训练集数据样例如下所示，每行为二十四史原文中的一个段落，段中每一个实体以“{}”标识，“|”后为实体类别。测试集数据集包含原文内容，参赛队伍需要提交在测试集文本上的实体识别结果文件，格式与训练集一致。训练集数据共2347段、15万余字，三种实体的数量共10246个。测试集数据共224段、约1.5万字。

{元|PER}兄{希元|PER}，{高宗|PER}洛州{司法|OFI}，{章太子|PER}召令{洗|OFI}{言|PER}等注解{范|PER}{後|BOOK}，行於代。先{元|PER}卒。

{友|PER}幼亦明敏，通{|BOOK}、{小|BOOK}，音律。{存|PER}已死，{太祖|PER}以{友|PER}{元指使|OFI}，表{右威武|OFI}。

本次评测的测试数据集采用封闭方式给出，即仅给定原古文文本，需要参赛队伍训练模型对文本中的命名实体进行自动识别和标注，并将结果文件打包上传至在线评测平台，获取评测指标得分。本次评测使用准确率（Precision）、召回率（Recall）和F1值作为评价指标。

3.2 赛道设置

为比较、探索和挖掘不同规模的预训练语言模型在古籍命名实体识别任务中的应用能力，GuNER2023设置了开放和封闭两个赛道：开放赛道要求参赛队伍必须使用ChatGPT、文心一言、ChatGLM 等大模型；封闭赛道的参赛队伍禁止使用大模型，仅允许使用拥有开源License（如GPL、BSD、MIT、Apache等）且参数量小于10B 的预训练语言模型。两个赛道使用不同的评测提交入口，参赛队伍可以同时参加两个赛道的评测提交，也可以选择只参加其中一个赛道。

4 报名情况与评测结果

4.1 评测情况

本次评测于2023年4月10日开启报名，共吸引了127支队伍报名参与，体现了行业对古文自然语言处理技术的关注。其中，92支队伍来自国内外多所科研院校和机构，包括北京大学、中国社会科学院、北京信息科技大学、南京航空航天大学、中国科学院信息工程研究所、成都信息工程大学、澳门大学、香港中文大学、美国雪城大学等。这些院校的参赛队伍涵盖了不同的专业、学院和实验室，既包括计算机及自然语言处理等工科背景团队，也有信息管理、信息传播、语言研究、民族学与人类学研究等人文社科研究团队。另外，还有19支队伍来自字节跳动、数据方舟、杭州十域科技、中国电信、金融壹账通、元知科技、联想诺谛、水滴科技等企业，以及2支队伍是苏州大学和阿里巴巴公司的校企合作参赛，此外还有1支队伍来自中国民族图书馆。

封闭和开放赛道的评测提交入口于2023年4月28日至6月1日开放。6月5日至9日，评测榜单排名较高的参赛队伍提交了实验数据、代码等信息，供评测组织方进行复现审核。根据两个赛道的榜单排名以及复现审核结果，于6月15日公布了封闭赛道的最终排名和评测得分，详见表1。开放赛道的两支参评队伍均不符合大模型使用规则，因此奖项置空。开放赛道榜单中前两名的得分如表2所示，其中的模型信息为参赛队伍提交评测时所填入，但并未提交实验代码和技术报告，大模型使用的方法和指令无法得知。参赛队伍的单位和成员信息亦无法得知。

4.2 方法分析

本次评测共接收到封闭赛道的6份技术报告，其中有5份来自排名前5名参赛队伍。本节内容对参赛队伍在封闭赛道中所使用的基于预训练模型的实体识别方法进行分析。

第二十二届中国计算语言学大会论文集，第34页-第40页，哈尔滨，中国，2023年8月3日至5日。

Table 1: 封闭赛道排名与榜单成绩

排名	队伍	单位	榜单排名	榜单成绩	复现成绩
1	KDSec_IIE	中国科学院信息工程研究所	1	96.15	96.15
2	翼智团_TeleAI	中国电信股份有限公司数字智能科技分公司	2	95.87	95.82
3	BISTU_IIIP	北京信息科技大学	4	95.34	95.34
4	CUIT_IDSE	成都信息工程大学	5	95.08	95.08
5	JZW	个人	3	95.68	94.34

Table 2: 开放赛道榜单部分结果

榜单排名	队伍	模型	榜单成绩
1	wzjj98	ChatGPT	95.48
2	东财	ChatGLM	95.43

第一名的参赛队伍KDSec_IIE所使用的预训练模型是RoBERTa (Liu et al., 2019)，预训练参数来自于在古文数据上训练的Roberta-classical-chinese-large-char[3]，是GuwenBERT的改进版本。此外，该队伍设计了Token-wise感知的序列标注和Span-level感知的实体识别两种框架，融合两种框架的实体预测结果，集成多个结果以提升识别性能。其中，Span-level感知的框架是穷举输入句子中所有满足最大实体长度限制的实体Span，进而计算每个Span在每个实体类型标签下的概率分布。同时，从信息论的视角显式地约束实体特征的表达，即最大化实体上下文特征与标签之间的互信息，以及最小化冗余信息。

第二名的参赛队伍翼智团_TeleAI基于BERT (Devlin et al., 2019)、ERNIE (Zhang et al., 2019)、GuwenBERT和MengziBERT (Zhang et al., 2021)等预训练模型，使用未标注的"二十四史"文本进行领域持续训练，然后使用GuNER2023训练集进行任务持续预训练，再使用W2NER (Li et al., 2022)、BERT-CRF和BERT-Span (Zhao et al., 2019)进行微调，实验结果表明基于字级别特征的W2NER (Li et al., 2022)可以更好地捕获词语之间的联系，实体识别性能最好。最后基于上下文信息融合多个模型的实体识别结果，进一步提升了模型性能。

第三名的参赛队伍BISTU_III所使用的预训练模型是NEZHA-Chinese-Base模型 (Wei et al., 2019)，相较于BERT (Devlin et al., 2019)采用相对位置编码词向量，可以更好地挖掘文本中的字符关系。在其后接入两层的时序卷积神经网络用于挖掘局部时序关联语义信息，并基于未标注的"二十四史"文本进行持续预训练。解码层使用全局指针网络以更准确地识别实体边界，得到实体预测结果。同时为了增强模型的泛化能力，使用对抗学习方法中的快速梯度法（Fast Gradient Method,FGM）(Miyato et al., 2016)在模型训练过程中添加干扰信息，以提升模型性能。该队伍没有融合多个模型的识别结果，但在后处理阶段结合规则改善了漏标、错标的常见错误，矫正模型输出，提升评测结果。

第四名的参赛队伍CUIT_IDSE所采用的的方法也是基于预训练模型BERT在未标注的"二十四史"文本上进行领域持续训练和任务持续训练。同时在模型训练中也使用对抗学习方法添加干扰信息，提升模型的泛化能力。解码层使用全局指针网络，同时融合多个模型的识别结果，也使用了基于规则的后处理方式，矫正模型输出以提升性能。

第五名的参赛队伍JZW使用了预训练模型BERT (Devlin et al., 2019)获取输入文本的表征，同时提出基于提示学习思想的PromptNER模型，将与实体类别有关的提示词（人、书、职）进行串联和联合编码，增强实体与类别的语义交互。解码层采用全局指针网络，基于Span预测在每个提示词上的概率分布，即可得Span对应的实体类别。该队伍同时也使用了对抗学习方法增加干扰信息，提升模型的泛化能力和性能。

参赛队伍BIT使用了预训练模型SikuRoBERTa、SikuBERT (王东波et al., 2022)、RoBERTa-classical-chinese-base-char、bert-ancient-chinese、GuwenBERT，后接Bi-

[3]https://huggingface.co/KoichiYasuoka/roberta-classical-chinese-large-char

第二十二届中国计算语言学大会论文集，第34页-第40页，哈尔滨，中国，2023年8月3日至5日。

LSTM或LSTM，解码层使用CRF预测实体信息。实验结果表明性能最好的模型是bert-ancient-chinese，相较于SikuRoBERTa的结果有所提升。这说明预训练模型的词表大小对于古籍命名实体识别任务十分重要。

综合而言，这6支参赛队伍都采用了基于预训练模型的实体识别方法，并且更倾向于使用面向古籍文本开发的领域化预训练模型。局限于标注数据的匮乏，使用词表较大的预训练模型可以获取更优的识别性能。随后使用未标注的"二十四史"文本进行领域持续预训练，并使用评测训练集进行任务训练。解码层使用全局指针网络以获取更为准确的实体边界预测结果。在模型训练过程中采用对抗学习方法增加干扰，能够提升模型的泛化能力。此外，融合多个模型的实体预测信息以及基于规则的后处理实体矫正方式也是提升模型性能的有效策略。

此外，针对古籍命名实体识别任务的少样本学习问题，参赛队伍采用了主动学习和数据增强策略。例如，参赛队伍KDSec_IIE设计了两种利用篇章信息的数据增强策略：一种是将句子所在的章节信息拼接在句子后面，引入篇章先验信息；另一种是将来自于同一来源的句子拼接合并，然后通过滑动窗口进行采样，以获取更多数据。参赛队伍JZW通过主动学习策略来筛选特殊样本，并在数据层面进行数据增强，以提升模型性能。

5 总结

本次古籍命名实体识别评测任务（GuNER2023）由北京大学人工智能研究院和北京大学数字人文研究中心联合组织，并作为第22届中国计算语言学大会（CCL2023）的10项评测任务之一。评测发布了基于"二十四史"的历时、跨领域实体标注数据集，并设置了开放和封闭两个赛道，提供了统一的评测基准和提交入口。在评测赛事阶段，共有127支队伍报名并提交参赛系统，经过模型复现和审核后，本文展示了前5名队伍的排名与成绩。

基于6支队伍所提交的技术报告，本文总结分析了参赛队伍在封闭赛道上采用的主流方法，包括预训练语言模型、领域持续训练、任务持续训练方法、对抗学习方法、全局指针网络解码层，以及模型融合、后处理和数据增强等提升模型性能的策略。同时，针对古籍命名实体识别任务的少样本学习问题，部分参赛队伍采用了深度主动学习和数据增强的方法。封闭赛道的参赛系统在测试集上获得的最好性能为F1值96.15%，展现了当前基于预训练模型的古籍命名实体识别技术的水平。

而在开放赛道上，榜单最好性能为F1值95.48%。由于没有参赛队伍提供代码和技术报告，所以我们对大模型使用的具体技术和指令无法进行分析。从得分仍可以看出大模型虽与封闭赛道的专有小模型存在差距，但也已经展现出较好的性能。然而，仍存在结果的不确定性以及边界识别不够精准等问题。因此，如何建构更适用于古籍领域的指令是大模型研究范式下古籍命名实体识别任务的重要研究方向。

参考文献

Jacob Devlin, Ming-Wei Chang, Kenton Lee, and Kristina Toutanova. 2019. BERT: Pre-training of deep bidirectional transformers for language understanding. In *Proceedings of the 2019 Conference of the North American Chapter of the Association for Computational Linguistics: Human Language Technologies, Volume 1 (Long and Short Papers)*, pages 4171–4186, Minneapolis, Minnesota, June. Association for Computational Linguistics.

Jingye Li, Hao Fei, Jiang Liu, Shengqiong Wu, Meishan Zhang, Chong Teng, Donghong Ji, and Fei Li. 2022. Unified named entity recognition as word-word relation classification. In *Proceedings of the AAAI Conference on Artificial Intelligence*, volume 36, pages 10965–10973.

Yinhan Liu, Myle Ott, Naman Goyal, Jingfei Du, Mandar Joshi, Danqi Chen, Omer Levy, Mike Lewis, Luke Zettlemoyer, and Veselin Stoyanov. 2019. Roberta: A robustly optimized bert pretraining approach. *arXiv preprint arXiv:1907.11692.*

Takeru Miyato, Andrew M Dai, and Ian Goodfellow. 2016. Adversarial training methods for semi-supervised text classification. *arXiv preprint arXiv:1605.07725.*

Junqiu Wei, Xiaozhe Ren, Xiaoguang Li, Wenyong Huang, Yi Liao, Yasheng Wang, Jiashu Lin, Xin Jiang, Xiao Chen, and Qun Liu. 2019. Nezha: Neural contextualized representation for chinese language understanding. *arXiv preprint arXiv:1909.00204.*

第二十二届中国计算语言学大会论文集，第34页-第40页，哈尔滨，中国，2023年8月3日至5日。

Zhiqiang Xie, Jinzhu Liu, and Genhui Liu. 2022. 古汉语嵌套命名实体识别数据集的构建和应用研究(construction and application of classical Chinese nested named entity recognition data set). In *Proceedings of the 21st Chinese National Conference on Computational Linguistics*, pages 406–416, Nanchang, China, October. Chinese Information Processing Society of China.

Zhengyan Zhang, Xu Han, Zhiyuan Liu, Xin Jiang, Maosong Sun, and Qun Liu. 2019. Ernie: Enhanced language representation with informative entities. *arXiv preprint arXiv:1905.07129*.

Zhuosheng Zhang, Hanqing Zhang, Keming Chen, Yuhang Guo, Jingyun Hua, Yulong Wang, and Ming Zhou. 2021. Mengzi: Towards lightweight yet ingenious pre-trained models for chinese. *arXiv preprint arXiv:2110.06696*.

Zhe Zhao, Hui Chen, Jinbin Zhang, Xin Zhao, Tao Liu, Wei Lu, Xi Chen, Haotang Deng, Qi Ju, and Xiaoyong Du. 2019. Uer: An open-source toolkit for pre-training models. *arXiv preprint arXiv:1909.05658*.

严承希, 唐雪梅, 杨浩, 苏祺, and 王军. 2023. Hanner: 一个面向汉语古籍语料命名实体自动抽取的通用框架. 情报学报, 42(2):203–216.

刘江峰, 冯钰童, 王东波, 胡昊天, and 张逸勤. 2022. 数字人文视域下SikuBERT增强的史籍实体识别研究. 图书馆论坛, 42(10):61–72.

崔竞烽, 郑德俊, 王东波, and 李婷婷. 2020. 基于深度学习模型的菊花古典诗词命名实体识别. 情报理论与实践, 43(11):150–155.

朱晓. 2012. 古汉语编年体的人名实体识别与词性标注. 复旦大学硕士学位论文.

李娜. 2021. 面向方志类古籍的多类型命名实体联合自动识别模型构建. 图书馆论坛, 41(12):113–123.

杜悦, 王东波, 江川, 徐润华, 李斌, 许超, and 徐晨飞. 2021. 数字人文下的典籍深度学习实体自动识别模型构建及应用研究. 图书情报工作, 65(3):100–108.

林立涛, 王东波, 刘江峰, 李斌, and 冯敏萱. 2022. 数字人文视域下典籍动物命名实体识别研究——以SikuBERT预训练模型为例. 图书馆论坛, 42(10):42–50.

王东波, 刘畅, 朱子赫, 刘江峰, 胡昊天, 沈思, and 李斌. 2022. Sikubert 与sikuroberta: 面向数字人文的《四库全书》预训练模型构建及应用研究. 图书馆论坛, 42(6):31–43.

皇甫晶and 王凌云. 2013. 基于规则的纪传体古代汉语文献姓名识别. 图书情报工作, 57(03):120–124.

胡韧奋, 李绅, and 诸雨辰. 2021. 基于深层语言模型的古汉语知识表示及自动断句研究. 中文信息学报, 35(4):8–15.

苏祺, 胡韧奋, 诸雨辰, 严承希, and 王军. 2021. 古籍数字化关键技术评述. 数字人文研究, 1(03):83–88.

谢靖, 刘江峰, and 王东波. 2022. 古代中国医学文献的命名实体识别研究——以flat-lattice 增强的sikubert预训练模型为例. 图书馆论坛, 42(10):51–60.

陈雪松, 詹子依, and 王浩畅. 2023. 融合sikubert模型与mha的古汉语命名实体识别. 吉林大学学报*(*信息科学版, 网络首发: *2023-05-15*.

黄水清, 王东波, and 何琳. 2015. 基于先秦语料库的古汉语地名自动识别模型构建研究. 图书情报工作, 59(12):135–140.

第二十二届中国计算语言学大会论文集，第34页-第40页，哈尔滨，中国，2023年8月3日至5日。

CCL23-Eval 任务2系统报告：
基于大型语言模型的中文抽象语义表示解析

杨逸飞*，程子鸣*，赵海†
上海交通大学计算机科学与工程系
{yifeiyang, kk.cheng}@sjtu.edu.cn, zhaohai@cs.sjtu.edu.cn

摘要

中文抽象语义表示解析旨在将自然语句转换为抽象语义表示，是一个复杂的结构化预测任务。传统方法多利用抽象语义表示的图特征设计特殊模型或者多阶段解析来完成解析，而这类方法通常需要设计复杂的神经网络模型。目前，通用大型语言模型在已经多种自然语言处理任务上表现出惊人效果，我们在本次测评中尝试直接利用大型语言模型进行零样本学习、少样本学习以及用LoRA和全参数的方式微调大型语言模型来完成解析。我们得到了一个较好的评测结果，并对这些方案进行了讨论。

关键词： 中文抽象语义表示；抽象语义表示解析；大型语言模型

System Report for CCL23-Eval Task 2: Chinese Abstract Meaning Representation Parsing based on Large Language Model

Yifei Yang*, **Ziming Cheng***, **Hai Zhao**†
Department of Computer Science and Engineering, Shanghai Jiao Tong University
{yifeiyang, kk.cheng}@sjtu.edu.cn, zhaohai@cs.sjtu.edu.cn

Abstract

Chinese Abstract Meaning Representation Parsing aims to convert natural language sentences into abstract semantic representations, which is a complex structure prediction task. Traditional approaches often utilize graph features of abstract semantic representations to design specialized models or employ multi-stage parsing. However, these methods typically require the design of complex neural network models. Currently, large language models have demonstrated astonishing performance on various natural language processing tasks. In this evaluation, we attempt to directly utilize a large language model for Zero-shot learning, Few-shot learning, and fine-tuning using LoRA and full-parameter approaches. We obtain promising evaluation results and discuss these approaches in detail.

Keywords: Chinese Abstract Meaning Representation , Abstract Meaning Representation Parsing , Large Language Model

1 引言

*相同贡献
†通讯作者

语义理解是自然语言处理（NLP）中一个长期的研究问题，如果机器能够理解语义，并用机器适配的表示进行储存和转换，最后搭配生成模型，就能够完成大多数的自然语言任务。2013年Banarescu (2013)等人提出了一种领域无关且通用的句子语义表示方法，称为抽象语义表示（Abstract Meaning Representation, AMR）。这种语义表示只有一个根节点，构成有向无环图，且不受语句语法和表达的影响，能够抽象出句子中的语义成分并展示出成分之间的关系。经过多年的研究积累，英文上的文本与抽象语义表示的双向转换已经有了优秀的效果。

近年来，更多的人开始关注到了跨语言AMR解析与生成，在中文方面，Li等人(2019)根据汉语的特点优化了中文AMR（CAMR）的数据集，肖力铭等人(2022)创建了加入概念对齐指标和关系对齐指标的Align-smatch标准。这些工作奠定了中文AMR研究的基础。

聚焦于本次CAMR 2023评测任务中的中文AMR解析任务，前人的许多工作集中于利用图的特性来引导模型进行解析，如：利用多层次分类来生成图信息中的不同要素(Samuel and Straka, 2020)、利用迭代优化的方式一步一步生成图(Damonte et al., 2016)。这些模型大多结构复杂，且推理速度较慢，并且需要对训练数据集进行复杂的额外处理。受到英文AMR研究(Bevilacqua et al., 2021)的启发，通过深度遍历等特殊方式将AMR标注序列化，随后利用序列到序列（Seq2Seq）的建模方式来完成文本和抽象语义表示的转换，是AMR领域的一个崭新解决方案。该方案的模型结构简单，且能够直接满足双向转换。目前，大型语言模型（Large Language Model, LLM）也已经在众多NLP任务上展现出了惊人效果，我们探索了LLM是否能够借鉴Seq2Seq建模方式在复杂结构化预测任务上得以运用，并给出了LLM在零样本学习（Zero-shot），少样本学习（Few-shot）和用LoRA (Hu et al., 2021)、全参数微调场景下的不同表现，从而进行前瞻性分析与总结。

2 方法

2.1 思路总览

本团队考虑如下两种方案来完成CAMR这一复杂的结构化预测任务：

- 利用LLM进行Zero-shot和Few-shot设定下的预测。对于Zero-shot，直接让LLM解析一个给定的句子；对于Few-shot，利用上下文学习（in-context learning）(Brown et al., 2020)，给定若干个上下文样本（in-context sample），让模型仿造样本对给定句子进行解析。

- 利用LoRA (Hu et al., 2021)微调或全参数微调的方式，对预训练好的LLM进行领域微调，使其能够在输入给定句子时，输出其对应的解析结果。其中LoRA是现在流行的模型高效微调方法之一，它添加额外的低秩矩阵，在训练时仅优化这些低秩矩阵从而加速训练。

2.2 任务定义

AMR是一个复杂的结构化数据（如附录A所示），本质上为一个复杂的图结构。AMR解析则是对给定的自然语言文本生成其对应的AMR。传统的解析方法(Samuel and Straka, 2020; Damonte et al., 2016)采用迭代图生成或者二阶段生成的方式来进行解析。然而，现有的LLM拥有强大的Seq2Seq生成能力，将AMR数据转换为一个类文本序列数据后，可以尝试直接利用LLM的Seq2Seq能力完成解析。本工作涉及两种由AMR数据转换而成的类文本序列数据：

- AMR数据的文本表示（附录A图2）将图结构转换为括号分隔的层级结构来实现序列化。

- AMR数据的多元组（附录A图3）利用9个制表符隔开的元素所构成的文本行来表示AMR图中的节点和边关系，多行一起构成了序列化数据。

经过以上序列化方式后，我们可以将CAMR任务建模成自然语言中的Seq2Seq问题，即用LLM将数据集中的原始输入序列X转换为序列化的AMR类文本序列Y。由于LLM为生成式模型，只有单向的注意力机制，因此在训练过程中，我们会对X与Y序列进行拼接。同时，为了和预训练语料形成领域上的差异度，我们采用提示工程（Prompt Engineering）的方式对训练语料进行定制。

2.3 模型微调

我们在X前后分别插入一段前缀文本pre和一段后缀文本sub，形成新的序列$X' = [pre; X; sub]$，其中“;”代表拼接。

在微调模型过程中，假设$Z = [X'; Y]$，定义$P(\hat{z}_i) = \frac{e^{\hat{z}_i}}{\sum_{\hat{z} \in V} e^{\hat{z}}}$和交叉熵损失$CE = \sum_{z_i \in V} -z_i log P(\hat{z}_i)$，训练目标为最小化交叉熵损失$CE$。

2.4 Zero-shot和Few-shot建模

对于Zero-shot，我们需要利用提示工程添加描述任务的语句来让模型完成CAMR解析。即，给定数据集中的原始序列X，我们在其前面添加对CAMR任务的描述des，在后面添加对输出的描述out序列形成输入$X'' = [des; X; out]$，将其输入给LLM后，希望模型输出对应的Y。

对于Few-shot，在Zero-shot的基础上，我们利用上下文学习的思路，随机在训练集中采样n个上下文样本$[(X_1, Y_1), (X_2, Y_2), \cdots, (X_n, Y_n)]$，然后将其和原始序列$X$一起构造成$X''' = [des; X_1; out; Y_1; X_2; out; Y_2; \cdots; X_n; out; Y_n; X; out]$，将其直接输入给LLM得到对应的输出。

3 实验和分析

3.1 模型选型

对于Zero-shot和Few-shot，我们选择ChatGPT (Ouyang et al., 2022)[0]进行评估。对于LoRA微调和全参数微调，我们使用ChatGLM-6B (Du et al., 2022)作为基底模型。其中ChatGPT大约有1750亿（175B）参数，ChatGLM具有约60亿（6B）参数。选型理由如下：

- Zero-shot和Few-shot能力通常被认为只有在超大规模（大于700亿参数）(Wei et al., 2022)的语言模型上才能突出表现。ChatGPT是目前公认表现最好的可以使用推理功能的LLM，在Zero-shot和Few-shot场景中表现惊人，且具有开放的推理API可供调用。

- ChatGLM-6B在高质量的中文数据上进行了预训练，并针对中文问答和对话进行了优化，是目前中文表现最好的LLM之一。且60亿的参数量足够我们在不具备大算力服务器的条件下进行微调。

3.2 数据集和实验实施

我们选取主办方提供的数据集进行训练和测试，参加开放测试的评测。由于评测结果需要在提供的多元组格式数据上测试，为了方便性，我们直接利用LLM输出多元组格式的预测。

在Zero-shot和Few-shot场景下使用ChatGPT完成CAMR任务时，我们购买了付费API，每分钟的最大请求数量是60次，单次最大输入长度的是4096 个标记（tokens）。对于Few-shot，我们设置上下文样本数量$n = 5$。在微调ChatGLM-6B时，我们在一台8卡NVIDIA V100 32G高性能服务器上训练了约5个epoch。其中，使用LoRA微调时，我们将低秩矩阵的秩设为8。在全参数微调时，我们设置batch-size为8。训练使用AdamW优化器(Loshchilov and Hutter, 2017)并配合学习率1e-4。我们采用deepspeed[1]的ZeRO-2策略加速训练并降低显存开销。

3.3 Zero-shot设定下的ChatGPT

在Zero-shot设定下时，我们定义des为“**你现在是中文抽象语义表示解析器，给定句子：**”，定义out为“**请你直接输出它的多元组（节点编号1 概念1 同指节点1关系关系编号关系对齐词节点编号2 概念2 同指节点2）解析结果：**”。我们在表1中展示了一个输入示例及对应的输出。

从表1中我们可以看出，由于CAMR任务输出端的结构复杂性，在没有上下文样本作为参照的情况下，模型甚至无法预测出正确的输出格式。这种现象说明对于类似于CAMR这种复杂的结构化预测任务来说，LLM在Zero-shot下直接解决仍有很大难度。

[0]https://chat.openai.com/chat

[1]https://www.deepspeed.ai/

原始序列	美国　批准　抗　除草剂　转基因　菊苣　商业化　种植
实际输入	你现在是中文抽象语义表示解析器，给定句子：美国　批准　抗　除草剂　转基因　菊苣　商业化　种植，请你直接输出它的多元组（节点编号1 概念1 同指节点1关系关系编号关系对齐词节点编号2 概念2 同指节点2）解析结果：
模型输出	(1, "美国", "", 0, "", 0, "") (2, "批准", "", 0, "", 0, "") (3, "抗除草剂", "", 0, "", 0, "") (4, "转基因菊苣", "", 0, "", 0, "") (5, "商业化种植", "", 0, "", 0, "")

Table 1: Zero-shot设置下的输入和输出示例

3.4 Few-shot设定下的ChatGPT

在Few-shot设定下时，我们定义des为"**你现在是中文抽象语义表示解析器，请你按照给定的例子进行补全：**"，定义out为"**输出：**"。我们在附录B表3中展示了一个示例。我们发现在给定上下文样本后，模型可以顺利地参照这些样本预测出CAMR的输出格式。但输出的答案和标准答案相比仍然差距很大。我们认为模型表现不佳的原因主要有两点：1. 现有的LLM在面临长文本输入时的生成效果欠(Anil et al., 2022)，而由于CAMR的特殊输出结构，在引入多个上下文样本后会无法避免地产生长文本输入，从而导致生成效果不理想；2. CAMR的输出序列中节点和节点之间的关系有多种类型，而仅靠给定的5个上下文样本很难穷尽到所有的关系类型，模型在预测的时候无法泛化到没有见过的关系。如附录B表3所示，由于上下文样本中没有":name"这一关系，模型无法在输出中预测出":name"关系。

3.5 微调ChatGLM-6B

在利用LoRA和全参数微调ChatGLM-6B时，根据2.3节，要对原始输入序列X插入前缀和后缀文本克服领域差异性。我们设定前缀为pre为"**你是一个中文抽象语义表示解析器，给定一个分词后的句子：**"，后缀sub为"**它的中文抽象语义表示解析结果为：**"。我们在附录C表4中展示了一个由原始样本构造成的训练样本。在推理时，对于一个待预测的样本X_I，我们构造输入样本$X_I' = [pre; X_I; sub]$，让训练好的模型补全下文，从而预测出对应的CAMR多元组表示。

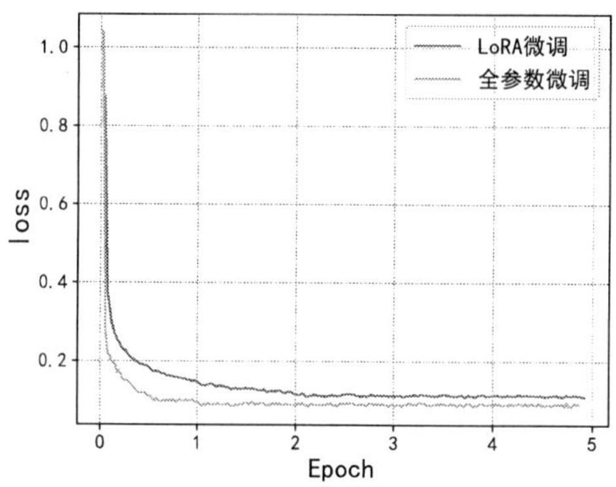

Figure 1: loss下降曲线

对于LoRA微调和全参数微调，我们在构造好的同一个数据集上进行训练，分别绘制了它们的损失（loss）下降曲线。如图1所示，两种微调方式在训练时都快速收敛，约2个epoch后趋近于稳定，但是全参数微调的损失明显低于LoRA微调的损失。我们也分别对两种优化方式微调好的模型进了粗略评估，如附录D表5所示了两个例子。从中可以看出LoRA微调出的模型甚至无法预测正确的CAMR多元组格式，但全参数微调的模型可以输出。因此我们选用全参数微调的模型对所有的盲测集进行了预测，并提交给主办方用于评测，结果如表2所示。

参考2022年的结果，我们的测评分数大致与排名第三的队伍相当，但与排名第一的队伍仍然差距明显。而2022年的方案都还未用到LLM，这说明LLM对于CAMR这种复杂结构化预测任务的处理能力仍有欠缺。

第二十二届中国计算语言学大会论文集，第41页-第52页，哈尔滨，中国，2023年8月3日至5日。

盲测集	P	R	F_1
A	47.41	46.45	46.92
B	46.44	45.68	46.06
C	62.82	58.39	60.52

Table 2: 测评结果

4 讨论

4.1 全参数微调降低泛化性能的风险

我们发现在训练集上对模型进行全参数微调会严重降低模型泛化性能。ChatGLM-6B经过微调后会对任何输入的句子做CAMR解析而丧失了在预训练阶段得到的通用对话能力，如附录E表6所示。这说明在实际应用中使用通用LLM在单一领域的数据集上微调不是一种非常合理的做法。

4.2 不同格式的预测序列

如附录A所示，主办方提供了中文AMR的文本表示和多元组表示。由于评测是在多元组表示上完成的，我们直接选用了多元组表示作为目标序列。而我们发现多元组表示其实存在大量冗余信息，如同指节点（coref）、关系编号（rid）这种属性存在大量缺省，不利于模型训练。我们已经训练了模型直接输出文本表示，再手动转换为多元组表示用于测评。但由于输出的文本表示可能存在不合AMR约束的情况，目前转换步骤还没有实现，我们将其作为后续工作。

5 总结与展望

本工作探索了LLM在CAMR解析这一结构化预测任务上的表现：

- 利用全参数微调可以使得LLM具备一定的CAMR解析能力，但会损伤模型泛化性。而LoRA微调不足以让LLM得到CAMR解析能力。
- 即使是公认最佳的大型语言模型ChatGPT也无法实现Zero-shot的CAMR解析。而Few-shot对导致输入序列太长并且无法穷举到所有边的类型，因此在CAMR上的表现也有欠缺。
- 我们选用经过全参数微调后的ChatGLM-6B模型的预测作为最终评测结果，达到了较为理想的评测结果，但仍与传统方法有一定差距。

作为探索性工作，我们的尝试具有一定启发意义。在未来，我们会继续延续本工作，如探究不同的提示方式带来的影响、继续完善采用AMR文本表示作为目标序列的实验等。

参考文献

Cem Anil, Yuhuai Wu, Anders Andreassen, Aitor Lewkowycz, Vedant Misra, Vinay Ramasesh, Ambrose Slone, Guy Gur-Ari, Ethan Dyer, and Behnam Neyshabur. 2022. Exploring length generalization in large language models. *arXiv preprint arXiv:2207.04901*.

Laura Banarescu, Claire Bonial, Shu Cai, Madalina Georgescu, Kira Griffitt, Ulf Hermjakob, Kevin Knight, Philipp Koehn, Martha Palmer, and Nathan Schneider. 2013. Abstract meaning representation for sembanking. In *Proceedings of the 7th linguistic annotation workshop and interoperability with discourse*, pages 178–186.

Michele Bevilacqua, Rexhina Blloshmi, and Roberto Navigli. 2021. One spring to rule them both: Symmetric amr semantic parsing and generation without a complex pipeline. In *Proceedings of the AAAI Conference on Artificial Intelligence*, volume 35, pages 12564–12573.

Tom Brown, Benjamin Mann, Nick Ryder, Melanie Subbiah, Jared D Kaplan, Prafulla Dhariwal, Arvind Neelakantan, Pranav Shyam, Girish Sastry, Amanda Askell, et al. 2020. Language models are few-shot learners. *Advances in neural information processing systems*, 33:1877–1901.

第二十二届中国计算语言学大会论文集，第41页-第52页，哈尔滨，中国，2023年8月3日至5日。

Marco Damonte, Shay B Cohen, and Giorgio Satta. 2016. An incremental parser for abstract meaning representation. *arXiv preprint arXiv:1608.06111.*

Zhengxiao Du, Yujie Qian, Xiao Liu, Ming Ding, Jiezhong Qiu, Zhilin Yang, and Jie Tang. 2022. Glm: General language model pretraining with autoregressive blank infilling. In *Proceedings of the 60th Annual Meeting of the Association for Computational Linguistics (Volume 1: Long Papers)*, pages 320–335.

Edward J Hu, Yelong Shen, Phillip Wallis, Zeyuan Allen-Zhu, Yuanzhi Li, Shean Wang, Lu Wang, and Weizhu Chen. 2021. Lora: Low-rank adaptation of large language models. *arXiv preprint arXiv:2106.09685.*

Bin Li, Yuan Wen, Li Song, Weiguang Qu, and Nianwen Xue. 2019. Building a chinese amr bank with concept and relation alignments. In *Linguistic Issues in Language Technology, Volume 18, 2019-Exploiting Parsed Corpora: Applications in Research, Pedagogy, and Processing.*

Ilya Loshchilov and Frank Hutter. 2017. Decoupled weight decay regularization. *arXiv preprint arXiv:1711.05101.*

Long Ouyang, Jeffrey Wu, Xu Jiang, Diogo Almeida, Carroll Wainwright, Pamela Mishkin, Chong Zhang, Sandhini Agarwal, Katarina Slama, Alex Ray, et al. 2022. Training language models to follow instructions with human feedback. *Advances in Neural Information Processing Systems*, 35:27730–27744.

David Samuel and Milan Straka. 2020. \'ufal at mrp 2020: Permutation-invariant semantic parsing in perin. *arXiv preprint arXiv:2011.00758.*

Jason Wei, Yi Tay, Rishi Bommasani, Colin Raffel, Barret Zoph, Sebastian Borgeaud, Dani Yogatama, Maarten Bosma, Denny Zhou, Donald Metzler, et al. 2022. Emergent abilities of large language models. *arXiv preprint arXiv:2206.07682.*

Liming Xiao, Bin Li, Zhixing Xu, Kairui Huo, Minxuan Feng, Junsheng Zhou, and Weiguang Qu. 2022. Align-smatch: A novel evaluation method for chinese abstract meaning representation parsing based on alignment of concept and relation. In *Proceedings of the Thirteenth Language Resources and Evaluation Conference*, pages 5938–5945.

第二十二届中国计算语言学大会论文集，第41页-第52页，哈尔滨，中国，2023年8月3日至5日。

A 中文AMR不同表示案例

```
# ::id export_amr.2580 ::cid export_amr.2580 ::2017-02-02 17:03:12
# ::snt 这 几 天 关于 中 俄 战略 合作 伙伴 关系 成 了 大 热点 。
# ::wid x1_这 x2_几 x3_天 x4_关于 x5_中 x6_俄 x7_战略 x8_合作 x9_伙伴 x10_关系 x11_成
x12_了 x13_大 x14_热点 x15_。
(x11 / 成-01
    :aspect() (x12 / 了)
    :arg1() (x14 / 热点
        :arg0-of() (x13 / 大-01))
    :arg0(x4/关于) (x10 / 关系
        :mod() (x9 / 伙伴
            :mod() (x8 / 合作-01
                :arg0() (x26 / and
                    :op1() (x33 / country
                        :name() (x5 / name :op1 x5/中 ))
                    :op2() (x35 / country
                        :name() (x6 / name :op1 x6/俄 ))))
            :mod() (x7 / 战略)))
    :duration() (x37 / temporal-quantity
        :quant() (x2 / 几)
        :unit() (x3 / 天)
        :mod() (x1 / 这)))
```

Figure 2: 中文AMR文本表示案例

第二十二届中国计算语言学大会论文集，第41页-第52页，哈尔滨，中国，2023年8月3日至5日。

句子编号 sid	节点编号1 nid1	概念1 concept1	同指节点1 coref1	关系 rel	关系编号 rid	关系对齐词 ralign	节点编号2 nid2	概念2 concept2	同指节点2 coref2
2580	x0	root	-	:top	-	-	x11	成-01	-
2580	x11	成-01	-	:aspect	-	-	x12	了	-
2580	x11	成-01	-	:arg1	-	-	x14	热点	-
2580	x11	成-01	-	:arg0	x4	关于	x10	关系	-
2580	x11	成-01	-	:duration	-	-	x37	temporal-quantity	-
2580	x14	热点	-	:arg0-of	-	-	x13	大-01	-
2580	x10	关系	-	:mod	-	-	x9	伙伴	-
2580	x9	伙伴	-	:mod	-	-	x8	合作-01	-
2580	x9	伙伴	-	:mod	-	-	x7	战略	-
2580	x8	合作-01	-	:arg0	-	-	x26	and	-
2580	x26	and	-	:op1	-	-	x33	country	-
2580	x26	and	-	:op2	-	-	x35	country	-
2580	x33	country	-	:name	-	-	x5	中	-
2580	x35	country	-	:name	-	-	x6	俄	-
2580	x37	temporal-quantity	-	:quant	-	-	x2	几	-
2580	x37	temporal-quantity	-	:unit	-	-	x3	天	-
2580	x37	temporal-quantity	-	:mod	-	-	x1	这	-

Figure 3: 中文AMR多元组表示案例

B Few-shot示例

第二十二届中国计算语言学大会论文集，第41页-第52页，哈尔滨，中国，2023年8月3日至5日。

原始序列	美国 批准 抗 除草剂 转基因 菊苣 商业化 种植
标准答案	x0 root - :top - - x2 批准-01 - x2 批准-01 - :arg0 - - x12 country - x2 批准-01 - :arg1 - - x8 种植-01 - x12 country - :name - - x1 美国- x8 种植-01 - :mod - - x7 商业化- x8 种植-01 - :arg1 - - x6 菊苣- x6 菊苣- :mod - - x5 转基因- x6 菊苣- :arg0-of - - x3 抗-01 - x3 抗-01 - :arg1 - - x4 除草剂-
实际输入	你现在是中文抽象语义表示解析器，请你按照给定例子进行补全: 图 为 赣州市 新区 面貌 。 输出: x0 root - :top - - x5 面貌- x5 面貌- :poss - - x4 新区- x5 面貌- :domain x2 为x1 图- x4 新区- :location - - x11 city - x11 city - :name - - x3 赣州市- 那样 你 的 顾虑 ， 就 没有 了 输出: x0 root - :top - - x12 condition - x12 condition - :arg1 - - x1 那样- 12 condition - :arg2 x6 就x7_2 有-03 - x7_2 有-03 - :polarity - - x7_1 - - x7_2 有-03 - :arg1 - - x4 顾虑-01 - x7_2 有-03 - :aspect - - x8 了- x4 顾虑-01 - :arg0 x3 的x2 你- ... 美国 准 抗 除草剂 转基因 菊苣 商业化 种植 输出:
模型输出	x0 root - :top - - x8 approve - x8 approve - :arg0 - - x1 美国- x8 approve - :arg1 x6 转基因x7 种植-01 - x6 转基因- :mod - - x5 除草剂- x7 种植-01 - :arg1 x3 抗x4 菊苣- x7 种植-01 - :arg0 x2 商业化- -

Table 3: Few-shot设置下的输入、输出和标准答案。为了简洁，我们只展示了2个上下文样本，在实际测试时我们使用了5个样本

C 模型微调训练样本示例

输入序列	美国　批准　抗　除草剂　转基因　菊苣　商业化　种植
标准答案	x0 root - :top - - x8 approve - x8 approve - :arg0 - - x1 美国- x8 approve - :arg1 x6 转基因x7 种植-01 - x6 转基因- :mod - - x5 除草剂- x7 种植-01 - :arg1 x3 抗x4 菊苣- x7 种植-01 - :arg0 x2 商业化- -
训练样本	你现在是中文抽象语义表示解析器，给定句子：美国　批准　抗　除草剂　转基因　菊苣　商业化　种植，它的多元组（节点编号1 概念1 同指节点1关系关系编号关系对齐词节点编号2 概念2 同指节点2）解析结果为： x0 root - :top - - x8 approve - x8 approve - :arg0 - - x1 美国- x8 approve - :arg1 x6 转基因x7 种植-01 - x6 转基因- :mod - - x5 除草剂- x7 种植-01 - :arg1 x3 抗x4 菊苣- x7 种植-01 - :arg0 x2 商业化- -

Table 4: 模型微调时构造的训练样本

第二十二届中国计算语言学大会论文集，第41页-第52页，哈尔滨，中国，2023年8月3日至5日。

D LoRA微调模型 vs. 全参数微调模型

输入序列	美国 批准 抗 除草剂 转基因 菊苣 商业化 种植
标准答案	x0 root - :top - - x8 approve - x8 approve - :arg0 - - x1 美国- x8 approve - :arg1 x6 转基因x7 种植-01 - x6 转基因- :mod - - x5 除草剂- x7 种植-01 - :arg1 x3 抗x4 菊苣- x7 种植-01 - :arg0 x2 商业化- -
LoRA微调模型预测	美国批准了转基因菊苣商业化种植。
全参数微调模型预测	x0 root - :top - - x8 approve - x8 approve - :arg0 - - x1 美国- x8 approve - :arg1 x6 转基因x7 种植-01 - x6 转基因- :mod - - x5 除草剂- x7 种植-01 - :arg1 x3 抗x4 菊苣- x7 种植-01 - :arg0 x2 商业化- -
输入序列	常言 道 : 人间 自 有 公道 在 。
标准答案	x0 root - :top - - x2 道-01 - x2 道-01 - :arg2 - - x1 常言- x2 道-01 - :arg1 - - x6 有-01 - x6 有-01 - :arg0 - - x4 人间- x6 有-01 - :mod - - x5 自- x6 有-01 - :arg1 x8 在x7 公道-
LoRA微调模型预测	人间有公道。 这句话的意思是,人们常说:"人间自有公道",意思是在人类社会中,总会有公正和正义的存在。
全参数微调模型预测	x1 常言道- :arg1 - - x3 有-03 - x3 有-03 - :arg0 - - x4 公道- x3 有-03 - :arg1 - - x5 在-01 - x3 有-03 - :mod - - x2 自- x3 有-03 - :location - - x4 公道- x4 公道- :location - - x4 公道- x5 在-01 - :arg0 - - x4 公道- x5 在-01 - :arg1 - - x4 公道- x4 公道- :location - - x4 公道- x4 公道- :location - - x3 人间-

Table 5: LoRA微调模型的预测对比全参数微调模型的预测

第二十二届中国计算语言学大会论文集，第41页-第52页，哈尔滨，中国，2023年8月3日至5日。

E 全参数微调导致的模型泛化性降低

输入	你好！
不微调的模型输出	你好！你好!很高兴见到你,欢迎问我任何问题。
微调后的模型输出	你好! 它的多元组(节点编号1 概念1 同指节点1关系关系编号关系对齐词节点编号2 概念2 同指节点2)解析结果为: x0 root - :top - - x3 你好- x3 你好- :mode - - x4 expressive -

Table 6: 模型泛化性能降低，对于任何输入都尝试做CAMR解析，丧失了预训练得到的通用对话能力

第二十二届中国计算语言学大会论文集，第41页-第52页，哈尔滨，中国，2023年8月3日至5日。

CCL23-Eval 任务2系统报告：
基于图融合的自回归和非自回归中文AMR语义分析

辜仰淦*，周仕林*，李正华
苏州大学 计算机科学与技术学院，江苏 苏州
{yanggangu, slzhou.cs}@outlook.com, zhli13@suda.edu.cn

摘要

本文介绍了我们在第二十二届中国计算语言学大会中文抽象语义表示解析评测中提交的参赛系统。抽象语义表示（Abstract Meaning Representation, AMR）以有向无环图的形式表示一个句子的语义。本次评测任务针对中文抽象语义表示（Chinese AMR, CAMR），参赛系统不仅需要对常规的AMR图解析预测，还需要预测CAMR数据特有的概念节点对齐、虚词关系对齐、概念同指。我们同时使用多个自回归模型和多个非自回归模型，然后基于图融合的方法将多个模型输出结果融合起来。最终，我们在两个赛道共六个测试集上取得了五项第一名，一项第二名。

关键词： 中文抽象语义表示 ；自回归 ；非自回归 ；图融合

System Report for CCL23-Eval Task 2: Autoregressive and Non-autoregressive Chinese AMR Semantic Parsing based on Graph Ensembling

Yanggan Gu*, Shilin Zhou*, Zhenghua Li
School of Computer Science and Technology, Soochow University, Suzhou, China
{yanggangu, slzhou.cs}@outlook.com, zhli13@suda.edu.cn

Abstract

This paper introduces the system we submitted in the shared task of Chinese Abstract Meaning Representation (CAMR) at the Twenty-two Chinese National Conference on Computational Linguistics. The participating systems need to parse not only conventional AMR graphs, but also alignments between concept nodes and words, alignments between relations and functional words, and coreference between concept nodes, which are unique to CAMR. We use multiple autoregressive and non-autoregressive models, and then fuse the multiple model outputs based on the graph ensemble approach. In the end, we won five first places and one second place in a total of six test sets on two tracks.

Keywords: Chinese Abstract Meaning Representation , Autoregressive , Non-autoregressive , Graph ensemble

*两位对本文的贡献相等。

项目资助： 国家自然科学基金（62176173）、江苏高校优势学科建设工程资助项目

1 引言

抽象语义表示（Abstract Meaning Representation，AMR）是一种与领域无关的、通用的整句语义表示方法，该方法使用单根有向无环图来表示一个句子的语义结构(Banarescu et al., 2013)。AMR作为自然语言处理领域的重要任务，被广泛应用于下游任务如文本摘要 (Liao et al., 2018; Chen et al., 2021)，机器翻译(Song et al., 2019)，对话系统(Bai et al., 2021)等。

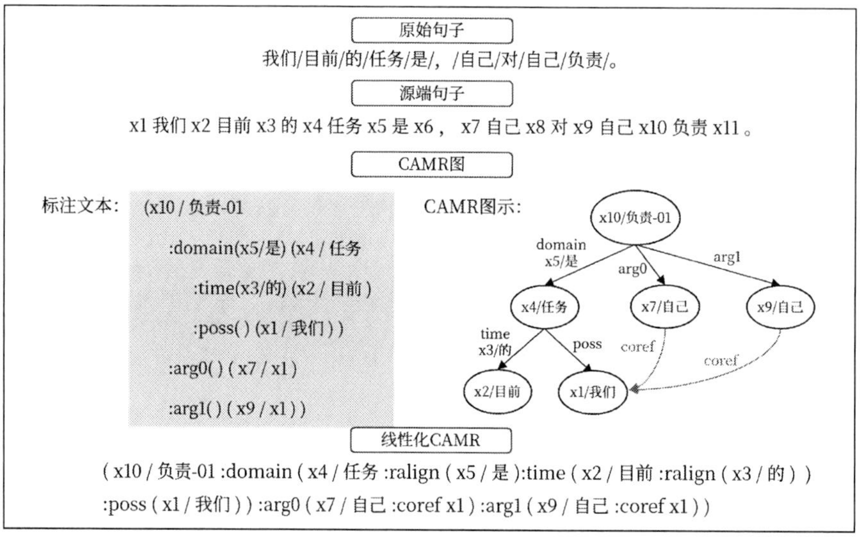

Figure 1: CAMR图及其线性化

本次评测任务针对中文抽象语义表示（Chinese AMR，CAMR）。与英文AMR不同，CAMR数据集具有三个重要特性。

(1) 显式刻画并评价输入词语与概念的显式对齐关系(Li et al., 2019)。输入句子分词后，每个词语得到一个编号，采用“x+数字”的形式。如果一个概念节点对应一个词语，则将该词的编号作为对应的概念节点的编号。以图1为例，概念节点“负责-01”对应编号为“x10”的词语，即“负责”。概念节点中“-01”表示是谓词的词义编号。值得注意的是，有些概念节点（如表示并列概念的概念节点）并不由句子中的词语触发，因此没有对齐关系；对于这样的概念节点，CAMR会赋予一个虚拟的编号（如“x26/and”）。

(2) 显式刻画并评价虚词与关系的对齐。汉语句子中的虚词是一类特殊的概念节点，它们有时会对应CAMR中的某个关系。这种情况下，CAMR会显式标注这种对应关系。以图1为例，虚词“的”触发了表示时间的关系: time，因此该词（连同编号）会一起标注在边上，即“: time(x3/的)”。类似的，可以解释“: domain(x5/是)”。

(3) 显式刻画并评价概念同指，即同一个概念节点和句子中其他词对应，在图中担当其他角色。以图1为例，“自己”这个抽象概念同时担当了概念节点“负责-01”的arg0和arg1角色，并且分别是由“x7”和“x9”这两个词语触发。

在CAMRP2022[1]评测任务中，排名第一的SUDA-HUAWEI[2]采用了非自回归的方法，通过动作预测、对齐预测、关系预测等一步步解析CAMR图。在英文AMR解析任务中，由于其泛用性和有效性，以自回归的方式解析AMR图已成为主流 (Bevilacqua et al., 2021a; Lam et al., 2021; Bai et al., 2022)。相比自回归方式，非自回归不需要按照某个顺序生成节点，能够独立地生成所有节点，它的搜索空间较小，解码速度也更快。相对地，自回归方式在解码时能够充分利用上文信息，其序列生成方式也更符合直觉。但它的搜索空间更大，解码速度更慢，同时面临着错误传播等问题(Zhang et al., 2019)。

[1]https://github.com/GoThereGit/Chinese-AMR/tree/main/CAMRP2022
[2]https://github.com/zsLin177/camr

第二十二届中国计算语言学大会论文集，第53页-第63页，哈尔滨，中国，2023年8月3日至5日。

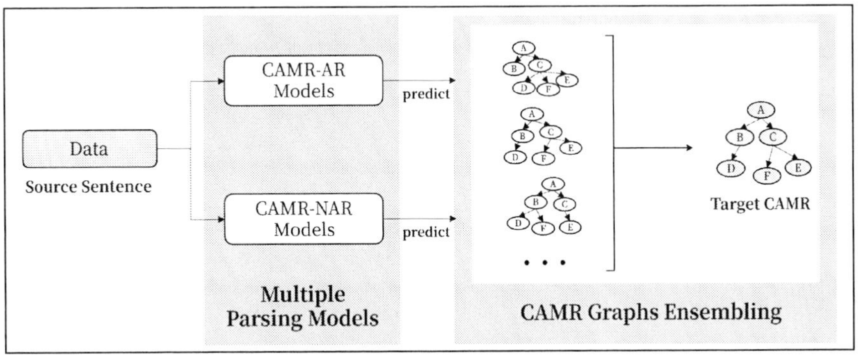

Figure 2: 参赛系统图示

如图2所示，为了综合两类模型的优点，在本次评测中，我们同时使用多个自回归模型和多个非自回归模型预测CAMR图，然后基于图融合算法(Hoang et al., 2021)将多个模型的输出结果融合起来。其中，对于自回归模型，我们借鉴Bevilacqua et al. (2021a)，将CAMR语义图线性化为序列，采用Transformer架构(Vaswani et al., 2017a)以序列生成的方式解析CAMR图，并通过后处理的方法保证图解析的有效性。对于非自回归模型，我们采用CAMRP2022 SUDA-HUAWEI所设计的CAMR解析模型。此外，我们还探索了句法信息对CAMR图解析的影响。实验表明，我们的方法相较前人工作有显著的性能提升。我们的代码开源在 https://github.com/EganGu/camr-seq2seq。

在下文中，我们先后在第2节和第3节介绍参赛系统所采用的自回归与非自回归CAMR解析模型，随后在第4节介绍图融合算法。介绍完我们的参赛系统后，我们在第5节给出实验结果与分析。最后，我们在第6节进行总结并展望未来的研究工作。

2 基于自回归方法的CAMR解析

本节介绍了我们所设计的自回归CAMR解析模型。我们基于Transformer架构通过Seq2Seq的方式生成CAMR语义图。借鉴Bevilacqua et al. (2021b)，我们使用BART(Lewis et al., 2020)作为模型底座。

首先，为了适配生成模型，我们首先将CAMR语义图进行线性化。进一步地，我们对BART的词表进行调整，加入了CAMR图中常见的概念和关系标签。最后，对于模型可能生成的无效图（例如非连通图），我们设计了一套轻量级的启发式后处理方法，在不添加额外信息的前提下将其处理为合法的CAMR图。此外，我们还尝试使用BiLSTM融合词性和句法特征，辅助CAMR图的生成。

自回归模型的源端输入是分好词的句子[3]，输入Token包括词编号、汉字、英文Subword等。输出为线性化的CAMR图序列，输出Token包括AMR符号（如":arg0"）、汉字以及英文Subword等。图1给出了源端输入句子、其对应的CAMR图以及线性化的CAMR图示例。

2.1 图线性化

数据划分	虚词出现频率	同指出现频率	数据划分	虚词出现频率	同指出现频率
Train	13.00%	1.74%	TestB	15.42%	2.48%
Dev	12.43%	1.18%	TestC	10.41%	0.30%
TestA	11.63%	1.68%			

Table 1: 实词关系中虚词对齐和概念同指的出现频率

自回归模型仅适用于序列结构，无法直接应用到CAMR的图结构上。因此，我们在预处理阶段需要将CAMR图线性化成序列。根据CAMR的特点，我们首先将虚词关系对齐、概念同指

[3]为方便模型进行概念对齐信息生成，我们将词的编号显式地加入源端句子。

第二十二届中国计算语言学大会论文集，第53页-第63页，哈尔滨，中国，2023年8月3日至5日。

处理成特殊关系，将其简化。然后删除CAMR图中重复的变量、空格等，在不改变句子语义的情况下获得线性化的CAMR图。

相较于英文AMR，CAMR增加了概念对齐信息以及虚词（与）关系对齐、概念同指(Li et al., 2019)。概念对齐信息使用词的编号对节点中的实例标签进行替换。如图1中的"任务"词节点，按照英文AMR规范的概念节点为"（r / 任务）"，而在CAMR中，由于该节点与原句中的第4个词对应，所以对齐后的概念节点为"（x4 / 任务）"。由于概念对齐并不违背原有的AMR规范表示，我们完整保留了概念对齐信息。但虚词关系对齐、概念同指的加入，使得CAMR的格式更加复杂多变。如图1所示，CAMR中，关系标签相较英文AMR多了一个圆括号，这是为了兼容可能存在的虚词对齐，例如":domain(x5/是)"中的"x5/是"表示虚词"是"，该虚词通过括号包含在":domain"关系中，完成了虚词和关系的对齐。而概念同指是指CAMR图中如果出现多个具有相同抽象意义的概念节点，默认将后续节点将其指向第一个节点，以表示它们的抽象意义相同。在图1中，第7个词语"自己"对应的概念节点应为"(x7 / 自己)"，但由于该节点与第1个节点"(x1 / 我们)"的抽象意义相同，因此它的概念节点更新为"(x7 / x1)"。

虚词关系对齐、概念同指是对实词关系的有效补充，对句子理解起重要作用(戴玉玲et al., 2020)。如表1所示，我们统计了虚词关系对齐、概念同指在不同数据划分中的出现频率。在训练集中，它们的频率分别为13.00% 和1.74%，即平均100条关系（边）中，有13条关系对齐到句子中的某个虚词、1.74条关系涉及概念同指。这表明虚词关系对齐、概念同指是一类稀疏特征（后者尤为如此）。

综上，为了统一形式、简化CAMR图，我们去掉了关系标签中的括号，将虚词关系对齐、概念同指分别处理成特殊的":ralign"和":coref"关系。例如在图1中，我们将虚词关系对齐":domain(x5/是) (x4 / 任务)"转化为":domain (x4 / 任务 :ralign (x5 / 是))"，将概念同指":arg0() (x7 / x1)"转化为":arg0 (x7 / 我们 :coref x1)"。统一形式后的CAMR图满足PENAMN规范(Patten, 1993)。接着，我们借鉴Bevilacqua et al. (2021b)，将CAMR图中的空格、换行符、可能存在的重复节点进行删除，获得线性化的CAMR。

2.2 词表扩充

BART采用子词级别的词表，它的分词器主要针对于自然语言，并不能很好地适配CAMR符号体系。为了解决这个问题，我们将BART的词表进行拓展，加入 1）AMR符号，如": op"；2）CAMR特有的对齐符号；3）在训练语料中出现次数超过5的实例词语。在原有词表中添加CAMR符号能够减少大量不必要的子词分割，从而使得编码序列更加紧凑，降低解码的时间复杂度。

2.3 句法增强

如图3所示，我们将依存句法中的依存弧、依存标签与词性标签作为句法特征融入模型进行增强。由于给定的句法特征都是词级别的信息，并不能适配子词级别的BART模型。为此，我们将句法特征按照BART分词器由词级别转化为子词（字）级别。如图4所示，词内部的子词依存结构总是以最右端为根，原词的依存结构由最右端继承。对于词性标签，我们默认子词的标签与其组成的词相同。

给定长度为n的子词序列 $\boldsymbol{x} = w_1, \ldots, w_n$，对于 $\forall w_i \in \boldsymbol{x}$，我们可以分别获得其依存弧向量表示[4] $\mathbf{e}_i^{arc}$，依存标签表示 $\mathbf{e}_i^{label}$，词性标签表示 $\mathbf{e}_i^{pos}$，并将其拼接后输入到3层的BiLSTM得到它的句法表示 $\mathbf{h}_i^{syn}$。

$$\mathbf{h}_i^{syn} = \text{BiLSTMs}(\mathbf{e}_i^{arc} \oplus \mathbf{e}_i^{label} \oplus \mathbf{e}_i^{pos}) \tag{1}$$

另一方面，我们通过BART编码器获得 w_i 的上下文相关表示 $\mathbf{h}_i^{bart}$。为了将句法表示 $\mathbf{h}_i^{syn}$融入 $\mathbf{h}_i^{bart}$，我们采用Peters et al. (2018)所提出的Scalar Mixing方法。对于两种表示，我们分别定义标量参数 γ 和权重矩阵 $\alpha_{bart}/\alpha_{syn}$，则有

$$\mathbf{h}_i = \gamma(s_{bart}\mathbf{h}_i^{bart} + s_{syn}\mathbf{h}_i^{syn}) \tag{2}$$

其中，$s_{bart/syn} = \text{Softmax}(\alpha_{bart/syn})$。

得到句法增强表示 $\mathbf{h}_i$ 后，我们将其输入到BART解码器中进行CAMR图生成。

[4]受到Gehring et al. (2017)的启发，我们将依存弧视为一种特殊的位置信息，通过可训练的嵌入（Embedding）矩阵编码其向量表示。

第二十二届中国计算语言学大会论文集，第53页-第63页，哈尔滨，中国，2023年8月3日至5日。

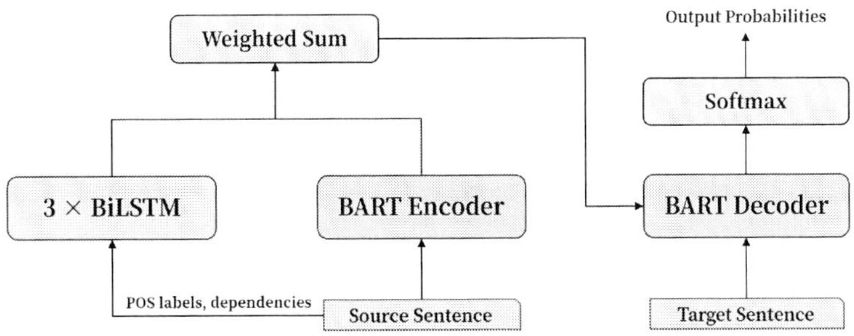

Figure 3: 句法增强的CAMR自回归模型

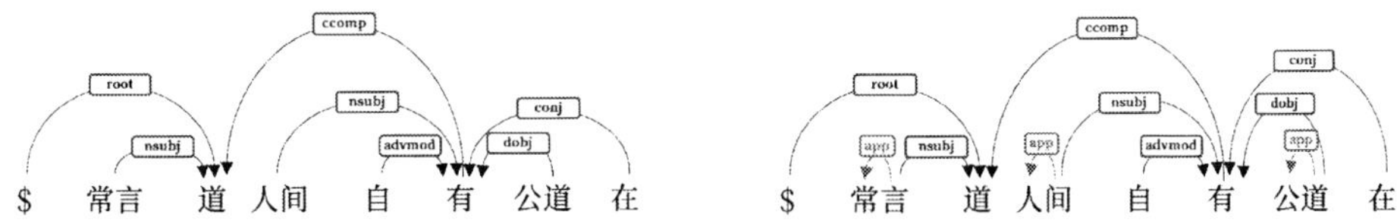

(a) 词级别依存树

(b) 子词（字）级别依存树

Figure 4: 依存树转换。蓝色箭头表示词内部的依存弧

2.4 后处理

为了确保模型生成的图满足CAMR结构，我们设计了启发式的后处理方法。由于生成模型在解码时没有约束，搜索空间为整个词表，可能会产生不合规范的CAMR图。解码时的错误主要分为两类：1）生成的节点无对齐，或者对齐错误；2）生成非连通图。在后处理中，我们首先抽取出生成的节点，对于实例化错误或者对齐错误的句子，我们基于原句进行重新校准。例如预测出来的概念实例“人间”错误地对齐到“x5”，如图1所示，我们在源端句子中进行搜索匹配，并将其重新对齐到“x4”。接着，对于非连通节点，将其基于“: and”关系链接到最大连通子图。

3 基于非自回归方法的CAMR解析

在本次评测中，我们也采用了去年SUDA-HUAWEI队伍设计的非自回归解析模型。该模型基于PERIN (Samuel and Straka, 2020)，先使用非自回归的方式生成AMR语义图中的节点，再基于生成的节点预测对齐信息，以及节点之间的关系信息。模型主要分为编码器和解码器两个部分，编码器部分使用Roberta (Cui et al., 2020)编码输入句子，并通过BiLSTM融入词性和依存句法信息。解码器包括动作预测、对齐预测、关系预测、属性判断和根节点预测。最后为了输出中文AMR中特有的节点对齐、虚词、共指信息，我们设计了相应的后处理操作。图 5展示了我们模型的整体框架。

3.1 编码器

编码器主要由Roberta和BiLSTM两部分组成。我们利用预训练语言模型Roberta来编码输入句子X，来得到每个词x_i词级别的向量表示$\mathbf{r}_i$：

$$\mathbf{r}_i = \text{Roberta}(x_i) \tag{3}$$

因为Roberta是以子词为单位进行编码，而我们这里的词是以空格分隔得到的完整词，所以我们直接将属于同一个完整词的子词的表示相加，得到最终的词表示$\mathbf{r}_i$。

我们利用词性标签和依存句法中依存弧的标签来加入句法信息到我们的模型中，即对于每一个输入词x_i，我们可以分别得到它对应的词性向量表示$\mathbf{e}_i^{pos}$和句法向量表示$\mathbf{e}_i^{syn}$。最后我们将

第二十二届中国计算语言学大会论文集，第53页-第63页，哈尔滨，中国，2023年8月3日至5日。

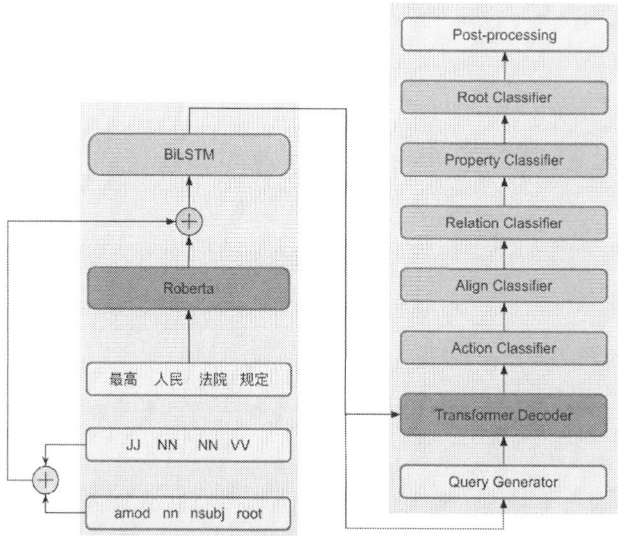

Figure 5: 基于非自回归方法的CAMR解析模型

得到的$\mathbf{r}_i$、$\mathbf{e}_i^{pos}$、$\mathbf{e}_i^{syn}$拼接后输入一层BiLSTM得到最终的编码器的输出向量$\mathbf{h}_i$。

$$\mathbf{h}_i = \text{BiLSTM}(\mathbf{r}_i \oplus \mathbf{e}_i^{pos} \oplus \mathbf{e}_i^{syn}) \tag{4}$$

3.2 解码器

在解码阶段，节点由句中的词以非自回归的方式生成，每个词最多可以生成K个节点。我们为词x_i生成K个query表示：$\mathbf{q}_i^1, ..., \mathbf{q}_i^j, ..., \mathbf{q}_i^{\mathrm{K}}$，并为$\mathbf{q}_i^j$预测动作标签$a_i^j$，来决定由词$x_i$生成什么语义节点。具体地，我们先将编码器的输出向量$\mathbf{h}_i$输入到Query Generator中。Query Generator通过K个线性层以及tanh激活函数生成词x_i对应的K个query表示：$q_i^1, ..., q_i^j, ..., q_i^{\mathrm{K}}$，在实验中，我们设置K = 3。

$$\mathbf{q}_i^j = \tanh(\text{MLP}^j(\mathbf{h}_i)) \tag{5}$$

接下来，将生成的query向量和编码器的输出向量$\mathbf{h}_i$输入到三层Transformer Decoder (Vaswani et al., 2017b)中得到$\mathbf{v}_i^j$。最终解码器根据$\mathbf{v}_i^j$，使用动作分类器（Action Classifier），对齐分类器（Align Classifier），关系分类器（Relation Classifier），属性分类器（Property Classifier）和根节点分类器（Root Classifier），来预测$\mathbf{v}_i^j$在AMR图中作为什么语义节点，该节点对齐到哪些词，该节点与其他节点的关系，该节点是否是一个属性节点，以及该节点是否是根节点。

- 动作预测：动作分类器使用线性层打分来预测$\mathbf{v}_i^j$应该生成什么节点，目标动作包括"copy"(拷贝词x_i来生成节点)、"add-01"（在词x_i后添加"-01"，来生成节点$x_i - 01$）、"generate [and]"（生成节点"and"）等。此外还有一个特殊动作[NULL]，表示$\mathbf{v}_i^j$不生成节点，如果$\mathbf{v}_i^j$预测出的动作是[NULL]，这就表示$\mathbf{v}_i^j$对应的query不在AMR图中，也就不参与之后的对齐等预测。在这次评测中，我们共统计有1810种动作标签。

- 对齐预测：因为一个语义节点可以对齐到多个词，所以对齐分类器使用Biaffine attention (Dozat and Manning, 2017)来判断$\mathbf{v}_i^j$与每个词是否有对齐关系，得到对齐词集合AlignSet$_i^j$。

- 关系预测：对于预测出的所有节点，我们分别使用两个Biaffine attention来判断一对节点之间是否存在关系，和存在什么关系。因为在中文AMR中存在着对应实词间的关系意义的虚词 (Dai et al., 2020)，我们将此类虚词和关系标签组合，形成复合标签，如"arg0+被"、"domain+是"、"location+的"等。我们为了减少标签空间，节省显存占用，只保留了那些出现次数大于1的标签，最终在我们的模型中共有1042种关系标签。

第二十二届中国计算语言学大会论文集，第53页-第63页，哈尔滨，中国，2023年8月3日至5日。

- 属性预测：在我们的模型中，我们将节点的属性（如“op1”、“op2”）也处理成了该节点的孩子节点。属性分类器需要对每个节点进行二分类来判断该节点是否是属性节点，若该节点是属性节点则将该节点从图中删去，并处理成其父亲节点的属性。

- 根节点预测：根节点分类器使用线性层打分来预测哪个节点是AMR图的根节点。

3.3 后处理

后处理部分主要分为三个部分，分别是规范化对齐、匹配虚词的对齐位置、概念同指节点的处理。

- 规范化对齐：因为在我们的模型中，节点的对齐是词语级别的，而在中文AMR中，某些节点是对齐到词语中的某几个字符的，如节点“30”，对齐到词“30余”的第一和第二个字符。我们通过后处理的方式，处理这种字符级的对齐。具体地，在由对齐预测得到对齐词集合AlignSet_i^j后，我们将对齐词集合中的词按照顺序拼接得到对齐词字符串，若节点字符串是对齐词字符串的子串，我们就在对齐词字符串中从左往右匹配节点字符串，找到第一个匹配位置，并返回字符级的对齐。

- 匹配虚词的对齐位置：在关系预测中，我们将虚词和关系标签组合成复合标签。在模型预测出复合标签，我们得到该关系的虚词后，我们通过匹配的方式去寻找该虚词的匹配位置。具体地，我们寻找距离该关系对应的父亲节点的对齐词最靠近的位置。特殊地，如果该句中没有匹配的位置，则返回头节点的对应词的后面的一个位置。

- 概念同指节点的处理：在训练阶段，我们首先随机选取同指节点中的一个节点作为核心节点，并将其他同指节点用核心节点的编号代替，如“x1”，“x2”。在预测阶段，若解码得到的AMR图中存在标签为编号的节点，则用该编号对应的核心节点的标签代替原节点标签，并将编号相同的节点归为同指节点。

4 图融合

在得到多个自回归和多个非自回归CAMR模型后，我们采用图融合算法(Hoang et al., 2021)来融合它们所预测的CAMR图，得到最终的预测结果。模型聚合是指利用多个模型来得到相比单个模型更加稳定、精确的预测结果 (Domingos, 2000)，这项技术在各种领域的科研和竞赛中被广泛采用，并取得了亮眼的表现 (Chen and Guestrin, 2016)。我们基于Hoang et al. (2021)提出的图融合算法，并针对本次评测需要预测对齐的特点做出改进。给定m个AMR图$\S = \{g_1, \ldots, g_m\}$，图融合算法的核心思想是得到这m个图的最大公共子图，将该最大公共子图作为最终的聚合图g_e。

值得注意的是，由于AMR图中概念节点、边关系的情况非常复杂，很难直接对多个AMR图进行投票。Hoang et al. (2021)提出一种近似融合算法。每一次，选取一个图作为核心图，进而以核心图为参考，其他图与该核心图进行对齐、投票，删除投票数低的节点和边后，最终产生一个聚合图。这样，m个原始图，会产生m个聚合图。进而，以某种策略从m个聚合图中选择一个唯一的图作为最终结果。以Smatch策略为例，对于每一个聚合图，计算m个原始图与其之间的Smatch值，求平均后作为该聚合图的分值，最终选择分值最高的聚合图。实验中我们发现，也可以将m个原始图加入到候选，即从m个原始图加m个聚合图中选择最优的图作为最终结果，这样做会非常微小地提高性能，但是也会让Smatch计算量翻倍。

具体而言，Hoang et al. (2021)基于Cai and Knight (2013)提出的图近似匹配算法Smatch，提出一个启发式算法来得到多个图的聚合图g_e。图融合算法在每轮迭代中首先选择S中的一个图g_i作为该轮迭代的核心图，由该核心图初始化得到节点标签和边标签的投票表，接着得到图g_i与剩余$m-1$个图的最优匹配，根据匹配过程去更新节点标签和边标签投票表。在完成更新后删去表中得票低的标签，并选择得票最高的标签作为该节点（边）的标签，得到以g_i为核心图的聚合图g_e^i。每一轮的过程可以看作是在对该轮的核心图中的节点的标签和边标签进行投票，并保留票数最高的标签。在完成m轮迭代后，得到$\{g_e^1, \ldots, g_e^m\}$共m个聚合图。最后按照一定的策略从中选出最终的聚合图g_e。聚合图挑选策略有两种，分别是Support和Smatch分数(Cai and Knight, 2013)。Support（支持度）策略即选择在节点和边（关系）上获得最高支持度（投票数）的聚合图作为集成的目标，而Smatch策略则选择与原始图集合S中的图的平均Smatch分

第二十二届中国计算语言学大会论文集，第53页-第63页，哈尔滨，中国，2023年8月3日至5日。

数据划分	句子数	词语数	平均句子词数	数据划分	句子数	词语数	平均句子词数
Train	16576	386234	23.30	TestB	1999	36940	18.48
Dev	1789	41822	23.38	TestC	2000	18699	9.35
TestA	1713	39228	22.90				

Table 2: 数据集统计

	TestA			TestB			TestC		
	P	R	F_1	P	R	F_1	P	R	F_1
				closed					
BUPT	78.40	76.44	77.41	72.09	69.68	70.87	80.96	78.62	79.77
GDUFE	76.54	**78.61**	77.56	**75.75**	61.18	67.69	82.38	73.08	77.45
WHU	78.94	74.90	76.87	72.41	67.83	70.04	80.98	76.35	78.59
Ours	**81.83**	78.25	**80.00**	75.16	**70.28**	**72.64**	**83.31**	**79.51**	**81.37**
				open					
GDUFE	75.53	75.60	75.56	69.71	67.33	68.50	78.14	77.30	77.72
SJTU	47.41	46.45	46.92	46.44	45.68	46.06	58.39	62.82	60.52
WestlakeNLP	74.40	70.24	72.26	70.42	68.63	69.52	**82.49**	**82.73**	**82.61**
Ours	**80.82**	**81.79**	**81.30**	**74.39**	**75.03**	**74.71**	82.13	82.11	82.12

Table 3: 评测提交结果对比

数最高的聚合图作为结果。Smatch分数通过启发式算法得到两个图的节点映射关系，从而评估两个图之间重叠部分的比例，Smatch分数越高，表明两个图越相似。

不同于英文AMR，CAMR增加了特有的概念关系对齐信息，因此我们对原本的图融合算法进行改进，对每一个节点的对齐词集合也进行投票，保留得票最高的对齐词，以提高对齐的准确率。同时，我们选择更加泛用的Smatch分数策略，选择与其他图的Smatch分数最高的聚合图作为最终结果。

5 实验

5.1 设置

我们采用官方给定的训练集和开发集上进行模型训练与挑选，然后在三个不同测试集上进行预测。数据集的具体统计数据如表2。其中，CAMRP2023新增的Test包含了来自知乎的2000句疑问短句。

对于自回归CAMR解析模型（CAMR-AR），我们采用Bart-Large-Chinese (Shao et al., 2021)作为模型基座，并且仅使用官方提供的数据集进行训练。模型训练30轮，学习率为5×10^{-5}，批次大小（Batch size）为1000 token。对于句法增强模块，我们设置句法向量表示维度为400，BiLSTM维度为512。对于没有句法标注的测试集TestB和TestC，我们基于SuPar[5]训练了一个依存句法和词性联合标注模型，来预测TestB和TestC上的句法信息。其余设置详见我们的Github仓库。对于非自回归CAMR解析模型（CAMR-NAR），其参数设置参考PERIN (Samuel and Straka, 2020)开源模型。预训练语言模型部分，我们采用了赛方推荐的Roberta (Cui et al., 2020)，以及MacBERT[6]和PERT (Cui et al., 2022)[7]三种来训练模型，获得更多样的结果。

在CAMR2023评测中，对open赛道，我们采用了CAMR-AR和CAMR-NAR两类模型，同时通过句法增强来增强模型之间的差异性，在图融合的时候得到泛化性更强的结果。对close赛道，我们仅使用微调Roberta (Cui et al., 2020)的CAMR-NAR模型。

CAMR解析的评价指标采用AlignSmatch(Xiao et al., 2022)，相较于英文AMR采用的Smatch指标，AlignSmatch将CAMR特有的概念关系对齐也作为评价对象。

第二十二届中国计算语言学大会论文集，第53页-第63页，哈尔滨，中国，2023年8月3日至5日。

	TestA			TestB			TestC		
	P	R	F_1	P	R	F_1	P	R	F_1
				Ablation					
CAMR-AR	79.15	79.93	79.54	72.56	**72.98**	72.77	**81.72**	**81.51**	**81.61**
CAMR-AR(Syn)	**79.54**	**80.04**	**79.79**	**72.90**	72.97	**72.93**	81.43	81.06	81.25
				Ensemble					
6 × CAMR-AR	79.69	81.16	80.41	73.26	74.34	73.80	81.59	81.91	81.75
6 × CAMR-AR(Syn)	79.81	81.21	80.50	73.35	74.31	73.82	81.51	81.80	81.66
3 × CAMR-AR + 3 × CAMR-AR(Syn)	79.85	81.35	80.59	73.26	74.41	73.83	81.72	82.09	81.90
2 × CAMR-AR + 2 × CAMR-AR(Syn) + 2 × CAMR-NAR	**80.05**	**81.58**	**80.81**	**73.84**	**74.92**	**74.38**	**82.09**	**82.66**	**82.37**

Table 4: 模型消融与图融合

Num	Strategy	TestA			TestB			TestC		
		P	R	F_1	P	R	F_1	P	R	F_1
1	-	79.15	79.93	79.54	72.56	72.98	72.77	81.72	81.51	81.61
3	Support	78.56	80.82	79.68	72.42	74.04	73.22	81.17	81.79	81.48
3	Smatch	79.51	80.58	80.05	73.20	73.79	73.49	81.79	81.61	81.70
6	Support	78.63	81.49	80.04	72.07	74.72	73.37	80.87	82.16	81.51
6	Smatch	79.69	81.16	80.41	73.26	74.34	73.80	81.59	81.91	81.75
9	Support	79.33	81.40	80.35	72.76	74.56	73.65	81.18	81.91	81.55
9	Smatch	80.16	81.11	80.63	73.80	74.30	74.05	81.90	81.72	81.81

Table 5: CAMR-AR模型的图融合性能分析

5.2 结果

评测提交结果如表3所示，我们的系统在不同赛道和不同测试集上近乎都取得了最佳成绩。在closed赛道上，我们的系统相较第二名分别在TestA上提升了2.44、在TestB上提升了1.77、在TestC上提升了1.60的F_1分数；在open赛道上，我们的系统在TestA和TestB上取得了最佳成绩，但在TestC上低于WestlakeNLP队伍0.49的F_1分数。我们注意到WestlakeNLP微调了大语言模型baichuan-7B[8]来解析CAMR。这表明在简单短句组成的TestC上，大语言模型能够达到更优越的性能。但在句子长度更长的TestA和TestB上，我们相较WestlakeNLP分别提升了9.04和5.19的F_1分数，表明我们的方法能够更好地解析复杂句子的语义图。

5.3 分析

句法增强　对比表4的第1、2行，我们发现融合句法和词性信息对CAMR解析性能的影响。对比CAMR-AR，我们发现在拥有官方给定的句法和词性标注的TestA上，CAMR-AR(Syn)能够有效提升 0.25 的F_1分数。但在预测句法和词性的TestB、TestC上，句法增强的提升并不明显，甚至略有下降。这可能是由于预测的句法和词性带有噪声，并不能有效地帮助模型生成CAMR图。

图融合　如表4所示，我们发现通过图融合方法能够对模型性能进行稳定提升，在TestA上，使用6个CAMR-AR模型集成的性能比单个CAMR-AR模型提升了 0.54 的精准度（P）、1.23 的召回率（R）和 0.87 的F_1分数。此外，实验结果表明对于图融合，不同种类模型的聚合比单一种类性能更好，在TestA上，采用三种模型的聚合性能相比采用两种模型的聚合提升了0.22的F_1分数，相比单一模型的聚合分别提升了0.40和0.31的F_1分数。说明图融合中，不同的模型带来差异化的结果能够更好的提升模型的泛化性。

如表5所示，我们进一步分析了不同的模型数量和策略对图融合性能的影响。实验结果表明，图融合所使用的模型数量越多，其性能表现也就越好。在使用Smatch策略选择聚合图的前提下，使用3个模型进行聚合在三个测试集上能够分别带来0.51、0.72和0.09的F_1分数提升，使用6个模型聚合能够进一步提升0.36、0.31和0.05的F_1分数提升。当使用更多的模型进

[5]https://github.com/yzhangcs/parser.git
[6]https://huggingface.co/hfl/chinese-macbert-large
[7]https://huggingface.co/hfl/chinese-pert-large
[8]https://github.com/baichuan-inc/baichuan-7B

第二十二届中国计算语言学大会论文集，第53页-第63页，哈尔滨，中国，2023年8月3日至5日。

行聚合时，图融合带来的提升也在渐渐减少。与使用6个模型进行聚合相比，使用9个模型只能提升0.22、0.25和0.06的F_1分数。这说明图融合的模型数量越多，其性能提升的边际效益将递减。除此之外，我们还探究了不同的图融合策略带来的影响，发现在所有实验样例中，采用Smatch策略的聚合性能都要高于Support策略。这一现象也符合直觉，评估两个图结构重叠部分的Smatch分数，相比汇总节点和边投票数的Support（支持度）能够全面地考虑到两个图的相似程度。

6 结语

在本次CAMR2023评测任务中，我们使用多个自回归模型和多个非自回归模型预测CAMR图，然后基于图融合算法(Hoang et al., 2021)将它们的输出结果融合起来。另外，我们还探索了句法增强和图融合策略对预测性能的影响。最终，我们在两个赛道共六个测试集上取得了五项第一名，一项第二名。

但我们的方法仍有不足，例如我们可以尝试生成大规模伪标注数据提升模型泛化能力，探索大语言模型对AMR生成模型的帮助等等。此外，对于稀疏的虚词关系对齐和概念同指，我们目前的做法是将其处理为特殊的关系标签。未来可以探究不同的CAMR图线性化方式，以更好地对这二者进行预测。

参考文献

Xuefeng Bai, Yulong Chen, Linfeng Song, and Yue Zhang. 2021. Semantic representation for dialogue modeling. In *Proceedings of ACL-IJCNLP*.

Xuefeng Bai, Yulong Chen, and Yue Zhang. 2022. Graph pre-training for AMR parsing and generation. In *Proceedings of ACL*.

Laura Banarescu, Claire Bonial, Shu Cai, Madalina Georgescu, Kira Griffitt, Ulf Hermjakob, Kevin Knight, Philipp Koehn, Martha Palmer, and Nathan Schneider. 2013. Abstract Meaning Representation for sembanking. In *Proceedings of the 7th Linguistic Annotation Workshop and Interoperability with Discourse*.

Michele Bevilacqua, Rexhina Blloshmi, and Roberto Navigli. 2021a. One spring to rule them both: Symmetric amr semantic parsing and generation without a complex pipeline. *Proceedings of the AAAI*.

Michele Bevilacqua, Rexhina Blloshmi, and Roberto Navigli. 2021b. One SPRING to rule them both: Symmetric AMR semantic parsing and generation without a complex pipeline. In *Proceedings of AAAI*.

Shu Cai and Kevin Knight. 2013. Smatch: an evaluation metric for semantic feature structures. In *Proceedings of ACL*. Association for Computational Linguistics.

Tianqi Chen and Carlos Guestrin. 2016. Xgboost: A scalable tree boosting system. In *Proceedings of SIGKDD*.

Yulong Chen, Yang Liu, Liang Chen, and Yue Zhang. 2021. DialogSum: A real-life scenario dialogue summarization dataset. In *Findings of the Association for Computational Linguistics: ACL-IJCNLP 2021*.

Yiming Cui, Wanxiang Che, Ting Liu, Bing Qin, Shijin Wang, and Guoping Hu. 2020. Revisiting pre-trained models for Chinese natural language processing. In *Proceedings of EMNLP-Findings*.

Yiming Cui, Ziqing Yang, and Ting Liu. 2022. Pert: Pre-training bert with permuted language model. *arXiv*.

Yuling Dai, Rubing Dai, Minxuan Feng, Bin Li, and Weiguang Qu. 2020. Representation and analysis of abstract meaning of chinese function words based on relation alignment. *Journal of Chinese Information Processing*.

Pedro Domingos. 2000. A unified bias-variance decomposition. In *Proceedings of ICML*.

Timothy Dozat and Christopher D. Manning. 2017. Deep biaffine attention for neural dependency parsing. In *Proceedings of ICLR*.

第二十二届中国计算语言学大会论文集，第53页-第63页，哈尔滨，中国，2023年8月3日至5日。

Jonas Gehring, Michael Auli, David Grangier, Denis Yarats, and Yann N. Dauphin. 2017. Convolutional sequence to sequence learning. In *Proceedings of ICML*.

Thanh Lam Hoang, Gabriele Picco, Yufang Hou, Young-Suk Lee, Lam Nguyen, Dzung Phan, Vanessa Lopez, and Ramon Fernandez Astudillo. 2021. Ensembling graph predictions for amr parsing. In *Advances in NeurIPS*.

Hoang Thanh Lam, Gabriele Picco, Yufang Hou, Young-Suk Lee, Lam M. Nguyen, Dzung T. Phan, Vanessa López, and Ramon Fernandez Astudillo. 2021. Ensembling graph predictions for amr parsing. In *Advances in NeurIPS*.

Mike Lewis, Yinhan Liu, Naman Goyal, Marjan Ghazvininejad, Abdelrahman Mohamed, Omer Levy, Veselin Stoyanov, and Luke Zettlemoyer. 2020. BART: Denoising sequence-to-sequence pre-training for natural language generation, translation, and comprehension. In *Proceedings of ACL*.

Bin Li, Yuan Wen, Li Song, Weiguang Qu, and Nianwen Xue. 2019. Building a Chinese AMR bank with concept and relation alignments. *Linguistic Issues in Language Technology*.

Kexin Liao, Logan Lebanoff, and Fei Liu. 2018. Abstract Meaning Representation for multi-document summarization. In *Proceedings of the 27th International Conference on Computational Linguistics*.

Terry Patten. 1993. Book reviews: Text generation and systemic-functional linguistics: Experiences from English and Japanese. *Computational Linguistics*.

Matthew E. Peters, Mark Neumann, Mohit Iyyer, Matt Gardner, Christopher Clark, Kenton Lee, and Luke Zettlemoyer. 2018. Deep contextualized word representations. In *Proceedings of NAACL*.

David Samuel and Milan Straka. 2020. ÚFAL at MRP 2020: Permutation-invariant semantic parsing in PERIN. In *Proceedings of the CoNLL 2020 Shared Task: Cross-Framework Meaning Representation Parsing*.

Yunfan Shao, Zhichao Geng, Yitao Liu, Junqi Dai, Fei Yang, Li Zhe, Hujun Bao, and Xipeng Qiu. 2021. Cpt: A pre-trained unbalanced transformer for both chinese language understanding and generation. *arXiv preprint arXiv:2109.05729*.

Linfeng Song, Daniel Gildea, Yue Zhang, Zhiguo Wang, and Jinsong Su. 2019. Semantic Neural Machine Translation Using AMR. *TACL*.

Ashish Vaswani, Noam Shazeer, Niki Parmar, Jakob Uszkoreit, Llion Jones, Aidan N Gomez, Ł ukasz Kaiser, and Illia Polosukhin. 2017a. Attention is all you need. In *Advances in NeurIPS*.

Ashish Vaswani, Noam Shazeer, Niki Parmar, Jakob Uszkoreit, Llion Jones, Aidan N Gomez, Łukasz Kaiser, and Illia Polosukhin. 2017b. Attention is all you need. *Advances in NeurIPS*.

Limin Xiao, Bin Li, Zhixing Xu, Kairui Huo, Minxuan Feng, Junsheng zhou, and Weiguang Qu. 2022. A novel evaluation method for chinese abstract meaning representation parsing based on alignment of concept and relation. *Journal of Chinese information processing*.

Wen Zhang, Yang Feng, Fandong Meng, Di You, and Qun Liu. 2019. Bridging the gap between training and inference for neural machine translation. In *Proceedings of ACL*.

戴玉玲, 戴茹冰, 冯敏萱, 李斌, and 曲维光. 2020. 基于关系对齐的汉语虚词抽象语义表示与分析. 中文信息学报.

第二十二届中国计算语言学大会论文集，第53页-第63页，哈尔滨，中国，2023年8月3日至5日。

CCL23-Eval 任务2系统报告：WestlakeNLP，基于生成式大语言模型的中文抽象语义表示解析

高文炀[1]，白雪峰[2]，张岳[1]
[1]西湖大学，工学院，杭州
[2]哈尔滨工业大学，计算机科学与技术学院，深圳
{gaowenyang, zhangyue}@westlake.edu.cn
xfbai.hk@gmail.com

摘要

本文介绍了我们在第二十二届中文计算语言学大会中文抽象语义表示解析评测任务中提交的参赛系统。中文抽象语义表示(Chinese Abstract Meaning Representation，CAMR)不仅以图的方式表示句子的语义，还保证了概念对齐和关系对齐。近期，生成式大规模语言模型在诸多自然语言处理任务上展现了优秀的生成能力和泛化能力。受此启发，我们选择微调Baichuan-7B模型来以端到端的形式从文本直接生成序列化的CAMR。实验结果表明，我们的系统能够在不依赖于词性、依存句法信息以及复杂规则的前提下取得了同现有方法可比的性能。

关键词： 中文抽象语义表示 ; 语义解析 ; 大模型 ; 微调

System Report for CCL23-Eval Task 2: WestlakeNLP, Investigating Generative Large Language Models for Chinese AMR Parsing

Wenyang Gao[1], Xuefeng Bai[2], Yue Zhang[1]
[1]School of Engineering, Westlake University, Hangzhou
[2]School of Computer Science and Technology, Harbin Institute of Technolgy, Shenzhen
{gaowenyang, zhangyue}@westlake.edu.cn
xfbai.hk@gmail.com

Abstract

This paper presents our participating system in the Chinese Abstract Meaning Representation Parsing Evaluation Task at the 22nd China National Conference on Computational Linguistics. Chinese Abstract Meaning Representation (CAMR) not only captures sentence semantics through graphical representation but also ensures the alignment of concepts and relations. Recently, generative large language models have demonstrated exceptional abilities in generation and generalization across various natural language processing tasks. Motivated by these advancements, we fine-tune the Baichuan-7B model to directly generate serialized CAMR from the provided text in an end-to-end manner. Experimental results demonstrate that our system achieves comparable performance to existing methods, eliminating the need for part-of-speech, dependency syntax, and complex rules.

Keywords: Chinese Abstract Meaning Representation , Semantic Parsing , Large Language Model , Fine-tuning

1 引言

抽象语义表示(Abstract Meaning Representation, AMR)以有根的有向无环图来表示句子的语义 (Banarescu et al., 2013)。AMR图中的节点是句中的词或由词抽象而来的概念；节点之间的关系通过图中的边来表示，它们反映了句中概念的语义关系。AMR语义解析旨在从文本中自动获取抽象语义表示 (Flanigan et al., 2014; Konstas et al., 2017; Lyu and Titov, 2018; Cai and Lam, 2020; Bevilacqua et al., 2021; Bai et al., 2022a; Bai et al., 2022b)。得益于AMR语义解析技术的进步，AMR被广泛应用于机器翻译(Nguyen et al., 2021)、问答(Deng et al., 2022)、自然语言推断(Opitz et al., 2023)、关系抽取(Xu et al., 2022)、文本摘要(Liao et al., 2018)、对话系统(Bai et al., 2021)等下游领域。

AMR的数据和标注规范起源于英文，近年来，Li et al. (2016)将AMR推广到中文，称为Chinese Abstract Meaning Representation (CAMR)。CAMR在保留了AMR较强语义表示能力的同时，还增加了"词与概念"的对齐信息和"词与关系"的对齐信息。目前，CAMR解析方法大致可以分为三类：基于转移的方法(Transition-based)、基于图的方法(Graph-based)和基于序列到序列的方法(Seq2Seq-based)。基于转移的方法先将输入的句子解析为依存关系树，然后通过一系列"行动"转换为AMR图。Wang et al. (2018)首先在CAMR解析任务中使用了基于转移的框架，Wu et al. (2019)又在此基础上进行了一系列的改进。基于图的方法通过在序列上进行概念预测和关系分类来逐步构建AMR图。在上一届CAMR解析评测任务中拔得头筹的SUDA-HUAWEI (Zhou et al., 2022)和PKU (Chen et al., 2022)都是此类方法。基于序列到序列的方法利用如Transformers、BART等序列到序列模型直接从句子得到序列化的AMR。Huang et al. (2021)首先在CAMR解析任务中使用了序列到序列的方法，摆脱了人为设计"行动"的过程，也极大地简化了训练过程。

近期，随着预训练语言模型的参数量和数据量不断增大，大规模语言模型(大模型)在自然语言处理领域的多个任务上取得了显著的进展 (Zeng et al., 2022; Zhao et al., 2023; Wang et al., 2023a; Wang et al., 2023b; Ren et al., 2023; Touvron et al., 2023)。相较于传统预训练语言模型，更多的参数使得大模型能够记忆更广泛的世界知识，并展现了小模型所不具备的涌现能力。通过使用指令微调和代码预训练等技术，大模型具备了响应人类指令、泛化到新任务、代码理解与生成、利用思维链推理以及处理长距离依赖等多项能力。

受此启发，我们采用百川智能发布的中文大模型Baichuan-7B进行CAMR解析。为了赋予大模型处理CAMR图的能力，我们采用基于深度优先遍历的序列化算法来将CAMR图转化为一个线性序列。在此基础上，我们通过对大模型进行微调来以序列到序列的方式从文本生成对应的CAMR图。实验结果表明，我们所提出的方法在不依赖于词性、依存句法信息以及复杂规则的前提下，仅利用原句和分词信息就取得了同现有工作可比的结果。

2 方法

我们首先对CAMR进行序列化，在此基础上通过微调Baichuan-7B模型来将文本转换为序列化的CAMR图。模型的输入数据包括提示词、原句以及经过分词并带有词编号的句子。输出是序列化的CAMR。为了确保生成的CAMR序列是合法的，我们还采用了一些基于规则和匹配的方法进行后处理。

2.1 CAMR序列化

由于大模型通常在文本上进行训练，因此不能直接用于生成CAMR图。为了解决这个问题，我们对CAMR图进行序列化，通过将CAMR表示为一个线性序列，我们能够通过大模型以自回归的方式生成线性化的CAMR图。具体而言，我们采用了基于深度优先遍历的序列化方式，原因是深度优先遍历获得的线性化CAMR图与原文的顺序最接近。图 1展示了一个CAMR图及其序列化的结果，在序列化的CAMR图中，我们通过左括号来记录当前的深度，利用右括号来匹配左括号进行图结构还原。通过这种方式，我们能够通过线性化的CAMR来还原原始CAMR图。

第二十二届中国计算语言学大会论文集，第64页-第69页，哈尔滨，中国，2023年8月3日至5日。

```
# ::snt 新华社 北京 十二月 二日 电
# ::wid x1_新华社 x2_北京 x3_十二月 x4_二日 x5_电 x6_

(x5 / 电-02
    :arg0() (x9 / organization
        :name() (x1 / name :op1 x1/新华社 )
        :location() (x11 / city
            :name() (x2 / name :op1 x2/北京 )))
    :time() (x13 / date-entity
        :month() (x3 / 12)
        :day() (x4 / 2)))
```

```
(x5 / 电-02 :arg0() (x9 / organization :name() (x1 /
name :op1 x1/新华社 ) :location() (x11 /
city :name() (x2 / name :op1 x2/北京 ))) :time()
(x13 / date-entity :month() (x3 / 12) :day() (x4 / 2)))
```

Figure 1: CAMR序列化实例，左侧为CAMR图，右侧为序列化结果(实际为单行)。

2.2 Baichuan-7B

Baichuan-7B[1]是一个基于Transformer结构的中英双语大模型。该模型是在大约1.2万亿个标记(tokens)上进行训练的，拥有约70亿个参数，并且上下文窗口长度为4096。在标准的中文和英文权威基准测试(C-EVAL/MMLU)上，Baichuan-7B取得了与同样规模模型相比最佳的效果。

Baichuan-7B 的优异性能主要来自于三部分，高质量数据、分词和模型架构。在数据方面，其训练语料兼顾质量和多样性，相较于其他同参数规模的开源中文预训练模型，数据量提高了超过50%；在分词方面，它对SentencePiece中的字节对编码(Byte Pair Encoding, BPE)进行了优化，提升了对于中文的压缩率，还能做到未知字词的全覆盖；在模型架构方面，整体模型基于标准的Transformer结构，采用与LLaMA相同的模型设计，使用旋转式位置编码(Rotary Position Embedding)。同时，尺寸为4096的上下文窗口使得模型的应用场景更加广泛。

2.3 大模型微调

在微调的过程中，我们构造的输入数据包括任务指令、原句以及带有词编号的分词后的句子(上下文)，标签则是序列化的CAMR。以"这几天关于中俄战略合作伙伴关系成了大热点。"为例，以下为构造的输入数据:

给定如下输入句子以及分词结果，输出句子所对应的中文抽象语义表示图：这几天关于中俄战略合作伙伴关系成了大热点。 x1_这 x2_几 x3_天 x4_关于 x5_中 x6_俄 x7_战略 x8_合作 x9_伙伴 x10_关系 x11_成 x12_了 x13_大 x14_热点 x15_。

除此之外，在微调的过程中，我们取消了对于任务指令、原句和上下文的损失计算，使得模型专注于生成的内容本身。

形式化而言，假设$\mathcal{D}$代表整个训练数据集，I表示任务指令，X表示原句，C表示上下文，Y表示序列化的CAMR，本方法通过优化如下损失函数进行训练:

$$\ell = - \sum_{\{I,X,C,Y\} \in \mathcal{D}} logP(Y|I \oplus X \oplus C) \tag{1}$$

其中$I \oplus X \oplus C$代表三个序列的拼接。为了方便表示，我们将微调后的模型称为LLMCP。

2.4 后处理

针对微调后的模型生成的CAMR序列，我们进行了后处理，使其符合CAMR的规范。该部分主要分为括号补全和节点信息补全。

- **括号补全:** 由于Baichuan-7B模型没有经过代码训练，所以对于生成的CAMR需要进行补全和调整。为了解决这个问题，我们采用了相对简单的规则进行处理。根据左右括号的相对数量，我们在生成的序列末尾添加或删除右括号。考虑到CAMR的特点，起始的左括号应当在序列末尾处被右括号闭合，因此，我们将提前闭合的右括号移动至序列末尾。

[1]https://github.com/Baichuan-inc/Baichuan-7B

第二十二届中国计算语言学大会论文集，第64页-第69页，哈尔滨，中国，2023年8月3日至5日。

- **节点信息补全**：模型在推理过程中，会出现生成的节点信息不全的问题，即丢失节点的编号或词语。例如，模型对于图1中的例子，可能会生成如"(电-02 :arg0() ..."或"(x5 :arg0() ..."的结果。我们通过规则匹配，为节点补全丢失的编号或词语，使其与输入中的编号和分词保持一致。

3 实验

3.1 实验设置

本次评测分为closed和open两个赛道，我们选择了参加open赛道。尽管训练集、开发集和测试集TestA提供了词性和依存句法信息，但我们在模型微调过程中仅利用了原句和分词信息。本次测评新增的测试集TestC是2000句问句语料，旨在增强模型对汉语问句的焦点和一句多问的分析能力。

3.2 实验结果

	P	R	F1
Dev	79.24	77.20	78.20
TestA	74.40	70.24	72.26
TestB	70.42	68.63	69.52
TestC	82.73	82.49	82.61

Table 1: LLMCP在开发集和测试集的Align-Smatch得分

本次评测所采用的Align-smatch指标在Smatch的基础上增添了概念对齐信息和关系对齐信息。表 1列出了我们的方法的得分。我们提出的LLMCP在开发集上获得了78.2的F1分数，在三个测试集上分别获得了72.26、69.52以及82.61的分数。TestC的结果相比于其他两个测试集更高，原因是TestC的数据由问句组成，其长度相对较短、句式相对简单，因此解析难度相对较低。相比于Huang et al. (2021)的序列到序列方法(该方法在TestA上获得了70.29的F1分数)，LLMCP取得了显著的性能提升，这证明了大模型在CAMR解析任务上的有效性。相比于往年的系统，LLMCP在不使用外部句法知识和复杂规则的前提下获得了可比的性能，这表明CAMR解析能够以一种端到端的方式进行有效建模。

3.3 结果分析

在使用Baichuan-7B之前，我们也尝试在相同的数据上对较为轻量的mT5模型进行微调。然而，mT5在开发集上的表现(52.3)远低于Baichuan-7B模型的表现(78.2)。这一结果表明基座模型对于解析效果有着显著影响，而大模型在预训练阶段获得的世界知识和涌现能力对于CAMR解析任务具有重要帮助。

我们微调的模型也存在大模型普遍面临的一个问题，即幻觉(hallucination)现象。当模型生成的文本不遵循原文或者不符合事实(Ji et al., 2022)，我们就认为模型出现了幻觉。尽管我们在输入中提供了每个词的编号，但有时生成的CAMR序列的编号会发生整体错位的情况。这一现象主要集中在较长的句子中，可能是因为模型在推理过程中解码器错误地参考了编码器编码的信息所导致的。

此外，我们还观察到模型在处理较长输入时存在CAMR不完整的问题。例如，有时模型只解析了句子前四分之三的内容，而对于后四分之一的概念和关系则完全未生成。这可能是由于模型的生成窗口有限导致的。

4 结语

在本次CAMR解析评测任务中，我们探索了通过微调大模型从文本生成序列化的CAMR。实验结果表明，我们的方法在不依赖词性、依存句法信息以及复杂规则的前提下取得了同现有方法可比的性能。未来，针对长句的CAMR解析问题，我们将尝试使用分句推理后融合的方法，通过将长句进行拆分、推理和融合，有效地缓解生成窗口受限问题，从而确保生成的CAMR结构完整且准确。

第二十二届中国计算语言学大会论文集，第64页-第69页，哈尔滨，中国，2023年8月3日至5日。

致谢

感谢匿名审稿人对本文提出的宝贵意见，我们在此基础上进行了完善。本研究受国家重点研发计划项目（2022YFE0204900）资助，张岳是本文的通讯作者。

参考文献

Xuefeng Bai, Yulong Chen, Linfeng Song, and Yue Zhang. 2021. Semantic representation for dialogue modeling. In *Proceedings of the 59th Annual Meeting of the Association for Computational Linguistics and the 11th International Joint Conference on Natural Language Processing (Volume 1: Long Papers)*, pages 4430–4445, Online, August. Association for Computational Linguistics.

Xuefeng Bai, Yulong Chen, and Yue Zhang. 2022a. Graph pre-training for AMR parsing and generation. In *Proceedings of the 60th Annual Meeting of the Association for Computational Linguistics (Volume 1: Long Papers)*, pages 6001–6015, Dublin, Ireland, May. Association for Computational Linguistics.

Xuefeng Bai, Sen Yang, Leyang Cui, Linfeng Song, and Yue Zhang. 2022b. Cross-domain generalization for AMR parsing. In *Proceedings of the 2022 Conference on Empirical Methods in Natural Language Processing*, pages 10907–10921, Abu Dhabi, United Arab Emirates, December. Association for Computational Linguistics.

Laura Banarescu, Claire Bonial, Shu Cai, Madalina Georgescu, Kira Griffitt, Ulf Hermjakob, Kevin Knight, Philipp Koehn, Martha Palmer, and Nathan Schneider. 2013. Abstract meaning representation for sembanking. In *Proceedings of the 7th linguistic annotation workshop and interoperability with discourse*, pages 178–186.

Michele Bevilacqua, Rexhina Blloshmi, and Roberto Navigli. 2021. One spring to rule them both: Symmetric AMR semantic parsing and generation without a complex pipeline. *Proceedings of the AAAI Conference on Artificial Intelligence*, 35(14):12564–12573.

Deng Cai and Wai Lam. 2020. AMR parsing via graph-sequence iterative inference. In *Proceedings of the 58th Annual Meeting of the Association for Computational Linguistics*, pages 1290–1301, Online. Association for Computational Linguistics.

Liang Chen, Bofei Gao, and Baobao Chang. 2022. A two-stage method for Chinese amr parsing. *ArXiv*, abs/2209.14512.

Zhenyun Deng, Yonghua Zhu, Yang Chen, Michael Witbrock, and Patricia Riddle. 2022. Interpretable AMR-based question decomposition for multi-hop question answering. *arXiv preprint arXiv:2206.08486.*

Jeffrey Flanigan, Sam Thomson, Jaime Carbonell, Chris Dyer, and Noah A. Smith. 2014. A discriminative graph-based parser for the Abstract Meaning Representation. In *Proceedings of the 52nd Annual Meeting of the Association for Computational Linguistics (Volume 1: Long Papers)*, pages 1426–1436, Baltimore, Maryland. Association for Computational Linguistics.

Ziwei Ji, Nayeon Lee, Rita Frieske, Tiezheng Yu, Dan Su, Yan Xu, Etsuko Ishii, Yejin Bang, Wenliang Dai, Andrea Madotto, and Pascale Fung. 2022. Survey of hallucination in natural language generation. *ACM Computing Surveys*, 55:1 – 38.

Ioannis Konstas, Srinivasan Iyer, Mark Yatskar, Yejin Choi, and Luke Zettlemoyer. 2017. Neural AMR: Sequence-to-sequence models for parsing and generation. In *Proceedings of the 55th Annual Meeting of the Association for Computational Linguistics (Volume 1: Long Papers)*, pages 146–157, Vancouver, Canada. Association for Computational Linguistics.

Bin Li, Yuan Wen, Weiguang Qu, Lijun Bu, and Nianwen Xue. 2016. Annotating the little prince with Chinese AMRs. In *Proceedings of the 10th Linguistic Annotation Workshop held in conjunction with ACL 2016 (LAW-X 2016)*, pages 7–15, Berlin, Germany. Association for Computational Linguistics.

Kexin Liao, Logan Lebanoff, and Fei Liu. 2018. Abstract Meaning Representation for multi-document summarization. In *Proceedings of the 27th International Conference on Computational Linguistics*, pages 1178–1190, Santa Fe, New Mexico, USA. Association for Computational Linguistics.

Chunchuan Lyu and Ivan Titov. 2018. AMR parsing as graph prediction with latent alignment. In *Proceedings of the 56th Annual Meeting of the Association for Computational Linguistics (Volume 1: Long Papers)*, pages 397–407, Melbourne, Australia. Association for Computational Linguistics.

第二十二届中国计算语言学大会论文集，第64页-第69页，哈尔滨，中国，2023年8月3日至5日。

Long H. B. Nguyen, Viet H. Pham, and Dien Dinh. 2021. Improving neural machine translation with AMR semantic graphs. *Mathematical Problems in Engineering*.

Juri Opitz, Shira Wein, Julius Steen, Anette Frank, and Nathan Schneider. 2023. AMR4NLI: Interpretable and robust NLI measures from semantic graphs. *ArXiv preprint*, abs/2306.00936.

Xiaozhe Ren, Pingyi Zhou, Xinfan Meng, Xinjing Huang, Yadao Wang, Weichao Wang, Pengfei Li, Xiaoda Zhang, A. V. Podolskiy, Grigory Arshinov, A. Bout, Irina Piontkovskaya, Jiansheng Wei, Xin Jiang, Teng Su, Qun Liu, and Jun Yao. 2023. Pangu-σ: Towards trillion parameter language model with sparse heterogeneous computing. *ArXiv preprint*, abs/2303.10845.

Hugo Touvron, Thibaut Lavril, Gautier Izacard, Xavier Martinet, Marie-Anne Lachaux, Timothée Lacroix, Baptiste Rozière, Naman Goyal, Eric Hambro, Faisal Azhar, Aur'elien Rodriguez, Armand Joulin, Edouard Grave, and Guillaume Lample. 2023. Llama: Open and efficient foundation language models. *ArXiv preprint*, abs/2302.13971.

Chuan Wang, Bin Li, and Nianwen Xue. 2018. Transition-based Chinese AMR parsing. In *North American Chapter of the Association for Computational Linguistics*.

Xiao Wang, Wei Zhou, Can Zu, Han Xia, Tianze Chen, Yuan Zhang, Rui Zheng, Junjie Ye, Qi Zhang, Tao Gui, Jihua Kang, J. Yang, Siyuan Li, and Chunsai Du. 2023a. Instructuie: Multi-task instruction tuning for unified information extraction. *ArXiv preprint*, abs/2304.08085.

Yidong Wang, Zhuohao Yu, Zhengran Zeng, Linyi Yang, Cunxiang Wang, Hao Chen, Chaoya Jiang, Rui Xie, Jindong Wang, Xingxu Xie, Wei Ye, Shi-Bo Zhang, and Yue Zhang. 2023b. Pandalm: An automatic evaluation benchmark for llm instruction tuning optimization. *ArXiv preprint*, abs/2306.05087.

Runxin Xu, Peiyi Wang, Tianyu Liu, Shuang Zeng, Baobao Chang, and Zhifang Sui. 2022. A two-stream AMR-enhanced model for document-level event argument extraction. In *Proceedings of the 2022 Conference of the North American Chapter of the Association for Computational Linguistics: Human Language Technologies*, pages 5025–5036, Seattle, United States. Association for Computational Linguistics.

Aohan Zeng, Xiao Liu, Zhengxiao Du, Zihan Wang, Hanyu Lai, Ming Ding, Zhuoyi Yang, Yifan Xu, Wendi Zheng, Xiao Xia, et al. 2022. Glm-130b: An open bilingual pre-trained model. *ArXiv preprint*, abs/2210.02414.

Wayne Xin Zhao, Kun Zhou, Junyi Li, Tianyi Tang, Xiaolei Wang, Yupeng Hou, Yingqian Min, Beichen Zhang, Junjie Zhang, Zican Dong, Yifan Du, Chen Yang, Yushuo Chen, Z. Chen, Jinhao Jiang, Ruiyang Ren, Yifan Li, Xinyu Tang, Zikang Liu, Peiyu Liu, Jianyun Nie, and Ji rong Wen. 2023. A survey of large language models. *ArXiv*, abs/2303.18223.

Shilin Zhou, Qingrong Xia, Yang Li, Zhefeng Wang, and Zhenghua Li. 2022. Suda-huawei camr2022 比赛技术评测报告.

Huang Ziyi, Li Junhui, and Gong Zhengxian. 2021. 基于序列到序列的中文AMR 解析(Chinese AMR parsing based on sequence-to-sequence modeling). In *China National Conference on Chinese Computational Linguistics*.

吴泰中, 顾敏, 周俊生, 曲维光, 李斌, and 顾彦慧. 2019. 基于转移神经网络的中文AMR 解析. 中文信息学报, 33(4):1–11.

第二十二届中国计算语言学大会论文集，第64页-第69页，哈尔滨，中国，2023年8月3日至5日。

Overview of CCL23-Eval Task 2: The Third Chinese Abstract Meaning Representation Parsing Evaluation

Zhixing Xu[1], **Yixuan Zhang**[1], **Bin Li**[1], **Junsheng Zhou**[2] **and Weiguang Qu**[2]
1. School of Chinese Language and Literature, Nanjing Normal University, China
2. School of Computer and Electronic Information, Nanjing Normal University, China
xzx0828@live.com, zyixuan_12@163.com,
libin.njnu@gmail.com, {zhoujs, wgqu}@njnu.edu.cn

Abstract

Abstract Meaning Representation has emerged as a prominent area of research in sentence-level semantic parsing within the field of natural language processing in recent years. Substantial progress has been made in various NLP subtasks through the application of AMR. This paper presents the third Chinese Abstract Meaning Representation Parsing Evaluation, held as part of the Technical Evaluation Task Workshop at the 22nd Chinese Computational Linguistics Conference. The evaluation was specifically tailored for the Chinese and utilized the Align-smatch metric as the standard evaluation criterion. Building upon high-quality semantic annotation schemes and annotated corpora, this evaluation introduced a new test set comprising interrogative sentences for comprehensive evaluation. The results of the evaluation, as measured by the F-score, indicate notable performance achievements. The top-performing team attained a score of 0.8137 in the closed test and 0.8261 in the open test, respectively, using the Align-smatch metric. Notably, the leading result surpassed the SOTA performance at CoNLL 2020 by 3.64 percentage points when evaluated using the MRP metric. Further analysis revealed that this significant progress primarily stemmed from improved relation prediction between concepts. However, the challenge of effectively utilizing semantic relation alignments remains an area that requires further enhancement.

1 Introduction

With the growing maturity of morphological analysis and syntactic analysis techniques, natural language processing in general has advanced to semantic analysis level. Sentence-level meaning parsing, to be more specific, has already occupied the core position of semantic analysis research. To address the lack of whole-sentence semantic representation and the domain-dependent problem of sentence semantic annotation, Banarescu et al. (2013) proposed a domain-independent whole-sentence semantic representation method called Abstract Meaning Representation (AMR) that can abstract the meaning of a sentence with a single-rooted, acyclic and directed graph and predicts the semantic structure of the targeted sentence. There have been large-scaled corpora constructed for AMR and two international conferences held for AMR semantic parsing evaluation tasks. The latest one was CoNLL 2020, where there have been five languages in cross-lingual track including Chinese. And yet parsing Chinese via AMR was not flawless given that Chinese Mandarin differs a lot from English in terms of syntax and semantics. Li et al. (2016) therefore introduced several major changes into Chinese Abstract Meaning Representation (Chinese AMR, CAMR) so as to better parse Chinese. And similar to AMR, the corpus of CAMR has also begun to take shape and played an important role in the stage of CoNLL 2020.

2 Evaluation Task

Our evaluation task is to parse input sentences and output AMR graphs of the targeted sentences with data from CAMR corpus. It is noteworthy that the alignment of concept and relation are added in CAMR

Proceedings of the 22nd China National Conference on Computational Linguistics, pages 70-83, Harbin, China, August 3 - 5, 2023.
(c) Technical Committee on Computational Linguistics, Chinese Information Processing Society of China

and some extra semantic role labels as well to better distinguish characteristics in Chinese. The evaluation task at CoNLL 2020, however, failed to leverage the alignment of concept and relation. Therefore, in our former CAMRP 2022 evaluation task, we adopted the newly-designed metric named Align-smatch, which contains the alignment of concept and relation, aiming to better evaluate the performance of automatic parsing. CAMRP 2023 is a follow-up and extension of CAMRP 2022, with key difference including the addition of a blind test set with 2,000 interrogative sentences.

3 Data Set

CAMR Corpus has been constructed and co-operated by Nanjing Normal University and Bradeis University since 2015 (Li et al., 2016) (Li et al., 2019). Specifically, the data provided at CAMRP 2023 is the CAMR v2.0 released via Linguisitc Data Consortium (LDC), of which the original data was from Chinese Tree Bank 8.0 including 20,000 Chinese sentences in total. The data sets as usual include training set, dev set and test set, and have been proven with high quality in the evaluation task at CAMRP 2022. We hereby use the exact same data sets in order to see whether there is any progression of CAMR parsing in recent two years. Newly added blind set (Test C) including 2,000 sentences is also provided to measure the generalization performance of parsers. Table 1 shows the distribution of each data set.

Data Set	Sentences	Word Tokens
Train Set	16,576	386,234
Dev Set	1,789	41,822
Test A	1,713	39,228
Test B	1,999	36,940
Test C	2,000	18,909

Table 1: Data set distribution

3.1 Data Format

The data sets we offer are in three different formats, which include the following representations: raw text annotations, dependency analysis results, and tuples.

```
# ::id export_amr.2580 ::cid export_amr.2580 ::2017-02-02 17:03:12
# ::snt 这 几 天 关于 中 俄 战略 合作 伙伴 关系 成 了 大 热点 。
# ::wid x1_这 x2_几 x3_天 x4_关于 x5_中 x6_俄 x7_战略 x8_合作 x9_伙伴 x10_关系 x11_成 x12_了 x13_大 x14_热点 x15_。
(x11 / 成-01
    :aspect() (x12 / 了)
    :arg1() (x14 / 热点
        :arg0-of() (x13 / 大-01))
    :arg0(x4/关于) (x10 / 关系
        :mod() (x9 / 伙伴
            :mod() (x8 / 合作-01
                :arg0() (x26 / and
                    :op1() (x33 / country
                        :name() (x5 / name :op1 x5/中 ))
                    :op2() (x35 / country
                        :name() (x6 / name :op1 x6/俄 ))))
            :mod() (x7 / 战略)))
    :duration() (x37 / temporal-quantity
        :quant() (x2 / 几)
        :unit() (x3 / 天)
        :mod() (x1 / 这)))
```

Figure 1: Sample of CAMR text representation

Figure 1 is a copy of CAMR text representation sample from training set, detailed with sentence ID, word tokens, word ID, alignment of concept and relation, and the text annotation of CAMR. All files

Proceedings of the 22nd China National Conference on Computational Linguistics, pages 70-83, Harbin, China, August 3 - 5, 2023.

are encoded in UTF-8. Translation of the original sentence is "这*/this* 几*/several* 天*/day* 关于*/about* 中*/China* 俄*/Russian* 战略*/strategy* 合作*/cooperation* 伙伴*/companion* 关系*/relationship* 成*/become* 了*/already* 大*/big* 热点*/hot-spot*", which means "*In the past few days, the strategic partnership between China and Russian has become a hot topic*".

ID	Token	Part-of-Speech	Head word	Head word ID	Dependency
1	这	DT	成	11	dep
2	几	CD	天	3	nummod
3	天	M	这	1	dep
4	关于	P	成	11	prep
5	中	NR	伙伴	9	nn
6	俄	NR	伙伴	9	nn
7	战略	NN	伙伴	9	nn
8	合作	NN	伙伴	9	nn
9	伙伴	NN	关系	10	nn
10	关系	NN	关于	4	pobj
11	成	VV	root	0	root
12	了	AS	成	11	asp
13	大	JJ	热点	14	amod
14	热点	NN	成	11	dobj

Table 2: Sample of dependency analysis result

Table 2 is a copy of dependency analysis result. Note that in the closed modality, participants are allowed to use dependency analysis results as the external resource for training.

句子编号 sid	节点编号1 nid1	概念1 concept1	关系 rel	关系编号 rid	关系对齐词 ralign	节点编号2 nid2	概念2 concept2
2580	x0	root	:top	-	-	x11	成-01
2580	x11	成-01	:aspect	-	-	x12	了
2580	x11	成-01	:arg1	-	-	x14	热点
2580	x11	成-01	:arg0	x4	关于	x10	关系
2580	x11	成-01	:duration	-	-	x37	temporal-quantity
2580	x14	热点	:arg0-of	-	-	x13	大-01
2580	x10	关系	:mod	-	-	x9	伙伴
2580	x9	伙伴	:mod	-	-	x8	合作-01
2580	x9	伙伴	:mod	-	-	x7	战略
2580	x8	合作-01	:arg0	-	-	x26	and
2580	x26	and	:op1	-	-	x33	country
2580	x26	and	:op2	-	-	x35	country
2580	x33	country	:name	-	-	x5	中
2580	x35	country	:name	-	-	x6	俄
2580	x37	temporal-quantity	:quant	-	-	x2	几
2580	x37	temporal-quantity	:unit	-	-	x3	天
2580	x37	temporal-quantity	:mod	-	-	x1	这

Table 3: Sample of CAMR tuples

Table 3 is a copy of CAMR tuple representation including sentence ID (sid), source node ID (nid1), source concept (concept1), relation (rel), relation ID (rid), relation alignment word (ralign), target node ID (nid2), and target concept (concept2).

3.2 New Blind Test

As the predecessor of CAMRP 2022, the evaluation task this year includes a brand new blind test comprising 2,000 interrogative sentences, namely Test C. Original data was collected and filtered from Zhihu

Proceedings of the 22nd China National Conference on Computational Linguistics, pages 70-83, Harbin, China, August 3 - 5, 2023.

website, and presented with alignment annotations. We expect to exam the parsing potential for interrogative focus in Chinese with the favor of new blind test.

4 Evaluation Design

In spirit of innovation and comparison, there are three evaluation metrics and two modalties include at CAMRP 2023.

4.1 Evaluation Metrics

4.1.1 Smatch

As the most widely-used evaluation metric, Smatch focuses on the overlapping of two AMR graphs (Cai and Knight, 2013). For two AMR graphs to be matched, Smatch first renames the nodes of AMR graphs and transforms each AMR graph into a set of triples. There are three categories of triples as following:

- Node triple:

$$\texttt{instance}(\texttt{node\_index}, \texttt{concept})$$

  where `instance` represents the concept nodes. `node_index` is the index of nodes in AMR graph and denoted as a_i. Without loss of generality, we have $i \in 0, 1, \ldots, n$. `concept` is abstracted from the word accordingly. As shown in Table 4, for example, the triple `instance(`a_0`, 希望-01)` indicates the instantiation of the word "希望" including its index a_0 and the abstracted concept "希望-01".

- Arc triple:

$$\texttt{relation}(\texttt{node\_index1}, \texttt{node\_index2})$$

  where `node_index1` and `node_index2` are indexes of two different concept nodes, and their mappings are a_i and a_j, respectively. As always, $j \in 0, 1, \ldots, n$. `relation` is the semantic role between the index a_i and a_j. For example, the arc triple `arg1(`a_1`, `a_4`)` means that the semantic relation between the mapping words of the index a_1 and a_4 is `arg1` (Object).

- Node property triple:

$$\texttt{property}(\texttt{node\_index}, \texttt{value})$$

  As shown in Table 4, the property triple `root(`a_0`, top)` indicates that the property of the index a_0 is `root`, in which `value` equals `top`, implying that it is the root node in the graph.

4.1.2 Main metric: Align-smatch

With two types of information added, including concept alignment and relation alignment, Align-smatch now transforms Chinese AMR graph into tuples (Xiao et al., 2022).

- New triple for **Concept Alignment**:

$$\texttt{anchor}(\texttt{node\_index}, \texttt{token\_num})$$

  We name it concept alignment triple and add it into the same category with node property triple. `anchor` stands for it node property. `node_index` remains the same as in Smatch. `token_num` means the number of the word in original sentence (as we mentioned earlier). As shown in Table 5, for example, the property triple `anchor(`a_7`, x3)` indicates that the mapping concept node "惨痛-01" of the index a_7 is aligned with the mapping word "惨痛" of the token number `x3`.

Proceedings of the 22nd China National Conference on Computational Linguistics, pages 70-83, Harbin, China, August 3 - 5, 2023.
(c) Technical Committee on Computational Linguistics, Chinese Information Processing Society of China

Category	Triple
Node	instance(a0, 希望-01) instance(a1, 给-01) instance(a2, expressive) instance(a3, 经历) instance(a4, 大家) instance(a5, 教训) instance(a6, 我) instance(a7, 惨痛-01) instance(a8, 1) instance(a9, 个)
Arc	mode(a0, a2) arg1(a0, a1) arg0(a1, a3) arg2(a1, a4) arg1(a1, a5) arg0-of(a3, a7) poss(a3, a6)
Node Property	root(a0, top)

Table 4: Triple representation in Smatch

- New tuple for **Relation Alignment**:

$$(\texttt{Word\_on\_Arc}, \texttt{token\_num}, \texttt{node\_index1}, \texttt{node\_index2})$$

Likewise, we name it relation alignment tuple and add it into the same category with arc triple (tuple). `Word_on_Arc` represents the function word on arc for it actually matters a lot and conveys relations between content words in Chinese. As shown in Table 5, the arc tuple "(的, x4, a_3, a_7)" indicates that the function word "的" is on the arc from the index a_3 pointing to a_7, and assigned with the token number `x4` for it is the fourth word in the original sentence (after word segmentation).

- New arc triple:

$$\texttt{relation}(\texttt{node\_index1}, \texttt{node\_index2})$$

When processing the word on the root node, we now replace the original property triple with new arc triple. As shown in Table 4, the root node triple in Smatch metric was `root`(a_0, `top`), and has been changed into `root`(a_0, a_0) as we can see in Table 5.

4.1.3 MRP

MRP (Oepen et al., 2020), with its great compatibility, has been used as the only metric in both CoNLL 2019 and CoNLL 2020. And yet when it comes to AMR or CAMR parsing evaluation, MRP normally returns score higher than the other two metrics mentioned above due to its comparatively loose scoring method. For more details, please refer to their Github repository[1].

With concept alignment and relation alignmetn added, Chinese AMR parsing is perfected and completed. Therefore, with full considerations, we take Align-smatch as the main metric at CAMRP 2023. Metrics like MRP and Smatch are for reference only and can mirror if there's any fluctuation or progression in last couple years.

[1]https://github.com/cfmrp/mtool

Proceedings of the 22nd China National Conference on Computational Linguistics, pages 70-83, Harbin, China, August 3 - 5, 2023.

Category	Tuple
Node	instance(a0, 希望-01) instance(a1, 给-01) instance(a2, expressive) instance(a3, 经历) instance(a4, 大家) instance(a5, 教训) instance(a6, 我) instance(a7, 惨痛-01) instance(a8, 1) instance(a9, 个)
Arc	root(a0, a0) mode(a0, a2) arg1(a0, a1) arg0(a1, a3) arg2(a1, a4) arg1(a1, a5) arg0-of(a3, a7) (的, x4, a3, a7) poss(a3, a6)
Node Property	anchor(a0, x1) anchor(a1, x6) anchor(a2, x11) anchor(a3, x5) anchor(a4, x7) anchor(a5, x10) anchor(a6, x2) anchor(a7, x3) anchor(a8, x8) anchor(a9, x9)

Table 5: Tuple representation in Align-smatch

4.2 Two Modalities

The evaluation task includes Open Modality and Closed Modality:

- **Closed Modality.** Participants must use the training data, test data and pre-trained model which are all designated in advance. No alternative is allowed. We also offer dependency analysis results of the train set for each team under Closed Modality. HIT_Roberta from Harbin Institue of Technology (Cui et al., 2021) as pre-trained model is highly recommended.

- **Open Modality.** Participants are allowed to use other pre-trained models and external resources such as named entities and dependency analysis results with no limits. Note that all kinds of resources that participants employ should be mentioned and written in detail in the final technical report. Manual correction is forbidden in both modalities. Table 6 shows the requirements of two modalities respectively.

Proceedings of the 22nd China National Conference on Computational Linguistics, pages 70-83, Harbin, China, August 3 - 5, 2023.

Resources \ Modalities	*Closed*	*Open*
Algorithm	No Limit	No Limit
Pre-trained Model	HIT_Roberta	No Limit
External Resource	Dependency Tree	No Limit
Data Set	Train Set, Dev Set	No Limit
Manual Correction	Not Allowed	Not Allowed

Table 6: Requirements of two modalities

5 Evaluation Results

CAMRP 2023 initiates on 1st May, and data set inlucding train set and dev set are authorized and released via LDC. Test sets are provided on 1st June via our GitHub repository[2]. Participants are to submit their technical report by 25th June and Camera-ready by 28th June. The evaluation task will be hosted as part of the 22nd China National Conference on Computational Linguistics (CCL 2023) in Harbin, China.

5.1 Participants

There are 21 teams enrolled and 6 teams stick to the end. 48 results in total are returned as shown in Table 7 along with detailed information. Majority has chosen closed modality and a few has chosen open modality only. Teams like SUDA and WestlakeNLP have overdue submissions which we mark with an asterisk in Table 7. Each team is listed alphabetically here and throughout.

Team	Affiliation	Test A		Test B		Test C	
		closed	*open*	*closed*	*open*	*closed*	*open*
BUPT	Beijing University of Posts and Telecommunications	2	0	2	0	2	0
GDUFE	Guangdong University of Finance and Economics	1	1	1	1	1	1
SJTU	Shanghai Jiao Tong University	0	1	0	1	0	1
SUDA	Soochow University	2+2*	2+2*	2+2*	2+2*	2+2*	2+2*
WHU	Wuhan University	1	0	1	0	1	0
WestlakeNLP	Westlake University	0	1+1*	0	1+1*	0	1+1*
Total	48	8	8	8	8	8	8

Table 7: Participants information overview

5.2 Overall Results

Results from 6 teams encompassing a total of 48 runs exhibit an unexpected level of parsing performance across a broad spectrum. For the sake of better display and clearer comparison, we accordingly drew 6 tables (Table 8-13) to present all results of three test sets, in two modalities and three metrics. Precision, Recall and F-score in each table are abbreviated as P, R and F_1, respectively. Note that Test B was the blind test at CAMRP 2022 and Test C is the new blind test. For the teams submitted more than two runs, we hereby list their best records. Hyphen "-" marks the team submitted one run only per track. The highest F-score in Align-smatch metric per track is in bold font, which would account for a substantial part of final rankings.

The best record is 0.8000 in closed Test A, 0.7264 in closed Test B, and 0.8137 in closed Test C. Open modality, on other hand, axiomatically enable participants to reach their limits even more. The highest score is 0.8130 in open Test A, 0.7471 in open Test B, and 0.8261 in open Test C, which is around two percentage points higher than that of in closed modality respectively. MRP metric, given its relatively not that strict scoring method, yields better results than other two metrics. What is worth mentioning is

[2]https://github. com/GoThereGit/Chinese-AMR

Proceedings of the 22nd China National Conference on Computational Linguistics, pages 70-83, Harbin, China, August 3 - 5, 2023.

Team	Run	Align-smatch			Smatch			MRP		
		P	R	F_1	P	R	F_1	P	R	F_1
BUPT	1	0.7774	0.7682	0.7728	0.7598	0.7539	0.7569	0.8086	0.8057	0.8071
	2	0.7840	0.7644	0.7741	0.7529	0.7350	0.7438	0.8035	0.7947	0.7991
GDUFE	1	0.8080	0.7287	0.7663	0.7905	0.7121	0.7492	0.8308	0.7631	0.7955
	2	-	-	-	-	-	-	-	-	-
SUDA	1	0.8183	0.7824	**0.8000**	0.8104	0.7696	0.7895	0.8463	0.8142	0.8299
	2	0.8185	0.7654	0.7911	0.7515	0.8104	0.7798	0.8460	0.7963	0.8204
WHU	1	0.7894	0.7490	0.7687	0.7528	0.7326	0.7426	0.8036	0.7941	0.7988
	2	-	-	-	-	-	-	-	-	-

Table 8: Results of Test A in closed modality

Team	Run	Align-smatch			Smatch			MRP		
		P	R	F_1	P	R	F_1	P	R	F_1
BUPT	1	0.6959	0.7103	0.7030	0.6999	0.7045	0.7022	0.7564	0.7527	0.7545
	2	0.7209	0.6968	0.7087	0.7041	0.6872	0.6956	0.7484	0.7509	0.7497
GDUFE	1	0.7575	0.6118	0.6769	0.7515	0.6111	0.6741	0.7921	0.6617	0.7210
	2	-	-	-	-	-	-	-	-	-
SUDA	1	0.7516	0.7028	**0.7264**	0.7569	0.7119	0.7337	0.7964	0.7529	0.7740
	2	0.7535	0.6968	0.7240	0.7622	0.7058	0.7329	0.8008	0.7452	0.7720
WHU	1	0.7241	0.6783	0.7004	0.7028	0.6823	0.6924	0.7489	0.7488	0.7488
	2	-	-	-	-	-	-	-	-	-

Table 9: Results of Test B in closed modality

that team SUDA has scored a 0.8416 in MRP, which literally outperforms the SOTA at CoNLL 2020 by 3.64 percentage points[3].

In nutshell, results vary according to different modalities, metrics and test sets. Parsing performance on open modality inevitably exceeds that of on closed modality:

$$F_1^{open} \gg F_1^{closed}$$

And three test sets, with distinct language flavor and characteristics, are too revealing a degree of complexity. Test C comprising of all short simple sentences is the easiest, without a shadow of doubt:

$$F_1^{testC} > F_1^{testB} > F_1^{testA}$$

Lastly, the variability in scores arises when there is a change in the chosen metrics. Counter-intuitive as it may appear, Align-smatch is not the metric with lowest scores:

$$F_1^{mrp} > F_1^{align-smatch} \geq F_1^{smatch}$$

We are to further discuss more technical details in the subsections below.

5.3 Models and Analysis

Given the significant advancements in natural language processing and the increased recognition of the potential of large language models (LLMs), participants at CAMRP 2023 have been influenced by the success of models such as ChatGPT (Ouyang et al., 2022). These models have demonstrated their effectiveness in various tasks, showcasing their ability to generate human-like responses and comprehend

[3]The test set used at CoNLL 2020 is exactly the same with the Test A at CAMRP 2023.

Proceedings of the 22nd China National Conference on Computational Linguistics, pages 70-83, Harbin, China, August 3 - 5, 2023.

Team	Run	Align-smatch P	Align-smatch R	Align-smatch F_1	Smatch P	Smatch R	Smatch F_1	MRP P	MRP R	MRP F_1
BUPT	1	0.8096	0.7862	0.7977	0.7925	0.7980	0.7952	0.8354	0.8386	0.8370
	2	0.8060	0.7777	0.7916	0.7780	0.7562	0.7669	0.8300	0.8072	0.8185
GDUFE	1	0.8238	0.7308	0.7745	0.8048	0.7161	0.7578	0.8489	0.7653	0.8049
	2	-	-	-	-	-	-	-	-	-
SUDA	1	0.8331	0.7951	**0.8137**	0.8265	0.7870	0.8063	0.8652	0.8282	0.8463
	2	0.8111	0.8050	0.8081	0.8126	0.8102	0.8114	0.8563	0.8445	0.8504
WHU	1	0.8098	0.7635	0.7859	0.7798	0.7548	0.7671	0.8313	0.8069	0.8189
	2	-	-	-	-	-	-	-	-	-

Table 10: Results of Test C in closed modality

Team	Run	Align-smatch P	Align-smatch R	Align-smatch F_1	Smatch P	Smatch R	Smatch F_1	MRP P	MRP R	MRP F_1
GDUFE	1	0.7553	0.7560	0.7556	0.7333	0.7403	0.7368	0.7832	0.7944	0.7887
	2	-	-	-	-	-	-	-	-	-
SJTU	1	0.4741	0.4645	0.4692	0.6173	0.6094	0.6133	0.5131	0.5022	0.5076
	2	-	-	-	-	-	-	-	-	-
SUDA	1	0.8081	0.8174	0.8128	0.7960	0.8060	0.8010	0.8375	0.8456	0.8415
	2	0.8082	0.8179	**0.8130**	0.7955	0.8054	0.8004	0.8376	0.8457	0.8416
Westlake-NLP	1	0.7440	0.7024	0.7226	0.7300	0.6936	0.7114	0.7816	0.7322	0.7561
	2	-	-	-	-	-	-	-	-	-

Table 11: Results of Test A in open modality

complex language patterns. Some choose to utilize the great power of LLMs, while some refer to prior parsing systems which have proven to come in handy still. Five out of six teams have completed their technical report, and we are to analyse their pros and cons.

BUPT and GDUFE, following the same path, both have reproduced the SOTA system of SUDA-HUAWEI[4] in last year's CAMRP 2022, which uses RoBERTa-BiLSTM as encoder and a Biaffine classifier as decoder. Both results and performance have been promising, achieving decent scores of 0.7728 and 0.7663 in closed Test A, respectively. Similiarly, WHU reproduced the CAMR parsing model of PKU (Chen et al., 2022), which has won the second prize last year at CAMRP 2022. And yet for some reasons, WHU failed to implement relation alignment while parsing, leading to the decrease of their final score.

SJTU and WestlakeNLP choose to explore novel approaches with LLMs. SJTU follows two primary ideas including (1) Predict and infer with ChatGPT in zero-shot and few-shot, (2) Fine-tune ChatGLM-6B (Du et al., 2021) with LoRA (Hu et al., 2021). In the stage of zero-shot and few-shot modeling, they tend to some certain prompt engineering after pre-processing so as to convert Chinese AMR parsing into Seq2Seq task. The outcome, however, was not promising. It appears that when faced with complex prediction tasks such as Chinese AMR parsing, the performance of ChatGPT in zero-shot and few-shot scenarios did not meet the expectations. So is fine-tuning ChatGLM-6B, even though SJTU has tries different strategies, the best record is 0.6052 in open Test C.

WestlakeNLP shared the same inspiration with SJTU, fine-tuning LLMs. Instead of relying on ChatGPT, they choose to utilize baichuan-7B[5] for the complex task of Chinese AMR parsing. This model is renowned for its large size and impressive performance compared to alternative models. WestlakeNLP follows the step of pre-propcessing and prompt engineering as well. They also add post-propocessing

[4]https://github.com/zsLin177/camr

[5]https://github.com/baichuan-inc/baichuan-7B

Proceedings of the 22nd China National Conference on Computational Linguistics, pages 70-83, Harbin, China, August 3 - 5, 2023.

Team	Run	Align-smatch			Smatch			MRP		
		P	R	F_1	P	R	F_1	P	R	F_1
GDUFE	1	0.6971	0.6733	0.6850	0.6882	0.6778	0.6830	0.7394	0.7306	0.7350
	2	-	-	-	-	-	-	-	-	-
SJTU	1	0.4644	0.4568	0.4606	0.6037	0.6001	0.6019	0.5137	0.5099	0.5118
	2	-	-	-	-	-	-	-	-	-
SUDA	1	0.7433	0.7485	0.7459	0.7505	0.7635	0.7570	0.7899	0.7963	0.7931
	2	0.7439	0.7503	**0.7471**	0.7521	0.7669	0.7595	0.7916	0.7975	0.7945
Westlake-NLP	1	0.7042	0.6863	0.6952	0.7021	0.6930	0.6975	0.7501	0.7301	0.7400
	2	-	-	-	-	-	-	-	-	-

Table 12: Results of Test B in open modality

Team	Run	Align-smatch			Smatch			MRP		
		P	R	F_1	P	R	F_1	P	R	F_1
GDUFE	1	0.773	0.7814	0.7772	0.7521	0.7691	0.7605	0.8020	0.8181	0.8100
	2	-	-	-	-	-	-	-	-	-
SJTU	1	0.6282	0.5839	0.6052	0.7262	0.6840	0.7045	0.6697	0.6228	0.6454
	2	-	-	-	-	-	-	-	-	-
SUDA	1	0.8206	0.8212	0.8209	0.8164	0.8195	0.8179	0.8575	0.8566	0.8571
	2	0.8211	0.8213	0.8212	0.8163	0.8186	0.8175	0.8576	0.8563	0.8569
Westlake-NLP	1	0.8273	0.8249	**0.8261**	0.8143	0.8118	0.8130	0.8561	0.8549	0.8555
	2	-	-	-	-	-	-	-	-	-

Table 13: Results of Test C in open modality

in order to better complement any missing information like parenthesis and nodes. The highest score of WestlakeNLP is 0.8261 in open Test C.

SUDA[6] has taken the unique features in Chinese AMR parsing, information of alignment and co-reference, for example, into consideration, therefore they use multiple auto-regressive and non auot-regressive models and fuses their outputs based on graph ensemble method. In open modality, their whole parsing system is on the base of BART model (Lewis et al., 2019), and fuse dependency results and POS (Part-of-Speech) information layered with a BiLSTM. RoBERTa is the only pre-trained model allowed in closed modality, so they inherit their prior work, finally reaching a 0.8000 in closed Test A.

5.4 Fine-grained Metrics

In order to better explore the potential of each parsing systems and further promote the development of Chinese AMR parsing, we therefore set several fine-grained metrics. On the base of prior work (Damonte et al., 2016), CAMRP 2023 proposes 8 fine-grained metrics for Chinese AMR parsing, including **CA** (Concept Alignment) and **RA** (Relation Alignment), and **Interr.** (Interrogation) especially for Test C this year.

Table 14 is provided with detailed explanations. **Neg.** computes on semantic roles with *:polarity*, and **Con.** focuses on concepts identification only. **NSF** makes Propbank frame identification without sense, ie, *want-01 / want-00*. **Reent.** focuses on reentrant arcs or edges. The rest four are specially designed for Chinese AMR parsing. **Imp.** denotes those concept nodes usually ending with *Entity* or *Quantity*, for these concepts are newly asbtracted and generated, not original from the source sentence, namely implicit. **CA** and **RA** are for the precision of concept alignment tuples and relation alignment tuples. **Interr.** is proposed this year at CAMRP 2023, mainly computing on the *amr-unknown* concepts so as to further explore the parsing systems' ability and potential of finding interrogative focus and multiple

[6]https://github.com/EganGu/camr-seq2seq

Proceedings of the 22nd China National Conference on Computational Linguistics, pages 70-83, Harbin, China, August 3 - 5, 2023.

interrogations in one single sentence.

Fine-grained metric		Evaluation object
Neg.	Negations	*:polarity* roles
Con.	Concepts	Concept indentification only
NSF	Non Sense Frames	Propbank frame identification without sense
Reent.	Reentrancies	Reentrant arcs only
Imp.	Implicit	Concepts with suffix such as *Entity*, *Quantity*
CA	Concept Alignment	Concept alignment tuples
RA	Relation Alignment	Relation alignment tuples
Interr.	Interrogations	*amr-unknown* concepts

Table 14: Eight fine-grained metrics

Team \ Metric	**Neg.**	**Con.**	**NSF**	**Imp.**	**Reent.**	**CA**	**RA**
closed							
BUPT	0.7219	0.8507	0.8671	0.8264	0.5060	0.9036	0.4669
GDUFE	0.7187	0.8425	0.8602	0.8196	0.4994	0.8738	0.4910
SUDA	**0.7640**	0.8627	**0.8800**	0.8347	0.5865	0.8957	**0.5651**
WHU	0.6416	0.8397	0.8608	0.8041	0.5063	0.9035	-
open							
GDUFE	0.6825	0.8431	0.8638	0.8052	0.4695	0.8786	0.4736
SJTU	0.5719	0.7615	0.7892	0.7142	0.4165	0.3000	0.3265
SUDA	0.7537	**0.8695**	0.8759	**0.8381**	**0.6404**	**0.9079**	0.5515
WestlakeNLP	0.6800	0.8149	0.8168	0.7852	0.5029	0.8348	0.4678

Table 15: Fine-grained metrics and subscores in Test A

Table 15-17 shows participants' performance in each track, including two modalities and three test sets. Fine-grained metric **Interr.** is only set active when scoring in Test C (for interrogative sentences only).

Generally, subscores in metrics like **NSF** or **Con.** are apparently higher than the rest. **Neg.** shifts its difficulty according to different test set. And nearly all subscores in **Reent.** failed to reach 0.6, indicating that the complexity of AMR or CAMR topology structure and the exceptionally challenging nature of the parsing task. It is evident that the utilization of concept alignment annotation in Chinese AMR has had a noticeable impact, leading to higher subscores in metrics related to concepts, **CA**, for example, are to break 0.9 almost. **RA**, however, still remains the lowest results among all (same at CAMRP 2022).

Noticeably, SUDA has achieved the highest subscore in the **Reent.**, thanks to their special pre/post-process of co-reference in Chinese AMR. Their unique treatment of co-reference resolution has allowed for more accurate identification and representation of reentrancies within the AMR graphs. SJTU with modeling via ChatGPT and ChatGLM-6B, yet ends up with around 0.3 in both fine-grained metrics **CA** and **RA**. It is reasonable to argue that when it comes to the task of structural prediction and inference, relying solely on LLMs may not be sufficient.

6 Conclusion and Future Work

This paper introduced the overview of the Third Chinese Abstract Meaning Representation Parsing Evaluation in CCL 2023. CAMRP 2023 uses the novel metric Align-smatch to better evaluate the parsing performance of each participating parsing system. There have been six teams in total submitted their

Proceedings of the 22nd China National Conference on Computational Linguistics, pages 70-83, Harbin, China, August 3 - 5, 2023.

Team \ Metric	Neg.	Con.	NSF	Imp.	Reent.	CA	RA
				closed			
BUPT	0.5784	0.7880	0.8003	0.7098	0.5366	**0.8460**	0.4125
GDUFE	0.5562	0.7622	0.7699	0.6521	0.4609	0.7894	0.4138
SUDA	0.6002	0.7999	**0.8161**	0.7154	0.5734	0.8351	**0.5031**
WHU	0.4863	0.7752	0.7781	0.7018	0.5288	0.8455	-
				open			
GDUFE	0.5309	0.7799	0.7892	0.6508	0.4728	0.8164	0.4120
SJTU	0.4771	0.7261	0.7408	0.5703	0.4531	0.3131	0.3174
SUDA	**0.6285**	**0.8116**	0.8071	**0.7393**	**0.6334**	0.8447	0.5025
WestlakeNLP	0.5538	0.7831	0.7775	0.6696	0.5612	0.7967	0.4516

Table 16: Fine-grained metrics and subscores in Test B

Team \ Metric	Neg.	Con.	NSF	Imp.	Reent.	CA	RA	Interr.
				closed				
BUPT	0.6364	0.8414	0.8284	0.7004	0.4719	0.8551	0.4904	0.9242
GDUFE	0.6116	0.8173	0.8039	0.6517	0.4019	0.8098	0.4564	0.8839
SUDA	**0.6621**	0.8479	0.8361	0.6959	0.5165	0.8391	**0.5023**	0.9379
WHU	0.6230	0.8181	0.8153	0.7054	0.4604	**0.8556**	-	0.9127
				open				
GDUFE	0.6054	0.8352	0.8183	0.6651	0.3616	0.8428	0.4578	0.8775
SJTU	0.5156	0.7873	0.8159	0.5922	0.4054	0.4620	0.3609	0.5833
SUDA	0.6481	0.8493	0.8256	**0.7347**	**0.5637**	0.8321	0.4614	**0.9562**
WestlakeNLP	0.6402	**0.8589**	**0.8399**	0.7265	0.5588	0.8405	0.4680	0.9527

Table 17: Fine-grained metrics and subscores in Test C

results, which are inspiring and motivating. Some has advanced prior works and found creative orientation. Some has probed into LLMs thoroughly. In MRP metric, SUDA has scored a 0.8416, surpassing the best record at CoNLL 2020 by 3.64 percentage points. Semantic parsing for interrogative focus in Chinese seems fairly promising. Significant achievements and continuous progress have been made in Chinese AMR parsing, accompanied by notable advancements and innovative approaches. However, it is important to acknowledge that relation prediction and its alignment continue to pose challenges, acting as bottlenecks in the development of Chinese AMR parsing. Despite the remarkable breakthroughs in various aspects of Chinese AMR parsing, accurately predicting and aligning relations remains a critical area that requires further improvement. The complex nature of relation identification and alignment within AMR structures demands focused attention and innovative techniques.

In our future endeavors, we are committed to dedicating extensive efforts to advance Chinese AMR parsing. This includes hosting evaluation tasks to facilitate the assessment and benchmarking of parsing models. Additionally, we aim to construct and refine parsing models that are specifically tailored to the intricacies of Chinese AMR, ultimately driving forward the field of semantic analysis. By focusing on relation prediction and alignment, we aim to overcome the current challenges and enhance the overall performance and understanding of Chinese AMR parsing. Through continuous research, collaboration, and innovation, we aspire to contribute to the development of robust and accurate parsing models, pushing the boundaries of semantic analysis further.

Proceedings of the 22nd China National Conference on Computational Linguistics, pages 70-83, Harbin, China, August 3 - 5, 2023.

Acknowledgements

We would like to acknowledge the contributions of the members of the research team, Liming Xiao, Jin Chen, Jingya Lu. And particularly Yuan Wen, Yihuan Liu and Peiyi Yan, we thank them for annotating the corpus of Chinese AMR. Lastly, we extend our appreciation to all the anonymous reviewers who provided thoughtful comments and feedback, helping to refine and strengthen this paper. This work is the staged achievement of the projects supported by National Social Science Foundation of China (18BYY127) and National Natural Science Foundation of China (61772278).

References

L Abzianidze, Stephan Oepen, Omri Abend, Lasha Abzianidze, Johan Bos, Jan Hajič, Daniel Hershcovich, Bin Li, Tim O'Gorman, Nianwen Xue, et al. 2020. Mrp 2020: The second shared task on cross-framework and cross-lingual meaning representation parsing. *Proceedings of the CoNLL 2020 Shared Task: Cross-Framework Meaning Representation Parsing*, pages 1–22.

Laura Banarescu, Claire Bonial, Shu Cai, Madalina Georgescu, Kira Griffitt, Ulf Hermjakob, Kevin Knight, Philipp Koehn, Martha Palmer, and Nathan Schneider. 2013. Abstract meaning representation for sembanking. In *Proceedings of the 7th linguistic annotation workshop and interoperability with discourse*, pages 178–186.

Shu Cai and Kevin Knight. 2013. Smatch: an evaluation metric for semantic feature structures. In *Proceedings of the 51st Annual Meeting of the Association for Computational Linguistics (Volume 2: Short Papers)*, pages 748–752.

Liang Chen, Bofei Gao, and Baobao Chang. 2022. A two-stage method for chinese amr parsing. *arXiv preprint arXiv:2209.14512*.

Yiming Cui, Wanxiang Che, Ting Liu, Bing Qin, and Ziqing Yang. 2021. Pre-training with whole word masking for chinese bert. *IEEE/ACM Transactions on Audio, Speech, and Language Processing*, 29:3504–3514.

Marco Damonte, Shay B Cohen, and Giorgio Satta. 2016. An incremental parser for abstract meaning representation. *arXiv preprint arXiv:1608.06111*.

Zhengxiao Du, Yujie Qian, Xiao Liu, Ming Ding, Jiezhong Qiu, Zhilin Yang, and Jie Tang. 2021. Glm: General language model pretraining with autoregressive blank infilling. *arXiv preprint arXiv:2103.10360*.

Edward J Hu, Yelong Shen, Phillip Wallis, Zeyuan Allen-Zhu, Yuanzhi Li, Shean Wang, Lu Wang, and Weizhu Chen. 2021. Lora: Low-rank adaptation of large language models. *arXiv preprint arXiv:2106.09685*.

Mike Lewis, Yinhan Liu, Naman Goyal, Marjan Ghazvininejad, Abdelrahman Mohamed, Omer Levy, Ves Stoyanov, and Luke Zettlemoyer. 2019. Bart: Denoising sequence-to-sequence pre-training for natural language generation, translation, and comprehension. *arXiv preprint arXiv:1910.13461*.

Bin Li, Yuan Wen, Weiguang Qu, Lijun Bu, and Nianwen Xue. 2016. Annotating the little prince with chinese amrs. In *Proceedings of the 10th Linguistic Annotation Workshop held in Conjunction with ACL 2016 (LAW-X 2016)*, pages 7–15.

Bin Li, Yuan Wen, Li Song, Weiguang Qu, and Nianwen Xue. 2019. Building a chinese amr bank with concept and relation alignments. *Linguistic Issues in Language Technology*, 18.

Stephan Oepen, Omri Abend, Lasha Abzianidze, Johan Bos, Jan Hajic, Daniel Hershcovich, Bin Li, Tim O'Gorman, Nianwen Xue, and Daniel Zeman. 2020. Proceedings of the conll 2020 shared task: Cross-framework meaning representation parsing. In *Proceedings of the CoNLL 2020 Shared Task: Cross-Framework Meaning Representation Parsing*.

Long Ouyang, Jeffrey Wu, Xu Jiang, Diogo Almeida, Carroll Wainwright, Pamela Mishkin, Chong Zhang, Sandhini Agarwal, Katarina Slama, Alex Ray, et al. 2022. Training language models to follow instructions with human feedback. *Advances in Neural Information Processing Systems*, 35:27730–27744.

Hiroaki Ozaki, Gaku Morio, Yuta Koreeda, Terufumi Morishita, and Toshinori Miyoshi. 2020. Hitachi at mrp 2020: Text-to-graph-notation transducer. In *Proceedings of the CoNLL 2020 Shared Task: Cross-Framework Meaning Representation Parsing*, pages 40–52.

David Samuel and Milan Straka. 2020. Ufal at mrp 2020: Permutation-invariant semantic parsing in perin. *arXiv preprint arXiv:2011.00758*.

Proceedings of the 22nd China National Conference on Computational Linguistics, pages 70-83, Harbin, China, August 3 - 5, 2023.

Linfeng Song and Daniel Gildea. 2019. Sembleu: A robust metric for amr parsing evaluation. In *Proceedings of the 57th Annual Meeting of the Association for Computational Linguistics*, pages 4547–4552.

Liming Xiao, Bin Li, Zhixing Xu, Kairui Huo, Minxuan Feng, Junsheng Zhou, and Weiguang Qu. 2022. Alignsmatch: A novel evaluation method for chinese abstract meaning representation parsing based on alignment of concept and relation. In *Proceedings of the Thirteenth Language Resources and Evaluation Conference*, pages 5938–5945.

Proceedings of the 22nd China National Conference on Computational Linguistics, pages 70-83, Harbin, China, August 3 - 5, 2023.

CCL23-Eval 任务3系统报告：苏州大学CFSP系统

刘亚慧, 李正华, 张民
苏州大学 计算机科学与技术学院, 江苏 苏州
yahuiliu.nlp@foxmail.com,
{zhli13,minzhang}@suda.edu.cn

摘要

本文介绍了我们在第二十二届中国计算语言学大会汉语框架语义解析评测中提交的参赛系统。框架语义解析是自然语言处理领域中重要的任务，其目标是从句子中提取框架语义结构。本次评测任务针对汉语框架语义的三个子任务（框架识别、论元范围识别和论元角色识别）使用不同的端到端框架进行解析，并利用数据增强和投票方法进一步提高预测的精度，最终，在A榜测试集上取得第二名，B榜测试集上取得第三名。

关键词： 汉语框架语义解析；数据增强；投票；端到端

System Report for CCL23-Eval Task3: SUDA CFSP System

Yahui Liu, Zhenghua Li, Min Zhang
School of Computer Science and Technology, Soochow University, Suzhou, China
yahuiliu.nlp@foxmail.com,
{zhli13,minzhang}@suda.edu.cn

Abstract

This paper introduces the model we submitted in the shared task of Chinese Frame Semantic Parsing (CFSP) at the Twenty-second China National Conference on Computational Linguistics. Frame Semantic Parsing (FSP) is an important task in Natural language Processing, aiming to extract the frame semantic structure from the sentence. This work uses end-to-end frameworks to parse the three sub-tasks of CFSP (Frame Identification, Argument Identification, and Role Identification), and employs Data Augmentation and Voting Technique to further improve the accuracy of prediction. In the end, we achieved second place in the testA set and third place in the testB set.

Keywords: Chinese Frame Semantic Parsing , Data Enhancement , Voting Technique, End-to-End

1 任务介绍

汉语框架语义解析（Chinese Frame Semantic Parsing，CFSP）是一种浅层的语义解析任务(宋衡et al., 2022)，使用汉语框架网（Chinese FrameNet，CFN）(You and Liu, 2005)资源作

项目资助：国家自然科学基金（62176173）、江苏高校优势学科建设工程资助项目

框架名称:	等同	
框架定义:	表示两个实体具有相等、相同、同等看待等的关系。	
框架元素:	实体集	具有同等关系的两个或多个实体
	实体1	与实体2具有等同关系的实体
	实体2	与实体1具有等同关系的实体
	施动者	判断实体集具有同等关系的人
	方式	修饰用来概括无法归入其他更具体的框架元素的任何语义成分，包括认知的修饰（如很可能，大概，神秘地），辅助描述（安静地，大声地），和与事件相比较的一般描述（同样的方式）
	时间	实体之间具有等同关系的时间

Table 1: 汉语框架语义网中关于名为"等同"的框架示例

为基础，旨在识别出句子中给定目标词所触发的框架及其对应的框架元素(王晓晖et al., 2022)。该任务对阅读理解(Guo et al., 2020b; Guo et al., 2020a)、文本摘要(Guan et al., 2021)、关系抽取(Zhao et al., 2020)等下游任务具有非常重要的意义。

CFN是由山西大学以Charles J. Fillmore提出的框架语义学（Frame Semantics）为理论基础，以英文FrameNet(Fillmore et al., 2003)为参照，以汉语的真实语料为依据构建而成。CFN是一种结构化的知识表示，它建立了词汇和概念之间的框架关系。每个框架包含了与特定概念相关的语义信息。表1给出了CFN中名为"等同"的框架，该框架表达的概念为两个实体具有相等、相同、同等看待等的关系，对应的词元有"是"、"为"等（对应的词元就是句子中要标注的目标词）。框架中的框架元素用于捕获句子中与框架相关的语义信息。不同的框架元素被赋予不同的含义，如"实体1"表示与实体2具有等同关系的实体，"时间"表示实体之间具有等同关系的时间。

本次评测将汉语框架语义解析分为三个子任务：框架识别、论元范围识别和论元角色识别。框架识别任务意为根据目标词在句子中的含义从所有框架中找到其对应的框架。框架元素也称为论元，在句子中论元可能是一个词，也可能是一个片段，论元范围识别是指在句子中识别出框架元素的位置，并确定论元的边界。而论元角色识别则是为识别出的框架元素分配相应的框架元素名称（又称为语义角色标签）。论元范围识别和论元角色识别两个任务合起来称为论元识别任务。以图1(a)为例，在句子"餐饮业 是 天津市 在 海外 投资 的 重点 之一"中，给定目标词"是"，该目标词对应的框架为表1中的"等同"。在句子中有两个与框架相关的框架元素，即"餐饮业"和"天津市在海外投资的重点之一"，它们分别对应于语义角色标签"实体1"和"实体2"。

在本次评测任务中，对于框架识别任务，我们借鉴Zhou et al. (2022)的方法，将语义框架解析转换为一个基于词的图解析任务，在端到端的框架中将目标词的框架和对应元素一起识别出来，并在解码时融合高阶信息，利用目标词与论元之间的边来帮助框架的识别。但该框架下论元识别任务的性能没有达到预期，我们借鉴Zhang et al. (2021)的方法，通过建模论元片段的内部结构，将基于片段的论元识别任务转换为一个树解析任务来增强识别论元范围和论元角色的能力。我们的代码发布在`https://github.com/yahui19960717/CFN-FINETUNE.git`。

2 相关工作

评测任务SemEval2007 Task-19(Baker et al., 2007)首次提出了框架语义结构抽取任务，包括目标词识别、框架识别、论元识别等任务。目前已有的框架语义解析任务可以分为两类：基于特征工程的方法和基于神经网络的方法。

对于框架识别任务，早期研究采用传统的机器学习方法，人工构建特征，使用最大熵(李济洪et al., 2011; 李国臣et al., 2013)、支持向量机(Johansson and Nugues, 2007)等模型进行框架的识别。对于论元识别任务，早期也采用人工构建的特征，使用条件随机场模型(李济洪et al., 2010)和最大熵模型(王蔚林, 2010)来实现论元的识别。另外，屠寒非et al. (2016)使用主动学习

第二十二届中国计算语言学大会论文集，第84页-第93页，哈尔滨，中国，2023年8月3日至5日。

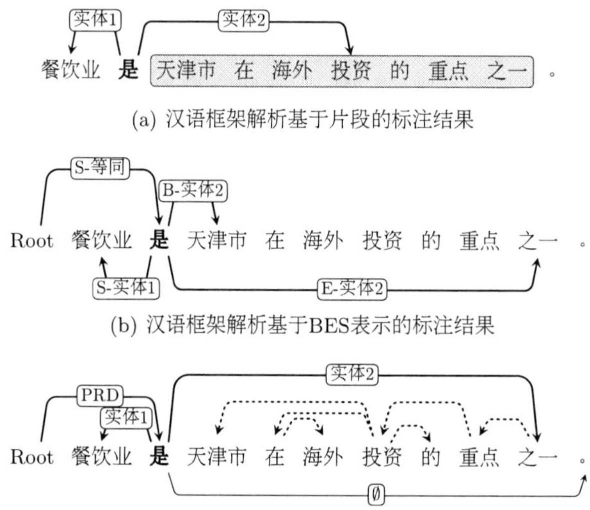

(a) 汉语框架解析基于片段的标注结果

(b) 汉语框架解析基于BES表示的标注结果

(c) 汉语框架解析基于部分可见树表示的标注结果

Figure 1: 汉语框架语义解析示例

方法来提升论元的识别能力。但是传统算法在构建特征时费时费力，且特征较为稀疏。

随着深度学习的发展，许多工作采用神经网络进行框架语义解析。对于框架识别任务，赵红燕et al. (2016)提出使用DNN架构来学习目标词的上下文特征进行框架的识别；张力文et al. (2017)在分布式表征的基础上，提出基于距离和基于词相似度矩阵进行CFN上的框架识别;Su et al. (2021)通过利用框架关系和定义来帮助框架的识别。但上述工作都不是针对于目标词的向量表示，为了约束模型的学习，You et al. (2022)基于GCN和门机制利用句法信息帮助框架的识别。对于论元识别任务，李济洪et al. (2010)用BIO策略将CFN转化词层面的线性序列标注，采用条件随机场模型来实现论元的识别。在与框架语义解析任务相似的语义角色标注任务上，有些研究尝试将基于片段的输入转为端到端的模型(Tan et al., 2018; Ouchi et al., 2018)。王晓晖et al. (2022)在此基础上，引入self-attention机制来提升CFN上论元识别的性能。

考虑到框架元素与框架有密不可分的关系，本文借鉴SRL任务上Zhou et al. (2022)的方法，在一个端到端的任务中将框架元素和框架一起识别出来，并在解码的时候利用目标词和框架元素之间的关系帮助框架的识别。对于论元识别任务，之前的工作都没有考虑论元片段的内部结构。在语义角色标注（Semantic Role Labeling, SRL）任务上，Zhang et al. (2021)显示对论元片段进行建模可提升论元识别的性能。SRL任务和框架语义解析任务非常相似，它们都涉及到对句子中语义信息的解析和标注。本文借鉴Zhang et al. (2021)的方法，通过建模论元片段的内部关系来帮助框架语义解析中的论元范围识别和论元角色识别任务。

3 方法介绍

针对任务一框架识别任务，本文采用BES的图表示结构将基于片段的语义框架解析转换成基于词的图解析任务。BES是一种将句子转换为一个序列的策略，被用来标记句子中的论元。当论元为多个词时，B表示论元片段开始，E表示论元片段的结束，当论元为单个词时则使用S进行标记。基于Zhou et al. (2022)，本文在端到端框架中把句子中目标词对应的框架和论元放在一起识别，在解码时考虑多条边的关系，利用目标词的论元信息来帮助其框架的识别。具体而言，就是在一个句子的开始添加一个“Root”头节点，然后将其与句子中的目标词相连，和Zhou et al. (2022)不同，本文将Zhou et al. (2022)中目标词与“Root”之间的边标签“PRD”改成了“S-r”（注意，目标词一般都是单个词），用于表示不同的框架。对于目标词和论元之间边的标签，如果论元是单个词，则使用“S-r”，如果论元由多个词组成，那么只将目标词与对应论元中的开始词和结束词相连接，并分别使用“B-r”和“E-r”作为边标签，其中“r”表示目标词框架名称或原始的论元标签，如图1(b)所示。因为对每条边的标签预测是独立的，所有可能会出现非法图的情况，例如单个词的论元被标注成了“B-r”或“E-r”，则在解码的时候使用一个受限的

第二十二届中国计算语言学大会论文集，第84页-第93页，哈尔滨，中国，2023年8月3日至5日。

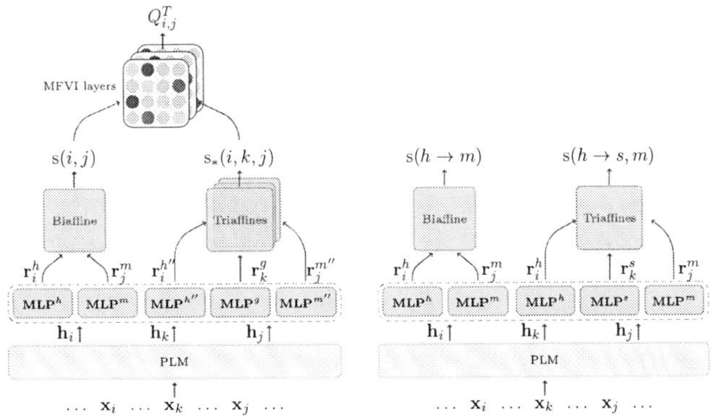

(a) 框架识别任务的模型　(b) 论元范围和论元角色识别任务的模型

Figure 2: 模型框架

维特比来解决这个问题。该方法的具体实现可参考Zhou et al. (2022)。

如图1(a), 句子中目标词的论元可能是单个词，也可能由多个词组成，显式地建模论元内部结构可能对框架解析有帮助。针对论元识别的任务二和任务三（论元范围识别和论元角色识别任务），借鉴Zhang et al. (2021)，本文将基于片段的框架语义解析转换成一个树解析任务，即将扁平的论元建模成树结构。具体而言，在句子的开始添加一个"Root"头节点，将其与句子中的目标词相连，并用"PRD"作为它们的边标签。对于单个词的论元直接分配语义角色标签，对于多个词的论元，将所有潜在的论元子树作为目标词的后代，即列举出论元内所有可能的子树，并为其使用Eisner算法(Eisner, 2000)找出最高得分的子树，例如图1(c),虚线箭头所组成的树是从若干个潜在子树中找到的最高得分的子树，将该论元片段的语义角色标签分配到目标词和子树的词头"之一"之间的边上，最后利用抽取子树的后代来识别论元的范围，并将目标词和词头之间的标签作为论元片段的标签。

4 模型

本节介绍了这次评测所使用的模型结构。具体而言，我们借鉴Zhou et al. (2022)，利用框架元素与目标词之间的边来帮助目标词的框架识别任务。在给定目标词的情况下，本文借鉴Zhang et al. (2021)的方法，无需得知框架类别，直接预测目标词的论元范围和角色。这两个模型都分为编码器和评分模块两部分，它们的编码器相同，但评分模块不同。

4.1 编码器

如图2所示，编码器都是使用预训练模型BERT(Devlin et al., 2018)编码输入句子。给定一个句子$\boldsymbol{x} = x_0, x_1, \ldots, x_n$，对于每一个词$x_i$，使用BERT最后四层输出的加权之和作为最终输入$\mathbf{h}_i$:

$$\mathbf{h}_0, \mathbf{h}_1, \ldots, \mathbf{h}_n = \texttt{BERT}(x_0, x_1, \ldots, x_n) \tag{1}$$

4.2 评分模块

4.2.1 框架识别任务

边预测　: 对于每一条边$i \rightarrow j$，模型需要计算一个得分logit_{ij}，这个得分分为一阶得分和二阶得分两部分。模型用两个多层感知机（Multilayer Perceptron, MLP）分别获得每个词作为目标词的表示$\mathbf{r}_i^{\text{h}}$和作为修饰词的表示$\mathbf{r}_i^{\text{m}}$，然后使用一个Biaffine层(Cai et al., 2018)来获得一阶得

第二十二届中国计算语言学大会论文集，第84页-第93页，哈尔滨，中国，2023年8月3日至5日。
(c) 2023 中国中文信息学会计算语言学专业委员会

分，其中$\mathbf{W} \in \mathbb{R}^{(d+1)\times d}$：

$$\begin{aligned}\mathbf{r}_i^{\mathrm{h}};\mathbf{r}_i^{\mathrm{m}} &= \mathrm{MLP}^{\mathrm{h}}\left(\mathbf{h}_i\right);\mathrm{MLP}^{\mathrm{m}}\left(\mathbf{h}_i\right)\\ \mathrm{s}(i,j) &= \begin{bmatrix}\mathbf{r}_j^{\mathrm{m}}\\ 1\end{bmatrix}^{\top}\mathbf{W}\mathbf{r}_i^{\mathrm{h}}\end{aligned} \tag{2}$$

对于二阶得分，模型首先用三个MLPs分别获得每个词作为头节点$\mathbf{r}_i^{h''}$、依存节点$\mathbf{r}_i^{m''}$和孙子节点$\mathbf{r}_i^{g}$的表示。然后使用TriAffine(Zhang et al., 2020)层来获得子树三种类型的得分，图2中$\mathrm{s}_*(i,k,j)$ 对应于二阶的得分，其中$* \in \{sib, cop, grd\}$：

$$\mathbf{r}_i^{\mathrm{h}''};\mathbf{r}_i^{\mathrm{m}''};\mathbf{r}_i^{\mathrm{g}} = \mathrm{MLP}^{\mathrm{h}''/\mathrm{m}''/\mathrm{g}}\left(\mathbf{h}_i\right) \tag{3}$$

$$\mathrm{s}_{sib}(i,j,k) = \mathrm{TriAFF}_{sib}(\mathbf{r}_i^{\mathrm{h}''},\mathbf{r}_j^{\mathrm{m}''},\mathbf{r}_k^{\mathrm{m}''}) \tag{4}$$

$$\mathrm{s}_{cop}(i,j,k) = \mathrm{TriAFF}_{cop}(\mathbf{r}_i^{\mathrm{h}''},\mathbf{r}_j^{\mathrm{m}''},\mathbf{r}_k^{\mathrm{h}''}) \tag{5}$$

$$\mathrm{s}_{grd}(i,j,k) = \mathrm{TriAFF}_{grd}(\mathbf{r}_i^{\mathrm{h}''},\mathbf{r}_j^{\mathrm{m}''},\mathbf{r}_k^{\mathrm{g}}) \tag{6}$$

最后使用平均场变分推断(Mean Field Variational Inference, MFVI)将一阶得分logit_{ij}^{T}和二阶得分Q_{ij}^{T}进行整合：

$$\begin{aligned}\mathcal{M}_{ij}^{t-1} &= \sum_{k\neq i,j} Q_{ik}^{t-1}\mathrm{s}_{sib}(i,j,k)\\ &\quad + Q_{kj}^{t-1}\mathrm{s}_{cop}(i,j,k)\\ &\quad + Q_{jk}^{t-1}\mathrm{s}_{grd}(i,j,k)\\ \mathrm{logit}_{ij}^{t} &= \mathrm{s}(i,j) + \mathcal{M}_{ij}^{t-1}\\ Q_{ij}^{t} &= \sigma(\mathrm{logit}_{ij}^{t})\end{aligned} \tag{7}$$

其中，$t \in [1,T]$ 是迭代的次数，$\mathcal{M}_{ij}$ 是来自二阶得分的中间变量，初始值Q_{ij}^{0}是通过将Sigmoid函数应用于$\mathrm{s}(i,j)$得到的结果。T 次迭代后最终得到预测得分logit_{ij}^{T} 和概率Q_{ij}^{T}。

标签预测：和边预测的一阶得分类似，使用了两个额外的MLPs和一组Biaffines来获得。

$$\begin{aligned}\mathbf{r}_i^{\mathrm{h}'};\mathbf{r}_i^{\mathrm{m}'} &= \mathrm{MLP}^{\mathrm{h}'}\left(\mathbf{h}_i\right);\mathrm{MLP}^{\mathrm{m}'}\left(\mathbf{h}_i\right)\\ \mathrm{s}(i,j,\ell) &= \begin{bmatrix}\mathbf{r}_j^{\mathrm{m}'}\\ 1\end{bmatrix}^{\top}\mathbf{W}_{\ell}^{\mathtt{label}}\begin{bmatrix}\mathbf{r}_i^{\mathrm{h}'}\\ 1\end{bmatrix}\\ \mathrm{p}(\ell|i,j) &= \frac{\exp\left(\mathrm{s}(i,j,\ell)\right)}{\sum_{\ell'\in\mathcal{L}}\exp\left(\mathrm{s}(i,j,\ell')\right)}\end{aligned} \tag{8}$$

其中，$\mathrm{s}(i,j,\ell)$ 是边(i,j)的标签得分，$\mathrm{p}(\ell|i,j)$ 是在所有标签上使用softmax获得的概率。

训练目标：模型的损失来自边和标签的预测。给定句子X和其正确边的图G，C表示X的全连接图，边和标签的损失计算如下：

$$\begin{aligned}L_e(\theta) &= -\sum_{(i,j)\in G}\log Q_{ij}^{T} - \sum_{(i,j)\in C\backslash G}\log\left(1 - Q_{ij}^{T}\right)\\ L_l(\theta) &= -\sum_{(i,j)\in G}\log\mathrm{p}(\hat{\ell}|i,j)\end{aligned} \tag{9}$$

其中，θ是模型的参数，$C\backslash G$表示不正确边的集合，$\hat{\ell}$表示正确边的标签。最终模型的损失是这两部分的加权之和，设置$\lambda = 0.06$：

$$L(\theta) = \lambda L_l(\theta) + (1-\lambda)L_e(\theta) \tag{10}$$

第二十二届中国计算语言学大会论文集，第84页-第93页，哈尔滨，中国，2023年8月3日至5日。

4.2.2 论元范围识别和论元角色识别任务

边预测 ：该模型的边预测也用到了二阶信息。将一棵树$\boldsymbol{t}$分解为一个只有边的骨架树$\boldsymbol{y}$和对应排好序的标签序列$\boldsymbol{l}$，对于在骨架树中的每个头节点→修饰节点对$h \rightarrow m$，使用两个MLPs和一个Biaffine层来计算一阶得分，和公式2类似。然后利用三个MLPs计算每个词作为头、依存和兄弟的表示，然后用一个TriAffine层计算二阶子树的得分：

$$\begin{aligned} \mathbf{r}_i^{\mathrm{h/m/s}} &= \mathtt{MLP}^{\mathrm{h/m/s}}(\mathbf{h}_i) \\ \mathrm{s}(h \rightarrow s, m) &= \mathtt{TriAFF}\left(\mathbf{r}_h^{\mathrm{h}}, \mathbf{r}_m^{\mathrm{m}}, \mathbf{r}_s^{\mathrm{s}}\right) \end{aligned} \tag{11}$$

其中s和m 是h的修饰词，s在m和h之间。

一阶和二阶信息融合之后，我们可以获得骨架树$\boldsymbol{y}$的得分，并通过一个片段约束的Tree CRF来计算它的概率，其中$Z(\boldsymbol{x})$ 是归一化项：

$$\begin{aligned} \mathrm{s}(\boldsymbol{x}, \boldsymbol{y}) &= \sum_{h \rightarrow m} \mathrm{s}(h \rightarrow m) + \sum_{h \rightarrow s, m} \mathrm{s}(h \rightarrow s, m) \\ P(\boldsymbol{y} \mid \boldsymbol{x}) &= \frac{\exp(\mathrm{s}(\boldsymbol{x}, \boldsymbol{y}))}{Z(\boldsymbol{x}) \equiv \sum_{\boldsymbol{y}' \in Y(\boldsymbol{x})} \exp(\mathrm{s}(\boldsymbol{x}, \boldsymbol{y}'))} \end{aligned} \tag{12}$$

标签预测 ：模型使用额外的两个MLPs和多个Biaffines来获得词对$h \rightarrow m$之间的标签得分，每个树骨架对应序列的概率如下计算：

$$\begin{aligned} \mathbf{r}_i^{\mathrm{h}'}; \mathbf{r}_i^{\mathrm{m}'} &= \mathrm{MLP}^{\mathrm{h}'}(\mathbf{h}_i); \mathrm{MLP}^{\mathrm{m}'}(\mathbf{h}_i) \\ \mathrm{s}(i, j, \ell) &= \begin{bmatrix} \mathbf{r}_j^{\mathrm{m}'} \\ 1 \end{bmatrix}^{\top} \mathbf{W}_{\ell}^{\mathtt{label}} \begin{bmatrix} \mathbf{r}_i^{\mathrm{h}'} \\ 1 \end{bmatrix} \\ P(\boldsymbol{l} \mid \boldsymbol{x}, \boldsymbol{y}) &= \prod_{h \xrightarrow{l} m \in \boldsymbol{t}} P(l \mid \boldsymbol{x}, h \rightarrow m) \end{aligned} \tag{13}$$

训练目标 ：最终每个带标签的树的概率为骨架树$\boldsymbol{y}$和其标签序列$\boldsymbol{l}$的概率之积：

$$P(\boldsymbol{t} \mid \boldsymbol{x}) = P(\boldsymbol{y} \mid \boldsymbol{x}) \cdot P(\boldsymbol{l} \mid \boldsymbol{x}, \boldsymbol{y}) \tag{14}$$

在训练过程中，我们最大化每个目标词所有转换树的概率作为目标，计算如下：

$$\mathcal{L} = -\sum_{p} \log P(T_p \mid \boldsymbol{x}) \tag{15}$$

其中$P(T_p \mid \boldsymbol{x})$ 可以具体化为：

$$\begin{aligned} P(T_p \mid \boldsymbol{x}) &= \sum_{\boldsymbol{t} \in T_p} \underbrace{P(\boldsymbol{y} \mid \boldsymbol{x}) \cdot P(\boldsymbol{l} \mid \boldsymbol{x}, \boldsymbol{y})}_{P(\boldsymbol{t} \mid \boldsymbol{x})} \\ &= \frac{1}{Z(\boldsymbol{x})} \sum_{\boldsymbol{t} \in T_p} \underbrace{\exp(\mathrm{s}(\boldsymbol{x}, \boldsymbol{y})) \cdot P(\boldsymbol{l} \mid \boldsymbol{x}, \boldsymbol{y})}_{\exp(\mathrm{s}(\boldsymbol{x}, \boldsymbol{t}))} \end{aligned} \tag{16}$$

4.3 数据增强和投票技术

数据增强是一种在机器学习和深度学习中广泛使用的技术,旨在通过对原始训练数据进行一系列随机变换或扩展来增加数据的多样性和数量(Feng et al., 2021)。本次评测中，我们通过从CoNLL09(Hajič et al., 2009)数据集中抽取一定量的数据，然后用训练好的模型进行预测，将预测好的数据扩充到训练数据集，来增加样本的多样性和数量，以增强模型的鲁棒性和泛化能力，提升模型的性能。

在机器学习和深度学习模型中，投票技术常用于集成多个模型的预测结果(Gandhi and Pandey, 2015)，来提高整体性能和准确率。本文通过使用不同种子获得多个模型的预测结果。在后处理阶段，根据多数票来决定最终的预测结果，以提高模型的性能。

第二十二届中国计算语言学大会论文集，第84页-第93页，哈尔滨，中国，2023年8月3日至5日。

#sent	Train	Dev	TestA	TestB	Frame
CFN	10000	2000	4000	4000	695

Table 2: CFN数据统计

5 实验

5.1 实验设置

官方提供的数据如表2所示，本文使用了官方提供的训练集和验证集训练模型，另外，还从CoNLL09中随机抽取与训练集不重合的10000个句子、20000个句子用于数据增强。

两个模型中的编码器都使用了bert-chinese-based[-1]，在框架识别任务中，迭代训练60轮，最初的学习率为5e-5,超参λ=0.06。论元识别任务中的参数可以参照(Zhang et al., 2021)。

5.2 评测指标

本次评测使用主办方提供的评测指标，框架识别任务采用正确率ACC，论元范围识别和论元角色识别任务采用准确率P、召回率R和F1值，计算公式如下：

$$\mathrm{ACC} = \frac{\text{正确识别的个数}}{\text{总数}} \tag{17}$$

$$P = \frac{(gold \cap pred)}{Count(pred)} \tag{18}$$

$$R = \frac{Count(gold \cap pred)}{Count(gold)} \tag{19}$$

$$F1 = \frac{2 * P * R}{P + R} \tag{20}$$

其中，$gold$和$pred$分别表示真实结果和预测结果，对于论元范围识别任务，$Count(*)$表示结果中的token数，而对于论元角色识别任务$Count(*)$表示计算集合元素的数量。

5.3 评测结果和分析

由于参赛队伍较多，表3只列出了本次评测任务中前五名的得分，结果保留到小数点后两位，队伍名称使用的是其参赛单位的简写。可以看到，本文的方法在两个测试集中分别取得第二和第三的成绩。在TestA中，和第一名仅相差0.75的分数，task3的结果甚至超过了第一名，但Task2上的召回率太低。在TestB中，和第二名相比，分数低了1.5，但是比第四名的分数高出2.7。

表4展示了不同方法在TestB上的结果。名称中带有"基础模型"的模型意为只使用官方提供的数据进行训练，其中"基础模型-图解析"是指将语义框架解析转换成基于词的图解析任务模型，可以看出它在论元识别任务上的总得分在全部结果中最低。"基础模型-树解析"表示论元片段内部结构的模型，可以看到它可以提升模型在论元识别上的性能。"基础模型"是指使用"基础模型-图解析"中框架识别任务和"基础模型-树解析"中论元识别任务的结果。在"基础模型-结合"基础上，我们使用了投票和数据增强方式来提升模型性能。

"基础模型-投票-3"是指基于三个不同种子(seed=1，33，777)获得的模型结果进行投票得到的，可以看出总分提升了2.5，说明投票策略对模型性能的提升有帮助。"数据增强-10000"是指将CoNLL09数据中随机抽取的10000条数据通过基础模型预测之后，把它们混入训练集中进行数据增强的方法。模型性能提升不太明显，反而Task2和Task3的结果都比基础模型还要低。"数据增强-20000"则是使用CoNLL09中20000个句子进行数据增强，比只使用10000个句子的分数高0.52。说明数据增强的效果和数据的数量有关。"模型增强-20000-3"是指在CoNLL09的20000条数据进行数据增强的基础上，使用不同的种子

[-1]https://huggingface.co/bert-base-chinese

第二十二届中国计算语言学大会论文集，第84页-第93页，哈尔滨，中国，2023年8月3日至5日。

Team	Task1	Task2			Task3			总分
	ACC	P	R	F1	P	R	F1	
				TestA				
SCU	73.05	89.62	86.82	88.20	60.68	61.24	60.96	72.76
SUDA	**72.50**	**88.72**	**83.74**	**86.16**	**68.60**	**54.97**	**61.03**	**72.01**
BLCU	72.90	90.09	86.61	88.31	58.77	58.98	58.88	71.91
HIT	70.05	89.41	87.67	88.53	57.47	58.40	57.93	70.75
UIR-ISC	69.70	90.20	87.90	89.04	56.61	57.07	56.84	70.36
				TestB				
SCU	73.87	90.83	82.88	86.68	59.58	57.41	58.47	71.55
BLCU	72.34	90.37	84.28	87.22	57.90	55.83	56.84	70.60
SUDA	**70.42**	**89.44**	**82.08**	**85.60**	**64.14**	**49.57**	**55.92**	**69.18**
HIT	64.36	90.22	84.89	87.47	52.37	52.28	52.36	66.48
UIR-ISC	65.14	90.41	85.60	87.94	51.31	50.39	50.85	66.26

Table 3: 在测试集A和测试集B上，参赛队伍中前五名的得分

模型名称	Task1（ACC）	Task2（F1）	Task3（F1）	总分
基础模型-图解析	67.62	69.87	46.95	60.11
基础模型-树解析	-	83.54	51.66	-
基础模型	67.62	83.54	51.66	66.01
基础模型-投票-3	69.78	84.07	55.83	68.58
数据增强-10000	68.62	79.78	51.48	66.33
数据增强-20000	68.51	84.66	52.24	66.85
模型增强-20000-3	69.15	84.49	54.47	67.88
模型增强-投票-4	**70.42**	**85.60**	**55.92**	**69.18**

Table 4: 不同方法在测试集B上的结果

（seed=1，33，777）获得3个模型后进行投票，但是结果没有基础模型投票的性能佳。考虑到“模型增强-20000-3”中任务2的结果高一些，所以本文使用基础模型和数据增强模型进行混合，经过多次交叉验证，我们发现，任务1在“基础模型”（seed=1，33）、“数据增强-10000”（seed=1）和“数据增强-20000”（seed=1）四个模型上进行投票的结果最好，任务2在“数据增强-20000”（seed=1，777）和“基础模型”（seed=1，33）四个模型上进行投票的结果最好。而任务3在三个模型“基础模型”（seed=777）、“数据增强-10000”（seed=777）和“数据增强-20000”（seed=777）进行投票的结果最好，即“模型增强-投票-4”的结果。总体而言，数据增强和投票方法对提升模型的预测性能都有帮助，而投票方法的帮助相对较大。

6 结语

在本次CFSP2023评测任务中，我们将基于片段的语义框架解析转换成一个基于词的图解析任务，在端到端框架下用于识别句子中目标词对应的框架，解码的时候利用目标词和对应论元之间的关系来帮助目标词的框架识别任务。就论元识别任务，我们将基于片段的框架语义解析转换成树解析任务，建模论元内部的结构，以便更好地识别论元的边界。另外使用了数据增强和投票方法来提高模型的预测性能。最终取得A榜第二名，B榜第三名的成绩。

但我们的模型仍然有很大的不足，例如任务2的召回率与其他队伍相比较低。另外文中的投票技术目前只是以后处理的方式进行应用，后续可以探究不同模型的结构，对投票技术进行改进，或探索多任务学习框架，将不同模型融合在一起，以更好地支持对框架解析中三个任务的预测。

参考文献

Collin F Baker, Michael Ellsworth, and Katrin Erk. 2007. Semeval-2007 task 19: Frame semantic structure extraction. In *Proceedings of the Fourth International Workshop on Semantic Evaluations (SemEval-2007)*, pages 99–104.

Jiaxun Cai, Shexia He, Zuchao Li, and Hai Zhao. 2018. A full end-to-end semantic role labeler, syntactic-agnostic over syntactic-aware? In *Proceedings of the 27th International Conference on*

第二十二届中国计算语言学大会论文集，第84页-第93页，哈尔滨，中国，2023年8月3日至5日。

Computational Linguistics, pages 2753–2765, Santa Fe, New Mexico, USA, August. Association for Computational Linguistics.

Jacob Devlin, Ming-Wei Chang, Kenton Lee, and Kristina Toutanova. 2018. Bert: Pre-training of deep bidirectional transformers for language understanding. *arXiv preprint arXiv:1810.04805*.

Jason Eisner. 2000. Bilexical grammars and their cubic-time parsing algorithms. *Advances in probabilistic and other parsing technologies*, pages 29–61.

Steven Y Feng, Varun Gangal, Jason Wei, Sarath Chandar, Soroush Vosoughi, Teruko Mitamura, and Eduard Hovy. 2021. A survey of data augmentation approaches for nlp. *arXiv preprint arXiv:2105.03075*.

Charles J Fillmore, Christopher R Johnson, and Miriam RL Petruck. 2003. Background to framenet. *International journal of lexicography*, 16(3):235–250.

Isha Gandhi and Mrinal Pandey. 2015. Hybrid ensemble of classifiers using voting. In *2015 international conference on green computing and Internet of Things (ICGCIoT)*, pages 399–404. IEEE.

Yong Guan, Shaoru Guo, Ru Li, Xiaoli Li, and Hu Zhang. 2021. Integrating semantic scenario and word relations for abstractive sentence summarization. In *Proceedings of the 2021 Conference on Empirical Methods in Natural Language Processing*, pages 2522–2529.

Shaoru Guo, Yong Guan, Ru Li, Xiaoli Li, and Hongye Tan. 2020a. Incorporating syntax and frame semantics in neural network for machine reading comprehension. In *Proceedings of the 28th International Conference on Computational Linguistics*, pages 2635–2641.

Shaoru Guo, Ru Li, Hongye Tan, Xiaoli Li, Yong Guan, Hongyan Zhao, and Yueping Zhang. 2020b. A frame-based sentence representation for machine reading comprehension. In *Proceedings of the 58th Annual Meeting of the Association for Computational Linguistics*, pages 891–896.

Jan Hajič, Massimiliano Ciaramita, Richard Johansson, Daisuke Kawahara, Maria Antònia Martí, Lluís Màrquez, Adam Meyers, Joakim Nivre, Sebastian Padó, Jan Štěpánek, Pavel Straňák, Mihai Surdeanu, Nianwen Xue, and Yi Zhang. 2009. The CoNLL-2009 shared task: Syntactic and semantic dependencies in multiple languages. In *Proceedings of the Thirteenth Conference on Computational Natural Language Learning (CoNLL 2009): Shared Task*, pages 1–18, Boulder, Colorado, June. Association for Computational Linguistics.

Richard Johansson and Pierre Nugues. 2007. LTH: Semantic structure extraction using nonprojective dependency trees. In *Proceedings of the Fourth International Workshop on Semantic Evaluations (SemEval-2007)*, pages 227–230, Prague, Czech Republic, June. Association for Computational Linguistics.

Hiroki Ouchi, Hiroyuki Shindo, and Yuji Matsumoto. 2018. A span selection model for semantic role labeling. *arXiv preprint arXiv:1810.02245*.

Xuefeng Su, Ru Li, Xiaoli Li, Jeff Z Pan, Hu Zhang, Qinghua Chai, and Xiaoqi Han. 2021. A knowledge-guided framework for frame identification. In *Proceedings of the 59th Annual Meeting of the Association for Computational Linguistics and the 11th International Joint Conference on Natural Language Processing (Volume 1: Long Papers)*, pages 5230–5240.

Zhixing Tan, Mingxuan Wang, Jun Xie, Yidong Chen, and Xiaodong Shi. 2018. Deep semantic role labeling with self-attention. In *Proceedings of the AAAI conference on artificial intelligence*, volume 32.

Liping You and Kaiying Liu. 2005. Building chinese framenet database. In *2005 international conference on natural language processing and knowledge engineering*, pages 301–306. IEEE.

Yanan You, Ru Li, Xuefeng Su, Zhichao Yan, Minshuai Sun, and Chao Wang. 2022. Chinese frame disambiguation method based on GCN and gate mechanism. In *Proceedings of CCL 2022*, pages 201–210, Nanchang, China, October. Chinese Information Processing Society of China.

Yu Zhang, Zhenghua Li, and Min Zhang. 2020. Efficient second-order treecrf for neural dependency parsing. *arXiv preprint arXiv:2005.00975*.

Yu Zhang, Qingrong Xia, Shilin Zhou, Yong Jiang, Guohong Fu, and Min Zhang. 2021. Semantic role labeling as dependency parsing: Exploring latent tree structures inside arguments. *arXiv preprint arXiv:2110.06865*.

第二十二届中国计算语言学大会论文集，第84页-第93页，哈尔滨，中国，2023年8月3日至5日。

Hongyan Zhao, Ru Li, Xiaoli Li, and Hongye Tan. 2020. CFSRE: context-aware based on frame-semantics for distantly supervised relation extraction. *Knowledge-Based Systems*, 210:106480.

Shilin Zhou, Qingrong Xia, Zhenghua Li, Yu Zhang, Yu Hong, and Min Zhang. 2022. Fast and accurate end-to-end span-based semantic role labeling as word-based graph parsing. In *Proceedings of the 29th International Conference on Computational Linguistics*, pages 4160–4171.

宋衡, 曹存根, 王亚, and 王石. 2022. 一种细粒度的汉语语义角色标注数据集的构建方法. 中文信息学报, 36(12):52–66,73.

屠寒非, 李茹, 王智强, and 周铁峰. 2016. 一种基于主动学习的框架元素标注. 中文信息学报, 30(4):44–55.

张力文, 王瑞波, 李茹, and 张晟. 2017. 基于词分布式表征的汉语框架排歧模型. 中文信息学报, 31(6):50–57.

李国臣, 张立凡, 李茹, 刘海静, and 石佼. 2013. 基于词元语义特征的汉语框架排歧研究. 中文信息学报, 27(4):44–51.

李济洪, 王瑞波, 王蔚林, and 李国臣. 2010. 汉语框架语义角色的自动标注. 软件学报, 21(4):597–611.

李济洪, 高亚慧, 王瑞波, and 李国臣. 2011. 汉语框架自动识别中的歧义消解. Ph.D. thesis.

王晓晖, 李茹, 王智强, 柴清华, and 韩孝奇. 2022. 基于self-attention 的句法感知汉语框架语义角色标注. 中文信息学报, 36(10):38–44.

王蔚林. 2010. 基于最大熵模型的汉语框架语义角色自动标注. Ph.D. thesis, 太原: 山西大学硕士学位论文.

赵红燕, 李茹, 张晟, and 张力文. 2016. 基于dnn 的汉语框架识别研究. 中文信息学报, 30(6):75–83.

第二十二届中国计算语言学大会论文集，第84页-第93页，哈尔滨，中国，2023年8月3日至5日。

CCL23-Eval 任务3系统报告：基于旋转式位置编码的实体分类在汉语框架语义解析中的应用

李作恒[1]，郭炫志[1]，乔登俭[1]，吴钒[1]
（1.四川久远银海软件股份有限公司，四川省 成都市 610023）

摘要

汉语框架语义解析（Chinese Frame Semantic Parsing，CFSP）是中文自然语言处理领域中的一项重要任务，其目标是从句子中提取框架语义结构，实现对句子中涉及到的事件或情境的深层理解。本文主要研究子任务框架识别和论元角色识别，自然语言处理中常用的方法在框架识别和论元角色识别中会丢失目标词与整体句子之间的位置信息关系以及目标词内部信息，对此本文提出基于旋转式位置编码的实体分类模型对实体之间计算注意力然后进行分类，并在天池"CCL2023-Eval 汉语框架语义解析评测"比赛上获得A、B榜第一名的成绩[1]。

关键词： 框架语义解析 ；实体分类 ；旋转式位置编码

System Report for CCL23-Eval Task 3: Application of Entity Classification Model Based on Rotary Position Embedding in Chinese Frame Semantic Parsing

LI Zuoheng[1]，GUO Xuanzhi[1]，QIAO Dengjian[1]，WU Fan[1]
（1. JIU YUAN YIN HAI，Sichuan，Chengdu 610023，China）

Abstract

Chinese Frame Semantic Parsing is an important task in the Chinese Natural Language Processing (NLP). The goal is to extract the frame semantic structure from sentences and get deep understanding of the events or situations involved in sentences. This paper mainly studies sub-tasks Frame Identification and Role Identification. The common classification methods in NLP will lose the position information relationship between the target word and the whole sentence as well as the internal information of the target word in Frame Identification and Role Identification. In response to this, this paper proposes Entity Classification Model Based on Rotary Position Embedding to calculate attention between entities and then classify them. We achieved first place on the A and B rankings in the "CCL2023-Eval Chinese Framework Semantic Analysis Evaluation" on Tianchi platform.

Keywords: Frame Semantic Parsing , Entity Classification , Rotary Position Embedding

[1]https://tianchi.aliyun.com/competition/entrance/532083/introduction

第二十二届中国计算语言学大会论文集，第94页-第104页，哈尔滨，中国，2023年8月3日至5日。

1 引言

汉语框架语义解析是一种以框架语义学(Charles J. Fillmore, 1982)为基础，基于汉语框架网（Chinese FrameNet, CFN）(刘开瑛, 2008)的语义表示和标注，通过对句子提取框架语义结构(Daniel Gildea et al., 2002)，从而达到语义分析目的的语言研究方法。框架语义解析在在阅读理解(Shaoru Guo et al., 2020; Shaoru Guo et al., 2020)、文本摘要(Yong Guan et al., 2021; Yong Guan et al., 2021)、关系抽取(Hongyan Zhao et al., 2020)等下游任务有着重要意义。框架语义解析的基本数据类型如下：对于例句"这届外企交易会有六百多家企业参展"，"有"和"参展"分别会作为触发词激起两个框架"共计"和"参与"。对于框架"共计"，框架元素为"属性"和"值"，论元对应着"这届外企交易会"和"六百多家企业"；而对于框架"参与"，框架元素则为"事件"和"参与者们"，如图1所示。框架语义解析能够高效且准确的提炼出句子的核心语义，是自然语言处理（Natural Language Processing, NLP）中重要的一种语义分析方法。

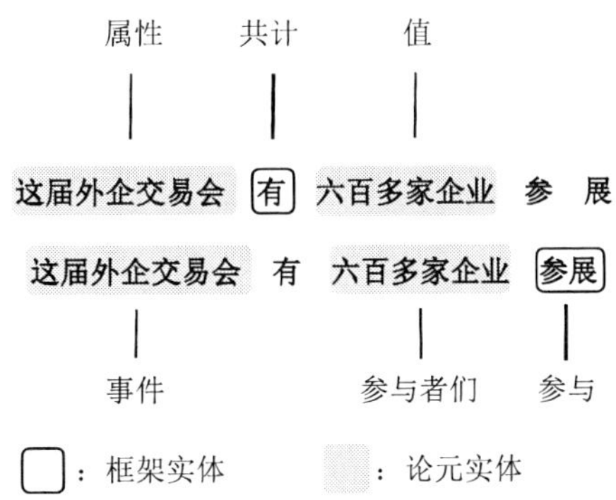

Figure 1: CFN1.0数据样例

汉语框架网 (郝晓燕 et al., 2007) 是一个依据汉语真实语料来供计算机使用的汉语语义知识库，其以Fillmore提出的框架语义学为基础并参照了加州大学伯克利分校的FrameNet(Charles J. Fillmore et al., 1998)工程。汉语框架网由框架库、句子库和词元库组成，为了更好的理解汉语框架语义解析，下面主要介绍框架库；**框架** 是跟一些激活性语境相一致的一个结构化的范畴系统，是储存在人类认知经验中的图式化情境；**框架元素** 又被称为角色，其体现的是框架的语义参与者。框架元素所对应的词元被称为论元。框架库中的每个框架主要由框架和框架元素的基本定义组成。表1对"参与"框架进行了简略描述。

本文涉及的汉语框架语义解析的子任务有：框架识别（Frame Identification）、论元范围识别（Argument Identification）和论元角色识别（Role Identification）[1]。**框架识别** 任务是框架语义学研究中的核心任务，其要求根据给定句子中目标词的上下文语境，为其寻找一个可以激活的框架。框架识别任务可以帮助计算机识别出句子中的关键信息和语义框架，从而更好地理解句子的含义；**论元范围识别** 任务是给定一条汉语句子及目标词，在目标词已知的条件下，从句子中自动识别出目标词所搭配的语义角色的边界。该任务的主要目的是确定句子中每个目标词所涉及的论元（即框架元素）在句子中的位置；**论元角色识别** 任务旨在确定句子中每个论元对应的框架元素，即每个论元在所属框架中的语义角色。论元角色识别任务对于许多自然语言处理任务都是至关重要的，例如信息提取、关系抽取和机器翻译等。它可以帮助计算机更好地理解句子的含义，从而更准确地提取句子中的信息，进而帮助人们更好地理解文本。

2 相关工作

框架语义解析的主要研究之一是SemEval-2007国际语义评测会议中基于FrameNet语料库提出的"frame semantic structure extraction"任务(Collin F Baker et al., 2007)，即框架语义结构抽取任务。C. A. Bejan等(Cosmin Adrian Bejan et al., 2007)利用SVM和最大熵模型实现了一个语义结构抽取系统；D. Das(Dipanjan Das et al., 2013)使用快速对偶分解算法等方法建模。对

[1]https://tianchi.aliyun.com/competition/entrance/532083/information

第二十二届中国计算语言学大会论文集，第94页-第104页，哈尔滨，中国，2023年8月3日至5日。

<table>
<tr><td>框架名</td><td colspan="2">参　与 (Participation)</td></tr>
<tr><td>定义</td><td colspan="2">某事件有多名参与者。在该事件中，多名参与者或以同等重要的地位出现，或以参与者1比参与者2更为重要的形式出现。如果参与者参与该事件是有意图的，那么在多名参与者之间通常还存在一个共同目的。然而，有可能所表达出来的目的只适用于参与者1。</td></tr>
<tr><td rowspan="12">框架元素</td><td>事件(Event)</td><td>该框架元素指有多名参与者有目的或无目的参与的事件。</td></tr>
<tr><td>机构(Institution)</td><td>依照惯例，与事件相关的团体，场所，或者机构。</td></tr>
<tr><td>参与者1(Participant 1)</td><td>从语法的角度来说，参与者1在有多名参与者参与的事件中要比其它参与者更为重要一些。</td></tr>
<tr><td>参与者2(Participant 2)</td><td>从语法上讲，参与者2在有多名参与者参与的事件中重要性相对弱些。</td></tr>
<tr><td>参与者们(Participants)</td><td>参与某事件的一些人或实体集。</td></tr>
<tr><td>参与程度 (Degree of involvement)</td><td>参与者1参与事件的程度。</td></tr>
<tr><td>时量(Duration)</td><td>这个框架元素描述了参与事件的时间长度（通常作为一个介词短语出现）。</td></tr>
<tr><td>方式(Manner)</td><td>对于没有被一些更为具体的框架元素所涵盖的事件(或状态)的描述。</td></tr>
<tr><td>方法(Means)</td><td>参与者1或参与者的一个有意行为，该行为有助于完成该事件。</td></tr>
<tr><td>处所(Place)</td><td>有多名参与者参与的事件所发生的空间场所。</td></tr>
<tr><td>目的(Purpose)</td><td>参与者或参与者1试图通过实施与事件相关的行为来达到的目的。</td></tr>
<tr><td>时间(Time)</td><td>有多名参与者参与的事件发生的时间。</td></tr>
</table>

Table 1: “参与”框架的描述简表

于汉语框架语义解析，Xue等(N Xue et al., 2005)通过最大熵分类器进行语义标注；李济洪(李济洪, 2010)等通过“OBI数据类型“标注和条件随机向量场模型来挑选特征模板；石佼等(石佼 et al., 2014)采用“OBI数据类型“标注和基于贪心策略的特征选择算法选出最优特征模板。

这	届	外	企	交	易	会	有	六	百	多	家	企	业	参	展
O	O	O	O	O	O	O	B_A	O	O	O	O	O	O	B_P	I_P

Figure 2: “OBI”型数据

在自然语言处理任务中，“框架识别”和“论元角色识别”属于对于实体的“分类”任务，“论元范围识别”属于对于实体的“抽取”任务。对于**分类方法**，以预训练模型BERT(Devlin et al., 2019)为例，有对句子的分类token：[CLS]进行多分类预测和对实体token分类进行预测。对于[CLS]分类，会对目标词添加提示词，如：“这届外企交易会有六百多家企业< t >参展< /t >”。对于**抽取方法**，有“OBI”型数据的token预测抽取方法和“span”型数据的头尾预测抽取方法等。“OBI”型数据是对句子所有的字进行标注：目标词的首字标注为“B_label”，目标词的

第二十二届中国计算语言学大会论文集，第94页-第104页，哈尔滨，中国，2023年8月3日至5日。

其他内部字标注为"I_label"，句子中的其余字标注为"O"，如图2所示。"OBI"型数据的预测是对每个字的token进行多分类预测，如果数据有"L"类分类标签，则每个token会有"$2L+1$"类标签。"OBI"型数据的预测方法常用的模型有"Embedding + BiLSTM + CRF(Zhiheng Huang et al., 2015)"等。"span"型数据会标注一个"头尾矩阵"：**H-T**，其中目标词的头-尾处标注为对应的"label_index"，矩阵中其他位置标注为"0"，如图3(a)所示。此外还可以如此标注：对于有L个label类的数据，会产生L个头尾矩阵，对目标词所在类第"label_index"个矩阵的头-尾处标注"1"，其他位置以及其他类矩阵标注为"0"，如图3(b)(c)所示。"span"型数据的预测方法常用的模型有GlobalPointer(Jianlin Su et al., 2022)等。

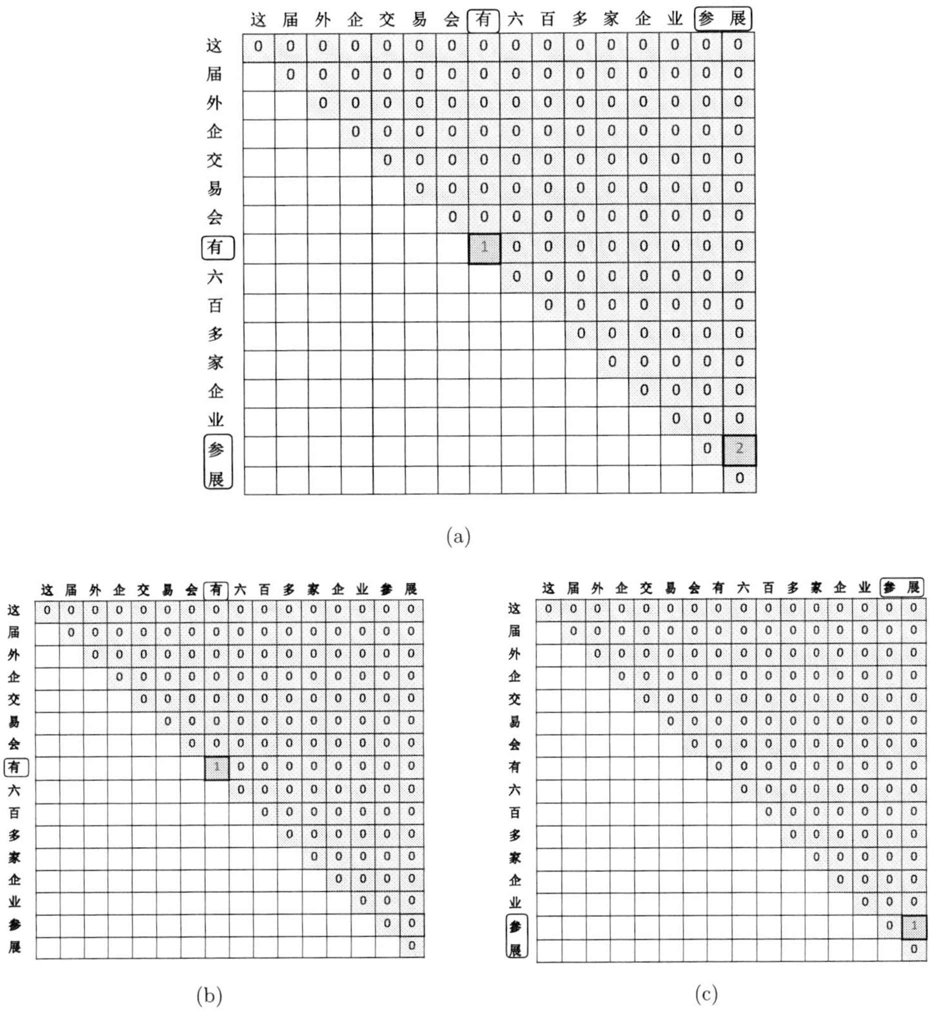

Figure 3: "span"型数据

对于框架识别和论元角色识别此类实体分类任务，与传统机器学习和深度学习模型相比，使用了如BERT的预训练语言模型极大的提高了分类效果。在已有方法中，"提示词+句子分类"实现实体分类的方法会忽略实体与整体句子本身的相对信息，使得实体对于上下文的理解上有所不足。对于"实体token分类"方法多，常采用实体首token分类、实体首尾token取平均分类以及实体所有token取平均分类，其中"CCL2023-Eval 汉语框架语义解析评测"官方baseline就采用了实体首token分类的方法，此类方法对比句子分类体现了实体的位置信息，利用了实体对应上下文的信息，但不足之处在于没有充分利用实体内部词与词之间的关系。为了增强实体分类中实体内部之间信息关系的利用，本文提出了新的实体分类模型，并在"CCL2023-Eval 汉语框

第二十二届中国计算语言学大会论文集，第94页-第104页，哈尔滨，中国，2023年8月3日至5日。

架语义解析评测"比赛中取得了A、B榜第一名的成绩。本文将在第4节对该实体分类模型进行详细介绍，并在第6节与已有其他方法进行对比实验。

3 汉语框架语义解析任务描述

框架识别：给定句子$s =< w_1, w_2, \cdots, w_n >$以及目标词$t$，设所有语义框架集合$F = \{f_1, f_2, \cdots, f_m\}$，为目标词$t$分配一个最合适的语义框架$f_t$，即在已给出$s$，$t$的条件下，找到$f_t$使得概率$P$最大，具体公式为

$$f_t = \arg\max_{1\leq j\leq m} P(f_j|s,t).$$

论元范围识别：给定句子$s =< w_1, w_2, \cdots, w_n >$目标词$t$和框架$f$，在句子的所有词元集合$T = \{t_1, t_2, \cdots, t_N\}$中识别出论元集合$\hat{T}$，具体公式为

$$\begin{cases} \hat{t} \in \hat{T}, \text{ if } P(\hat{t}|s,t,f) \geq \theta; \\ \hat{t} \notin \hat{T}, \text{ if } P(\hat{t}|s,t,f) < \theta. \end{cases}, \ \hat{t} \in T.$$

其中θ为阈值。

论元角色识别：根据已给出的目标词t、框架f和论元$\hat{t}$，在框架f所支配的框架元素集合$R = \{r_1, r_2, \cdots, r_M\}$中选择最适合的，即找到$r_t$使得概率P最大，具体公式为

$$r_t = \arg\max_{1\leq i\leq M} P(r_i|s,t,\hat{t}).$$

4 基于旋转式位置编码的实体分类模型

旋转式位置编码（RoPE）(Jianlin Su et al., 2022)的核心思想是给句子添加特殊的位置编码，为每个token添加对应的绝对位置信息，并且此位置编码在计算注意力时还可以体现出出token与token的相对位置信息。以BERT为例，BERT输出一个hidden_token:

$$[\ [CLS],\ token_0,\ token_1,\ \cdots,\ token_n, [SEP]\ ]$$

其中

$$[CLS],\ [SEP],\ token_i \in \mathbb{R}^d,\ i \leq n,\ d = 768.$$

将hidden_token通过线性变换得到维度为inner_dim的多分类向量，其中分类数l取决于相应任务label的分类数目：

$$\begin{gathered} [\ c^0,\ t_1^0,\ t_2^0,\ \cdots,\ t_n^0, s^0\ ] \\ [\ c^1,\ t_1^1,\ t_2^1,\ \cdots,\ t_n^1, s^1\ ] \\ \cdots \\ [\ c^l,\ t_1^l,\ t_2^l,\ \cdots,\ t_n^l, s^l\ ] \end{gathered}$$

其中

$$c^j,\ s^j,\ t_i^j \in \mathbb{R}^{inner\_dim},\ i \leq n,\ j \leq l.$$

最后，引入RoPE函数与分数函数：

$$R(t_i^j) = \mathcal{R}_i t_i^j,$$
$$S_j(t_i^j, t_{i'}^j) = R(t_i^j) \times R(t_{i'}^j) = (\mathcal{R}_i t_i^j)^T(\mathcal{R}_{i'} t_{i'}^j).$$

基于RoPE的特性，可以得到

$$S_j(t_i^j, t_{i'}^j) = (\mathcal{R}_i t_i^j)^T(\mathcal{R}_{i'} t_{i'}^j) = {t_i^j}^T \mathcal{R}_{i-i'} t_{i'}^j.$$

该方法的整体框架如图4所示。

第二十二届中国计算语言学大会论文集，第94页-第104页，哈尔滨，中国，2023年8月3日至5日。

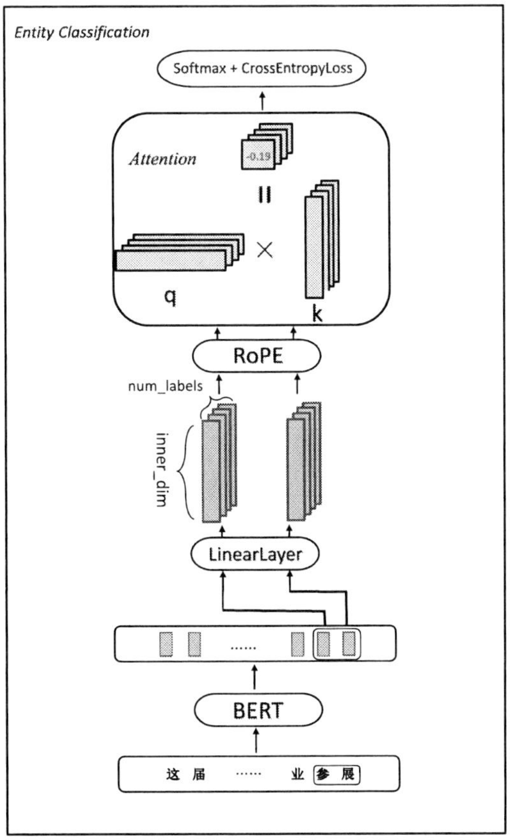

Figure 4: 基于RoPE的实体分类框架图

5 整体模型介绍

5.1 基本概念模型

分类任务：对于句子$s=<w_1,w_2,\cdots,w_n>$、目标词t和分类标签f，$p(f|s,t)$表示预测t的类别为f的概率，目标函数为

$$\max_f\ p(f|s,t).$$

抽取任务：对于句子$s=<w_1,w_2,\cdots,w_n>$、目标词t和目标词类f，目标是识别出词元$<w_i,\cdots,w_j>$，$\mathbf{Y}(<w_i,\cdots,w_j>|s,t,f)$表示预测由字$w_i$到$w_j$所组成的词是否为所需实体，取值为0和1，目标函数为

$$\begin{cases}\mathbf{Y}(<w_i,\cdots,w_j>|s,t,f)=1, & <w_i,\cdots,w_j>\in\mathbf{P};\\ \mathbf{Y}(<w_i,\cdots,w_j>|s,t,f)=0, & <w_i,\cdots,w_j>\in\mathbf{Q}.\end{cases}$$

其中$\mathbf{P}$为所需实体词集合，$\mathbf{Q}$为其他非实体词集合。

5.2 概率估计模型

对于分类任务，本文采用如下方法近似估计概率函数$p(f|s,t)$：对于目标词t，提取首尾字信息w_{ti}和w_{tj}，通过Embedding函数$\mathbf{E}$投射到高维特征空间分别得到特征向量$\mathbf{w}_i^f=\mathbf{E}(w_{ti},s,f)$和$\mathbf{w}_j^f=\mathbf{E}(w_{tj},s,f)$，然后计算相对信息$\mathbf{I}(\mathbf{w}_i^f,\mathbf{w}_j^f)$，概率函数$p(f|s,t)$则可如下计

第二十二届中国计算语言学大会论文集，第94页-第104页，哈尔滨，中国，2023年8月3日至5日。

算:

$$p(f|s,t) \approx \frac{\mathbf{exp}\Big(\mathbf{I}\big(\mathbf{E}(w_{ti},s,f),\mathbf{E}(w_{tj},s,f)\big)\Big)}{\sum_{\tilde{f}}\mathbf{exp}\Big(\mathbf{I}\big(\mathbf{E}(w_{ti},s,\tilde{f}),\mathbf{E}(w_{tj},s,\tilde{f})\big)\Big)}.$$

对于抽取任务，本文采用预测一个实体的头索引ri和尾索引rj的方法：对于任意一对头尾索引（边界索引）i,j，通过分数函数$\mathbf{S}$计算相对信息得分，预测函数$\mathbf{Y}(< w_i,\cdots,w_j > |s,t,f)$可如下计算:

$$\mathbf{Y}(< w_i,\cdots,w_j > |s,t,f) \approx \mathbf{Boolean}\Big(\mathbf{S}\big(\mathbf{E}(w_i,s,f),\mathbf{E}(w_j,s,f)\big) \geq \theta\Big),$$

其中θ为超参数阈值，$\mathbf{Boolean}(\cdot)$为布尔值函数。

本文采用"预训练语言模型PLM + 微调"的模型结构，使用PLM作为Embedding函数。下面详细介绍做分类任务和抽取任务的方法。

5.3 子任务对应的方法

框架识别：该任务数据已给出了目标词信息，采用基于RoPE的实体分类方法。对于已给出的目标词，即目标词的边界索引$target_start$与$target_end$，计算出对应的分数:

$$S_j(t^j_{arget\_start},\ t^j_{arget\_end}),\ j \in d_{\text{frame}}.$$

其中d_{frame}为框架种类数。

$$target\_frame = \arg\max_{j\in d_{\text{frame}}} \big[\text{softmax}\big(\mathbf{S}(\mathbf{t}_{arget\_start},\ \mathbf{t}_{arget\_end})\big)\big].$$

其中

$$\mathbf{S}(\mathbf{t}_{arget\_start},\ \mathbf{t}_{arget\_end}) = \big[S_0(t^0_{arget\_start},\ t^0_{arget\_end}),\cdots,S_j(t^j_{arget\_start},\ t^j_{arget\_end}),\cdots\big].$$

损失函数为CrossEntropyLoss. 即

$$Loss_{FI} = CrossEntropyLoss\Big(\mathbf{S}(\mathbf{t}_{arget\_start},\ \mathbf{t}_{arget\_end}),\ target\_labels\Big).$$

论元范围识别：对于目标词，在输入BERT前先加入提示词< t >和< \t >于目标词两侧，再将已加入提示词的句子输入BERT进行计算。对于此任务，目的是输出论元角色词的范围，即role_start和role_end。采用1个分类的GlobalPointer模型作为下游模型:

$$S(t_i,\ t_{i'}),\ i \leq i' < \text{max\_len}.$$

其中max_len为hidden_token的长度，最终输出为:

$$\text{H-T}_{i,i'} = \begin{cases} 1,\ \text{if } S(t_i,\ t_{i'}) \geq 0 \\ 0,\ \text{if } S(t_i,\ t_{i'}) < 0 \end{cases}. \tag{1}$$

损失函数为GlobalPointer模型的损失函数:

$$Loss_{AI} = \log\left(1 + \sum_{(i,i')\in P} e^{-S(t_i,\ t_{i'})}\right) + \log\left(1 + \sum_{(i,i')\in Q} e^{S(t_i,\ t_{i'})}\right).$$

其中P为所有实体首尾索引组成的集合，Q为其他非实体首尾集合.

论元角色识别： 将已加入提示词的句子输入BERT后使用基于RoPE的实体分类方法对论元进行分类。

$$Loss_{RI} = CrossEntropyLoss\Big(\mathbf{S}(\mathbf{t}_{role\_start},\ \mathbf{t}_{role\_end}),\ role\_labels\Big).$$

第二十二届中国计算语言学大会论文集，第94页-第104页，哈尔滨，中国，2023年8月3日至5日。

6 实验与分析

表2为"CCL2023-Eval 汉语框架语义解析评测"官方发布的对于 task1（框架识别）、task2（论元范围识别）以及 task3（论元角色识别）在测试集上的baseline测试结果、其他队伍（前5名队伍）以及本文方法提交的测试集上的结果对比，其中

$$score = 0.3 * \text{task1-acc} \ + \ 0.3 * \text{task2-f1} \ + \ 0.4 * \text{task3-f1}.$$

Type	score	task1-acc	task2-f1	task3-f1
baseline	67.42	65.10	87.55	54.07
our_model	**71.49**	**74.28**	86.33	**58.27**
team_1	70.27	71.77	87.43	56.28
team_2	69.07	70.59	85.62	55.52
team_3	66.81	65.14	87.75	52.36
team_4	66.46	65.87	**87.98**	50.76

Table 2: 测试集上结果对比

由表2结果可以看出，本文的实体分类模型在task1和task3上有着较好的效果。

6.1 与baseline的对比

对于task1和task3，官方baseline采用BERT的"BertForTokenClassification"对目标词的首token进行分类。下面我们将在验证集上对比以下三种方法:

1. TokenClassification，baseline;

2. SequenceClassification + prompt，即对目标词两侧增加提示词;

3. RoPEClassification，基于旋转式位置编码的实体分类。

Type	task1-acc	task3-acc
TokenClassification	74.00	72.16
SequenceClassification + prompt	72.00	73.03
RoPEClassification	**75.45**	**75.12**

Table 3: 分类任务在验证集上的对比

由表3可以看出，RoPE分类的准确率要更高一些，对比句分类方法，token分类和RoPE分类直接关注于目标词本身的信息，减少了其他句中词的干扰使得预测精度上升。对比token分类只利用词首token信息，RoPE分类方法利用特殊的Attention层和其绝对位置信息与相对位置信息兼容的独特编码，提取了整个目标词的内部信息和在句中的相对信息，从而达到了更高的预测精度。

6.2 输出层的选择

对于BERT的输出，本次对比了三种输出情况：最后一层，最后四层，第一层+最后一层，对比如表5所示。

对于分类任务：task1使用L1+L2+L3+L4输出效果更好，task3使用L1输出效果更好。对于抽取任务：task2使用F1+L1输出的准确率更高，使用L1+L2+L3+L4输出的召回率更高，使用L1输出的F1值更高。

第二十二届中国计算语言学大会论文集，第94页-第104页，哈尔滨，中国，2023年8月3日至5日。

Type	task1-acc	task2			task3-acc
		task2-p	task2-r	task2-f1	
L1	75.45	81.35	79.99	**80.66**	**75.12**
L1+L2+L3+L4	**75.95**	79.94	**80.89**	80.41	74.84
F1+L1	74.25	**81.89**	78.85	80.34	73.68

Table 4: 最后一层（L1）、最后四层（L1+L2+L3+L4）和第一层+最后一层（F1+L1）的验证集结果对比

6.3 模型增强

对抗训练. 本次使用了FGM(Miyato et al., 2016)算法对模型加入对抗训练。FGM的思想为在embedding层对模型反向传播的梯度，在下降的反方向加入一个对抗攻击，从而使得模型训练产生对抗训练的效果，其中对抗攻击的计算方式为：

$$r_{adv} = \epsilon \cdot \frac{g}{||g||_2}$$

防止过拟合. 本次使用NoisyTune(Chuhan Wu et al., 2022)方法对模型训练进行防过拟合处理。NoisyTune的思想为在PLM进行微调之前，对参数矩阵增加一个扰动：

$$\tilde{W} = W + \mathrm{U}\left(-\frac{\lambda}{2}, \frac{\lambda}{2}\right) \times \mathrm{std}(W).$$

其中$\mathrm{U}(a,b)$为a到b的均匀分布，λ为超参数，std(·)为标准差.

针对本次的三个任务，对比四组方法：基本模型（model）、加入FGM（FGM）、加入NosiyTune（NosiyTune）和同时加入FGM和NoisyTune（FGM + NosiyTune），在验证集上的对比结果如表6所示，其中的输出层结构为task1：L1+L2+L3+L4；task2，task3：L1.

Type	task1-acc	task2			task3-acc
		task2-p	task2-r	task2-f1	
model	**75.95**	81.35	79.99	80.66	**75.12**
model + FGM	75.30	**82.03**	79.51	80.75	73.66
model + NoisyTune	75.65	79.95	**80.87**	80.41	74.79
model + FGM + NoisyTune	74.75	81.37	80.58	**80.97**	74.41

Table 5: 基础模型，加入FGM，加入NoisyTune和同时加入FGM和NoisyTune的验证集结果对比

对于task1和task3分类任务，加入FGM和NoisyTune会使得模型效果下降，这是由于两个分类任务更具有"针对性"，更注重训练目标词所对应token的相关参数，而FGM和NoisyTune会对整体的参数进行优化调整，从而在此任务上会对目标词token产生干扰。对于task2抽取任务，加入FGM使得准确率更高，而加入NoisyTune使得召回率更高，同时加入二者会增加鲁棒性和防止过拟合，从而使整体F1值提高。

6.4 其他

BERT模型的参数使用chinese_bert_wwm_ext：

https://huggingface.co/hfl/chinese-bert-wwm-ext/tree/main

RoPE使用的GP_Linker模型的RoPE部分：

https://github.com/xhw205/GPLinker_torch

7 总结

本文以“已有实体分类模型对实体内部信息利用不充分”的缺点为动机，提出了利用旋转式位置编码增强实体内部信息提取的实体分类模型，在对比实验中均取得了最好的效果。并且将该模型运用在了“CCL2023-Eval 汉语框架语义解析评测”比赛的框架识别和论元角色识别任务上，取得了这两项任务第一的成绩。本文不足之处在于没有充分发挥RoPE实体分类模型的优势，在论元范围识别任务上使用的方法相比于其他队伍效果欠佳，因此将RoPE实体分类模型与其他效果更好的实体抽取模型结合仍是值得研究的方向。

参考文献

郝晓燕, 刘伟, 李茹, 刘开瑛. 2007. 汉语框架语义知识库及软件描述体系[J]. 中文信息学报, 21(5): 96-100, 138.

李济洪. 2010. 汉语框架语义角色的自动标注技术研究[D]. 山西大学博士学位论文，2010.

刘开瑛. 2008. 汉语框架语义网(CFN)构建现状[C]. 第四届全国学生计算语言学研讨会会议论文集. 2008: 1-7.

石佼，李茹，王智强2014. 汉语核心框架语义分析[J]. 中文信息学报, 28(6): 48-55.

Collin F. Baker，Michael J. Ellsworth，K. Erk. 2007. *SemEval'07 task 19: frame semantic structure extration*[C]. Proceedings of the 4th International Workshop on Semantic Evaluations. Association for Computational Linguistics, 2007: 99-104.

Cosmin Adrian Bejan, Chris Hathaway. 2007. *A Pipeline Architecture for Extracting Frame Semantic Structures*[C]. Proceedings of the 4th International Workshop on Semantic Evaluations.Association for Computational Linguistics, 2007: 460-463.

Dipanjan Das, Desai Chen, André F. T. Martins, etc. 2013. *Frame-semantic parsing*[J]. Computational Linguistics, 2013, 40(1): 9-56.

Jacob Devlin, Ming-Wei Chang, Kenton Lee, and Kristina Toutanova. 2019. *Bert: Pre-training of deep bidirectional transformers for language understanding.* In NAACL-HLT, pages 4171–4186.

Charles J. Fillmore. 1982. *Frame semantics*[J]. Linguistics in the morning calm, 1982:111-137.

Charles J. Fillmore , Collin F. Baker et al. 1998. *The Berkeley FrameNet project*[A]. In: Proceedings of COLING/ACL [C], Montreal, Canada: 1998. 86290.

Daniel Gildea and Daniel Jurafsky. 2002. *Automatic labeling of semantic roles.* Computational linguistics,28(3):245–288.

Yong Guan, Shaoru Guo, Ru Li*, Xiaoli Li, and Hongye Tan. 2021. *Frame Semantic-Enhanced Sentence Modeling for Sentence-level Extractive Text Summarization*[C]. Proceedings of the 2021 Conference on Empirical Methods in Natural Language Processing (EMNLP) 2021: 404-4052.

Yong Guan, Shaoru Guo, Ru Li*, Xiaoli Li, and Hu Zhang. 2021. *Integrating Semantic Scenario and Word Relations for Abstractive Sentence Summarization*[C]. Proceedings of the 2021 Conference on Empirical Methods in Natural Language Processing (EMNLP) 2021: 2522-2529.

Shaoru Guo, Yong Guan, Ru Li*, Xiaoli Li, Hongye Tan. 2020. *Incorporating Syntax and Frame Semantics in Neural Network for Machine Reading Comprehension*[C]. Proceedings of the 28th International Conference on Computational Linguistics (COLING), 2020: 2635-2641.

Shaoru Guo, Ru Li*, Hongye Tan, Xiaoli Li, Yong Guan. 2020. *A Frame-based Sentence Representation for Machine Reading Comprehension*[C]. Proceedings of the 58th Annual Meeting of the Association for Computational Linguistic (ACL), 2020: 891-896.

Zhiheng Huang, Wei Xu and Kai Yu. 2015. *Bidirectional LSTM-CRF Models for Sequence Tagging.* arXiv:1508.01991 [cs.CL].

Takeru Miyato, Andrew M. Dai and Ian Goodfellow. 2016. *Adversarial Training Methods for Semi-Supervised Text Classification.* arXiv:1605.07725 [stat.ML].

第二十二届中国计算语言学大会论文集，第94页-第104页，哈尔滨，中国，2023年8月3日至5日。

Jianlin Su, Ahmed Murtadha, Shengfeng Pan, Jing Hou, Jun Sun, Wanwei Huang, Bo Wen and Yunfeng Liu. 2022. *Global Pointer: Novel Efficient Span-based Approach for Named Entity Recognition.* arXiv:2208.03054 [cs.CL].

Jianlin Su, Yu Lu, Shengfeng Pan, Ahmed Murtadha, Bo Wen and Yunfeng Liu 2022. *RoFormer: Enhanced Transformer with Rotary Position Embedding.* arXiv:2104.09864 [cs.CL].

Chuhan Wu, Fangzhao Wu, Tao Qi, Yongfeng Huang and Xing Xie. 2022. *NoisyTune: A Little Noise Can Help You Finetune Pretrained Language Models Better.* arXiv:2202.12024 [cs.CL].

N Xue, M Palmer. 2005. *Automatic semantic role labeling for Chinese verbs*[C]. Proceedings of IJCAI. 2005, 5: 1160-1165.

Hongyan Zhao, Ru Li*, Xiaoli Li, Hongye Tan. 2021. *CFSRE: Context-aware based on frame-semantics for distantly supervised relation extraction*[J]. Knowledge-Based Systems, 2020, 210: 106480.

作者通讯方式：

作者一：李作恒，四川省成都市锦江区三色路163号四川久远银海软件股份有限公司，610023，18653730429@163.com，通讯作者;

作者二：郭炫志，四川省成都市锦江区三色路163号四川久远银海软件股份有限公司，610023，494587502@qq.com;

作者三：乔登俭，四川省成都市锦江区三色路163号四川久远银海软件股份有限公司，610023，qiaodj@yinhai.com;

作者四：吴 钒，四川省成都市锦江区三色路163号四川久远银海软件股份有限公司，610023，fanwu@yinhai.com.

第二十二届中国计算语言学大会论文集，第94页-第104页，哈尔滨，中国，2023年8月3日至5日。

CCL23-Eval 任务3系统报告：基于多任务pipeline策略的汉语框架语义解析

黄舒坦　　邵艳秋*　　李炜

北京语言大学/信息科学学院，
国家语言资源监测与研究平面媒体中心，
北京市海淀区学院路15号，100083

shutan2022@163.com　yqshao163@163.com　liweitj47@blcu.edu.cn

摘要

本论文为2023届CCL汉语框架语义解析评测任务提供了实现方法。针对汉语框架语义解析任务是多任务的特点，考虑到各子任务之间具有较强的时序性和关联性，方法采用了多任务pipeline策略的框架结构，主要由框架分类，论元识别，角色分类三个子模块组成，分别对应框架识别，论元范围识别，论元角色识别三个子任务。本文将框架识别和论元角色识别任务建模为文本分类任务，将论元范围识别任务建模为实体识别任务。考虑到各子任务之间具有较强的时序性和关联性，方法在每个模块均充分考虑了如何利用完成其他子任务时所抽取到的特征和信息。比如在进行角色分类时，利用了框架分类模块识别出的框架类别，以及论元识别模块识别出的论元范围。考虑到目标词及其上下文语境的重要性，本文使用预训练语言模型进行finetune。观察到模型的表现不稳定，训练时使用了对抗训练等策略提升模型性能。最终A榜分数值达到71.91，B榜分数值达到70.60，排名第2，验证了本文方法的有效性。

关键词：　汉语框架语义解析；多任务；信息抽取；文本分类；实体识别

System Report for CCL23-Eval Task 3: Chinese Frame Semantic Parsing Based on Multi task Pipeline Strategy

Shutan Huang　　Yanqiu Shao*　　Wei Li

Information Science School, Beijing Language and Culture University,
Language Resources Monitoring and Research Center,
15 Xueyuan Road, HaiDian District, Beijing, 100083

shutan2022@163.com　yqshao163@163.com　liweitj47@blcu.edu.cn

Abstract

This paper provides an implementation method for the 2023 CCL Chinese Framework Semantic Parsing Evaluation Task. Because the Chinese Framework Semantic Parsing Task is multitasking, considering the strong temporal and correlation between each subtask, our method adopts the framework structure of the multitask pipeline strategy, mainly consisting of three sub modules: framework classification, argument recognition, and role classification, corresponding to three sub tasks: framework recognition, argument range recognition, and argument role recognition. We model framework recognition and argument role recognition tasks as text classification tasks, and argument range recognition tasks as entity recognition tasks. Considering the strong temporal and correlation between each subtask, the method fully considers how to

* 通讯作者　Corresponding Author

第二十二届中国计算语言学大会论文集，第105页-第112页，哈尔滨，中国，2023年8月3日至5日。
(c) 2023 中国中文信息学会计算语言学专业委员会

utilize the features and information extracted from completing other subtasks in each module. For example, when conducting role classification, the framework categories identified by the framework classification module and the argument range identified by the argument recognition module are utilized. Considering the importance of the target word and its contextual context, we use a pre trained language model for finetune. The unstable performance of the model was observed, and strategies such as adversarial training were used to improve the model's performance during training. The final score of leaderboard A reached 71.91, while the score of leaderboard B reached 70.60, ranking second, verifying the effectiveness of the method proposed in this paper.

Keywords: Chinese Frame Semantic Parsing , Multitask , Information Extraction , Text classification , Entity Recognition

1 引言

框架语义解析(Gildea and Jurafsky, 2000)是自然语言处理领域中的一项重要任务，其目标是从句中提取框架语义结构，实现对句子中涉及到的事件或情境的深层理解，在文本摘要(Guan et al., 2021a)(Guan et al., 2021b)、关系抽取(Zhao et al., 2020)和阅读理解(Guo et al., 2020a)(Guo et al., 2020b)等下游任务有着重要意义。汉语框架语义解析是基于汉语框架语义资源的语义解析任务，该任务分为以下三个子任务：框架识别、论元范围识别和论元角色识别。框架识别任务的目标是识别句子中给定目标词激活的框架，论元范围识别任务的目标是识别句子中给定目标词所支配论元的边界范围，论元角色识别任务的目标是预测论元范围识别任务所识别论元的语义角色标签。

目前对于框架语义解析的研究主要有以下方法：多种联合学习模型、多任务的pipeline策略和基于框架知识建模方法等。针对汉语框架语义解析任务是多任务的特点，且考虑到各个子任务之间具有较强的时序性和关联性，本文提出了一种基于多任务pipeline策略的汉语框架语义解析方法。方法采用了多任务pipeline策略的框架结构，主要由框架分类，论元识别，角色分类三个子模块组成，分别对应框架识别、论元范围识别和论元角色识别三个子任务。

其中，框架分类模块根据给定句子中的目标词及其上下文语境，为其寻找一个可以激活的框架，实现了框架识别，抽取出了框架特征。论元识别模块在目标词已知的条件下，从句子中自动识别出目标词所搭配的语义角色的边界，实现了论元范围识别，抽取出了论元特征。角色分类模块充分利用了框架分类模块和论元识别模块所抽取到的框架特征和论元特征，确定了句子中每个论元对应的框架元素，实现了论元角色识别。

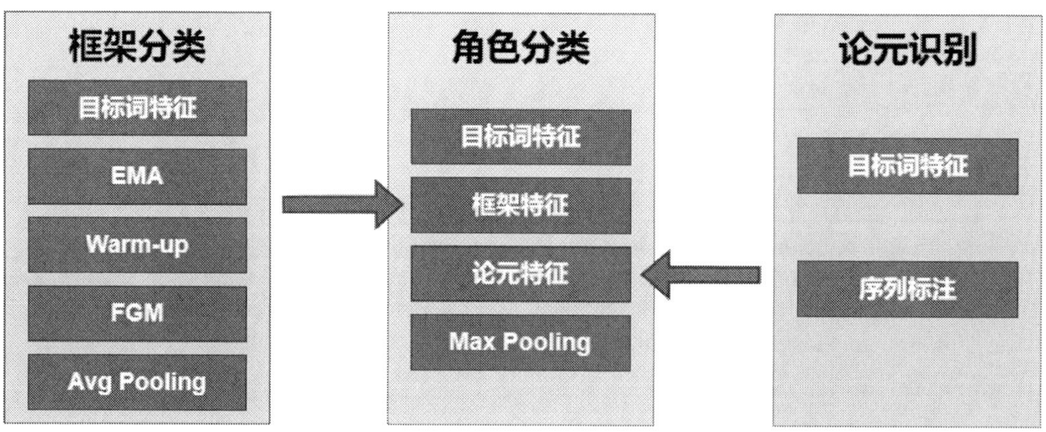

Figure 1: 整体流程框架图

本文的贡献总结如下，

第二十二届中国计算语言学大会论文集，第105页-第112页，哈尔滨，中国，2023年8月3日至5日。

- 本文为2023届CCL汉语框架语义解析评测任务提供了实现方法，方法采用了多任务pipeline策略的框架结构，将框架识别和论元角色识别任务建模为文本分类任务，将论元范围识别任务建模为实体识别任务，并针对3个子任务分别进行了模型选择实验和消融实验
- 本文在框架识别子任务中，充分利用目标词信息，尝试使用EMA、Warm-up策略和FGM对抗训练提升效果，进行了消融实验，证明了对抗训练可有效提升模型在框架识别任务上的效果
- 本文在论元范围识别子任务中，针对任务特点尝试使用Span标注、MRC标注和Softmax标注，进行了模型选择实验，证明了Softmax标注在本次评测任务上效果最佳
- 本文在论元角色识别子任务中，对于模型输入文本的不同标注、插入和拼接方式，进行了消融实验，证明了在输入文本中插入框架类别信息、目标词信息和论元范围信息可以有效提升论元角色识别的效果

2 相关工作

近些年，在汉语框架语义解析任务中，传统机器学习算法中的条件随机场模型(李济洪et al., 2010)和最大熵模型(王蔚林, 2010)获得不错的效果。深度学习算法中的神经网络(王臻et al., 2014)，以及在此基础上充分利用词信息的方法(党帅兵, 2015)也取得了不错的效果。

基于双向长短时记忆网络Bi-LSTM(张苗苗et al., 2018)的算法更加全面的考虑到了句子中的长距离依赖信息，融入了Self-Attention机制的框架(王晓晖, 2022)捕获到了句子中每个词的句法信息，提升了汉语框架语义角色标注模型的性能，得到了更好的语义解析能力。

本文针对汉语框架语义解析任务是多任务的特点，采用了多任务pipeline策略的框架结构，同时引入具有强大语义建模能力的预训练语言模型BERT进行语义解析，使模型充分考虑到各子任务之间较强的时序性和关联性，充分利用完成其他子任务时所抽取到的特征和信息，进而获得了更强的语义解析能力。

3 方法

本章节介绍比赛使用的具体方案，包括框架分类，论元识别，角色分类三个部分。分别对应框架识别，论元范围识别，论元角色识别三个子任务。

3.1 框架分类

考虑到目标词对框架具有重要的触发和激活作用，为了充分利用先验知识，本文给Bert模型(Liu et al., 2019)的词表添加了<t >和</t >作为额外的Special Token，并用它们将句子中的目标词包裹起来作为输入文本，以此来提升模型在给定目标词的条件下的分类性能。因为目标词的上下文语境对框架分类的准确率非常重要，所以本文将目标词的所有Token进行平均池化后，作为特征向量输入线性分类层进行分类。

通过对数据集进行数据分析发现，存在少数句子同时属于多个框架类别的情况，但是实验发现多标签分类效果较差。进行原因分析，可能因为训练集中绝大多数句子只属于一个框架，且目标词对框架的影响较大，即使一个句子拥有多个框架类别标签，不同框架类别的目标词基本不同。

如果使用多标签分类，难以利用不同目标词的信息，且样本标签过于稀疏，不利于模型的训练。所以最终方案使用单标签多分类而不是多标签分类。

观察到模型的表现不稳定，为了提高模型鲁棒性，提升模型的分类性能，本文在训练中还使用了以下优化策略:

(1) 指数滑动平均Exponential Moving Average(EMA)

指数滑动平均EMA是一种通过给予近期数据更高权重，对模型参数做平均的方法，使得模型参数的更新与一段时间内的历史取值有关，可以提高测试指标并增加模型鲁棒性。

(2) 学习率预热Warm-up

第二十二届中国计算语言学大会论文集，第105页-第112页，哈尔滨，中国，2023年8月3日至5日。

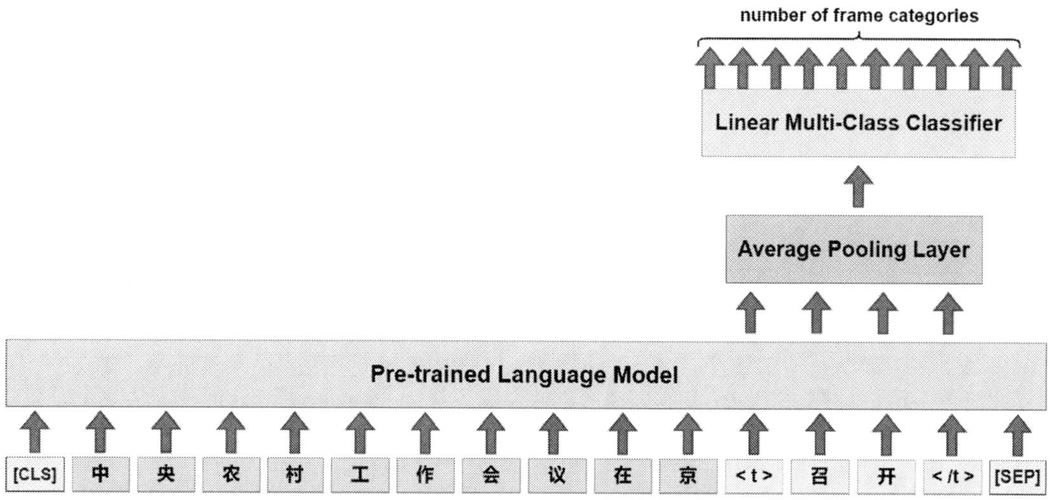

Figure 2: 框架分类模型

训练时使用了学习率Warm-up策略，在训练开始前先使用一个较小的学习率进行一定的迭代次数，以使得模型逐渐适应数据集的特征，使得模型的权重更新更加平稳，减少训练时的震荡和不稳定性，从而提高了模型的训练效果。

(3) 快速梯度法Fast Gradient Method(FGM)

训练时使用了FGM(Miyato et al., 2017)对抗训练，对embedding层在梯度方向添加扰动，引入噪声，这种训练方式既提高了模型的泛化能力，又提高了模型的鲁棒性。

3.2 论元识别

在整个pipline语义解析框架中，论元识别起着至关重要的作用。由于误差的传递性，是否成功召回论元实体对后续角色分类的准确率影响较大。因此，在训练过程中本文优先保证召回率，保存召回率最优的模型。

具体实现上采用了序列标注模型，对输入文本以Token为单位进行BIO标注，标注出论元范围。其中，该模块的输入文本和框架分类模块的输入相同，是使用<t >和</t >作为额外的Special Token标识出了目标词范围的句子。

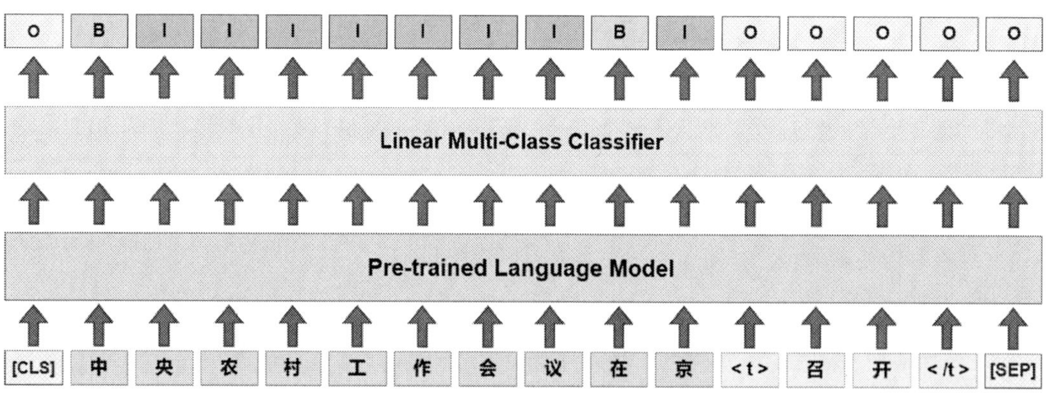

Figure 3: 论元识别模型

第二十二届中国计算语言学大会论文集，第105页-第112页，哈尔滨，中国，2023年8月3日至5日。

3.3 角色分类

角色分类模块作为pipeline框架的最后一部分，为了能充分利用框架分类模块和论元识别模块的预测结果，本文方法修改了模型输入的文本。

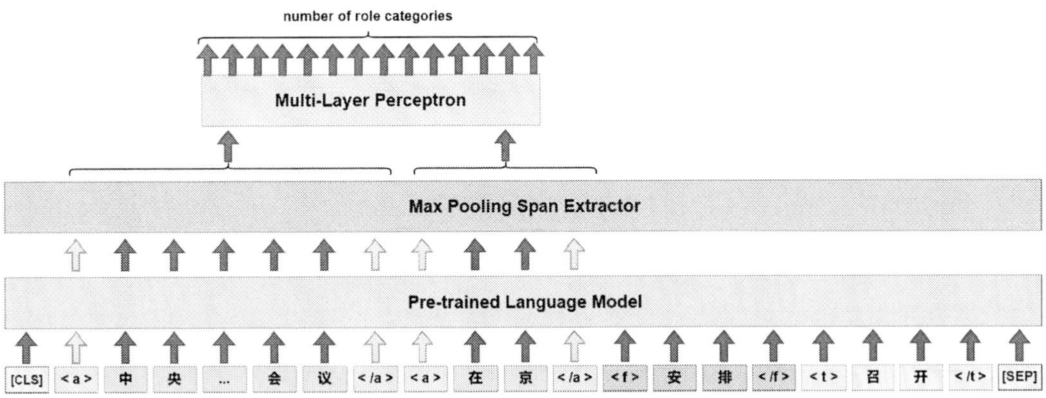

Figure 4: 角色分类模型

首先，给基座模型Bert的词表添加<t >和</t >用于标识目标词，添加<a >和</a >用于标识论元范围，添加<f >和</f >用于标识框架信息。然后，将框架分类模块的预测结果作为框架特征、将论元识别模块的预测结果作为论元特征加入到输入文本中。具体实现是将框架类别插入到目标词前，然后使用<t >和</t >包裹目标词，使用<a >和</a >包裹论元，使用<f >和</f >包裹框架类别。最后，对论元以Span为单位进行Max Pooling，将最终得到特征向量传递给激活函数为ReLU的神经网络层进行分类。

比如，对于输入文本"中央农村工作会议在京召开"，本文将该句子的框架类别"安排"插入到目标词"召开"前，使输入文本变为"中央农村工作会议在京安排召开"，并且使用Special Token分别包裹目标词、论元和框架类别。

4 实验

4.1 数据集

CFN1.0(Chinese FrameNet, CFN)数据集是由山西大学以汉语真实语料为依据构建的框架语义资源，数据由框架知识及标注例句组成，包含了近700个语义框架及20000条标注例句。其中，训练集包含标注数据10000条，验证集包含标注数据2000条。其中，训练集中有418个框架类别是样本数小于10的few-shot框架标签，有66个框架类别是zero-shot框架标签。存在标签分布不均的情况，但训练集和验证集框架类别的标签分布基本一致。A榜测试集和B榜测试集各包含4000条样本。

4.2 框架识别效果

本文使用Roberta模型，尝试使用CLS向量和目标词Avg Pooling向量进行分类。其中，使用目标词Avg Pooling向量分类效果提升明显，Acc提升16.3%。训练时使用EMA、Warm-up策略和FGM对抗训练，Acc提升7.7%。消融实验结果如下：

Table 1: A榜测试集

Model	Acc
Roberta+CLS	48.51%
Roberta+Avg Pooling	64.87%
+EMA & Warm-up	68.44%
+EMA & Warm-up & FGM	72.50%

第二十二届中国计算语言学大会论文集，第105页-第112页，哈尔滨，中国，2023年8月3日至5日。

Table 2: B榜测试集

Model	Acc
Roberta+Avg Pooling	65.31%
+EMA & Warm-up & FGM	72.33%

Table 3: 各队伍结果对比

队伍名	Acc
四川大学	74.27%
苏州大学	70.58%
哈尔滨工业大学	65.13%
国际关系学院	65.86%
本文方法	71.77%

4.3 论元范围识别效果

对于论元范围识别，本文尝试了Span标注、MRC标注(Li et al., 2019)(Li et al., 2020)和Softmax序列标注等方式，其中Softmax序列标注效果最佳。针对数据集的标签分布不均，尝试换用Focal Loss(Lin et al., 2017)进行训练，但模型效果未见明显提升。

其中，Span标注的解码部分使用2个线性层作为Language Model Head分别预测Span的起始位置和终止位置。MRC标注则尝试在输入文本前拼接上"请找出句子中论元的范围："作为Query，以句子级的原始文本作为Document，以阅读理解的方式来处理序列标注任务。解码部分和Span标注一样，使用2个线性层分别预测Span的起始位置和终止位置。考虑到数据集中重叠实体较少，采用严格解码形式，对于重叠实体选取Logits最大的一个，保证精确率。实验表明，在本次评测数据集上，MRC标注的精确率较高，但召回率和F1值不如Softmax序列标注，且训练和推理效率较低。

消融实验结果如下：

Table 4: A榜测试集

Model	P	R	F1
Roberta+MRC	**91.37%**	84.56%	87.83%
Roberta+Span	89.21%	85.88%	87.51%
Roberta+Softmax	90.08%	**86.60%**	**88.31%**
Roberta+Softmax+Focal Loss	89.98%	86.50%	88.20%

Table 5: B榜测试集

Model	P	R	F1
Roberta+Softmax	90.37%	84.27%	87.21%

第二十二届中国计算语言学大会论文集，第105页-第112页，哈尔滨，中国，2023年8月3日至5日。

Table 6: 各队伍结果对比

队伍名	P	R	F1
四川大学	90.78%	82.29%	86.33%
苏州大学	89.27%	82.24%	85.61%
哈尔滨工业大学	90.23%	85.39%	87.74%
国际关系学院	90.47%	85.61%	87.97%
本文方法	90.35%	84.68%	87.42%

4.4 论元角色识别效果

针对模型的输入文本是否插入框架类别以及是否使用Special Token进行包裹，本文进行了消融实验。首先使用Special Token中的<t >和</t >将目标词包裹，使用<a >和</a >将论元角色包裹。将处理后的文本输入模型，得到的评测指标相比于未使用Special Token进行输入文本标识的指标提升明显，f1值提升约4.5。

其次，使用Special Token中的<f >和</f >包裹框架类别后插入到输入文本中，为输入文本引入框架类别信息。论元角色识别效果提升明显，f1值提升约2.2。

消融实验的结果如下：

Table 7: A榜和B榜测试集

Input	P	R	F1
text	52.12%	52.32%	52.21%
+target word & argument span	56.58%	56.74%	56.65%
+target word & argument span & frame(A榜测试集)	58.76%	58.98%	58.87%
+target word & argument span & frame(B榜测试集)	57.90%	55.82%	56.84%

Table 8: 各队伍结果对比

队伍名	P	R	F1
四川大学	59.58%	57.01%	58.27%
苏州大学	63.57%	49.27%	55.51%
哈尔滨工业大学	52.25%	52.45%	52.35%
国际关系学院	51.12%	50.41%	50.76%
本文方法	57.06%	55.52%	56.28%

5 结论

针对汉语框架语义解析任务，本文引入具有强大语义建模能力的预训练语言模型BERT来更好地进行语义解析，在此基础上，针对汉语框架语义解析任务是多任务的特点，本文采用了多任务pipeline策略的框架结构，使模型充分利用了完成其他子任务时所抽取到的特征和信息，并验证了方法的有效性。

但是，本文方法还存在着不足，虽然预训练语言模型有着强大的性能，在语义解析能力上还是存在优化的空间。针对数据集中few-shot和zero-shot的框架标签，容易出现分类错误的情况。因此在未来的研究中会更加关注如何更好的提升模型的语义解析能力，除此之外，也会对如何提升模型对few-shot和zero-shot框架标签的语义解析能力进行进一步的研究。

参考文献

Daniel Gildea and Daniel Jurafsky. 2000. Automatic labeling of semantic roles. In *38th Annual Meeting of the Association for Computational Linguistics, Hong Kong, China, October 1-8, 2000*, pages 512–520. ACL.

第二十二届中国计算语言学大会论文集，第105页-第112页，哈尔滨，中国，2023年8月3日至5日。

Yong Guan, Shaoru Guo, Ru Li, Xiaoli Li, and Hongye Tan. 2021a. Frame semantic-enhanced sentence modeling for sentence-level extractive text summarization. In *Proceedings of the 2021 Conference on Empirical Methods in Natural Language Processing*, pages 4045–4052, Online and Punta Cana, Dominican Republic, November. Association for Computational Linguistics.

Yong Guan, Shaoru Guo, Ru Li, Xiaoli Li, and Hu Zhang. 2021b. Integrating semantic scenario and word relations for abstractive sentence summarization. In *Proceedings of the 2021 Conference on Empirical Methods in Natural Language Processing*, pages 2522–2529, Online and Punta Cana, Dominican Republic, November. Association for Computational Linguistics.

Shaoru Guo, Yong Guan, Ru Li, Xiaoli Li, and Hongye Tan. 2020a. Incorporating syntax and frame semantics in neural network for machine reading comprehension. In *Proceedings of the 28th International Conference on Computational Linguistics*, pages 2635–2641, Barcelona, Spain (Online), December. International Committee on Computational Linguistics.

Shaoru Guo, Ru Li, Hongye Tan, Xiaoli Li, Yong Guan, Hongyan Zhao, and Yueping Zhang. 2020b. A frame-based sentence representation for machine reading comprehension. In *Proceedings of the 58th Annual Meeting of the Association for Computational Linguistics*, pages 891–896, Online, July. Association for Computational Linguistics.

Xiaoya Li, Fan Yin, Zijun Sun, Xiayu Li, Arianna Yuan, Duo Chai, Mingxin Zhou, and Jiwei Li. 2019. Entity-relation extraction as multi-turn question answering. In Anna Korhonen, David R. Traum, and Lluís Màrquez, editors, *Proceedings of the 57th Conference of the Association for Computational Linguistics, ACL 2019, Florence, Italy, July 28- August 2, 2019, Volume 1: Long Papers*, pages 1340–1350. Association for Computational Linguistics.

Xiaoya Li, Jingrong Feng, Yuxian Meng, Qinghong Han, Fei Wu, and Jiwei Li. 2020. A unified MRC framework for named entity recognition. In Dan Jurafsky, Joyce Chai, Natalie Schluter, and Joel R. Tetreault, editors, *Proceedings of the 58th Annual Meeting of the Association for Computational Linguistics, ACL 2020, Online, July 5-10, 2020*, pages 5849–5859. Association for Computational Linguistics.

Tsung-Yi Lin, Priya Goyal, Ross B. Girshick, Kaiming He, and Piotr Dollár. 2017. Focal loss for dense object detection. In *IEEE International Conference on Computer Vision, ICCV 2017, Venice, Italy, October 22-29, 2017*, pages 2999–3007. IEEE Computer Society.

Yinhan Liu, Myle Ott, Naman Goyal, Jingfei Du, Mandar Joshi, Danqi Chen, Omer Levy, Mike Lewis, Luke Zettlemoyer, and Veselin Stoyanov. 2019. Roberta: A robustly optimized BERT pretraining approach. *CoRR*, abs/1907.11692.

Takeru Miyato, Andrew M. Dai, and Ian J. Goodfellow. 2017. Adversarial training methods for semi-supervised text classification. In *5th International Conference on Learning Representations, ICLR 2017, Toulon, France, April 24-26, 2017, Conference Track Proceedings*. OpenReview.net.

Hongyan Zhao, Ru Li, Xiaoli Li, and Hongye Tan. 2020. Cfsre: Context-aware based on frame-semantics for distantly supervised relation extraction. *Knowledge-Based Systems*, 210:106480.

党帅兵. 2015. 基于词分布表征的汉语框架语义角色识别研究. 硕士论文, 山西大学.

张苗苗, 张玉洁, 刘明童, 徐金安, and 陈钰枫. 2018. 基于gate 机制与bi-lstm-crf 的汉语语义角色标注. 计算机与现代化, (4):1–6.

李济洪, 王瑞波, 王蔚林, and 李国臣. 2010. 汉语框架语义角色的自动标注. 软件学报, 21(4):597–611.

王晓晖. 2022. 基于self-attention的句法感知汉语框架语义角色标注. 中文信息学报, 36(10):38–44.

王臻, 常宝宝, and 穗志方. 2014. 基于分层输出神经网络的汉语语义角色标注. 中文信息学报, 28(6):56–61.

王蔚林. 2010. 基于最大熵模型的汉语框架语义角色自动标注. Ph.D. thesis, 太原: 山西大学硕士学位论文.

第二十二届中国计算语言学大会论文集，第105页-第112页，哈尔滨，中国，2023年8月3日至5日。

CCL23-Eval 任务3总结报告:汉语框架语义解析评测

李俊材[1,‡]，闫智超[1,‡]，苏雪峰[1,3,‡]，马博翔[1,‡]，杨沛渊[1,‡]，李茹[1,2,⋆,†]
[1]山西大学 计算机与信息技术学院，山西 太原 030006
[2]山西大学 计算智能与中文信息处理教育部重点实验室，山西 太原 030006
[3]山西工程科技职业大学现代物流学院，山西 晋中 030609
‡{202122407024, 202022408073, 201912407008, 202222405024}@email.sxu.edu.cn
‡ 202222407058@email.sxu.edu.cn ;⋆liru@sxu.edu.cn

摘要

汉语框架语义解析评测任务致力于提升机器模型理解细粒度语义信息的能力。该评测数据集包括20000条标注的框架语义解析例句和近700个框架信息。评测任务分为框架识别、论元范围识别和论元角色识别三个子任务，最终成绩根据这三个任务的得分综合计算。本次评测受到工业界和学术界的广泛关注，共有55支队伍报名参赛，其中12支队伍提交了结果，我们选取5支队伍的模型进行结果复现，最终来自四川的李作恒以71.49的分数排名第一。该任务的更多信息，包括系统提交、评测结果以及数据资源，可从CCL-2023汉语框架语义解析评测任务网址[1]查看。

关键词： 汉语框架网 ； 框架识别 ； 汉语框架语义解析 ； 框架角色标注

Overview of CCL23-Eval Task 1:Chinese FrameNet Semantic Parsing

Juncai Li[1,‡], Zhichao Yan[1,‡], Xuefeng Su[1,3,‡], Boxiang Ma[1,‡], Peiyuan Yang[1,‡], Ru Li[1,2,⋆,†]
[1]School of Computer and Information Technology, Shanxi University, Taiyuan, Shanxi 030006, China
[2]Key Laboratory of Computational Intelligence and Chinese Information Processing of Ministry of Education, Shanxi University, Taiyuan, Shanxi 030006,China
[3]School of Modern Logistics, Shanxi Vocational University of Engineering Science and Technology, Jinzhong, Shanxi 030609,China
‡{202122407024, 202022408073, 201912407008, 202222405024}@email.sxu.edu.cn
‡ 202222407058@email.sxu.edu.cn ;⋆liru@sxu.edu.cn

Abstract

The Chinese Frame Semantic Parsing Evaluation Task aims to enhance the machine models' ability to understand fine-grained semantic information. The evaluation dataset consists of 20,000 annotated examples of frame semantic parsing and nearly 700 frame annotations. The evaluation task is divided into three subtasks: frame identification, argument identification, and role identification. This evaluation has attracted wide attention from both industry and academia, with a total of 55 teams participating, and 12 teams submitting their results. We selected models from 5 teams for result reproduction, and ultimately, Li Zuoheng from Sichuan ranked first with a score of 71.49. More information about this task, can be found on the website of the CCL-2023 Chinese Frame Semantic Parsing Evaluation Task.

Keywords: Chinese FrameNet , Frame Identification , Chinese Frame Semantic Parsing , Frame Role Labeling

[1]任务网址：https://tianchi.aliyun.com/competition/entrance/532083/introduction
† 通讯作者 Corresponding Author

1 背景和动机

语义分析是自然语言处理的基础任务(Kate et al., 2005)，是将自然语言表达解析为结构化语义表示的过程。它能为各种自然语言处理的理解和生成任务提供一定的语义支撑，对于阅读理解(Guo et al., 2020b; Guo et al., 2020a; 王智强et al., 2016)、文本摘要(Guan et al., 2021a; Guan et al., 2021b)、关系抽取(Zhao et al., 2020)、文本生成(谭et al., 2018)等下游任务有着重要意义。

随着技术的进步，现有的模型在一些语义分析任务（如词性标注、依存句法分析、语义角色标注）上取得了较好的性能。如今ChatGPT和GPT-4等大模型相继出现，在这些任务的Zero-Shot和Few-Shot场景下都取得了很好的效果，但在细粒度语义分析方面，这些模型的语义场景刻画能力仍然表现不佳。

框架语义解析(Frame Semantic Parsing, FSP)最早由Gildea和Jurafsky基于英文框架网数据FrameNet提出(Gildea and Jurafsky, 2002)，是一种细粒度语义分析任务，Baker在2007年的SemEval(Baker et al., 2007)中正式提出框架语义解析评测任务。目前，FSP已有大量研究，主要围绕FrameNet数据集(FN1.5&FN1.7)展开。如基于预训练的方法(Tan and Na, 2019; Jiang and Riloff, 2021)、基于联合学习的方法(Chen et al., 2021; Peng et al., 2018)和基于框架知识建模的方法(Su et al., 2021b; Zheng et al., 2022; Zheng et al., 2023)。

在汉语框架语义解析(Chinese Frame Semantic Parsing,CFSP)方面，山西大学自2004年率先构建汉语框架网(Chinese FrameNet, CFN)(You and Liu, 2005)并开展相关研究。如李济洪等人基于CRF在CFN数据集上进行语义角色标注(李济洪et al., 2010)，屠寒非等人提出一种基于主动学习的方法并取得一定的效果(屠寒非et al., 2016)，王晓晖提出基于自注意力机制的汉语框架语义角色标注方法以获取句子的长距离信息(Wang et al., 2020)。

本次评测首次推出汉语框架网数据集并提出汉语框架语义解析任务。CFSP作为细粒度语义分析的一种方法，通过识别汉语语义框架和论元角色，提供了一种表示句子语义的结构化信息，这种结构化信息更具表达力，能够更好地捕捉句子中的语义关系和细粒度语义信息。

2 相关概念及任务描述

2.1 相关概念

框架语义学是认知语言学的一个重要分支，最早由Fillmore 提出并倡导，框架语义学把“框架”这一概念的认知结构引入语义学，为理解词义、句义以及篇章含义提供了认知层面上的解释，在实现计算机的语言认知理解上具有独特优势。

汉语框架网是以框架语义学为理论基础，以汉语语料事实为依据构建的汉语框架语义知识库。目前，汉语框架网中包含1322 个框架，框架元素1000 余种。在汉语框架网中，有以下几个重要概念。

框架：框架框架是由词语在语言使用者大脑中所激活的图式化认知场景，是理解和使用语言的背景和动因(郝晓燕et al., 2007)。如表1中的【安排】框架，该框架表示施动者执行一系列不确定的任务使事件在计划时间和处所发生。

框架名称	安排	
框架定义	施动者执行一系列不确定的任务使事件在计划时间和处所发生。	
框架元素	框架元素名称	框架元素定义
	施动者	为使事件在某一时间和处所发生而做出安排的人。
	事件	施动者作出安排的事件。
	计划时间	施动者安排事件的时间。
	受益人	被安排事件的受益人。
	处所	施动者安排事件发生所处的地点。
	目的	施动者安排事件的动机。
	时间	该框架元素描述了做出安排的时间。

Table 1: 框架【安排】及其所包含的框架元素信息

框架元素：框架所对应的语义场景中的参与者，对应于语义角色（本文提到的框架语义角色指框架元素），例如【安排】框架中的施动者和事件都是该框架的框架元素，框架元素极大

第二十二届中国计算语言学大会论文集，第113页-第123页，哈尔滨，中国，2023年8月3日至5日。

的丰富了句子目标词所激发场景的语义信息。

词元：词元是指可以激活CFN 框架库中某个框架的词语。每个词元通常可以激活一个或者多个框架，但在具体的某个句子中，每个词元只能归属于某个特定的框架。在本文展示的示例中，框架【安排】包含的词元除了"组织"以外，还包含了举办、举行等词。

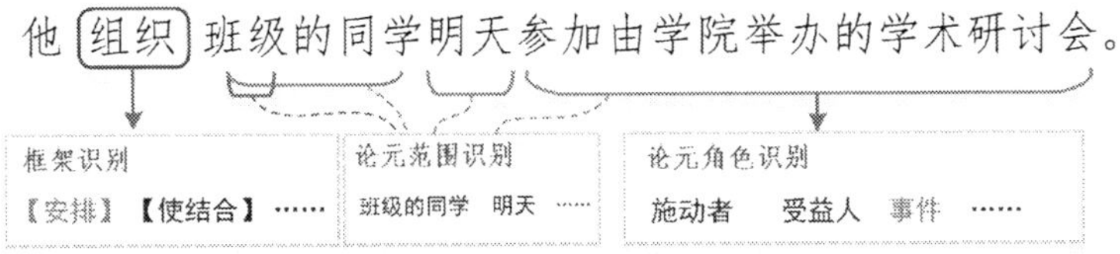

Figure 1: 框架语义解析任务示意图

目标词：待标注句子中可以激活框架的词语，通常为词元库中词元。如图1的例句中，"组织"是激活框架的目标词。

2.2 任务描述

汉语框架语义解析任务分为框架识别（Frame Identification，FI）、论元范围识别（Argument Identification，AI）和论元角色识别（Role Identification，RI）三个子任务。

框架识别：框架识别是给定可激活框架的目标词，根据上下文语境，从多个所属框架中选取最符合该目标词语境的语义框架的任务。如图1中框架识别部分所示，目标词"组织"可激活【安排】以及【使结合】框架。但依据上下文语境可最终确定为【安排】框架。

该任务的形式化定义如下：给定包含目标词的句子S，记为$S = (w_1, w_2, ..., w_n)$，其中w_i为组成句子的第i个词，其中$1 \leq i \leq n$。待识别目标词记为w_t，$w_t \in S$。要求通过上下文的语义场景从给定的框架库$F = \{f_1, f_2, ...f_n\}$中选择出合适的框架f_t，记为式：

$$f_t = \underset{f_i \in F, w_t \in S}{\text{argmax}} P(f_i|S, w_t) \tag{3.1}$$

论元范围识别：在框架语义解析任务中，论元范围识别是指确定论元在句子中的起始位置和结束位置的子任务。即给定一条句子及目标词，在目标词已知的条件下，从句子中自动识别出目标词所支配的语义角色的边界。在图1中，目标词"组织"支配的论元包含"班级的同学"、"明天"和"参加由学院举办的学术研讨会"，而"班级"为错误的论元。

论元范围识别的形式化定义为：对于给定句子$S = (w_1, w_2, ..., w_n)$及其目标词$w_t \in S$，该任务的目标是为论元$a_\tau \in \{a_1, a_2, ..., a_k\}$查找其边界范围$i^s_\tau$和$i^e_\tau$ 使$a_\tau = w_{i^s_\tau}, ...w_{i^e_\tau}$

论元角色识别：论元角色识别任务是框架语义解析任务中的最后一步。该任务旨在确定句子中每个论元对应的框架元素，即每个论元在所属框架中的语义角色。如图1中"参加由学院举办的学术研讨会"的语义角色为"事件"。

该任务的形式化定义为：在给定句子$S = (w_1, w_2, ..., w_n)$，句子中目标词$w_t \in S$以及目标词所激活的框架f时，对于已知边界范围的论元$a_\tau = w_{i^s_\tau}, ...w_{i^e_\tau}$，为其识别出正确的角色类型（框架元素）$r_\tau$，其中$a_\tau \in \{a_1, a_2, ..., a_k\}$，$r_\tau \in R_f$，$R_f$为框架$f$所包含的所有框架元素，任务定义记为式：

$$r_\tau = \underset{r_i \in R_f, w_t \in S,}{\text{argmax}} P(r_i|S, w_t, f_t, a_\tau) \tag{3.2}$$

3 评测数据

本次公开的CFN2.0数据来源于山西大学中文信息处理团队的汉语框架网(CFN)。CFN数据集自2004年开始不断发展，至今已形成了标注例句数量超过10万条的大规模数据集。CFN2.0数据集由框架信息和标注例句两部分组成，其语料来自涉及多种不同领域的1100多篇新闻稿件。标注内容包括目标词激活的框架以及目标词所支配的语义角色，每条标注例句均经过双盲标注、双重审核以及专家答疑的标注流程，用以保障标注数据的质量。

CFN2.0数据集规模如表2所示。需要注意的是，在统计过程中，对于相同的例句，若其目标词不同，将被视为不同的例句进行计数。

第二十二届中国计算语言学大会论文集，第113页-第123页，哈尔滨，中国，2023年8月3日至5日。

数据集划分	Train	Dev	Test_A	Test_B	ALL
例句数	10000	2000	4000	4000	20000
框架数	671	354	432	504	695
框架元素数	947	649	711	796	987
包含词元数	2359	670	931	572	3132

Table 2: CFN2.0数据集规模

在框架语义解析任务中，不同框架往往包含着不同的语义信息，同时其框架元素的组合也较为复杂多样，这些特点对框架语义分析模型提出了较高的要求。除此之外，在框架与例句的对应关系上，大量框架仅具有少数例句，如图2所示，超过半数的框架仅具有20条以下的例句，与其相对的，例句数最多的框架则具有729条例句，虽然呈现长尾分布现象，但符合人类在进行自然语言描述时的现实规律，这种现象增加了数据的复杂性。

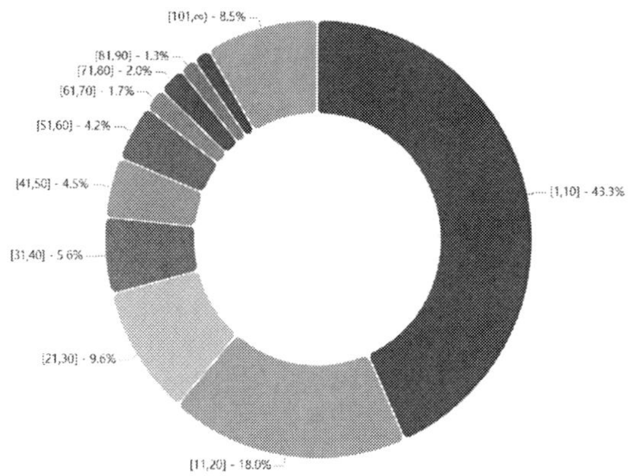

Figure 2: 框架下例句数量区间及其占比

4 评价指标

针对汉语框架语义解析的三个子任务，本次评测的评价指标主要包括框架识别正确率（Accuracy，Acc），论元范围识别F1值（F1-score）和论元角色识别F1值（F1-score），最后将三个子任务的得分加权求和，得到最终的评价分数。

框架识别：框架识别正确率是通过计算模型正确识别的例句数量与总体例句数量之间的比例来打分的，具体的计算公式为：

$$\text{task1\_acc} = \text{correct}/\text{total} \tag{4.1}$$

其中，correct为模型预测正确的数量，total为数据总量。

论元范围识别：该任务的评价方式为计算模型识别出的论元范围和数据实际的论元范围之间的F1值，具体计算公式为：

$$\begin{aligned}
\text{task2_precision} &= \frac{\text{InterSec}(gold,pred)}{Len(pred)}\\
\text{task2_recall} &= \frac{\text{InterSec}(gold,pred)}{Len(gold)}\\
\text{task2_f1} &= \frac{2*task2_precision*task2_recall}{task2_precision+task2_recall}
\end{aligned} \tag{4.2}$$

其中，gold 和pred 分别表示真实结果与预测结果，InterSec(∗)表示计算二者共有的token数量，Len(∗)表示计算token数量。

论元角色识别：该任务严格判定每一个论元的边界以及角色，同样以F1作为评价指标：

第二十二届中国计算语言学大会论文集，第113页-第123页，哈尔滨，中国，2023年8月3日至5日。

$$\begin{aligned} \text{task3\_precision} &= \frac{Count(gold,pred)}{Count(pred)} \\ \text{task3\_recall} &= \frac{Count(gold,pred)}{Count(gold)} \\ \text{task3\_f1} &= \frac{2*task3\_precision*task3\_recall}{task3\_precision+task3\_recall} \end{aligned} \tag{4.3}$$

其中，gold 和pred 分别表示真实结果与预测结果的语义角色集合，$Count(*)$表示集合中元素的数量。

最终得分：本次评测的最终得分为三个子任务得分的加权和，具体的计算方式为：

$$\text{final\_score} = 0.3 * \text{task1\_acc} + 0.3 * \text{task2\_f1} + 0.4 * \text{task3\_f1} \tag{4.4}$$

5 提交结果

在评测期间，共计55支队伍报名参赛，有12支队伍参与A榜初赛且其中9支参赛队伍进入B榜复赛。最终，我们选取了榜单成绩前5名队伍的模型进行结果复现。

排名	参赛单位/个人	队伍编号	task1	task2			task3			final
			Acc	P	R	F1	P	R	F1	
1	李作恒(个人)	Team.1	**74.28**	**90.79**	82.29	86.33	59.59	**57.01**	**58.27**	**71.49**
2	北语(BLCU)	Team.2	71.77	90.35	84.69	87.43	57.06	55.53	56.28	70.27
3	苏大(SUDA)	Team.3	70.59	89.27	82.25	85.62	**63.57**	49.28	55.52	69.07
4	哈工大(威海)	Team.4	65.14	90.24	85.39	87.75	52.25	52.46	52.36	66.81
5	国关(UIR)	Team.5	65.87	90.47	**85.62**	**87.98**	51.12	50.41	50.76	66.46
6	Baseline	——	58.02	89.74	83.89	86.72	49.12	47.87	48.49	62.81

Table 3: 参赛队伍B榜复现成绩

表3中详细列出了这5支参赛队伍以及基线的得分情况（得分以复现结果为准），以最终分数为排名依据。其中任务2和任务3详细列出了各个参赛队伍的正确率、召回率和F1值，下文中我们将以表中队伍编号表示不同的队伍以便于后续表述。

通过对表中数据的分析可以看出，由于基线无法学习到任务1和任务3所需的深层次、细粒度的语义信息，因此，相对于基线，这5支队伍容易取得较大的提升。而基线在任务2上本身表现较好，参赛队伍很难获得显著的提高。

6 方法概述

通过对5支参赛队伍提交的技术报告进行分析以及对其模型进行结果复现，我们整理出参赛队伍所使用的主要方法，以分析不同的任务上各个队伍具有的优势。包括$Team.1$引入旋转位置编码进行框架识别且效果显著；$Team.2$使用多种优化策略使模型在各任务的表现都有一定提升；$Team.3$将CFSP任务转化为图解析任务并取得不错的成绩。此外，我们将评测任务在ChatGPT上进行实验分析，以评估大模型在汉语框架语义解析任务上的能力。

6.1 基于旋转位置编码的框架识别方法

针对在框架识别中会丢失目标词与整体句子之间的位置信息关系的问题，参赛队伍$Team.1$使用了一种基于旋转式位置编码(Su et al., 2021a)的方法来计算实体之间注意力信息然后进行分类和抽取，该方法使用旋转矩阵对绝对位置进行编码，同时将显式的相对位置依赖性纳入自注意公式中，模型结构如图3所示。结果显示，在引入旋转式位置编码以后，模型对于框架识别等任务有较为显著的提升。

第二十二届中国计算语言学大会论文集，第113页-第123页，哈尔滨，中国，2023年8月3日至5日。

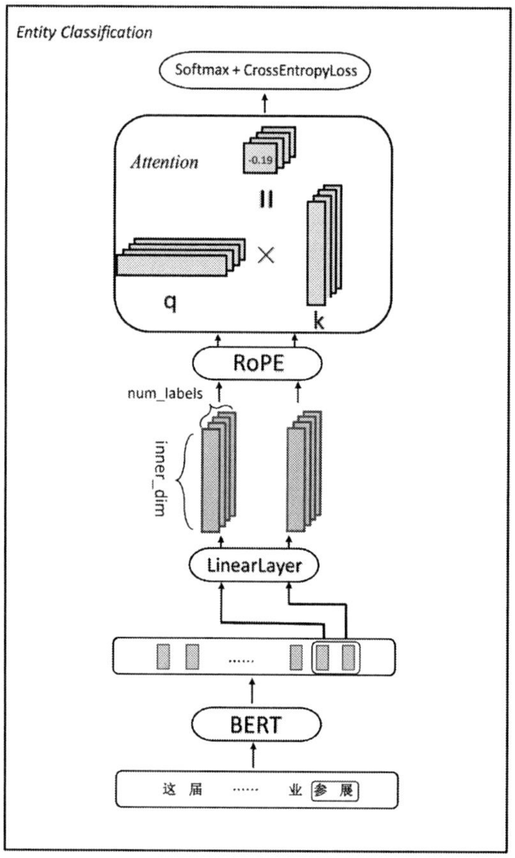

Figure 3: 基于RoPE的实体分类框架图

6.2 基于多种优化策略的方法

为解决模型不稳定的问题，提高模型鲁棒性，*Team.*2在训练过程中使用了多种优化策略，通过设置滑动平均、在梯度方向添加扰动等方式，较少训练时的震荡，提高模型的泛化能力。

指数滑动平均：指数滑动平均(Exponential Moving Average,EMA)是一种给予近期数据更高权重，对模型参数做平均的方法，使得模型参数的更新与一段时间内的历史取值有关，可以提高模型在测试集上的鲁棒性。

Warm-up策略：训练时使用了学习率Warm-up策略，在训练开始前先使用一个较小的学习率进行一定的迭代次数，以使得模型逐渐适应数据集的特征，使得模型的权重更新更加平稳，减少训练时的震荡和不稳定性。

基于快速梯度上升的对抗训练：训练时使用了FGM(Miyato et al., 2021)对抗训练，对embedding层在梯度方向添加扰动，引入噪声，这种训练方式既提高了模型的泛化能力，又提高了模型的鲁棒性。

6.3 基于词的图解析方法

*Team.*3为了提升模型在多个子任务上的性能，并确保句子语义的结构性表达，采用了BES的图表示结构(Zhou et al., 2021)。他们将基于片段的语义框架解析转换成了一个基于词的图解析任务，并在端到端框架中将句子中目标词对应的框架和论元识别放在一起。

图4-a和图4-b描述了该方法如何表示框架语义解析的标注结果。首先，在句子开始位置添加了“root”标签，然后将其与目标词相连，接下来将目标词与论元相连。对于目标词与论元之间的连接边的构造，当论元为单个词时，使用“S-r”进行连接；否则，使用“B-r”和“E-r”分别连接论元中开始位置和结束位置的词。

第二十二届中国计算语言学大会论文集，第113页-第123页，哈尔滨，中国，2023年8月3日至5日。

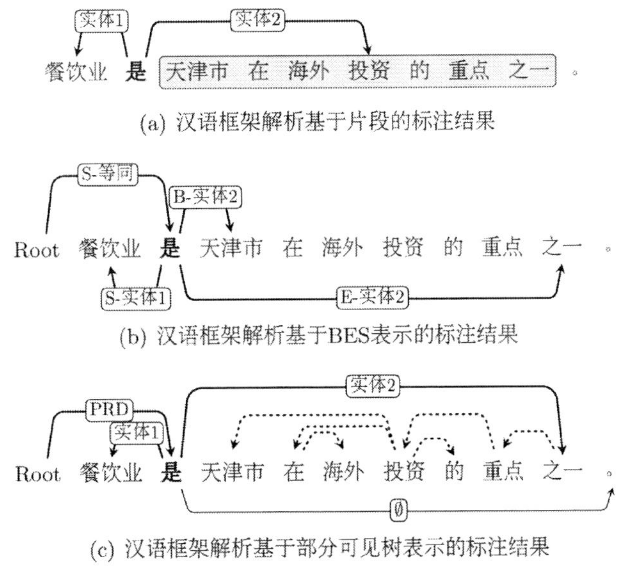

Figure 4: 汉语框架语义解析转化为树结构解析任务示例

同时，$Team.3$提出，针对论元识别的任务2和任务3，显式的建模论元内部结构可能对框架解析有帮助。因此借鉴一种角色标注方法(Zhang et al., 2021)，将基于span的框架语义解析转换成为树结构解析任务，将序列形式的论元建模为树结构(图4-c)，对于多个词的论元，将所有潜在的论元子树作为目标词的后代，并为其使用Eisner算法(Eisner, 2000)找出最高得分的子树，将该论元片段的语义角色标签分配到目标词和子树的词头"之一"之间的边上，最后利用抽取子树的后代来识别论元的范围，并将目标词和词头之间的标签作为论元的标签。

6.4 基于多任务预训练的方法

来自哈尔滨工业大学的$Team.4$，鉴于任务2、任务3与传统的NER任务相似，因此对预训练模型进行进一步修改。该队伍采用多任务预训练策略来提高模型的性能，具体的，该队伍使用LERT(Cui et al., 2022)作为预训练模型，除了原始的Bert预训练任务外，LERT还进行了词性标注（Part-of-Speech tagging，POS），命名实体识别（Named Entity Recognition，NER）和依存分析（Dependency Parsing，DEP）。LERT在不同的汉语自然语言理解任务中表现出显著的提高，在本次评测中的任务2和任务3上也分别取得了88.53和57.93的F1值。

6.5 基于数据增强的方法

在CFN2.0数据集中不同框架所包含例句的数量呈现出典型的长尾分布，如常见的【陈述】框架拥有超过300条例句，然而超过半数的框架在训练集中出现的次数不超过十次，个别框架如【上下级关系】更是只出现了一次。因此，就框架识别而言，大部分框架需要在低资源场景下进行。为解决此问题，$Team.5$采用了针对包含例句少的框架的数据扩充方法，该方法将出现频率在10到20之间的数据重复3次，将出现频率小于10的数据重复10次。在数据扩展之后共包含大约26,000个标注实例。如图5所示，增强后的数据集更加平滑，长尾效应比原始数据集明显减弱。这在一定程度上降低了分类任务的难度。

第二十二届中国计算语言学大会论文集，第113页-第123页，哈尔滨，中国，2023年8月3日至5日。

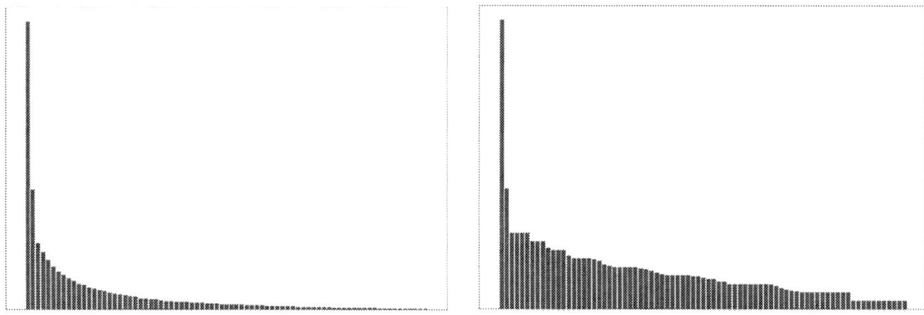

（a）原始数据框架例句数量分布情况　　（b）增强数据框架例句数量分布情况

Figure 5: 数据增强前后框架例句分布图

$Team.3$则通过从CoNLL09(Hajic et al., 2009)数据集中抽取一定量的数据，然后用训练好的模型进行预测，将预测好的数据扩充到训练数据集，增加了样本的多样性和数量，以增强模型的鲁棒性和泛化能力，使得模型性能有所提升。

6.6 基于知识融合的方法

为了提高模型在框架分类任务中有效区分不同目标词的能力，并充分利用这些目标词中嵌入的信息，$Team.4$引入了称为"Gloss data augmentation"的数据增强方式，如表4所示，该方法从字典中读取目标词的释义作为额外输入。

Target Word	**Example of Gloss**
使用	为达到某种目的，让人员、资金等为其服务。
寻求	（动）寻找追求：～真理—～人生的真谛。
取得	（动）得到：～成绩—～联系。

Table 4: Gloss data augmentation 示例

图6展示了该方法如何将释义信息与原本的数据信息结合，$Team.4$使用了一个线性层来结合注解和原始输出，产生了一个新的输出向量，其中包含了与目标单词相关的更精确的分类信息。通过这种方法，可以使该模型有效地利用释义提供的语义线索和语境线索，最终增强其区分目标词所属框架的能力。

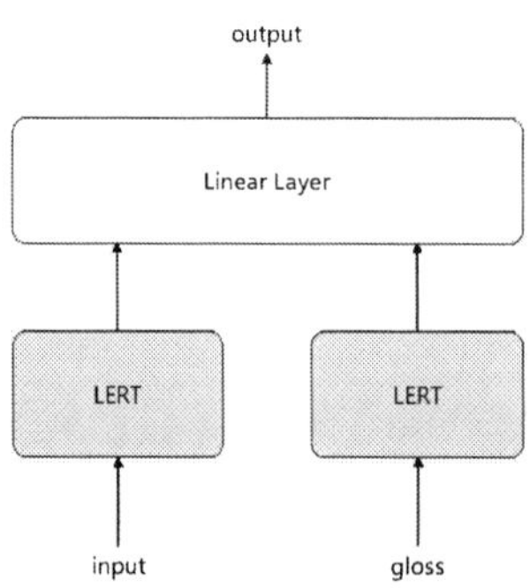

Figure 6: Gloss Enhanced LERT 模型图

6.7 大语言模型分析

对于本次的评测任务，我们同样也设计实验测试了大模型在不同子任务上的能力。我们从测试集中抽取了部分样例，通过构建不同的提示信息，使用ChatGPT（gpt-3.5-turbo-16k）完成相应的子任务。具体来说，对于框架识别任务，我们测试了ChatGPT在Zero-Shot和Few-

第二十二届中国计算语言学大会论文集，第113页-第123页，哈尔滨，中国，2023年8月3日至5日。

Shot场景下的结果（表5）。对于论元范围识别和论元角色识别任务，我们通过设计思维链的提示方法，与ChatGPT进行多轮对话，引导其生成出更加可靠的结果（表6）。

样例数量	可选提示	正确率
Zero-Shot	无框架定义	40%
	有框架定义	37%
Few-Shot	无框架定义	54%
	有框架定义	53%

Table 5: ChatGPT在FI任务的实验结果

task	Precision	Recall	F1
论元范围识别	60.98	22.52	32.90
论元角色识别	6.38	7.59	6.93

Table 6: ChatGPT在AI任务和RI任务的实验结果

实验结果表明，ChatGPT在汉语框架语义解析的三个子任务上的性能表现均不理想，在思维链的引导下，ChatGPT依然无法很好的从框架、论元及框架元素的角度理解输入的文本，难以使其适应汉语框架语义解析的任务需要。

7 总结

本次评测对于细粒度语义分析具有重要意义，同时也吸引了大量来自学术界或工业界的队伍报名参赛。由于评测任务难度较高、语义粒度细，小模型面对大量的框架时语义理解能力不足，在角色标注时无法应对大量的角色类型；大模型则缺乏框架语义知识，难以正确识别句子中的论元角色，这反映出该任务仍有巨大的发展前景。总体而言，本次评测针对现有模型在细粒度语义分析方面不足的问题，以汉语框架语义解析任务来对模型的场景刻画能力进行评估。未来的评测可以考虑扩大数据覆盖的领域，涵盖更多的语义场景，更全面的评估模型对细粒度语义场景的理解能力，进一步推进汉语框架网的发展。

致谢

感谢国家自然科学基金重点项目（61936012）和科技创新2030-"新一代人工智能"重大项目（2020AAA0106100）的支持。感谢CCL评测组委会的支持。

参考文献

Collin F Baker, Michael Ellsworth, and Katrin Erk. 2007. Semeval-2007 task 19: Frame semantic structure extraction. In *Proceedings of the Fourth International Workshop on Semantic Evaluations (SemEval-2007)*, pages 99–104.

Xudong Chen, Ce Zheng, and Baobao Chang. 2021. Joint multi-decoder framework with hierarchical pointer network for frame semantic parsing. In *Findings of the Association for Computational Linguistics: ACL-IJCNLP 2021*, pages 2570–2578.

Yiming Cui, Wanxiang Che, Shijin Wang, and Ting Liu. 2022. Lert: A linguistically-motivated pre-trained language model. *arXiv preprint arXiv:2211.05344*.

Jason Eisner. 2000. Bilexical grammars and their cubic-time parsing algorithms. *Advances in probabilistic and other parsing technologies*, pages 29–61.

Daniel Gildea and Daniel Jurafsky. 2002. Automatic labeling of semantic roles. *Computational linguistics*, 28(3):245–288.

Yong Guan, Shaoru Guo, Ru Li, Xiaoli Li, and Hongye Tan. 2021a. Frame semantic enhanced sentence modeling for sentence-level extractive text summarization. In *Proceedings of the 2021 Conference on Empirical Methods in Natural Language Processing*, pages 4045–4052.

第二十二届中国计算语言学大会论文集，第113页-第123页，哈尔滨，中国，2023年8月3日至5日。

Yong Guan, Shaoru Guo, Ru Li, Xiaoli Li, and Hu Zhang. 2021b. Integrating semantic scenario and word relations for abstractive sentence summarization. In *Proceedings of the 2021 Conference on Empirical Methods in Natural Language Processing*, pages 2522–2529.

Shaoru Guo, Yong Guan, Ru Li, Xiaoli Li, and Hongye Tan. 2020a. Incorporating syntax and frame semantics in neural network for machine reading comprehension. In *Proceedings of the 28th International Conference on Computational Linguistics*, pages 2635–2641.

Shaoru Guo, Ru Li, Hongye Tan, Xiaoli Li, Yong Guan, Hongyan Zhao, and Yueping Zhang. 2020b. A frame-based sentence representation for machine reading comprehension. In *Proceedings of the 58th Annual Meeting of the Association for Computational Linguistics*, pages 891–896.

Jan Hajic, Massimiliano Ciaramita, Richard Johansson, Daisuke Kawahara, M Antònia Martí, Lluís Màrquez, Adam Meyers, Joakim Nivre, Sebastian Padó, Jan Štěpánek, et al. 2009. The conll-2009 shared task: Syntactic and semantic dependencies in multiple languages. In *Proceedings of the Thirteenth Conference on Computational Natural Language Learning (CoNLL 2009): Shared Task*, pages 1–18.

Tianyu Jiang and Ellen Riloff. 2021. Exploiting definitions for frame identification. In *Proceedings of the 16th Conference of the European Chapter of the Association for Computational Linguistics: Main Volume*, pages 2429–2434.

Rohit J. Kate, Yuk Wah Wong, and Raymond J. Mooney. 2005. Learning to transform natural to formal languages. In *AAAI Conference on Artificial Intelligence*.

Takeru Miyato, Andrew M. Dai, and Ian Goodfellow. 2021. Adversarial training methods for semi-supervised text classification.

Hao Peng, Sam Thomson, Swabha Swayamdipta, and Noah A Smith. 2018. Learning joint semantic parsers from disjoint data. *arXiv preprint arXiv:1804.05990*.

Jianlin Su, Yu Lu, Shengfeng Pan, Ahmed Murtadha, Bo Wen, and Yunfeng Liu. 2021a. Roformer: Enhanced transformer with rotary position embedding. *arXiv preprint arXiv:2104.09864*.

Xuefeng Su, Ru Li, Xiaoli Li, Jeff Z Pan, Hu Zhang, Qinghua Chai, and Xiaoqi Han. 2021b. A knowledge-guided framework for frame identification. In *Proceedings of the 59th Annual Meeting of the Association for Computational Linguistics and the 11th International Joint Conference on Natural Language Processing (Volume 1: Long Papers)*, pages 5230–5240.

Sang-Sang Tan and Jin-Cheon Na. 2019. Positional attention-based frame identification with bert: A deep learning approach to target disambiguation and semantic frame selection. *arXiv preprint arXiv:1910.14549*.

Xiaohui Wang, Ru Li, Zhiqiang Wang, Qinghua Chai, and Xiaoqi Han. 2020. 基于self-attention的句法感知汉语框架语义角色标注(syntax-aware Chinese frame semantic role labeling based on self-attention). In *Proceedings of the 19th Chinese National Conference on Computational Linguistics*, pages 616–623, Haikou, China, October. Chinese Information Processing Society of China.

Liping You and Kaiying Liu. 2005. Building chinese framenet database. In *Natural Language Processing and Knowledge Engineering, 2005. IEEE NLP-KE '05. Proceedings of 2005 IEEE International Conference on*.

Yu Zhang, Qingrong Xia, Shilin Zhou, Yong Jiang, Guohong Fu, and Min Zhang. 2021. Semantic role labeling as dependency parsing: Exploring latent tree structures inside arguments. *arXiv preprint arXiv:2110.06865*.

Hongyan Zhao, Ru Li, Xiaoli Li, and Hongye Tan. 2020. Cfsre: Context-aware based on frame-semantics for distantly supervised relation extraction. *Knowledge-Based Systems*, 210:106480.

Ce Zheng, Xudong Chen, Runxin Xu, and Baobao Chang. 2022. A double-graph based framework for frame semantic parsing. *arXiv preprint arXiv:2206.09158*.

Ce Zheng, Yiming Wang, and Baobao Chang. 2023. Query your model with definitions in framenet: An effective method for frame semantic role labeling. In *Proceedings of the AAAI Conference on Artificial Intelligence*, volume 37, pages 14029–14037.

第二十二届中国计算语言学大会论文集，第113页-第123页，哈尔滨，中国，2023年8月3日至5日。

Shilin Zhou, Qingrong Xia, Zhenghua Li, Yu Zhang, Yu Hong, and Min Zhang. 2021. Fast and accurate end-to-end span-based semantic role labeling as word-based graph parsing. *arXiv preprint arXiv:2112.02970*.

屠寒非, 李茹, 王智强, and 周铁峰. 2016. 一种基于主动学习的框架元素标注. 中文信息学报, 30(4):44–55.

李济洪, 王瑞波, 王蔚林, and 李国臣. 2010. 汉语框架语义角色的自动标注. 软件学报, 21(4):597–611.

王智强, 李茹, 梁吉业, 张旭华, 武娟, and 苏娜. 2016. 基于汉语篇章框架语义分析的阅读理解问答研究. 计算机学报, 39(4):13.

红叶谭, 真闫, 茹李, and 毅民敬. 2018. 迈向创造性语言生成: 汉语幽默自动生成的探索. 中国科学F辑, 048(011):1497–1509.

郝晓燕, 刘伟, 李茹, and 刘开瑛. 2007. 汉语框架语义知识库及软件描述体系. Ph.D. thesis.

第二十二届中国计算语言学大会论文集，第113页-第123页，哈尔滨，中国，2023年8月3日至5日。

System Report for CCL23-Eval Task 3: UIR-ISC Pre-trained Language Model for Chinese Frame Semantic Parsing

Yingxuan Guan, Xunyuan Liu, Lu Zhang, Zexian Xie, Binyang Li*
Lab of Intelligent Social Computing
University of International Relations
Beijing, China
{guanyingxuan, xyliu, zhanglu, zxxie, byli}@uir.edu.cn

Abstract

Chinese Frame Semantic Parsing (CFSP) is a semantic parsing task based on Chinese FrameNet (CFN). This paper presents a solution for CCL2023-Eval Task 3. We first attempt various pre-trained models for different sub-tasks. Then, we explore multiple approaches to solving each task from the perspectives of feature engineering, model structure, and other tricks. Finally, we provide prospects for the task and propose potential alternative solutions. We conducted extensive comparative experiments to validate the effectiveness of our system.

1 Introduction

Chinese Frame Semantic Parsing (CFSP) is a semantic parsing task based on Chinese FrameNet (CFN) (Gildea and Jurafsky, 2002). To gain a thorough understanding of the events included in the sentence, it aims to extract the frame semantic structure from the sentence, including identifying the frame activated by the target word, Frame elements, etc. In downstream tasks like relation extraction (Zhao et al., 2020) and reading comprehension (Guo et al., 2020b; Guo et al., 2020a), FSP is extremely important.

1.1 Task Definition

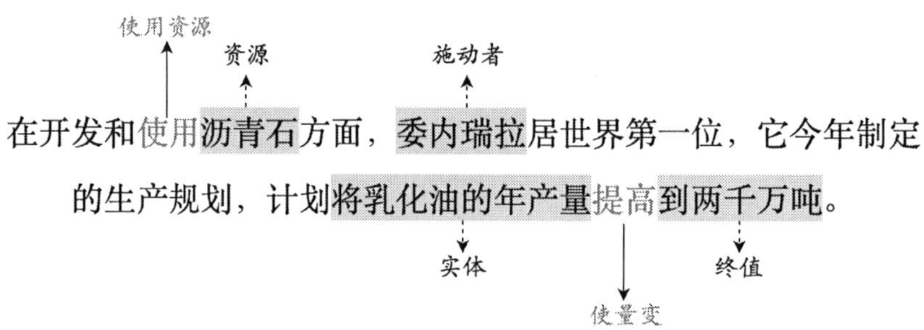

Figure 1: Example definition of three sub-tasks

Frame Identification is a large-scale text classification task that seeks to identify the activated frame based on the target word in the sentence. There are numerous frame types, but there are few sentences that fit into each class, which presents a challenge. Given a sentence including a target word, this task requires to identify the activated frame. The target word is showed as 目标词 in the Figure 1. The input is the sentence, and the output is the identification result of the activated frame 框架 indicated by the solid arrow in Figure 1.

The goal of Argument Identification is to indentify the range of argument spans in a sentence that are controlled by a certain target word. We model this task as a sequence labeling task, which is to identify the arguments that are present in the sentence, namely their start and end positions. The input is the

*Corresponding author

Proceedings of the 22nd China National Conference on Computational Linguistics, pages 124-138, Harbin, China, August 3 - 5, 2023.

sentence and the target word, the output is the starting position and ending position of every identified argument span , which is showed as 论元 in Figure 1, and each sentence may have one argument at least.

The goal of Role Classification task is to identify the semantic role of the argument that was identifid in the Argument Identification task. Additionally, we model the Role Classification as a large-scale text classification task. There are several potential argument spans and semantic roles inside various frames, and each argument may take on different semantic roles in different sentences. The inputs include the sentence, the target word, frame information, and the positions of the argument spans. The output is the argument Role Classification result indicated by the dotted arrow in Figure 1.

1.2 Contribution

Our main contributions can be summarized in the following two points:

1. We propose our own solution for the three sub-tasks, which improved more than the baseline in evaluation metrics like accuracy and F1-score.

2. We explore a number of approaches to the three sub-tasks from the perspectives of feature engineering, model structure, and tricks. We also provide an analysis of the experimental results.

2 Related Work

The FrameNet is a taxonomy of manually identified semantic frames for English(Fillmore et al., 2012). Listed in the FN with each frame are a set of lemmas with part of speech that can evoke the frame, which are called lexical units (LUs). Accompanying most LUs in the FN is a set of exemples annotated for them. Moreover, there are a set of labeled relations between frames(Liu et al., 2016).

Frame Identification can be abstracted as an event extraction task. Certain approaches employ pattern matching techniques by learning patterns from annotated corpora to extract information from documents(Riloff and others, 1993; Kim and Moldovan, 1995). Subsequently, machine learning-based event extraction treats event category classification and event element extraction as classification problems, aiming to categorize event-triggering words into their respective event types(Chieu and Ng, 2002; Ahn, 2006; Llorens et al., 2010). In recent years, the remarkable feature representation capabilities demonstrated by deep learning methods(Nguyen and Grishman, 2015; Chen et al., 2015; Nguyen et al., 2016) have yielded impressive results in event extraction. By fine-tuning pretrained models on downstream tasks(Peters et al., 2018), these methods have significantly enhanced overall performance.

Since event detection benefits many NLP applications (Cheng and Erk, 2018), intensive efforts have been devoted to identifying their arguments. Several studies use dependency parsers to obtain features (Li et al., 2019), or use sequence labeling as a viable solution (Strzyz et al., 2019; Du and Cardie, 2020; Veyseh et al., 2021). Meanwhile, argument Identification has been recently addressed by end-to-end event extraction models, (Wadden et al., 2019; Lin et al., 2020; Li et al., 2021). Lately, some works reformulated the task as a Question Answering problem (Wei et al., 2021; Lyu et al., 2021; Sulem et al., 2022; Du and Ji, 2022))or as a constrained text generation problem (Dai et al., 2022) using predefined prompts or templates. Role Classification is a subtask of argument extraction, the goal is to identify the semantic role assumed by argument. Researchers usually model this task as a text classification problem. Meanwhile, Using the interaction between argument roles can improve the performance of argument extraction (Ding et al., 2022).

FrameNet is a typical method for frames emantic parsing. It consists of mapping a predicate into a frame, and analysis of the frame's elements. FrameNet has been applied to many downstream tasks, such as Machine Reading Comprehension and Text Summarization (Guan et al., 2021b; Guan et al., 2021a). Chinese FrameNet is a frame semantic resource refer to FrameNet, and based on Chinese corpus, including frames, frame elements, lexical units and frame relations. Chinese framenet is increasingly important in Chinese information processing.

Proceedings of the 22nd China National Conference on Computational Linguistics, pages 124-138, Harbin, China, August 3 - 5, 2023.

3 Background

3.1 Dataset

The dataset utilized in this evaluation is the Chinese FrameNet (CFN) dataset. It is a frame semantic resource constructed by Shanxi University based on Chinese real-language corpus. The data consists of frame knowledge and annotated example sentences, including nearly 700 semantic frames and 20,000 annotated examples.

In the annotated example sentences, the information includes example sentence ID, frame element annotations, activated frame name, target word and its position, part-of-speech, annotated text, tokenized text with part-of-speech information.

In the frame information, it includes the English and Chinese names of the frame, frame definition, English and Chinese names of frame roles, abbreviations, definitions, and other information.

In the CFN dataset, there is a significant long-tail effect in the frame information. We sorted the frames in descending order of their frequencies and collected one sample every 8 frames to plot a bar graph. As shown in Figure 2, the most frequent frame is "陈述" (statement), which appears 343 times. The least frequent frames, such as "不复存在" (no longer exist), "能否使用" (whether it can be used), "同时性" (simultaneity), etc., only appear once. Frames with frequencies below 20 account for more than half of all categories. This reflects the difference between the head and the tail, indicating that a few high-frequency frames occur repeatedly, while the occurrences of numerous tail frames are more scattered.

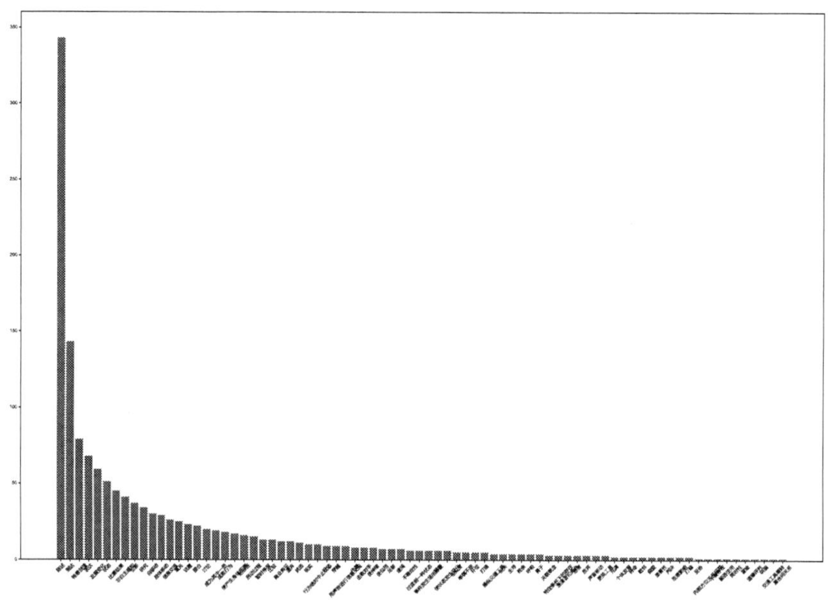

Figure 2: Long-tail effect of the frame distribution of the original dataset

Due to the scarcity of data samples for low-frequency frames compared to high-frequency frames, they are difficult to classify accurately. Therefore, we consider enhancing the dataset to mitigate the problem of poor classification performance caused by the long-tail effect.

3.2 Evaluation Metrics

- Frame Identification

Proceedings of the 22nd China National Conference on Computational Linguistics, pages 124-138, Harbin, China, August 3 - 5, 2023.

The evaluation metric for the framework identification task is accuracy.

$$task1\_acc = \frac{number\ of\ correctly\ identified\ frames}{total\ number\ of\ frames} \tag{1}$$

- Argument Identification

The evaluation metrics for argument span identification are precision (P), recall (R), and F1-score (F1).

$$task2\_precision = \frac{InterSec(gold, pred)}{Len(pred)} \tag{2}$$

$$task2\_recall = \frac{InterSec(gold, pred)}{Len(gold)} \tag{3}$$

$$task2\_f1 = \frac{2 * task2\_precision * task2\_recall}{task2\_precision + task2\_recall} \tag{4}$$

In this context: *gold* and *pred* represent the ground truth and predicted results, respectively. *InterSec()* refers to the calculation of the number of tokens shared by both the ground truth and predicted results. *Len()* refers to the calculation of the total number of tokens.

- Role Classification

The evaluation metrics for argument Role Classification are precision (P), recall (R), and F1-score (F1).

$$task3\_precision = \frac{Count(gold \cap pred)}{Count(pred)} \tag{5}$$

$$task3\_recall = \frac{Count(gold \cap pred)}{Count(gold)} \tag{6}$$

$$task3\_f1 = \frac{2 * task3\_precision * task3\_recall}{task3\_precision + task3\_recall} \tag{7}$$

In this context: *gold* and *pred* respectively represent the ground truth and predicted results. *Count(*)* indicates the calculation of the number of elements in a set.

Proceedings of the 22nd China National Conference on Computational Linguistics, pages 124-138, Harbin, China, August 3 - 5, 2023.

3.3 Model Overview

- **BERT**

  BERT (Devlin et al., 2018) is a deep pre-trained language model based on the Transformer architecture. It leverages large amounts of unlabeled data for pre-training through tasks such as Masked Language Model (MLM) and Next Sentence Prediction (NSP). This allows the model to learn rich language representations. After pre-training, BERT can be fine-tuned on specific downstream tasks, enabling training for various specific tasks.

- **LERT**

  LERT (Cui et al., 2022) (Linguistically-motivated bidirectional Encoder Representation from Transformer) employs the Linguistically-motivated Information Pre-training (LIP) strategy, which incorporates three types of linguistic features and the original MLM pre-training task. These linguistic features include Part-of-Speech (POS) tagging, Named Entity Recognition (NER), and Dependency Parsing (DEP), among others. This strategy enables faster learning of foundational language knowledge. Experimental results on ten Chinese natural language understanding tasks demonstrate that the LERT algorithm significantly improves the performance of various pre-trained language models.

- **ERNIE3.0**

  ERNIE 3.0 (Sun et al., 2021) (Enhanced Representation through Knowledge Integration) is pre-trained on a 4TB corpus that includes both plain text and a knowledge graph to enhance knowledge integration. To address language understanding and generation tasks through zero-shot learning, few-shot learning, and fine-tuning, ERNIE 3.0 introduces a unified pre-training framework that integrates autoencoder networks and autoregressive networks. Experimental results demonstrate that ERNIE 3.0 consistently outperforms state-of-the-art models across 54 benchmark tests and achieves first place in the SuperGLUE benchmark test.

3.4 Loss Function

Loss function is used to evaluate the extent to which the predicted and true values of the model are not the same. In this task, the Focal Loss (Lin et al., 2017) function is used to better alleviate the problem of unbalanced number of sample categories.

The goal of Focal Loss is to address the issue where traditional cross-entropy loss contributes less to the loss of positive samples when there is a large number of easily classified negative samples. Traditional cross-entropy loss tends to focus on the majority of negative samples and neglects the minority of positive samples when dealing with highly imbalanced datasets. By introducing Focal Loss, the model can better handle class imbalance problems and pay more attention to difficult-to-classify samples, thereby improving the performance of classification tasks.

$$loss(o,t) = -\frac{1}{n}(\sum_i (t[i] * log(o[i]) + (1 - t[i]) * log(1 - o[i]))) \tag{8}$$

As shown in formula 8, we use balance factor to deal with unbalanced samples in Balance Cross Entropy loss(BCEloss).

$$\mathrm{FL}\left(p_{\mathrm{t}}\right) = -\alpha_{\mathrm{t}}\left(1 - p_{\mathrm{t}}\right)^{\gamma} \log\left(p_{\mathrm{t}}\right) \tag{9}$$

Focal loss is specially designed for the one-stage detection algorithm, which reduces the loss weight of easy-to-distinguish negative examples. It increases the dynamic adjustment factor based on BCEloss to achieve the effect of difficult sample mining. We make the model more focused on hard-to-learn samples by setting γ value as 2 in the formula 9, thus the network will not be biased by too many negative examples.

Proceedings of the 22nd China National Conference on Computational Linguistics, pages 124-138, Harbin, China, August 3 - 5, 2023.

4 Model

4.1 Dataset processing

In our approach to data augmentation, we treat all fields at the same level as sentence_id, along with their corresponding subfields (such as sentence_id, cfn_spans, frame, target, text, word and their respective subfields), as a single data unit. Since there are 695 frame categories shared among 10,000 training data, the frame field may be the same across different data units. Hence, we tally the occurrences of the frame field. If a data unit exceeds a certain frequency threshold, we create duplicates of that unit. Specifically, for frame frequencies between 10 and 20, we replicate the data unit three times, while for frequencies below 10, we replicate it ten times. Consequently, the augmented dataset comprises around 26,000 data units, compared to the original dataset of 10,000. Following data augmentation, the dataset becomes smoother, alleviating the long-tail effect that was pronounced in the pre-augmented dataset(Karimi et al., 2021). This, to some extent, reduces the difficulty of the classification task(Wei and Zou, 2019).

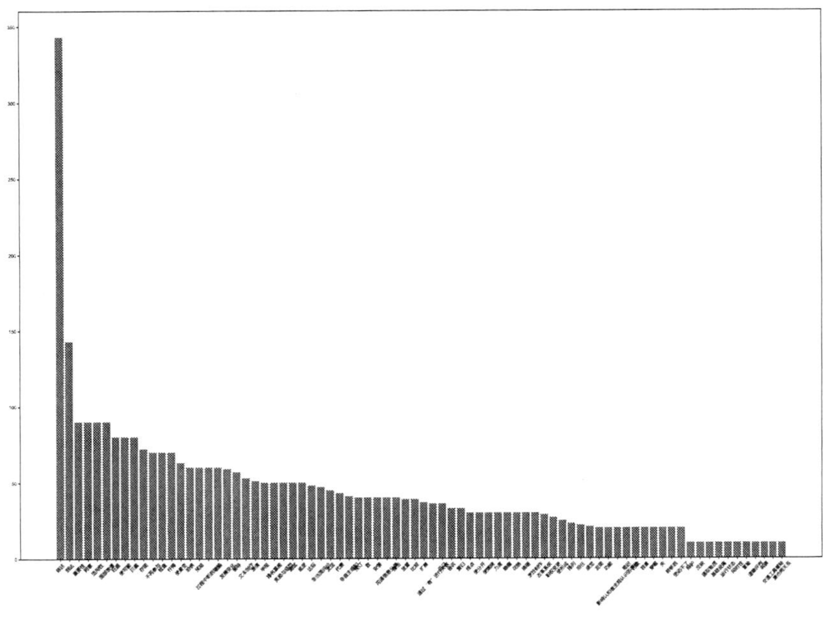

Figure 3: The frame distribution after data augmentation

4.2 Frame Identification

The long-tail effect of the dataset influences the performance in large-scale text classification tasks. The class with few examples is inadequately modeled, even be suppressed, and the model can only learn the properties of the category with enough samples. To reduce the long-tail effect, we choose to use the dataset after data augmentation and focal loss as the loss function.

We choose BERT as the pre-trained model, and the model input is $[CLS] + sentence + [SEP]$. After extracting features from the hidden layer of BERT, the $[CLS]$ vector is concatenated after the average-pooling target word vector, and then classified by MLP. A special $[CLS]$ vector will help the model for classification. The model process is shown in Figure 4.

We use the training dataset as an extra-domain knowledge base at the same time because the target word and the activated frame are a one-to-one single-label text classification task. After getting the predictions of the trained model, we integrate them using the rule matching method, mapping the target

Proceedings of the 22nd China National Conference on Computational Linguistics, pages 124-138, Harbin, China, August 3 - 5, 2023.

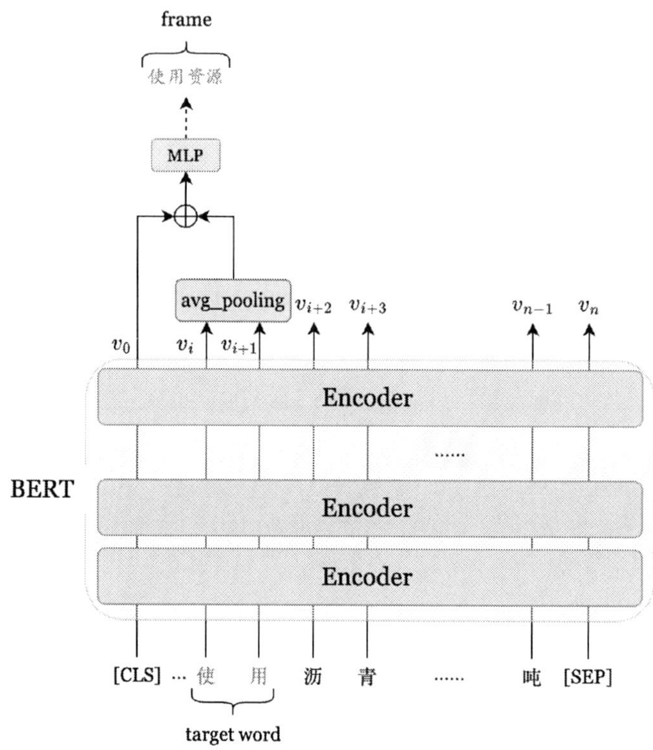

Figure 4: Frame Identification process

words into the appropriate frames. The same target word can be directly matched if it appears during the test. This method can enhance and correct the model's predictions and increase the model performance.

4.3 Argument Identification

We model the Argument Identification as a sequence labeling task, using LERT integrated with linguistic knowledge as the pre-trained model. And we use the original dataset with focal loss as the loss function. The model process is shown in Figure 5.

The model input is $[CLS] + sentence + [SEP]$ and the target word with special token $< t >< /t >$. This allows the model to learn where the target word is located. The model classifies each token and identifies whether the token is part of the argument span, that is, to identify whether the token is the start position, end position or middle position of the argument span.

As shown in Figure 5, when the classification result is 0, it means that the token is not part of the argument; when the classification result is 1, it means that the token is the start position of the argument, and when the classification result is 2; it means that the token is in other positions of the argument except the start position.

4.4 Role Classification

The goal of the Role Classification task is to identify the semantic role of the argument in the sentence based on the argument extracted by Argument Identification. We also model Role Classification as a large-scale text classification task. The model process is shown in Figure 6.

We use ERNIE as the pre-trained model, and use the augmentation dataset. The model input is $[CLS] + sentence + [SEP]$, the target word with special token $< t >< /t >$, frame information with special token $< f >< /f >$ and argument spans. This allows the model to learn the location of the target word and the frame that it activates.

Proceedings of the 22nd China National Conference on Computational Linguistics, pages 124-138, Harbin, China, August 3 - 5, 2023.

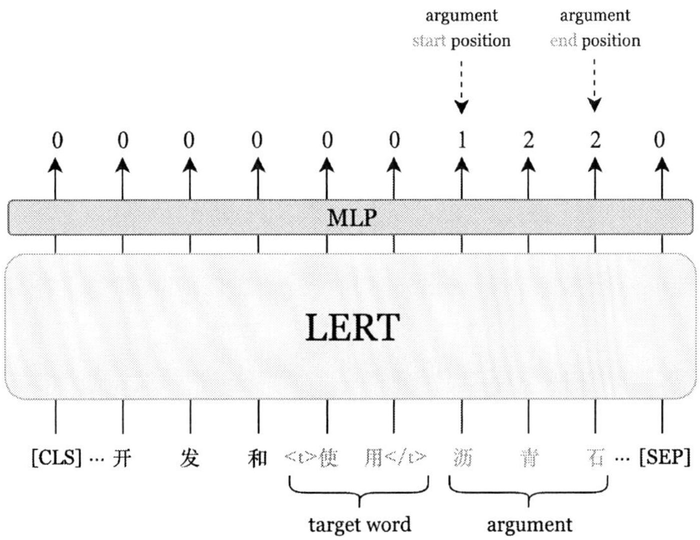

Figure 5: Argument Identification process

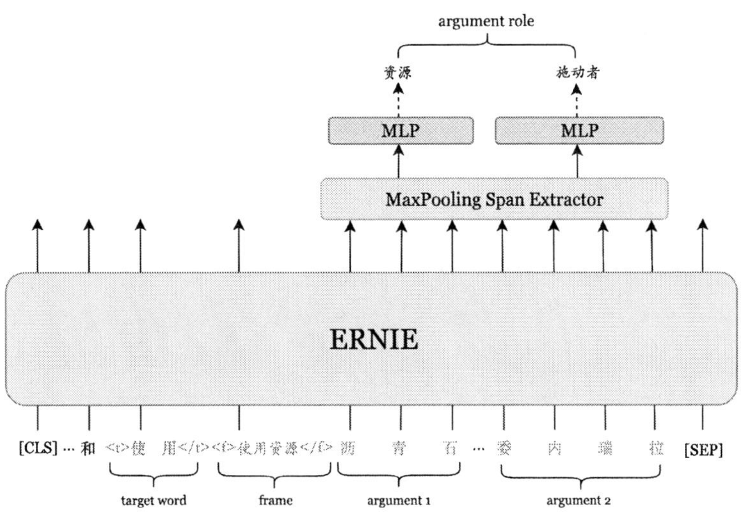

Figure 6: Role Classification process

Proceedings of the 22nd China National Conference on Computational Linguistics, pages 124-138, Harbin, China, August 3 - 5, 2023.

As shown in Figure 6, the Maxpooling Span extractor is to max-pooling the argument span vectors, and get the arguments features. The model classifies each argument, and identifies the semantic role that the argument assumes.

5 Experiments

5.1 Environmental Setup

We train on Nvidia RTX3090-24G. It takes about 2 hours to train 20 epochs for the Frame Identification task; about 1 hour for 30 epochs for the Argument Identification task; about 1.5 hours for 30 epochs for the Role Classification task.

5.2 Results

We give the result of different models and methods including the two ranking lists of A and B.

Table 1: Frame Identification Experimental Results

Ranking List	Model	Method	Acc(%)
A	BERT	dataset_aug	62.35
		Focal loss BiLSTM	63.05
		dataset_aug concat_CLS	63.35
		concat_CLS Focal loss BiLSTM	63.45
		dataset_aug concat_CLS R-drop	64.40
		concat_CLS	64.55
		baseline	65.10
		concat_CLS Focal loss	66.15
		dataset_aug concat_CLS Focal loss	66.30
		dataset_aug concat_CLS Focal loss rule matching	**69.70 (↑4.6)**
	ERNIE	/	65.90
B	BERT	dataset_aug concat_CLS Focal loss	60.12
		dataset_aug concat_CLS Focal loss rule matching	**65.14**

Proceedings of the 22nd China National Conference on Computational Linguistics, pages 124-138, Harbin, China, August 3 - 5, 2023.

As shown on Table 1, in the Frame Identification task, we compared the BERT and ERNIE models. Since ERNIE is not significantly improved compared to BERT, in order to reduce model parameters, we choose to use BERT as the pre-trained model.

At the same time, we adopt a data augmentation strategy, introduce the $[CLS]$ vector, use focal loss as the loss function, use the rule matching algorithm, add BiLSTM layer, R-Drop and other tricks to improve the classification accuracy.

Table 2: Argument Identification Experimental Results

Ranking List	Model	Method	F1-score
A	BERT	baseline	87.55
	LERT	dataset_aug	87.67
		BiLSTM Focal loss	87.93
		dataset_aug Focal loss	88.12
		/	88.13
		CRF	88.46
		Focal loss	**89.03(↑1.48)**
B	LERT	Focal loss	**87.94**

As shown on Table 2, in the Argument Identification task, we compared the BERT and LERT models. Since LERT has a greater improvement than BERT without any other tricks, we make a series of attempts on LERT, including data augmentation strategies, focal loss, adding BiLSTM layers, adding CRF layers, etc.

Table 3: Role Classification Experimental Results

Ranking List	Model	Method	F1-score
A	BERT	baseline	54.08
	ERNIE	/	55.56
		BiLSTM Focal loss	54.79
		dataset_aug Focal loss	56.09
		Focal loss	56.51
		dataset_aug	**56.71(↑2.63)**
	LERT	/	55.18
B	LERT	/	50.65
	ERNIE	/	**50.85**

As shown on Table 3, in the Role Classification task, we compared the three models of BERT, ERNIE and LERT. Since ERNIE and LERT have a higher improvement than BERT without any other tricks, and ERNIE has the best improvement effect, we have made a series of attempts based on the ERNIE,

Proceedings of the 22nd China National Conference on Computational Linguistics, pages 124-138, Harbin, China, August 3 - 5, 2023.

including data augmentation strategies, focal loss, and adding BiLSTM layer, etc.

5.3 Analysis

In the Frame Identification task, we found that the method of choosing BERT as pre-trained model, using the augmentation dataset, concatenating $[CLS]$ vectors, using focal loss as the loss function, and using the rule matching algorithm achieve the best performance.

After data augmentation and using focal loss as the loss function, the unbalanced distribution of dataset problem is well alleviated. The introduction of the $[CLS]$ vector, that is, the introduction of the overall features of the sentence, and the integration of sentence-level features will be useful for the model to classify tokens. It is worth noting that adding the BiLSTM layer will reduce the accuracy of the model. We guess that it is because for the Frame Identification task, the model needs to distinguish the target word features, and the BiLSTM layer will instead make the model pay attention to the semantic information of other words in the sentence, introducing unnecessary noise. In order to reduce the influence of dropout on the model, we try to enhance the robustness of the model through R-Drop. R-Drop limits the KL divergence between the output distributions of the two sub-models sampled by dropout, so as to alleviate the problem of inconsistency between prediction and training, but from the results it seems that the performance is not as expected.

In the Argument Identification task, we found that choosing LERT as pre-trained model and using the original dataset with focal loss works best. Since the sequence labeling task often requires the model to pay attention to the semantic information of the context, we add the BiLSTM layer and the CRF layer. Although there is a certain improvement compared to the baseline, it does not improve greater than directly using focal loss as the loss function.

In the Role Classification task, we found that choosing ERNIE as pre-trained model works best with only the augmentation dataset. Similar to the Frame Identification task, the Role Classification task is also a large-scale text classification task, so adding the BiLSTM layer and CRF layer will not help the model much, and may introduce unnecessary noise.

Sub-tasks 1 and 3 can be abstracted as classification tasks, and the utilization of data augmentation methods can be highly effective in improving the performance of these text classification tasks. The reason behind this lies in the fact that data augmentation enhances the model's capacity to generalize by introducing a broader diversity of training data(Shorten et al., 2021). By augmenting the dataset, models can expose themselves to a wider spectrum of language patterns, enabling them to gain a better understanding and proficiency in handling diverse types of textual data(Bayer et al., 2022). As a result, the application of data augmentation leads to a significant improvement in classification accuracy.

6 Future Work

Due to limited evaluation time, we have some unfinished attempts on the three sub-tasks.

- For the Frame Identification task, we think that we can try to use methods such as copying the target word and adding synonyms to make the model pay more attention to the target word in the sentence and increase the semantic information of the target word.
- For the Argument Identification task, we think that we can try to model the task as an Machine Reading Comprehension task, so that the model can better understand the semantic information of the sentence.
- For the Role Classification task, since there are only several possible roles in the frame activated by target word, we think that we can try to let the model only classify the role of the argument under the activated frame to reduce the interference of other classes. Furthermore, since different roles have different meanings under different frameworks, we can also try to integrate the role description information of arguments, so that the model can better understand the meaning of argument roles under different frames, thereby improving Role Classification performance.

Proceedings of the 22nd China National Conference on Computational Linguistics, pages 124-138, Harbin, China, August 3 - 5, 2023.

7 Conclusion

Experimental results have proved that our proposed solution has achieved greater improvement compared with the baseline in the three sub-tasks of Frame Identification, Argument Identification, and Role Classification. At the same time, we have made a variety of attempts to solve each task from different perspectives, and give an analysis of the experimental results. Modeling the task as one certain problem is the key to solving the task. When using complex methods to solve traditional tasks, returning to the essence of the task and simplifying it is often a good way to break through the bottleneck.

Acknowledgements

We would like to thank Zhengyi Zhao, who offered us invaluable advice on improving the experiments. Additionally, we extend our gratitude to Yan Li for supporting the experimental GPU resources. This project was partially supported by National Natural Science Foundation of China (Grant number: 61976066), Beijing Natural Science Foundation (Grant number: 4212031), the Fundamental Research Fund for the Central Universities (Grant numbers: 3262023T19), and Research Funds for NSD Construction, University of International Relations (Grant numbers: 2021GA07).

References

David Ahn. 2006. The stages of event extraction. In *Proceedings of the Workshop on Annotating and Reasoning about Time and Events*, pages 1–8.

Markus Bayer, Marc-André Kaufhold, and Christian Reuter. 2022. A survey on data augmentation for text classification. *ACM Computing Surveys*, 55(7):1–39.

Yubo Chen, Liheng Xu, Kang Liu, Daojian Zeng, and Jun Zhao. 2015. Event extraction via dynamic multi-pooling convolutional neural networks. In *Proceedings of the 53rd Annual Meeting of the Association for Computational Linguistics and the 7th International Joint Conference on Natural Language Processing (Volume 1: Long Papers)*, pages 167–176.

Pengxiang Cheng and Katrin Erk. 2018. Implicit argument prediction with event knowledge. In Marilyn A. Walker, Heng Ji, and Amanda Stent, editors, *Proceedings of the 2018 Conference of the North American Chapter of the Association for Computational Linguistics: Human Language Technologies, NAACL-HLT 2018, New Orleans, Louisiana, USA, June 1-6, 2018, Volume 1 (Long Papers)*, pages 831–840. Association for Computational Linguistics.

Hai Leong Chieu and Hwee Tou Ng. 2002. A maximum entropy approach to information extraction from semi-structured and free text. *Aaai/iaai*, 2002:786–791.

Yiming Cui, Wanxiang Che, Shijin Wang, and Ting Liu. 2022. Lert: A linguistically-motivated pre-trained language model. *arXiv preprint arXiv:2211.05344*.

Lu Dai, Bang Wang, Wei Xiang, and Yijun Mo. 2022. Bi-directional iterative prompt-tuning for event argument extraction. In Yoav Goldberg, Zornitsa Kozareva, and Yue Zhang, editors, *Proceedings of the 2022 Conference on Empirical Methods in Natural Language Processing, EMNLP 2022, Abu Dhabi, United Arab Emirates, December 7-11, 2022*, pages 6251–6263. Association for Computational Linguistics.

Jacob Devlin, Ming-Wei Chang, Kenton Lee, and Kristina Toutanova. 2018. Bert: Pre-training of deep bidirectional transformers for language understanding. *arXiv preprint arXiv:1810.04805*.

Nan Ding, Chunming Hu, Kai Sun, Samuel Mensah, and Richong Zhang. 2022. Explicit role interaction network for event argument extraction. In Yoav Goldberg, Zornitsa Kozareva, and Yue Zhang, editors, *Findings of the Association for Computational Linguistics: EMNLP 2022, Abu Dhabi, United Arab Emirates, December 7-11, 2022*, pages 3475–3485. Association for Computational Linguistics.

Xinya Du and Claire Cardie. 2020. Document-level event role filler extraction using multi-granularity contextualized encoding. In Dan Jurafsky, Joyce Chai, Natalie Schluter, and Joel R. Tetreault, editors, *Proceedings of the 58th Annual Meeting of the Association for Computational Linguistics, ACL 2020, Online, July 5-10, 2020*, pages 8010–8020. Association for Computational Linguistics.

Proceedings of the 22nd China National Conference on Computational Linguistics, pages 124-138, Harbin, China, August 3 - 5, 2023.

Xinya Du and Heng Ji. 2022. Retrieval-augmented generative question answering for event argument extraction. In Yoav Goldberg, Zornitsa Kozareva, and Yue Zhang, editors, *Proceedings of the 2022 Conference on Empirical Methods in Natural Language Processing, EMNLP 2022, Abu Dhabi, United Arab Emirates, December 7-11, 2022*, pages 4649–4666. Association for Computational Linguistics.

Charles J Fillmore, Russell Lee-Goldman, and Russell Rhodes. 2012. The framenet constructicon. *Sign-based construction grammar*, (193):309–372.

Daniel Gildea and Daniel Jurafsky. 2002. Automatic labeling of semantic roles. *Comput. Linguistics*, 28(3):245–288.

Yong Guan, Shaoru Guo, Ru Li, Xiaoli Li, and Hongye Tan. 2021a. Frame semantic-enhanced sentence modeling for sentence-level extractive text summarization. In Marie-Francine Moens, Xuanjing Huang, Lucia Specia, and Scott Wen-tau Yih, editors, *Proceedings of the 2021 Conference on Empirical Methods in Natural Language Processing, EMNLP 2021, Virtual Event / Punta Cana, Dominican Republic, 7-11 November, 2021*, pages 4045–4052. Association for Computational Linguistics.

Yong Guan, Shaoru Guo, Ru Li, Xiaoli Li, and Hu Zhang. 2021b. Integrating semantic scenario and word relations for abstractive sentence summarization. In Marie-Francine Moens, Xuanjing Huang, Lucia Specia, and Scott Wen-tau Yih, editors, *Proceedings of the 2021 Conference on Empirical Methods in Natural Language Processing, EMNLP 2021, Virtual Event / Punta Cana, Dominican Republic, 7-11 November, 2021*, pages 2522–2529. Association for Computational Linguistics.

Shaoru Guo, Yong Guan, Ru Li, Xiaoli Li, and Hongye Tan. 2020a. Incorporating syntax and frame semantics in neural network for machine reading comprehension. In Donia Scott, Núria Bel, and Chengqing Zong, editors, *Proceedings of the 28th International Conference on Computational Linguistics, COLING 2020, Barcelona, Spain (Online), December 8-13, 2020*, pages 2635–2641. International Committee on Computational Linguistics.

Shaoru Guo, Ru Li, Hongye Tan, Xiaoli Li, Yong Guan, Hongyan Zhao, and Yueping Zhang. 2020b. A frame-based sentence representation for machine reading comprehension. In Dan Jurafsky, Joyce Chai, Natalie Schluter, and Joel R. Tetreault, editors, *Proceedings of the 58th Annual Meeting of the Association for Computational Linguistics, ACL 2020, Online, July 5-10, 2020*, pages 891–896. Association for Computational Linguistics.

Akbar Karimi, Leonardo Rossi, and Andrea Prati. 2021. Aeda: an easier data augmentation technique for text classification. *arXiv preprint arXiv:2108.13230*.

Jun-Tae Kim and Dan I. Moldovan. 1995. Acquisition of linguistic patterns for knowledge-based information extraction. *IEEE transactions on knowledge and data engineering*, 7(5):713–724.

Diya Li, Lifu Huang, Heng Ji, and Jiawei Han. 2019. Biomedical event extraction based on knowledge-driven tree-lstm. In Jill Burstein, Christy Doran, and Thamar Solorio, editors, *Proceedings of the 2019 Conference of the North American Chapter of the Association for Computational Linguistics: Human Language Technologies, NAACL-HLT 2019, Minneapolis, MN, USA, June 2-7, 2019, Volume 1 (Long and Short Papers)*, pages 1421–1430. Association for Computational Linguistics.

Manling Li, Sha Li, Zhenhailong Wang, Lifu Huang, Kyunghyun Cho, Heng Ji, Jiawei Han, and Clare R. Voss. 2021. The future is not one-dimensional: Complex event schema induction by graph modeling for event prediction. In Marie-Francine Moens, Xuanjing Huang, Lucia Specia, and Scott Wen-tau Yih, editors, *Proceedings of the 2021 Conference on Empirical Methods in Natural Language Processing, EMNLP 2021, Virtual Event / Punta Cana, Dominican Republic, 7-11 November, 2021*, pages 5203–5215. Association for Computational Linguistics.

Tsung-Yi Lin, Priya Goyal, Ross Girshick, Kaiming He, and Piotr Dollár. 2017. Focal loss for dense object detection. In *Proceedings of the IEEE international conference on computer vision*, pages 2980–2988.

Ying Lin, Heng Ji, Fei Huang, and Lingfei Wu. 2020. A joint neural model for information extraction with global features. In Dan Jurafsky, Joyce Chai, Natalie Schluter, and Joel R. Tetreault, editors, *Proceedings of the 58th Annual Meeting of the Association for Computational Linguistics, ACL 2020, Online, July 5-10, 2020*, pages 7999–8009. Association for Computational Linguistics.

Shulin Liu, Yubo Chen, Shizhu He, Kang Liu, and Jun Zhao. 2016. Leveraging framenet to improve automatic event detection. In *Proceedings of the 54th Annual Meeting of the Association for Computational Linguistics (Volume 1: Long Papers)*, pages 2134–2143.

Proceedings of the 22nd China National Conference on Computational Linguistics, pages 124-138, Harbin, China, August 3 - 5, 2023.

Hector Llorens, Estela Saquete, and Borja Navarro. 2010. Timeml events recognition and classification: learning crf models with semantic roles. In *Proceedings of the 23rd International Conference on Computational Linguistics (Coling 2010)*, pages 725–733.

Qing Lyu, Hongming Zhang, Elior Sulem, and Dan Roth. 2021. Zero-shot event extraction via transfer learning: Challenges and insights. In Chengqing Zong, Fei Xia, Wenjie Li, and Roberto Navigli, editors, *Proceedings of the 59th Annual Meeting of the Association for Computational Linguistics and the 11th International Joint Conference on Natural Language Processing, ACL/IJCNLP 2021, (Volume 2: Short Papers), Virtual Event, August 1-6, 2021*, pages 322–332. Association for Computational Linguistics.

Thien Huu Nguyen and Ralph Grishman. 2015. Event detection and domain adaptation with convolutional neural networks. In *Proceedings of the 53rd Annual Meeting of the Association for Computational Linguistics and the 7th International Joint Conference on Natural Language Processing (Volume 2: Short Papers)*, pages 365–371.

Thien Huu Nguyen, Kyunghyun Cho, and Ralph Grishman. 2016. Joint event extraction via recurrent neural networks. In *Proceedings of the 2016 conference of the North American chapter of the association for computational linguistics: human language technologies*, pages 300–309.

Matthew E. Peters, Mark Neumann, Mohit Iyyer, Matt Gardner, Christopher Clark, Kenton Lee, and Luke Zettlemoyer. 2018. Deep contextualized word representations. In *North American Chapter of the Association for Computational Linguistics*.

Ellen Riloff et al. 1993. Automatically constructing a dictionary for information extraction tasks. In *AAAI*, volume 1, pages 2–1. Citeseer.

Connor Shorten, Taghi M Khoshgoftaar, and Borko Furht. 2021. Text data augmentation for deep learning. *Journal of big Data*, 8:1–34.

Michalina Strzyz, David Vilares, and Carlos Gómez-Rodríguez. 2019. Viable dependency parsing as sequence labeling. In Jill Burstein, Christy Doran, and Thamar Solorio, editors, *Proceedings of the 2019 Conference of the North American Chapter of the Association for Computational Linguistics: Human Language Technologies, NAACL-HLT 2019, Minneapolis, MN, USA, June 2-7, 2019, Volume 1 (Long and Short Papers)*, pages 717–723. Association for Computational Linguistics.

Elior Sulem, Jamaal Hay, and Dan Roth. 2022. Yes, no or IDK: the challenge of unanswerable yes/no questions. In Marine Carpuat, Marie-Catherine de Marneffe, and Iván Vladimir Meza Ruíz, editors, *Proceedings of the 2022 Conference of the North American Chapter of the Association for Computational Linguistics: Human Language Technologies, NAACL 2022, Seattle, WA, United States, July 10-15, 2022*, pages 1075–1085. Association for Computational Linguistics.

Yu Sun, Shuohuan Wang, Shikun Feng, Siyu Ding, Chao Pang, Junyuan Shang, Jiaxiang Liu, Xuyi Chen, Yanbin Zhao, Yuxiang Lu, et al. 2021. Ernie 3.0: Large-scale knowledge enhanced pre-training for language understanding and generation. *arXiv preprint arXiv:2107.02137*.

Amir Pouran Ben Veyseh, Franck Dernoncourt, Quan Hung Tran, Varun Manjunatha, Lidan Wang, Rajiv Jain, Doo Soon Kim, Walter Chang, and Thien Huu Nguyen. 2021. Inducing rich interaction structures between words for document-level event argument extraction. In Kamal Karlapalem, Hong Cheng, Naren Ramakrishnan, R. K. Agrawal, P. Krishna Reddy, Jaideep Srivastava, and Tanmoy Chakraborty, editors, *Advances in Knowledge Discovery and Data Mining - 25th Pacific-Asia Conference, PAKDD 2021, Virtual Event, May 11-14, 2021, Proceedings, Part II*, volume 12713 of *Lecture Notes in Computer Science*, pages 703–715. Springer.

David Wadden, Ulme Wennberg, Yi Luan, and Hannaneh Hajishirzi. 2019. Entity, relation, and event extraction with contextualized span representations. In Kentaro Inui, Jing Jiang, Vincent Ng, and Xiaojun Wan, editors, *Proceedings of the 2019 Conference on Empirical Methods in Natural Language Processing and the 9th International Joint Conference on Natural Language Processing, EMNLP-IJCNLP 2019, Hong Kong, China, November 3-7, 2019*, pages 5783–5788. Association for Computational Linguistics.

Jason Wei and Kai Zou. 2019. Eda: Easy data augmentation techniques for boosting performance on text classification tasks. *arXiv preprint arXiv:1901.11196*.

Kaiwen Wei, Xian Sun, Zequn Zhang, Jingyuan Zhang, Zhi Guo, and Li Jin. 2021. Trigger is not sufficient: Exploiting frame-aware knowledge for implicit event argument extraction. In Chengqing Zong, Fei Xia, Wenjie Li, and Roberto Navigli, editors, *Proceedings of the 59th Annual Meeting of the Association for Computational Linguistics and the 11th International Joint Conference on Natural Language Processing, ACL/IJCNLP 2021, (Volume 1: Long Papers), Virtual Event, August 1-6, 2021*, pages 4672–4682. Association for Computational Linguistics.

Proceedings of the 22nd China National Conference on Computational Linguistics, pages 124-138, Harbin, China, August 3 - 5, 2023.

Hongyan Zhao, Ru Li, Xiaoli Li, and Hongye Tan. 2020. CFSRE: context-aware based on frame-semantics for distantly supervised relation extraction. *Knowl. Based Syst.*, 210:106480.

Proceedings of the 22nd China National Conference on Computational Linguistics, pages 124-138, Harbin, China, August 3 - 5, 2023.

CCL23-Eval任务4系统报告：基于深度学习的空间语义理解

谭臣坤
复旦大学
计算机科学技术学院
19307100058@fudan.edu.cn

胡先念
复旦大学
计算机科学技术学院
21210240194@m.fudan.edu.cn

邱锡鹏
复旦大学
计算机科学技术学院
xpqiu@fudan.edu.cn

摘要

本文介绍了参赛系统在第三届中文空间语义理解评测（SpaCE2023）采用的技术路线：面向空间语义异常识别任务提出了抽取方法，并结合生成器进一步完成了空间语义角色标注任务，空间场景异同判断任务则使用了大语言模型生成。本文进一步探索了大语言模型在评测数据集上的应用，发现指令设计是未来工作的重点和难点。参赛系统的代码和模型见https://github.com/ShacklesLay/Space2023。

关键词： 空间语义理解 ；深度学习

System Report for CCL23-Eval Task4:Spatial Semantic Understanding Based on Deep Learning.

Chenkun Tan
Fudan University
School of Computer Science
19307100058@fudan.edu.cn

Xiannian Hu
Fudan University
School of Computer Science
21210240194@m.fudan.edu.cn

Xipeng Qiu
Fudan University
School of Computer Science
xpqiu@fudan.edu.cn

Abstract

This article introduces the technical approach adopted by the participating system in the 3rd Chinese Spatial Semantic Understanding Evaluation (SpaCE2023). For the spatial semantic anomaly recognition task, an extraction method was proposed, and combined with a generator to further complete the spatial semantic role labeling task. The spatial scene similarity judgment task used a large language model for generation. This article further explores the application of large language models on the evaluation dataset and finds that instruction design is a key and challenging area for future work. The code and models of the participating system can be found at https://github.com/ShacklesLay/Space2023.

Keywords: Spatial semantic understanding , Deep learning

1 引言

空间范畴是人类认知中重要的基础范畴。理解文本中的空间信息不仅需要掌握词汇、句法语义知识，还需要用到常识或背景知识，调动认知能力来构建空间场景。空间语义理解在自然语言处理领域是一个热门的研究方向。近年来，随着大数据和深度学习技术的发展，越来越多的研究者开始关注如何让机器能够像人类一样理解自然语言中的空间信息。空间语义理解不仅仅是为了实现导航和文景转换等应用，更是为了探索人类语言理解的本质和人类认知的规律。因此，评测机器的空间语义理解能力并推进空间范畴的认知计算建模研究具有重要意义。

为了推进空间语义理解的研究，北京大学主办了第三届中文空间语义理解评测（SpaCE2023），并提出了空间语义异常识别、空间语义角色标注和空间场景异同判断三个子任务。这些子任务涵盖了空间语义理解的不同方面，旨在考察机器在理解自然语言中的空间信息方面的能力，为研究者提供一个公开、标准的评测平台。本文针对空间语义异常识别任务提出抽取方法，即微调模型来抽取出含有空间语义异常的文本片段；针对空间语义角色标注任务，本文提出先抽取再生成的两阶段方法，先抽取含有关键的空间语义角色的文本，再生成剩余的角色标注；针对空间场景异同判断任务，本文使用大语言模型和精心设计的指令来判断空间场景的异同并生成判断理由。同时，本文还进一步探索了大语言模型在评测数据集上的应用，发现指令设计是未来工作的重点和难点。

2 相关工作介绍

在空间语义理解的研究中，已经有许多研究者探索了如何让机器能够理解自然语言中的空间信息。这个方向的研究有助于机器更好地理解人类的语言交流，并在各种实际场景中得到应用。而在空间语义理解的评测方面，SpaCE系列评测则提供了一个重要的平台，为研究者提供了一个更为完善和具有挑战性的评测环境。因此，本文将分别介绍空间语义理解方向的进展和SpaCE系列评测的进展，以展示这个领域的最新研究动态。

2.1 空间语义理解方向

在空间语义理解的研究中，已经提出了各种方案来表示空间关系。其中，SpatialML (Mani et al., 2010) 提出了一种基于区域演算的方法，用于表征位置之间的方向和拓扑关系。而空间角色标注任务(Kordjamshidi et al., 2011) 则开发了一种语义角色标签方案，重点关注空间关系中的主要角色。此外，SemEval 2012 (Kordjamshidi et al., 2012)引入了空间语义角色标注任务，强调静态空间关系，SemEval 2013(Kolomiyets et al., 2013)将静态空间关系细颗粒化，并扩展到动态空间关系。而SemEval 2015 (Pustejovsky et al., 2015)则是第一个评估实现SpaceEval标注方案的系统的共享任务会议。SpaceEval标注方案也是当前通用的空间信息标注方案，许多的空间信息提取系统都是基于SpaceEval标注方案开发的。

空间关系提取任务可以分为传统的机器学习方法和神经网络方法。前者高度依赖于手动特征或显式句法结构。Nichols和Botros(2015)提出了SpRL-CWW模型，它使用CRF层来提取空间元素，然后引入SVM来分类空间关系。D'Souza和Ng(2015)提出了一种基于筛选的模型，通过贪心的特征选择技术生成各种手动特征。Salaberri等(2015)引入外部知识作为空间信息的补充，在此过程中，WordNet和PropBank提供了许多空间元素的信息。Kim和Lee(2016)提出了一种韩语空间关系提取模型，使用依赖关系来找到适合角色的合适元素。

随着神经网络的广泛应用，Ramrakhiyani等(2019)通过依存句法分析生成候选关系，并使用BiLSTM模型对候选关系进行分类。Shin等(2020)首先使用BERT-CRF提取空间角色，然后引入R-BERT(Wu and He, 2019)来提取空间关系。此外，一些研究关注于多模态空间关系提取。例如，Dan等人(2020)提出了一种空间BERT，它用两个实体以及包含这两个实体的图片来预测实体之间的空间关系。

2.2 SpaCE系列评测

SpaCE2021有三个子任务，分别是空间语义正误判断、空间语义异常归因合理性判断和空间语义判断与归因联合任务。它们的类型都是二元判断题，SpaCE课题组基于预训练模型BERT(Devlin et al., 2018)建立了一套基线系统，此次评测的所有参赛模型也都使用了主流大规模判别式预训练模型。

SpaCE2022有三个子任务，分别是空间语义正误判断、空间语义异常归因与异常文本识别和空间实体识别与空间方位关系标注任务。SpaCE课题组为评测建立了一套基线模型。子任务一使用预训练BERT构建了一个二元分类器。子任务二设置了一个分类层预测归因类型，以及一个序列标注层判断每个词所属的元素，两个模块采用独立编码器。子任务三首先进行序列标注任务，寻找文本中能够出发事件抽取的关键词，然后根据触发词抽取其他元素。

第二十二届中国计算语言学大会论文集，第139页-第149页，哈尔滨，中国，2023年8月3日至5日。

3 模型与方法

3.1 子任务1

空间语义异常识别任务要求从给定中文文本中识别出具有空间语义异常的文本片段。每个文本片段包含3 个字段，分别是角色（role）、文本内容（text）和字序数组（idxes）。role的取值包括S1 P1 E1 S2 P2 E2，表示两个完整的"空间实体(S)-空间方位(P)-事件(E)"三元组。为了描述空间语义异常，最多可以选取6 个文本片段，最少可以选取1 个。

输入包括两个部分：数据编号"qid"和存在空间语义异常的文本"context"；输出也包括两个部分：数据编号"qid"和描述空间语义异常的文本片段"results"。输入输出样例如下所示：

子任务1数据示例

输入：
{ "qid":"1-train-626",
"context":"鲸每天都要睡觉。睡觉的时候，总是几头聚在一起，找一个比较安全的地方，头朝边，尾巴向外，围成一圈，静静地浮在海面中。如果听到什么声响，它们立即四散游开。" }

输出：
{ "qid":"1-train-626", "results":[
[{ "role": "P1", "text": "朝边", "idxes": [35,36] }],
[{ "role": "S1", "text": "鲸", "idxes": [0] },
{ "role": "P1", "text": "在海面中", "idxes": [52,53,54,55] },
{ "role": "E1", "text": "浮", "idxes": [51] }]] }

该任务要求给定文本，输出若干异常语义片段并将输出结果以三元组的形式表示出来，相当于是给定文本和任务要求，然后抽取出特定的文本片段。由于抽取出的文本片段最多只有六个，对应六种不同的角色取值，因此我们将任务简化为对六个文本片段的抽取。具体来说，由于最多需要抽取六个文本片段（对应六个角色），因此我们构建一个长为12的数组，用来存储6个角色对应的文本片段在文本中出现的开头位置和结尾位置，作为该任务的预测目标。为了应对抽取数量不足六个的情况，我们在所有文本的开头添加一个标记，使得文本长度加1，当某个角色对应的文本片段不存在时，就将预测数组中表示它的开头位置和结尾位置的元素置为0。模型结构如图1所示。我们采用deberta-chinese-large(He et al., 2020)中文预训练模型对该抽取任务做微调。

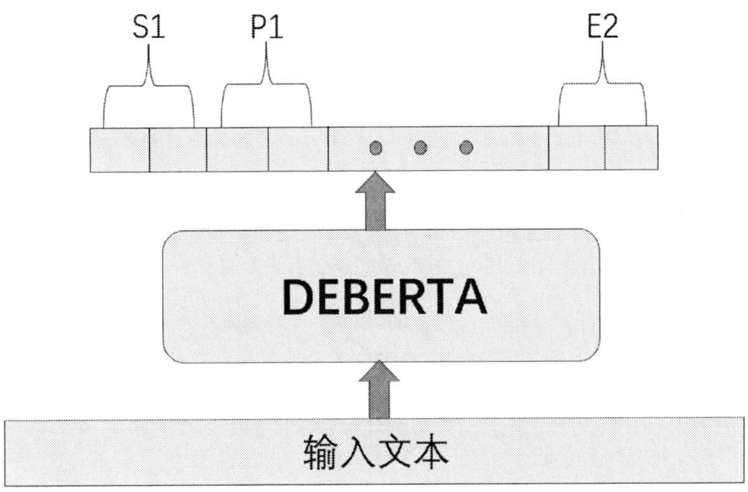

Figure 1: 子任务1模型结构示意图

第二十二届中国计算语言学大会论文集，第139页-第149页，哈尔滨，中国，2023年8月3日至5日。

模型输出的预测数组中可能会出现预测开头位置要大于结尾位置的情形，此时我们会交换开头和结尾的位置让它们符合规律。在得到存储有文本片段的开头位置和结尾位置的预测数组后，即可抽取出对应的异常文本片段的角色，文本和字序数组。

3.2 子任务2

空间语义角色标注任务要求对给定中文文本进行空间实体的识别与空间方位关系的关注。空间实体及其空间方位信息，描述了"某空间实体在某时，经由某事件，满足某种空间方位关系，这一命题的事实性为真/假"的信息。共有15 个语义角色（role）可供标注，15个语义角色分属于文本片段型角色(fragment)或标签型角色。文本片段型角色需要记录文本内容（text）和字序数组（idxes），标签型角色需要记录标签的值（label）。没有出现的角色不需要标注。

输入包括两个部分：数据编号"qid"和待标注的文本"context"；输出也包括两个部分：数据编号"qid"和标注的空间实体以及空间方位信息"results"。输入输出样例如下所示：

子任务2数据示例

输入:
{ "qid":"2-train-1192",
"context":"宋钢走的时候把五颗大白兔奶糖压在门前的石板下面，他说放在窗台上会被人拿走的。他走了几步又回来了，他说放在石板下面怕被蚯蚓吃了，他又去摘了两张梧桐树叶，把奶糖仔细包好了，重新放到石板下面。然后他的眼睛贴着门缝看看李光头，对李光头说：" }

输出:
{ "qid":"2-train-1192",
"results":[
["role":"空间实体","fragment":"text":"大白兔奶糖","idxes":[9,10,11,12,13],
"role":"事件","fragment":"text":"放","idxes":[50],
"role":"处所","fragment":"text":"在石板下面","idxes":[51,52,53,54,55]]] }

该任务要求给定文本，输出对语义角色的标注三元组，包含role，text，idxes三个部分。我们提出一阶段的方法和两阶段的方法。一阶段的方法是将该任务转换为生成任务。具体来说，我们将标注中所有三元组的text和role提取出来组成一个长文本作为新的生成目标，微调生成模型使它能够基于输入文本生成我们构建的作为新标注的长文本。我们实验了两个生成模型bart-large(Lewis et al., 2019)和CPT(Shao et al., 2021)，结果如表1所示。可以看出，CPT的生成效果要比BART的生成效果稍好，但是结果仍不是很理想。我们推测有两个原因，一方面是因为模型不太容易建模比较长的文本，另一方面是因为该任务的评测要求对"空间实体"和"参照实体"的生成不能全部错误，而生成出来的句子很容易出现这种问题。

两阶段的方法是使用抽取加生成的方法。我们训练两个模型，分别是用来抽取role为"空间实体"的三元组的抽取器，和用来生成剩余的三元组的生成器。具体来说，我们基于原始数据集的标注三元组，构建用于训练抽取器的抽取数据集和用于训练生成器的生成数据集。抽取数据集的输入数据是原始文本，标注数据是长度与输入文本相同的数组，如果标注三元组的role为"空间实体"，就根据该三元组的idxes将数组上的对应位置标为1，其余位置标0。构建抽取数据集之后，再用它微调标注器。生成数据集的输入数据是将原始文本和role为"空间实体"的三元组的text拼接得到的文本，标注数据是除role为"空间实体"的三元组以外的所有三元组的role和text组成的长文本。构建生成数据集之后，再用它微调生成器。我们使用Deberta模型作为标注器，由于之前的实验结果表明CPT的生成效果优于BART，因此我们使用CPT模型作为生成器。

推理过程如图2 所示。我们先将原始文本输入抽取器得到含有"空间实体"位置的输出数组，根据它抽取出role为"空间实体"的文本片段，然后将抽取出的文本片段与原始文本拼接起来再输入生成器，生成出除role为"空间实体"的三元组以外的剩余三元组的role和text，最后将它与role为"空间实体"的三元组一起格式化为与标注数据一致的格式。

表1展示了该任务采用的不同方法在验证集上的F1分数。可以看出，抽取加生成的方法极

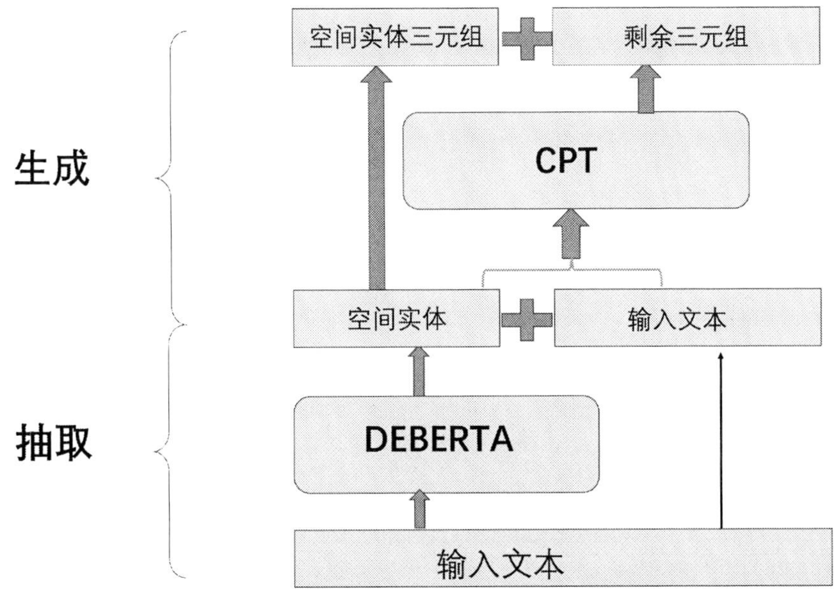

Figure 2: 子任务2模型结构示意图

大地提升了模型性能。

模型	F1
BART	35.33
CPT	37.55
Deberta+CPT	52.67

Table 1: 不同模型架构在验证集上的F1分数

3.3 子任务3

空间场景异同判断任务要求判断两个相似的中文文本是否描述相同的空间场景，并说明判断的理由。相似文本context1 和context2 存在差异文本C1 和C2，它们在形式上存在差异。C1 和C2 都是连续字符串，是合法的语言单位（词、词组、子句等），意义清晰且相对完整。context1 去除C1 后剩下的部分，和context2 去除C2 后剩下的部分，在形式上完全相同。

输入包括三个部分：数据编号"qid"、context1和context2；输出包含两个部分：数据编号"qid"和都两个文本空间场景异同的判断"judge"和理由"reason"。该任务提供两个答题模板，分别对应空间场景相同和不同的情况，以帮助及其生成更自然的文本。使用模板的数据样例如下所示，引号""表示插入到模板插槽中的内容。

第二十二届中国计算语言学大会论文集，第139页-第149页，哈尔滨，中国，2023年8月3日至5日。

两段文本表示相同的空间场景

输入：
{"qid": "3-1"
"context1": "一张微微泛黄的旧照片中，小伙子一身白色西装，脖子上系着领带，头发梳得整齐，与身旁衣着朴素的小女孩形成反差。"
"context2": "一张微微泛黄的旧照片中，小伙子一身白色西装，脖子下系着领带，头发梳得整齐，与身旁衣着朴素的小女孩形成反差。"}

输出：
{"results":[
{"judge":"true",
"reason":"两段文本的形式差异在于"脖子上"和"脖子下"。两段文本中都出现了以下空间实体："小伙子"、"脖子"和"领带"。尽管两段文本在描述"领带"系着的位置上有形式差异，但实际上，"脖子上系着领带"和"脖子下系着领带"描述"领带"的处所是相同的，都位于脖子表面和胸前。因此，这两段文本可以描述相同的空间场景。"}] }

两段文本表示不同的空间场景

输入：
{"qid": "3-2"
"context1": "兰兰惊奇地站在潜水桥上，透过玻璃看见大大小小的鱼游来游去，各种各样的船只从桥顶上驶过来划过去。"
"context2": "兰兰惊奇地站在潜水桥下，透过玻璃看见大大小小的鱼游来游去，各种各样的船只从桥顶上驶过来划过去。"}

输出：
{"results":[
{"judge": "false",
"reason":"两段文本的形式差异在于"潜水桥上"和"潜水桥下"。两段文本中都出现了以下空间实体："兰兰"和"潜水桥"。两段文本在描述"兰兰"站立的位置上存在形式差异，表明"兰兰站在潜水桥上"和"兰兰站在潜水桥下"描述"兰兰"的处所是不同的，前者位于桥的上方，后者位于桥的下方。因此，这两段文本不能描述相同的空间场景。"}] }

该任务要求给定两段文本，然后生成对两段文本空间场景异同的判断和理由。我们使用大语言模型进行生成。大语言模型生成的关键之处在于指令设计。对于该任务，我们采用了少样本加思维链(Wei et al., 2022)的方式设计指令。如下所示，思维链方法指的是把人类思考问题的过程，即所谓的思维链，用自然语言的形式显性地放在指令中。

样例——标准指令和思维链指令

标准指令:
问题：小明有5个网球，他又买了2个罐网球，每罐有3个网球。他有多少个网球?
答案：11个
问题：

思维链指令
问题：小明有5个网球，他又买了2个罐网球，每罐有3个网球。他有多少个网球?
答案：小明一开始有5个球，每罐有3个网球那么2罐有6个网球。5+6=11。11个
问题：

思维链适用于涉及推理的生成问题，相比于直接生成，思维链能通过一步步地引导来指示

第二十二届中国计算语言学大会论文集，第139页-第149页，哈尔滨，中国，2023年8月3日至5日。

模型推理出更好的结果。少样本则能够通过提供更多的样例，帮助模型理解输出格式以及思维链推理的过程。

我们在设计具体的指令时，先通过多轮对话的方式引导模型输出合适的结果，然后将多轮对话使用的指令改写为思维链形式的指令，再进行添加少样本，修饰指令等改动。我们使用的指令如下所示，省略号“......”表示我们为了方便展示而省略的部分内容。

指令

context1 和context2 存在差异文本C1 和C2，它们在形式上存在差异。C1 和C2 都是连续字符串，是合法的语言单位（词、词组、子句等），意义清晰且相对完整，context1 去除C1 后剩下的部分，和context2 去除C2 后剩下的部分，在形式上完全相同。

指出它们的差异文本C1和C2;

给出包含C1的完整短语P1，包含C2的完整短语P2。完整短语指被符号分割开的部分句子，如果C1和C2已经是被符号分割开的句子，则P1和P2就是C1和C2;

指出P1和P2中包含的空间实体;

根据P1和P2判断它们所描述的空间实体所处的空间场景是否一致;

选择一个适合的模板进行输出;
模板一：两段文本表示相同的空间场景: ......
模板二：两段文本表示不同的空间场景: ......

Input:
"context1": "兰兰惊奇地站在潜水桥上，透过玻璃看见大大小小的鱼游来游去，各种各样的船只从桥顶上驶过来划过去。"
"context2": "兰兰惊奇地站在潜水桥下，透过玻璃看见大大小小的鱼游来游去，各种各样的船只从桥顶上驶过来划过去。"

Thought:
差异在于文本中描述兰兰所站的位置不同，一个是“潜水桥上”，另一个是“潜水桥下”。
根据提供的上下文，包含C1的完整短语P1可以是："兰兰惊奇地站在潜水桥上"；而包含C2的完整短语P2则可以是："兰兰惊奇地站在潜水桥下"。
P1和P2中包含的空间实体如下："兰兰"、"潜水桥"。
根据P1和P2的描述，它们所描述的空间实体"兰兰" 分别位于不同的位置，P1描述的是兰兰站在潜水桥的上方，而P2描述的是兰兰站在潜水桥的下方。因此，它们所处的空间场景不一致。

Output:......

（第二个样例）......

Input:

我们将该问题的解决过程划分为以下五步，并将它们显示地放在指令中，指示模型使用思维链的方式生成:

1. 找出context1和context2的差异文本C1和C2;

2. 找出C1和C2所在的完整短语P1和P2。有时仅凭差异文本不足以判断是否空间场景异同，因此我们扩展了判断空间;

第二十二届中国计算语言学大会论文集，第139页-第149页，哈尔滨，中国，2023年8月3日至5日。

3. 找出P1和P2中包含的空间实体；

4. 判断空间场景异同；

5. 选择模板进行输出。

在指示语之后，我们加入了两个样例，分别表示相同的空间场景和不同的空间场景两种情况（报告只展示了第二种），并在样例中手动添加了模型的思维链过程，即Thought部分。

4 评价指标与结果

4.1 子任务1的评价标准

子任务1 采用角色识别准确性作为评价指标，计算过程如下：

①对于每个待检查的results（称为"待检项"），与参考答案中的results（称为"参考项"）进行逐个比较。对于待检项中的每个role 中的每个字符（idxes 字段），仅当参考项的相同role 中找到了该字符，才视为该字符是正确检出的字符；

②按上述标准计算待检项与参考项文本的F1 值，公式如下：

$F1 = (2 \times P \times R) / (P + R)$

P = 正确检出字符数/ 待检项总字符数, R = 正确检出字符数/ 参考项总字符数

③找到得分最高的待检项，以此项得分计为该题在角色识别准确性上的得分。

子任务1 同时提供文本识别准确性作为参考指标。该指标不限制字符所属的role，只要在参考项的任意role 中找到了该字符，则视为是正确检出的字符。

4.2 子任务2的评价标准

子任务2按照以下步骤计算得分，作为评价指标：

①分别从参考答案和提交答案中获取results 元组数组，称为参考数组和待检数组，其中的每个元组分别称为参考元组和待检元组，元组中的role 分别称为参考角色和待检角色；

②对待检元组和参考元组进行匹配。对于每个元组对，按照以下程序计算待检元组的得分：当role 是"空间实体"或"参照实体"时，计算idxes 字段的F1 值；对于其他文本片段类的角色，计算text 字段的F1 值；对于标签类的角色，相同计1 分，不同计0 分。时间角色（5 号角色）可能既有文本片段，也有标签，得分取二者的均值。当参考角色和待检角色都不出现，此角色不计分。当参考角色和待检角色有一个不出现，此角色也不计分。如果空间实体类角色（1-2 号角色）完全不匹配，则整个待检元组得0 分，否则对所有待检角色的得分求和，作为此待检元组的得分；

③对于所有待检数组和参考数组，遍历所有可能的匹配方式，使得待检数组中的所有待检元组能够得到最高总分。以此得分作为此题最终得分；

④对于数据集中所有题目计算F1 值，作为子任务2 的最终得分。

4.3 子任务3的评价标准

子任务3 首先根据judge 字段的结果评价异同判断是否正确，如果错误，该题得0 分；如果正确，采用人工评价对reason 字段的生成文本进行解释准确性的打分。分数越高，表示判断空间场景异同的理由解释得越清楚。共有两名评分员对100道题的结果进行人工评分。

4.4 结果

表2 展示了我们在各个子任务上取得的分数。

Table 2: 在测试集上得到的各个评价指标

task1 排名指标-角色准确性（F1）	task1 参考指标-文本准确性（F1）	task2（F1）	task3（百分制）
0.5782	0.6526	0.4739	37.40

第二十二届中国计算语言学大会论文集，第139页-第149页，哈尔滨，中国，2023年8月3日至5日。

5 探索与改进

5.1 不足与改进

子任务1采用抽取区间的方式来识别异常文本并没有与标注的方式进行比对。由于该任务的数据集存在文本片段可能不连续的情况，而抽取区间的方式只能关注连续区间，因此抽取区间的方法面对不连续的区间表现会比较差。例如当待处理文本如下时：

> **伤心崖是戛洛山下的一座山峰**，像被一把利斧从中间剖开，从山底下的流沙河抬头往上看，宛如一线天。隔河对峙的两座山峰相距约六米左右，两座山都是笔直的绝壁。

正确抽取出的三元组应该为：

```
{"role": "S1", "text": "伤心崖", "idxes": [0, 1, 2]},
{"role": "P1", "text": "戛洛山下", "idxes": [4, 5, 6, 7]},
{"role": "E1", "text": "是一座山峰", "idxes": [3, 9, 10, 11, 12]}
```

该三元组是从第一句话抽取出来的，且存在文本片段不连续的情况。在该文本上使用抽取区间的方式得到的结果如下：

```
{"role": "S1", "text": "伤心崖是戛洛山下的一座山", "idxes": [0, 1, 2,3,4,5,6,7,8,9,10,11,12]},
{"role": "P1", "text": "下的一座山峰，像被一把利斧从中间剖开", "idxes": [7, 8, 9, 10, 11, 12, 13, 14, 15, 16, 17, 18, 19, 20, 21, 22, 23, 24, 25, 26]},
{"role": "E1", "text": "剖开，从山底下的流沙河抬头往上看，宛如一线天。", "idxes": [23, 24, 25, 26, 27, 28, 29, 30, 31, 32, 33, 34, 35, 36, 37, 38, 39, 40, 41, 42, 43, 44, 45]}
```

由于抽取区间的方式只能关注连续区间，因此它不能将第一句话拆分成三个文本片段，而只能将它作为单个文本片段抽取出来，导致后续错误地抽取出了其它文本片段。未来可以考虑探索标注的方式，以及改善抽取区间的方式在不连续区间表现较差的问题。

子任务2提出全部生成的方法和抽取加生成的方法，但是并没有考虑全部抽取的方法，不足以证明抽取加生成的方法是最优的组合。同时，该任务还给出了语义角色之间的约束关系，如下所示，但我们并没有对约束进行建模。

> **子任务2的约束关系**
>
> 1号角色"空间实体"是核心，必定存在。
> 2号角色"参照实体"只与15号角色"距离"同时出现。
> 6-14号角色不会与15号角色同时出现。

未来可以考虑补充全部抽取的方法，以及对模型输出的结果进行约束。

5.2 对大语言模型的探索

在前两个任务上，我们尝试使用大语言模型（主要是MOSS和ChatGPT）进行生成，实验过程中存在两个主要的问题。

首先是模型的生成效果很差。这主要体现在子任务1上，我们的模型能够生成出符合要求的输出格式，但是抽取出的文本片段基本没有体现出空间语义异常。生成效果主要跟两个因素有关：大语言模型本身和指令设计。无论是GPT系列模型，还是MOSS，在子任务3上都取得了不错的表现，考虑到本次测评的三个子任务有所关联，因此可以推测大语言模型有能力解决前两个子任务。由此我们推测问题主要出现在指令的设计上。在指令设计上，我们尝试了少样本和思维链独立使用以及组合使用等多种方法，发现使用少样本和简单的格式说明就能让大语言模型生成出明确的输出格式。但是使模型识别出空间语义异常十分困难。我们在使用指令进行实验时，多次出现大语言模型找不到空间语义异常的情况，此时它们往往输出与下列文本类似的内容：

在给定的文本中，没有空间语义异常片段。

而有时则是大语言模型没有理解什么是空间语义异常，而胡乱生成的情况。例如当输入以下文本时：

她又在衣袋里摸了半天，摸进火柴来。她把那大蜡烛插到坟堆的顶上，点了起来。这晚上没有风，蜡烛的火焰向上直升，一点也不摇晃。老妇人对着这烛光，坐在坟边，一动也不动，两臂交叉抱在胸前，披着那黑色的大围巾。

模型可能找出的存在空间语义异常的文本片段为：

她把那大蜡烛插到坟堆的顶上，点了起来。

其次是模型的生成速度的问题。前两个任务的测试集包含成百上千条文本，因此必须考虑大语言模型的生成速度。大语言模型的生成速度可以视作（每次生成的生成数量/推理延迟）。每次生成的生成数量可以通过在指令中加入多个输入文本来提升，然而，大语言模型的输入长度限制了指令能够插入的文本数量，并且插入多个输入文本时模型不一定还能具有插入单个文本时的推理能力，因此每次生成的文本数量仍然有限。而在推理延迟上，MOSS目前的开源版本进行单次推理所需要的时间受部署设备的影响，在1-10分钟不等，其量化版本的部署和推理时间更短，但是性能也会有所降低。而GPT3.5和GPT4的推理延迟更短，但需要考虑API的调用成本。

除了之前使用的直接推理生成的方式，我们还尝试了微调MOSS再推理生成的方法。由于微调MOSS需要的算力要求很高，我们主要尝试LoRA微调(Tang et al.,)和QLoRA微调(Dettmers et al.,)的方法。然而，微调MOSS时面临了与之前相似的难题，即如何设计微调使用的对话。微调使用的对话类似于指令，一个区别是使用少样本方法容易使得模型生成偏向少样本指令的内容。由于指令和微调使用的对话设计不佳，微调后的模型效果也不好。

需要注意的是，在任务三上我们的指令设计很顺利，一方面是因为任务目标非常清晰且提供了可用的输出模板，另一方面是输入是两段存在差异的文本，且场景异同的判断主要基于两段文本之间的差异文本，这使得模型能够明确差异所处的空间，并进行进一步地推理。

6 总结与展望

在本次SpaCE2023第三届中文空间语义理解评测中，我们使用抽取的方法和抽取加生成的方法解决前两个子任务，使用大语言模型生成的方法解决第三个子任务。前两个子任务的实验设计有着改良的空间，并且仍然可以探索大语言模型在这两个任务上的应用。指令设计是大语言模型应用的核心难点，如何设计出适配前两个子任务的指令以及适用于大多数任务的通用指令是我们未来主要关心并探索的研究方向。

参考文献

Soham Dan, Hangfeng He, and Dan Roth. 2020. Understanding spatial relations through multiple modalities. *arXiv: Computation and Language*, Jul.

Tim Dettmers, Artidoro Pagnoni, Ari Holtzman, and Luke Zettlemoyer. Qlora: Efficient finetuning of quantized llms.

Jacob Devlin, Ming-Wei Chang, Kenton Lee, and Kristina Toutanova. 2018. Bert: Pre-training of deep bidirectional transformers for language understanding. *arXiv preprint arXiv:1810.04805*.

Jennifer D'Souza and Vincent Ng. 2015. Sieve-based spatial relation extraction with expanding parse trees. In *Proceedings of the 2015 Conference on Empirical Methods in Natural Language Processing*, pages 758–768.

Pengcheng He, Xiaodong Liu, Jianfeng Gao, and Weizhu Chen. 2020. Deberta: Decoding-enhanced bert with disentangled attention. *arXiv preprint arXiv:2006.03654*.

第二十二届中国计算语言学大会论文集，第139页-第149页，哈尔滨，中国，2023年8月3日至5日。

Bogyum Kim and JaeSung Lee. 2016. Extracting spatial entities and relations in korean text. *International Conference on Computational Linguistics*, Dec.

Oleksandr Kolomiyets, Parisa Kordjamshidi, Marie Francine Moens, and Steven Bethard. 2013. Semeval-2013 task 3: Spatial role labeling. In *Second joint conference on lexical and computational semantics (* SEM), Volume 2: Proceedings of the seventh international workshop on semantic evaluation (SemEval 2013)*, pages 255–262.

Parisa Kordjamshidi, Martijn Van Otterlo, and Marie-Francine Moens. 2011. Spatial role labeling: Towards extraction of spatial relations from natural language. *ACM Transactions on Speech and Language Processing (TSLP)*, 8(3):1–36.

Parisa Kordjamshidi, Steven Bethard, and Marie-Francine Moens. 2012. Semeval-2012 task 3: Spatial role labeling. *Joint Conference on Lexical and Computational Semantics*, Jun.

Mike Lewis, Yinhan Liu, Naman Goyal, Marjan Ghazvininejad, Abdelrahman Mohamed, Omer Levy, Ves Stoyanov, and Luke Zettlemoyer. 2019. Bart: Denoising sequence-to-sequence pre-training for natural language generation, translation, and comprehension. *arXiv preprint arXiv:1910.13461.*

Inderjeet Mani, Christy Doran, Dave Harris, Janet Hitzeman, Rob Quimby, Justin Richer, Ben Wellner, Scott Mardis, and Seamus Clancy. 2010. Spatialml: annotation scheme, resources, and evaluation. *Language Resources and Evaluation*, page 263–280, Sep.

Eric Nichols and Fadi Botros. 2015. Sprl-cww: Spatial relation classification with independent multi-class models. In *Proceedings of the 9th International Workshop on Semantic Evaluation (SemEval 2015)*, Jan.

James Pustejovsky, Parisa Kordjamshidi, Marie-Francine Moens, Aaron Levine, Seth Dworman, and Zachary Yocum. 2015. Semeval-2015 task 8: Spaceeval. In *Proceedings of the 9th International Workshop on Semantic Evaluation (SemEval 2015)*, Jan.

Nitin Ramrakhiyani, Girish Palshikar, and Vasudeva Varma, 2019. *A Simple Neural Approach to Spatial Role Labelling*, page 102–108. Jan.

Haritz Salaberri, Olatz Arregi, and Beñat Zapirain. 2015. Ixagroupehuspaceeval: (x-space) a wordnet-based approach towards the automatic recognition of spatial information following the iso-space annotation scheme. In *Proceedings of the 9th International Workshop on Semantic Evaluation (SemEval 2015)*, Jan.

Yunfan Shao, Zhichao Geng, Yitao Liu, Junqi Dai, Hang Yan, Fei Yang, Li Zhe, Hujun Bao, and Xipeng Qiu. 2021. Cpt: A pre-trained unbalanced transformer for both chinese language understanding and generation. *arXiv preprint arXiv:2109.05729.*

Hyeong Jin Shin, Jeong Yeon Park, Dae Bum Yuk, and Jae Sung Lee. 2020. Bert-based spatial information extraction. In *Proceedings of the Third International Workshop on Spatial Language Understanding*, pages 10–17.

Zhiwei Tang, Tsung-Hui Chang, Xiaojing Ye, and Hongyuan Zha. Low-rank matrix recovery with unknown correspondence.

Jason Wei, Xuezhi Wang, Dale Schuurmans, Maarten Bosma, Fei Xia, Ed Chi, Quoc V Le, Denny Zhou, et al. 2022. Chain-of-thought prompting elicits reasoning in large language models. *Advances in Neural Information Processing Systems*, 35:24824–24837.

Shanchan Wu and Yifan He. 2019. Enriching pre-trained language model with entity information for relation classification. In *Proceedings of the 28th ACM International Conference on Information and Knowledge Management*, Nov.

第二十二届中国计算语言学大会论文集，第139页-第149页，哈尔滨，中国，2023年8月3日至5日。

CCL23-Eval任务4总结报告：第三届中文空间语义理解评测

肖力铭[1,2,‡] 詹卫东[1,2,3,†,*] 穗志方[3,†] 秦宇航[1,2,‡] 孙春晖[1,2,†]

邢丹[1,2,‡] 李楠[1,2,†] 祝方韦[3,‡] 王培懿[3,‡]

[1]北京大学 中文系

[2]北京大学 中国语言学研究中心

[3]北京大学 计算语言学教育部重点实验室

[†]{zwd,szf,sch,linan2017}@pku.edu.cn

[‡]{lmxiao,hezonglianheng,xingdan,zhufangwei2022,wangpeiyi}@stu.pku.edu.cn

摘要

第三届中文空间语义理解评测任务（SpaCE2023）旨在测试机器的空间语义理解能力，包括三个子任务：（1）空间信息异常识别任务；（2）空间语义角色标注任务；（3）空间场景异同判断任务。本届评测在SpaCE2022的基础上，优化了子任务一和子任务二的任务设计，并提出了子任务三这一全新的评测任务。最终有1支队伍提交参赛结果，并且在子任务一上的成绩超过了基线模型。本文还报告了大语言模型ChatGPT在SpaCE2023三个子任务上的表现，结合问题提出指令设计可改进的方向。

关键词： 中文空间语义理解 ；评测任务 ；大语言模型

Overview of CCL23-Eval Task 4: The 3rd Chinese Spatial Cognition Evaluation

Liming Xiao[1,2,‡] Weidong Zhan[1,2,3,†,*] Zhifang Sui[3,†] Yuhang Qin[1,2,†]

Chunhui Sun[1,2,†] Dan Xing[1,2,‡] Nan Li[1,2,†] Fangwei Zhu[3,‡] Peiyi Wang[3,‡]

[1]Department of Chinese Language and Literature, Peking University

[2]Center for Chinese Linguistics, Peking University

[3]MOE Key Laboratory of Computational Linguistics, Peking University

[†]{zwd,szf,sch,linan2017}@pku.edu.cn

[‡]{lmxiao,hezonglianheng,xingdan,zhufangwei2022,wangpeiyi}@stu.pku.edu.cn

Abstract

The 3rd Chinese Spatial Cognition Evaluation Task (SpaCE2023) aims to test the machine's spatial semantic understanding capabilities, including three subtasks: (1) to detect and identify spatial semantic anomaly in a sentence; (2) to label the spatial roles and relations for spatial entities in a sentence; (3) to judge whether two spatial scenes in a pair of sentences are the same or different, then give a reason. Based on SpaCE2022, this year's evaluation optimized the task designs of subtasks 1 and 2, and proposed subtask 3 as a brand new evaluation task. 1 team submitted the results of test set and exceeded the baseline model on subtask 1. This paper also reports the performance of the large language model ChatGPT on SpaCE2023 dataset, and provides directions for improving prompt design combined with the issues raised.

Keywords: Chinese Spatial Cognition Evaluation , Evaluation Task , Large Language Model

1 引言

项目资助：国家科技创新2030"新一代人工智能"重大项目（2020AAA0106701）；国家自然科学基金项目（62076008、61936012）；2022年度教育部人文社会科学重点研究基地重大项目（22JJD740004）

第二十二届中国计算语言学大会论文集，第150页-第158页，哈尔滨，中国，2023年8月3日至5日。

空间范畴是人类认知中重要的基础范畴，大量空间信息存在于自然语言文本中。在通往类人智能的道路上，空间语义理解是不可绕开的一环。为了评测机器的空间语义理解能力，推进空间范畴的认知计算建模研究，我们连续两年举办了**中文空间语义理解评测任务**（Spatial Cognition Evaluation）来考察机器的空间语义理解能力(詹卫东et al., 2022)。在第一届评测（SpaCE2021）中，我们通过替换方位词的方式生成了空间信息异常的文本，并设计异常判断任务，要求机器判断文本是否存在空间信息异常以及异常的归因类型。第二届评测（SpaCE2022）扩大了任务类型，增加了信息标注任务，要求机器在空间信息异常的文本中识别异常片段，在空间信息正常的文本中进行细粒度的语义角色标注。综合SpaCE2022中4个系统的成绩，空间信息正误判断任务的准确率（Accuracy）最高为0.7992，异常归因与识别联合任务的F1值最高为0.6748，语义角色标注任务的F1值最高为0.5069，说明机器捕捉异常片段的能力以及结构化空间信息的能力还有待提高。[0]

今年依托第二十二届中国计算语言学大会CCL2023，我们举办了第三届中文空间语义理解评测任务（SpaCE2023），包括以下3个子任务：（1）**空间信息异常识别任务**，要求机器识别出文本中空间信息异常的片段；（2）**空间语义角色标注任务**，要求机器基于空间信息标注规范，对文本进行空间实体的识别与空间方位关系标注；（3）**空间场景异同判断任务**，要求机器判断两个在形式上相似的中文文本是否可以描述相同的空间场景，并说明判断理由。[1]

相较于SpaCE2022，本届评测优化了任务设计，不再设置人类表现一致性较低的异常判断任务，保留了人类表现一致性较高的异常识别任务和可操作性较强的语义角色标注任务。语义角色体系也得到了统一，从18个语义角色整合为15个。此外，SpaCE2023新定义了“空间场景异同判断”这一生成类任务，考察机器从文本中构建空间场景的的空间“想象”能力。比如，“站在电线杆下”和“站在电线杆旁”虽然使用了不同的方位词，但具备空间“想象”能力的机器应该能够发现这两个文本描述了同一个空间场景，即站在电线杆周围的地面上。除了任务的不同，SpaCE2023还修订了问题语料，提高了语料质量；扩大了参赛系统的范围，允许使用大模型参赛。最终有1支参赛队伍提交结果。

本文将报告SpaCE2023的总体情况。第2节介绍评测任务的基本内容，第3节介绍数据集的制作流程和基本信息，第4节展示基线系统、参赛系统以及大模型在各项任务上的表现，第5节总结评测概况，展望中文空间语义理解评测任务的发展。

2 评测任务

2.1 子任务一：空间信息异常识别

子任务一的输入是一个存在空间信息异常的文本，如“我清晨去公园散步时，总能看见**他站在电线杆里**，手里提着菜篮”中，“他”的空间方位存在异常。按照常识，人只能站在电线杆周围的区域，而不能在电线杆的内部。机器需要使用S-P-E标注法描述并输出异常文本片段，S指描述了空间方位信息的实体，P指空间实体的空间方位信息，可能涉及处所、起点、方向等信息，E指空间义相关事件，是动词性单位，表达了S之于P的方式、目的或原因，如[**S他，P在电线杆里，E站**]。文本片段的选取数量最多6个，即两个完整的S-P-E三元组；最少1个，即S-P-E中的单个元素。表1 展示了对应数量的标注情形和示例，S1、P1、E1、S2、P2、E2是具体使用的标签。

2.2 子任务二：空间语义角色标注

子任务二的输入是一段空间信息表述正常的文本，如“我清晨去公园散步时，总能看见他站在电线杆下，手里提着菜篮”中，描述了“我”、“他”、“菜篮”的空间信息。机器需要使用STEP标注体系描述并输出文本含有的所有空间信息，STEP标注体系在S-P-E标注法的基础上增加了时间信息（T）和空间事实性（F）的标注，描述的信息可概括为：“某空间实体在某时，经由某事件，处于某种空间方位关系，这一命题的事实性为真/假”。该体系共含15个元素，表2 是每个元素的含义。

[0]https://2030nlp.github.io/SpaCE2022/

[1]https://2030nlp.github.io/SpaCE2023/

第二十二届中国计算语言学大会论文集，第150页-第158页，哈尔滨，中国，2023年8月3日至5日。

数量	含义	示例
6	两个S-P-E元组存在信息冲突	她笑，[**P1 池水里**]的[**S1 影子**]向着她[**E1 笑**]；她假装生气，[**P2 池水外**]的[**S2 影子**]也向着她[**E2 生气**]。
5		[**S1 我们**][**P1 在树林里**][**E1 坐**]下来聊天，感觉秋天的[**P1 树林后**]已有些[**E1 微凉**]。
4		他一边跑，一边大叫:“[**S1 细马**][**P1 过去**]了![**S2 细马**][**P2 回来**]了！”
3	S-P-E元组描述的信息无法构造空间场景	她又在衣袋里摸了半天，[**E1 摸**][**P1 进**][**S1 火柴**]来。
	S-P-E元组描述的信息可以构造空间场景但不合常理	[**S1 小孩们**]特别爱逛庙会，为的是有机会[**P1 到市区**][**E1 看看野景**]
2	S-P-E元组描述的信息无法构造空间场景	他[**E1 沉**][**P1 入水边**]，不见了踪影
	S-P-E元组描述的信息可以构造空间场景但不合常理	她看着[**P1 橱窗边**]的[**S1 婚纱**]，心想自己穿上一定很好看。
1	元素所描述的实体、方位或事件不存在	在[**S1 边脚掌**]接触地面的瞬间，快速做一个原地垫步跳。

表 1: 异常文本片段选取说明

序号	元素名称	所属	性质	含义
1	空间实体	S	片段	对应于被描述空间方位的空间实体。
2	参照实体	S	片段	对应于与1号元素形成距离关系的另一个空间实体。
3	事件	E	片段	与空间实体的空间方位直接关联的事件。
4	事实性	F	标签	如果空间方位命题是假的，则标签为”假”。
5	时间	T	片段	文中写明的与空间方位相关联事件的时间表述。
			标签	如果空间实体处于某种空间方位关系的时间在文中并未写明，但可以推断绝对时间，则选择标签：”说话时”／”过去”／”将来”。
			片段+标签	如果空间实体处于某种空间方位关系的时间在文中并未写明，但可以推断参照时间，则在文本中选择参照事件，并选择标签：”之时”／”之前”／”之后”／”之间”。
6	处所	P	片段	描述静态空间实体相对某外部参照物的位置。
7	起点	P	片段	描述动态空间实体的方位发生变化的场景下，变化开始时实体的处所。
8	终点	P	片段	描述动态空间实体的方位发生变化的场景下，变化结束时实体的处所。
9	方向	P	片段	描述动态空间实体的位移方向。
10	朝向	P	片段	描述空间实体某一侧面所朝向的位置。
11	部件处所	P	片段	描述空间实体作为一个部件在整体中的位置。
12	部位	P	片段	描述了空间实体的某个部位。
13	形状	P	片段	描述了空间实体的形状。
14	路径	P	片段	描述了空间实体位移时经过的轨迹。
15	距离	P	片段	文中空间实体间定量距离的表述，与1号元素和2号元素共同描述。
			标签	空间实体间的定性距离，选择标签：”远”／”近”／”变远”／”变近”。

表 2: 子任务二的元素含义

第二十二届中国计算语言学大会论文集，第150页-第158页，哈尔滨，中国，2023年8月3日至5日。

上述例句共有3条标注条目：①空间实体="我"，时间="清晨"，方向="去公园"，事件="散步"；②空间实体="他"，时间="我清晨去公园散步时"，处所="在电线杆下"，事件="站"；③空间实体="菜篮"，处所="手里"，事件="提"。

2.3 子任务三：空间场景异同判断

子任务三的输入是两个包含空间场景描述的文本。两个文本在形式上存在差异，除去差异字符串，两个文本的其他部分完全相同，如"他站在电线杆下"和"他站在电线杆旁"只有方位词不同。机器需要判断两个文本是否可以描述相同的空间场景，并输出一段文本，内容包含列出差异字符串、说明空间场景相同或不同的理由。表3 是空间场景相同和不同的两个示例。

输入文本	判断结果	输出文本
我清晨去公园散步时，总能看见他站在电线杆下，手里提着菜篮。 我清晨去公园散步时，总能看见他站在电线杆旁，手里提着菜篮。	相同	两段文本的形式差异在于"电线杆下"和"电线杆旁"。它们都描述了"他"相对于"电线杆"的位置：他站在电线杆周围的区域。因此，它们可以描述相同的空间场景。
市政府计划在火车站广场下开发一个大型美食城，解决往来旅客的休息和餐饮需求问题。 市政府计划在火车站广场旁开发一个大型美食城，解决往来旅客的休息和餐饮需求问题。	不同	两段文本的形式差异在于"广场下"和"广场旁"。前者描述的空间场景中：美食城在火车站广场下方，广场在地上，而美食城在地下。后者描述的空间场景中：美食城和火车站广场都在地上。因此，它们描述的空间场景不同。

表 3: 子任务三示例

3 数据集

子任务一共含7050条语料，每条语料平均约114个字符。子任务二共含2163条语料，每条语料平均约116个字符。表4 是两个任务的数据集规模。子任务三没有划分子集，标注阶段共形成了355条语料，每条语料含两个文本，每个文本平均约72个字符。共有10条语料作为示例公布，帮助参赛队伍理解任务目标，有100条语料用来测试，其余数据没有在本次评测中使用。

子任务	训练集	验证集	测试集	总计
1.空间语义异常识别	4962	700	1388	7050
2.空间语义角色标注	1529	207	427	2163

表 4: 子任务一和子任务二的数据集规模

在语料来源方面，子任务一和子任务二均涉及多种不同来源的语料。表5 是两个任务的语料来源在数据集的占比情况，"其他"包括"语义角色标注课题语料"和"语言学论文例句"。子任务三语料的一个重要来源是SpaCE2022中方位词替换后空间信息仍正常的句子，比较并分析这些替换句和原始句的空间场景，得到了一批空间场景相同和空间场景不同的语料。课题组成员再根据这批语料以及语言学研究成果，自拟形成其他语料。

子任务	人民日报	文学作品	语文课本	体育文本	交通判决书	地理百科	其他
1.空间语义异常识别	29	30	13	17	4	4	3
2.空间语义角色标注	34	22	20	-	11	7	6

表 5: 子任务一和子任务二的语料来源占比（%）

第二十二届中国计算语言学大会论文集，第150页-第158页，哈尔滨，中国，2023年8月3日至5日。

3.1 数据集制作流程

子任务一的训练集和验证集来自SpaCE2022的归因与识别联合任务数据集。该数据集设计了三个归因类型，“搭配不当”类型使用“text1”和“text2”标签来标注异常，其余两个类型使用S-P-E标注法。本届评测统一使用S-P-E标注法，我们根据“text1”和“text2”的词性搭配情况总结了44种转换模式，如名词后搭配方位词转换为P，方位词后搭配名词转换为S，趋向动词归入P，其他动词归入E等等。最后对转换结果进行人工检查，删除了4条问题语料，得到1455条成功转换为S-P-E标注法的语料。

子任务一的测试集包含868条重新修订的语料，它们原本在SpaCE2022数据集制作阶段因质量问题被剔除，经过修订后被质量筛选程序认为质量可靠。为接近7:1:2的子集分布比例，根据方位词缺省情况和语体占比，我们从SpaCE2022的测试集中选取了529条语料进行补充。最终，剔除17条搭配不当转换失败的语料后，形成了1388条语料的测试集。

子任务二的训练集和验证集来自SpaCE2022的语义角色标注数据集。测试集的语料来自去年因质量问题被排除的语料，共1029条。修订后，质量筛选程序认为有673条语料可靠。我们从中按语体占比选择了427条语料构建测试集，让数据集的子集分布比例接近7:1:2。

子任务三的语料制作流程包括自拟题目和交叉审查题目。自拟题目时，出题人根据给定的151个方位词替换对构造文本，并给文本打上标签，true代表正例，空间场景相同，false代表负例，空间场景不同。同时，列出与该空间场景有关的空间实体，然后从处所、朝向、终点、方向、路径和位置关系中选择1个作为判断空间场景异同所要涉及到的元素。审查阶段，出题人之间交叉验证构造的文本是否合乎语法、空间信息以及标签是否正确。最后，得到355条语料，231条（65%）正例，124条（35%）负例。

虽然子任务三对于生成的文本没有格式要求，但为了帮助参赛队伍理解任务目标，我们设计了参考模板并编写了10条示例语料的参考答案。表6 展示了参考模板以及填充实例。

标签	参考模板	填充实例
true	两段文本的形式差异在于<R1>和<R2>。两段文本都出现了以下空间实体：<R3>。尽管两段文本在描述<R4>上有形式差异，但实际上，<R1>和<R2>都描述了<R5>：<R6>。因此，这两段文本可以描述相同的空间场景。	两段文本的形式差异在于<电线杆下>和<电线杆旁>。两段文本都出现了以下空间实体：<他和电线杆>。尽管两段文本在描述<他站的位置>上有形式差异，但实际上，<电线杆下>和<电线杆旁>都描述了<他的处所>：<位于电线杆周围的区域>。因此，这两段文本可以描述相同的空间场景。
false	两段文本的形式差异在于<R1>和<R2>。两段文本都出现了以下空间实体：<R3>。两段文本在描述<R4>上有形式差异，表明<R1>和<R2>描述的<R5>是不同的：<R6>。因此，这两段文本不能描述相同的空间场景。	两段文本的形式差异在于<广场下>和<广场旁>。两段文本都出现了以下空间实体：<火车站广场和美食城>。两段文本在描述<美食城的位置>上有形式差异，表明<广场下>和<广场旁>描述的<美食城的处所>是不同的：<前者在火车站广场下方，后者和火车站广场都在地上>。因此，这两段文本不能描述相同的空间场景。

表 6: 子任务三的参考模板及填充实例

3.2 标签分布情况

子任务一有6个标签：S1、P1、E1、S2、P2、E2。异常文本片段的数量为1-3个时，可选取标签有S1、P1、E1。数量为4-6时，6个标签均可选取。由于标签分布与异常文本片段的选取数量密切相关，表7 统计了每种选取情况对应的标注条目数量[2]。

[2]一条语料可能有多条标注条目

第二十二届中国计算语言学大会论文集，第150页-第158页，哈尔滨，中国，2023年8月3日至5日。

片段数	1	2	3	4	5	6
标注条目数	613	1035	3779	192	48	785

表 7: 子任务一的文本片段选取情况

子任务二的标签是15个元素，一共出现了38663次，表8 是各标签在子任务二数据集中的出现次数。

标签	空间实体	事件	处所	方向	时间	终点	起点	路径
出现次数	12204	8527	7309	3388	2143	1828	950	486
标签	事实性	部位	朝向	参照实体	距离	形状	部件处所	
出现次数	463	447	250	218	218	130	102	

表 8: 子任务二的标签出现次数

子任务三的标签是true和false。100条测试语料中，有54条正例，46条负例，覆盖了87个替换对。元素占比约为：处所（59%）、方向（30%）、终点（4%）、位置关系（3%）、朝向（2%）、路径（2%），与355条总语料的分布一致。

4 评测情况

4.1 评测指标

子任务一设计了2种评价指标，分别是①文本识别准确性、②标签识别准确性。指标①是参考指标，只要字符正确则视为正确，以F1值的形式考察参赛系统对异常文本进行定位的能力；指标②是排名指标，要求字符和标签都正确，以F1值的形式考察参赛系统掌握S-P-E标注法的情况。

子任务二的数据在评测时组织为元组形式，每个元组对应一条空间信息标注，每个句子对应若干个元组。元组不定长，每个元组都记录了标注所使用的标签。评分程序会对参考答案和机器答案中的元组进行两两比较，对于每个参考元组和机器答案元组，程序计算其中每个标签的得分，求和得到该元组的得分，以及该题的总分。最后，根据每题得分计算所有题目的F1值，作为最终得分。

子任务三不公布测试语料，参赛队伍需要提交模型或指令（prompt），由课题组运行程序，生成100道测试语料的结果。评价时，首先看异同判断的标签是否正确，如果错误，该题得0分；如果正确，采用人工评价对机器生成的文本进行解释有效性的打分。分数越高，表示判断空间场景异同的理由解释得越清楚。每题的分数划为0-5共6个等级，表9列出了等级含义。两名评分员均是课题组成员，他们会根据语料对机器生成的文本进行独立打分。最后取两名评分员的均分，转换为100分制，作为最终得分。

分数	等级含义
5分	调用文本以外的常识和世界知识，对空间场景进行重述。
4分	改写差异字符串，对空间场景进行重述。
3分	直接将差异字符串作为理由，未进行改写，没有对空间场景进行重述。
2分	所作解释与空间义有关，但与差异字符串所在的空间场景无关。
1分	所作解释与空间义无关。
0分	未作解释，没有结合文本答题。

表 9: 子任务三的人工评分标准

4.2 评测结果

SpaCE2023共有12支队伍报名，最终1支队伍提交了测试结果。课题组也开发了子任务一和子任务二的基线系统[3]，并测试了大语言模型GPT-3.5版本的应用ChatGPT在三个任务上的表

[3]https://github.com/2030NLP/SPaCE_Baseline_2023

第二十二届中国计算语言学大会论文集，第150页-第158页，哈尔滨，中国，2023年8月3日至5日。

现，评测结果见表10。

系统	子任务一（F1） 文本准确性	子任务一（F1） 标签准确性	子任务二（F1）	子任务三（百分制）
复旦大学	**0.6526**	**0.5782**	0.4739	37.40
基线	0.6236	0.5547	**0.4803**	-
ChatGPT	0.4639	0.2521	0.1378	**40.40**

表 10: 评测结果

4.2.1 子任务一的模型与方法

复旦大学的参赛系统[4]使用阅读理解任务的范式来完成子任务一，将任务简化为对六个文本片段的抽取，每个文本片段对应于一个标签。他们采用了deberta-chinese-large(He et al., 2020)这个中文预训练模型，并对该抽取任务做微调，预测每个异常文本片段的开头和结尾。当抽取的片段数量不足六个时，模型会把位置指向文本开头设置的标记。基线系统使用了预训练模型BERT(Devlin et al., 2019)，采用了序列标注任务的范式，设置了一个序列标注层来判断每个词所属的标签。

复旦系统的F1值略高于基线系统。具体到七种语料来源上，二者在人民日报、文学作品、语文课本、体育文本以及其他上的表现仅相差1-4个百分点，但在地理百科上，复旦系统比基线系统高出约10个百分点，在交通判决书上高出约50个百分点。以"被告人宋某某驾驶牌号为沪C9XXXX的小型轿车沿本区甘德路由东向西行驶至辰塔路向东右转"为例，抽取式的复旦系统正确识别出[**S1轿车，P1由东向西，E1行驶**]和[**S2轿车，P2向东，E2右转**]的冲突之处，而序列标注式的基线系统可能在子句较长的情况下，逐词标注会受到非目标词的干扰，标注了"9X"、"轿车沿本"、"区甘"等不成词的片段。另外，在4-6个片段的数量上，基线系统也远少于复旦系统。以6个片段为例，基线系统中仅出现了6次，而复旦系统出现了212次。不过，序列标注式模型面对文本片段不连续的情况可能有一定的优势，如"塞到那个女学生座位四面"的异常片段是"到四面"，复旦系统选取的区间包括了"那个女学生座位"，基线系统给出了"到生四面"，更为接近答案。

两个系统的文本准确性和标签准确性都仅约0.6，仍有待提高。我们考察了130道两个系统的标签准确性都为0分的题目后，总结了机器表现较差的三个方面：①**介词异常**，如"骑自（向）"、"由（从）头到脚"；②**不常见但空间义正常的搭配**，如"趴在窗户边"、"站在田埂边"，机器认为这些搭配存在异常；③**结合语境和常识才能发现的异常**。比如，在上下文描述房间内部环境的文本中，"房外又热又闷"存在异常。再如，"在蜂箱里忙碌的姚生"违反了人不能在蜂箱内部的常识。这些异常机器都没有发现。

4.2.2 子任务二的模型与方法

子任务二中，复旦系统采用抽取加生成的方法，训练了一个deberta抽取器来抽取"空间实体"元素，再训练一个CPT生成器(Shao et al., 2021)来生成剩余的元素。基线系统将子任务视为事件抽取任务，先抽取触发词，即事件元素，再围绕触发词抽取与其相关的其他元素。

复旦系统的F1值接近但未超过基线系统。两个系统所采用方法的差别反映在空间实体的数量差异上，复旦系统以空间实体为中心抽取其他元素，识别了2468个空间实体，而基线系统以事件为中心抽取其他元素，不善于处理缺少触发词的元组，仅识别了1808个空间实体。测试集共标注了3029个空间实体，其中约30%的元组缺少事件元素，从这一点看，以空间实体为中心的抽取方法可能比较符合数据集的特点。

复旦系统仅考虑片段型元素，忽略标签型元素，没有输出事实性元素、距离标签和方向标签。基线系统则没有输出时间标签和与距离关系有关的参照实体和距离元素。未来可进一步研究标签型元素和低频元素的识别。

4.2.3 子任务三的指令与方法

复旦大学使用了大语言模型来完成子任务三，在设计指令时结合COT（chain of thought，思维链）(Wei et al., 2022)和few-shot方法(Brown et al., 2020)，通过COT引导模型推理出更好

[4]https://github.com/ShacklesLay/Space2023

第二十二届中国计算语言学大会论文集，第150页-第158页，哈尔滨，中国，2023年8月3日至5日。

的结果，然后提供1个空间场景相同的样例和1个空间场景不同的样例，帮助模型理解输出格式以及推理的过程。

COT指令包含5个步骤：1.找出两个文本的差异字符C1和C2；2.找出差异字符所在的完整短语P1和P2。有时仅凭差异文本不足以判断空间场景是否异同，所以扩展了判断空间；3.找出短语中包含的空间实体；4.判断空间场景异同；5.选择模板进行输出。模板是课题组提供的参考模板。

两个样例均包括输入、思维链和输出三个部分，表11 展示了指令中空间场景相同的样例。最后，课题组使用提交的指令，在ChatGPT上运行了100道测试语料的结果，共有65题判断正确，进入人工评分阶段，得分为37.40分。

输入	思维链	输出
"context1"："一张微微泛黄的旧照片中，小伙子一身白色西装，脖子上系着领带，头发梳得整齐，与身旁衣着朴素的小女孩形成反差。" "context2"："一张微微泛黄的旧照片中，小伙子一身白色西装，脖子下系着领带，头发梳得整齐，与身旁衣着朴素的小女孩形成反差。"	差异在于"脖子上"和"脖子下"。根据提供的上下文，包含C1的完整短语P1可以是："脖子上系着领带"；而包含C2的完整短语P2则可以是："脖子下系着领带"。P1和P2中包含的空间实体如下："小伙子"、"脖子"、"领带"。根据P1和P2的描述，它们所描述的空间实体"领带" 位于相同的位置，P1描述的是领带在脖子表面，而P2描述的是领带在脖子胸前。因此，它们所处的空间场景一致。	{"results":[{ "judge":"true", "reason":"两段文本的形式差异在于"脖子上"和"脖子下"。两段文本中都出现了以下空间实体："小伙子"、"脖子"和"领带"。尽管两段文本在描述"领带"系着的位置上有形式差异，但实际上，"脖子上系着领带"和"脖子下系着领带"描述"领带"的处所是相同的，都位于脖子表面和胸前。因此，这两段文本可以描述相同的空间场景。"}]}

表 11: 复旦大学指令中的样例

4.2.4 ChaptGPT的表现

SpaCE2023测试了GPT3.5版本的ChatGPT在数据集上的表现。子任务一的指令说明了S-P-E标注法。受限于ChatGPT可接受的输入长度，我们提供了5条样例帮助模型理解任务目标和输出格式，这5条样例涵盖了5种语料来源和6种文本片段。子任务二的指令说明了15个元素的概念，提供了3条样例，涵盖3种语料来源和9个元素。子任务三则直接提供10个样例以供学习，每个样例包括语料文本、判断结果和按模板编写好的判断理由。样例涉及处所、方向、终点、位置关系这四个要素，含5条正例和5条负例。对于子任务一和子任务二的输出，我们发现文本片段的下标存在很多错误，所以用程序重新寻找了每个文本片段的下标。

子任务一的得分反映出ChatGPT仅找出了约46%与空间异常有关的片段，且并未有效掌握S-P-E标注法。输出结果主要存在两个问题：①**P信息的成分较为混乱**，填写了许多不表示方位信息的动词性成分和形容词性成分；②**大量使用4-6个片段来描述异常**，但填写的片段并没有信息冲突。在接下来的工作中，子任务一的指令设计将描述每个元素可填入的语法单位，规定每种文本片段的使用情况。

子任务二的F1值仅有0.1分。输出结果含有许多与空间语义无关的标注，如"他等父亲"标注了空间实体"他"和事件"等"，说明没有理解任务目标。同一个标签也在同一个元组中使用多次，如一个元组标注了两个及以上的空间实体，甚至出现"幻觉"，使用了规范以外的元素，如"数量"、"状态"、"情感"等。子任务二的指令需要采用新的设计思路，如使用思维链的方式让其找出所有空间实体，然后围绕每个空间实体寻找相关的元素。指令还应说明元素的使用限制，提供更多用例展示元素的使用条件。

子任务三的输出中，共有71题判断正确，较好地理解了任务目标。人工评分阶段获得40.40分，生成的文本主要存在两个问题：

第二十二届中国计算语言学大会论文集，第150页-第158页，哈尔滨，中国，2023年8月3日至5日。

(1) 与空间义无关。如"等潮水涨上来时才登上小岛"和"等潮水涨**起**来时才登上小岛"描述的空间场景是相同的，ChatGPT给出的理由是"都描述了登上小岛的时间"，没有涉及潮水上涨的方向。

(2) 直接将差异字符串作为解释。如"在名称**中**使用'示范区'字样"和"在名称**前**使用'示范区'字样"描述的空间场景是相同的，但所作解释是"企业可以在名称中或名称前使用'示范区'字样"，仍然没有说明相同的原因。

在改进子任务三的指令时，可将模板槽位拆解为多个问答题的形式，引导大语言模型做出更好地回答。

5 结论与未来工作

本文介绍了第三届中文空间语义理解评测的概况。SpaCE2023在提高语料质量的基础上，优化了异常识别任务、空间标注任务的底层设计，创新性地提出了空间场景异同判断任务，提供了考察空间语义理解能力的新角度。评测最终吸引了复旦大学队伍参赛，他们研发的抽取式模型在子任务一上取得0.5782的F1值，超过了基线模型。子任务二使用了抽取加生成的方法，虽然未能超过基线系统，但所采用的以空间实体为中心的抽取方法贴合任务设计。在接下来的工作中，如何有效区分异常的空间信息和正常的空间信息、如何不遗漏地提取空间元素可能是新的重点和难点。

本届评测还出现了大语言模型的身影。复旦大学参赛队使用思维链和提供少样本的方法引导大语言模型进行空间场景异同判断并生成理由，取得了37.40分的成绩。课题组测试了ChatGPT在SpaCE2023数据集上的表现，子任务一和子任务二的表现远不如参赛系统和基线系统，未来的指令设计应着力于解构任务，帮助大模型理解任务目标。ChatGPT对子任务三这一生成式任务的理解较好，仅提供2个示例就能对两个文本的空间场景进行比较并判断异同，但对于判断作出的解释仍不够到位，应继续引导它结合世界知识，对空间场景进行重述，比如将"车下"进一步描述为"车辆底盘与地面的空隙区域"。

整体来看，参赛系统、基线系统和ChatGPT在三个子任务上的得分均有待提高，反映出空间语义的复杂性。我们将继续提出新的评测角度，开展新的评测任务，以期推动空间语义理解任务乃至语言认知类评测任务的研究和发展。大语言模型的空间语义理解能力是未来重要的研究目标之一，我们将设计更具针对性的评测方法。

参考文献

Tom Brown, Benjamin Mann, Nick Ryder, Melanie Subbiah, Jared D Kaplan, Prafulla Dhariwal, Arvind Neelakantan, Pranav Shyam, Girish Sastry, Amanda Askell, et al. 2020. Language models are few-shot learners. *Advances in neural information processing systems*, 33:1877–1901.

Jacob Devlin, Ming-Wei Chang, Kenton Lee, and Kristina Toutanova. 2019. BERT: Pre-training of deep bidirectional transformers for language understanding. In *Proceedings of the 2019 Conference of the North American Chapter of the Association for Computational Linguistics: Human Language Technologies, Volume 1 (Long and Short Papers)*, pages 4171–4186, Minneapolis, Minnesota, June. Association for Computational Linguistics.

Pengcheng He, Xiaodong Liu, Jianfeng Gao, and Weizhu Chen. 2020. Deberta: Decoding-enhanced bert with disentangled attention. *arXiv preprint arXiv:2006.03654*.

Yunfan Shao, Zhichao Geng, Yitao Liu, Junqi Dai, Hang Yan, Fei Yang, Li Zhe, Hujun Bao, and Xipeng Qiu. 2021. Cpt: A pre-trained unbalanced transformer for both chinese language understanding and generation. *arXiv preprint arXiv:2109.05729*.

Jason Wei, Xuezhi Wang, Dale Schuurmans, Maarten Bosma, Fei Xia, Ed Chi, Quoc V Le, Denny Zhou, et al. 2022. Chain-of-thought prompting elicits reasoning in large language models. *Advances in Neural Information Processing Systems*, 35:24824–24837.

詹卫东, 孙春晖, 岳朋雪, 唐乾桐, and 秦梓巍. 2022. 空间语义理解能力评测任务设计的新思路—space2021数据集的研制. 语言文字应用, (02):99–110.

第二十二届中国计算语言学大会论文集，第150页-第158页，哈尔滨，中国，2023年8月3日至5日。

CCL23-Eval 任务5总结报告：跨领域句子级别中文省略消解

李炜，邵艳秋*，祁佳璐
北京语言大学
信息科学学院
北京市海淀区学院路15号，100083
liweitj47@blcu.edu.cn，yqshao163@163.com，jialuqi983@163.com

摘要

省略是一种会出现在包括中文在内的各种语言中的一种语言现象。虽然人类一般能够正确理解带有省略的文本，但是其对机器在句法、语义等方面的理解却会造成影响。因此自动恢复省略成分对文本自动分析理解具有重要意义。本任务提出一个面向应用的省略恢复任务，旨在恢复在句子句法结构中占据有效位置同时在句子中扮演语义成分的被省略内容。本任务将省略恢复任务划分成两个子任务：省略位置探测和省略内容生成，并分别描述在两个子任务中取得较好结果的基线方法。此外，为了推进对大语言模型的研究，本文还尝试使用场景学习的方法使用ChatGPT来完成本任务，并进行了相关分析。

关键词： 省略探测 ；省略恢复

Overview of CCL23-Eval Task 5: Sentence Level Multi-domain Chinese Ellipsis Resolution

Wei Li, Yanqiu Shao, Jialu Qi
Beijing Language and Culture University
School of Information Science
15 Xueyuan Rd., HaiDian District,
Beijing, 100083
liweitj47@blcu.edu.cn，yqshao163@163.com，jialuqi983@163.com

Abstract

Ellipsis is a linguistic phenomenon that occurs in various languages, including Chinese. Although humans can generally understand text with omissions correctly, it can have an impact on machine understanding in terms of syntax and semantics. Therefore, the automatic recovery of omitted elements is of significant importance for automated text analysis and comprehension. This task proposes a computationally feasible omission recovery task that aims to restore omitted constituents that occupy valid positions in the syntactic structure of a sentence while playing a semantic role. The task is divided into two subtasks: ellipsis position detection and ellipsis content generation. Baseline methods that have achieved good results in both subtasks are described. Additionally, to advance research on large language models, this study also attempts to utilize the approach of in context learning using ChatGPT to perform this task and conducts relevant analysis.

Keywords: Ellipsis Detection , Ellipsis Restoration

* 通讯作者 Corresponding Author

项目资助：本成果受国家自然科学基金项目（61872402）,教育部人文社科规划基金项目(17YJAZH068)，北京语言大学校级项目（中央高校基本科研业务费专项资金）（22YJ080002）资助。

text	貌似今天我很忙啊，从上午直到现在都在机房维修服务器，现在恢复正常了
targets	index: 9, content: 我 index: 28, content: 服务器

Table 1: 省略任务样例

1 引言

省略是一种在包括中文在内的各种语言中均广泛出现的常见语言现象。虽然省略的相关信息未在文本中出现，但是人类通常可以通过上下文推断出被省略的成分。然而对于机器来说，省略现象却可能导致理解的错误，比如语法分析的错误、机器翻译中的错漏等现象(吕叔湘, 1990)，这使得自动探测和补全省略现象十分重要。前人对于省略现象的研究大多从语言学角度出发。黎锦熙(黎锦熙, 2007)提出省略是担任主语、宾语等句法成分的实体词的省略，吕叔湘(吕叔湘, 1990)等人沿革并发展前任思想，至王维贤提出"三个平面"理论，从语义、语法、语用三个角度深入论述省略现象(王维贤, 1985)。八十年代以来，吕叔湘(吕叔湘, 1979)、祝克懿(祝克懿, 1987)、陈平(陈平, 1987)等人进一步对比区分省略与零形回指、隐含、暗示等省略现象，拓宽了对省略的探索和研究。简单来说，省略可以被分成三个类别：句法层面、语义层面和语用层面。前人研究较多的零指代消解可以被归为句法层面省略的一种。Ren等人(Ren et al., 2018)构建了针对于网络文本的省略恢复数据，但是其中恢复的省略内容可能超出当前句子。而Liu等人(Liu et al., 2019a)则是基于AMR图构造省略数据集，其省略的成分可以以符号的形式进行补充。

在本任务中，我们主要从应用和可计算的角度出发，来定义省略的范畴和成分。我们将省略看做是未出现成分在句子句法结构中应该占据有效位置，同时在句子中扮演语义成分，并且能够根据句子内上下文信息补充的句子成分。这样使得被省略成分能够依据有限的上下文（限定在句子内，不需要额外背景）通过计算被还原出来，同时对被省略成分进行还原后，能够提升句法结构和语义结构的完整性，帮助计算模型对句子的理解。

比如例子"**妈，为什么一听见他的声音，我的双腿就发抖**"中，就省略了主语"**我**"，也即是"**我**"听见声音。（完整句子应为"**妈，为什么我一听见他的声音，我的双腿就发抖**"）

被省略的成分"我"可以从后文中找到，同时使得中间小句的句法结构比较完整，并且得到了是我听声音这样的语义信息。

除了此类与零指代消解有一定重合的情况，句子中的其它成分也可能会被省略，比如"你吃饭了吗？我没。"该例中就省略了谓语成分"吃"。而对于无法单纯从句子内信息进行补全的成分，本任务不对这类省略进行研究。比如"中国从前的监狱，墙上大抵画着一只虎头，所以叫做'虎头牢'，狱门就建在虎口里，这是说，一进去，就很难再出来"这里就省略了需要通过知识背景才能补全的"犯人"或"罪犯"。

在任务中，我们整理发布了经人工标注的5953条包含有本文定义的可恢复省略成分的句子，同时标注了省略的位置和省略的内容。出于比赛的需要，我们将数据集随机划分成训练集、开发集、测试集和盲测集四个部分（见表3）。此外，我们观察到在不同的语体中，省略现象出现的概率和类型等会有差别，因此我们同时选择了相对正式的新闻、教材、小说和剧本以及相对非正式的微博和产品评论数据，使得数据更加具有广泛性和实用性。

在本任务中，我们将任务具体划分成两个子任务（见表1）：省略位置探测和省略内容恢复。省略位置探测旨在在明确句子中存在省略的情况下，找出省略的具体位置（下标），也即找到标注中的"index"，在此例中为9和28，因为省略位置应为"从"和"恢复"前面的位置，而"从"从0开始计数为9，"恢"从0开始计数为28。在本任务的基线模型中采用序列标注的形式进行建模。省略内容恢复旨在在已知省略位置的情况下，找出或生成出被省略的内容，在此例中为"我"和"服务器"。在本任务的基线模型中采用文本生成或问答的形式进行建模。此外，本任务还包含将以上两个子任务一体化的总任务，即已知句子中存在省略，需要同时判断省略的位置并给出被省略的内容。目前的一体化总任务的基线模型为前述两个子任务获得最佳性能的流水线方法。

本文的贡献可以总结如下：

- 我们发布了一个有5953个来自6个不同领域的标注了省略位置和省略内容的句子的省略恢复

第二十二届中国计算语言学大会论文集，第159页-第166页，哈尔滨，中国，2023年8月3日至5日。

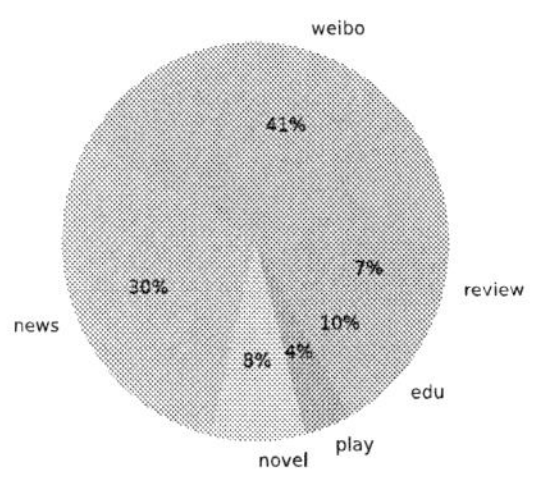

Figure 1: 不同领域样本分布比例

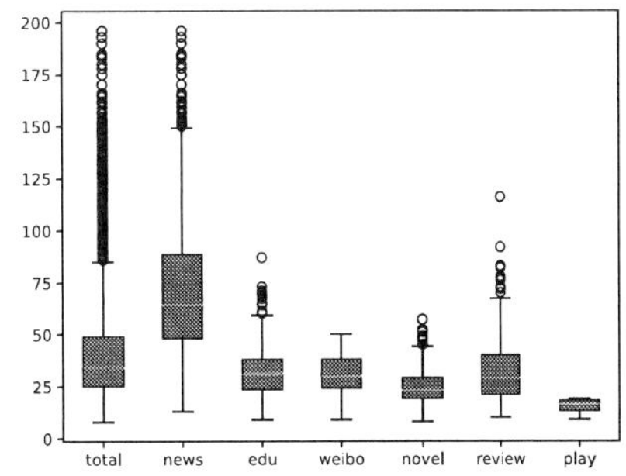

Figure 2: 不同领域样本文本长度分布箱线图

任务。通过省略恢复任务，本研究希望能够提高句法和语义分析的准确率，以更好地分析和理解自然语言文本。

- 我们发布了包括当下获得巨大成功的大模型ChatGPT[0]在内的多个省略恢复基线模型。基于ChatGPT的方法通过不同的提示语，以少样本学习的方式测试大模型对省略现象的恢复能力。本研究希望能够为大模型生成内容与省略现象的进一步研究提供基础。

2 数据集

我们选取的数据包含相对正式的新闻、教材、小说、剧本，以及相对非正式的微博和产品评论。相比MCER(Qi et al., 2022)的数据，主要增加了口语化的微博数据，使得研究更加贴近当前网络文本大量出现的情况。其中，为方便后续从语义依存分析的角度对省略补全的意义进行验证，新闻、教材、小说、剧本四类数据的语料来源均与CCL2020中文语义依存图分析任务评测中给出数据集的语料来源相同。我们以句子通顺、无歧义，且包含一个或一个以上省略现象为原则，最终得到共5953句带有省略位置和省略内容的标注。

各领域具体句子数量和比例如表2和图1所示。可以看到数据集中以微博和新闻所占比例最高，分别代表了正式文本和非正式文本。我们还在图2中展示了不同领域样本的文本长度分布，可以看到总体长度较短，但是也存在大量较长样本，这部分主要来自新闻领域。而受到平台的限制，微博文本则普遍较短且基本没有异常值。

微博	新闻	小说	剧本	教材	产品评论
2463	1774	471	232	579	434

Table 2: 不同领域样例数量

训练集	开发集	测试集	盲测集
3,606	602	883	862

Table 3: 数据集划分

在表3中我们展示了比赛中数据被如何划分成不同部分。需要说明的是，最终的比赛排名按照盲测集结果排名。

在图3中我们展示了不同领域中样本省略内容长度的分布，可以看出省略长度大部分在5以内，但是产品评论省略内容总体长度偏长，这可能与产品评论中提到的被省略内容多为产品的某些方面，而这些描述往往偏长有关。小说和剧本的省略长度相对较短，并且很少有异常值，这可能与文学作品中省略内容多为其中人物，而人物名长度一般较短有关。

在图4中我们展示了不同领域中省略个数的分布，可以看出省略个数大多均为一到两个，且不同领域差别不是很大。

2.1 数据标注过程

我们的数据标注过程主要分为人工标注和二次验证两个部分。

[0]http://chat.openai.com/

第二十二届中国计算语言学大会论文集，第159页-第166页，哈尔滨，中国，2023年8月3日至5日。

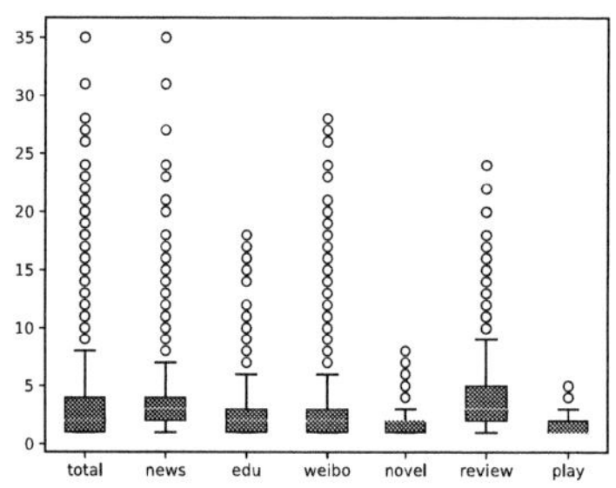

Figure 3: 不同领域样本省略内容长度分布箱线图

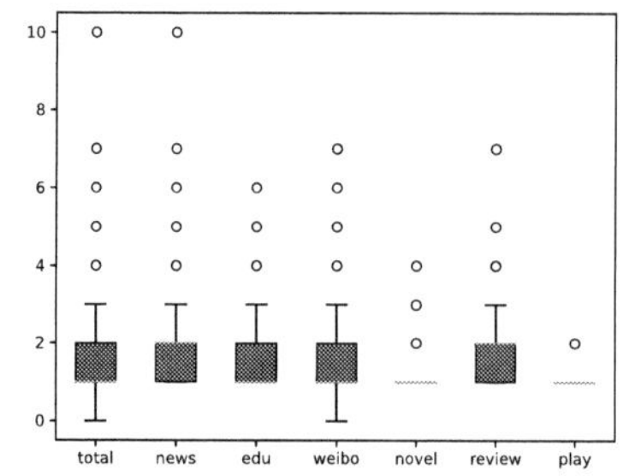

Figure 4: 不同领域样本省略数量分布比例箱线图

人工标注阶段分为试标注和正式标注两个步骤。我们通过试标注过程中标注人员的反馈来确认标注规范中是否存在歧义或难以理解的内容，并依据实际情况，对标注规范进行调整。与此同时，我们也会对标注人员试标注过程的标注结果进行检查，针对其结果中与正确的标注结果存在差异的部分，与标注人员沟通，并借助这些问题以及一些典型案例，对标注人员进行进一步的培训，确保其能够充分理解标注规范的内容及其含义。正式标注过程中，标注人员两两一组，每组标注人员将对同一组数据进行标注，以方便我们进行后续的二次验证。

在二次验证阶段，我们对每组的两个标注人员提交的标注结果进行比对，并针对标注结果中存在差异的部分，进行重新标注，直至两个标注人员的标注结果达成一致为止。

3 任务

在本节中，我们对两个子任务以及在两个子任务取得较好效果的基线模型进行描述。

3.1 子任务一

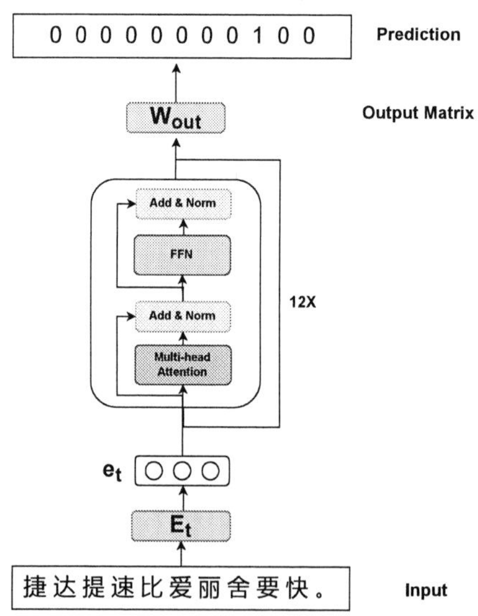

Figure 5: 序列标注方式进行省略位置探测方法示意图

对于子任务一，任务的输入为带有省略现象的文本原句，如图5中输入为“捷达提速比爱丽

第二十二届中国计算语言学大会论文集，第159页-第166页，哈尔滨，中国，2023年8月3日至5日。

舍要快”，这里完整的句子应为“捷达提速比爱丽舍提速要快”，省略内容为“提速”，其被省略位置应为“要”字前，因此本任务输出答案设置为“要”字在当前句子中的下标，也即从0开始计数的第8个位置。

在此子任务中，本文选取的基线模型将此任务建模成序列标注任务，也即对于输入文本的每个位置进行角色预测，省略所在位置标注为1，其它位置标注为0。在例子中，“要”字对应的序列目标为1，其余位置为0。如图5中输出目标所示。本任务采用的实现方式为Transformers[1]。对于编码器部分来说，本文分别选取了BERT(Devlin et al., 2019)和Roberta(Liu et al., 2019b)。输出矩阵将经过编码器编码的每个字符对应的隐向量转换到二分类概率。并使用交叉熵作为优化目标函数。

3.2 子任务二

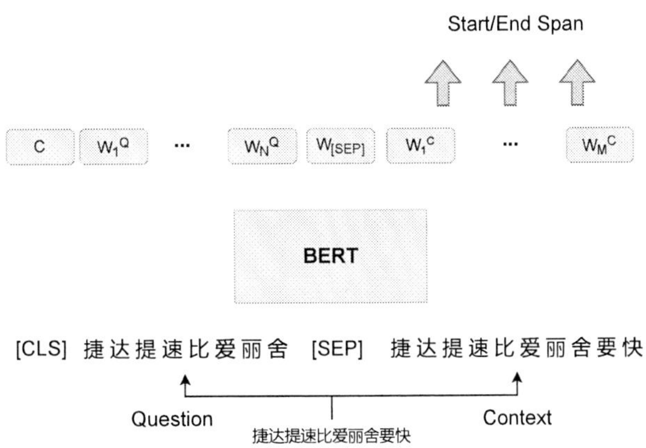

Figure 6: 问答方式进行省略内容补全方法示意图

对于子任务二，任务的输入仍为带有省略现象的文本原句，标准答案输出应为被省略内容“提速”。在此子任务中，可以直接使用序列到序列的建模方式，即以原任务输入为模型输入，以被省略内容“提速”为模型输出(Lewis et al., 2020)。但是此方法的实际效果较差，因此本文着重介绍使用阅读理解形式建模的方法。阅读理解形式方法将输入重新构造成问题和上下文两个部分（如图6所示），使用[SEP]隔开。输入句首插入[CLS]代表文本整体语义信息。基于该位置得到的整体表示与上下文信息进行比较，分别获得答案开始和结束的位置，并使用交叉熵作为优化目标。

4 结果

4.1 评价指标

对于子任务一来说，本任务选择精确率（Precision）、召回率（Recall）和F1值进行评价，我们以F1值作为子任务一的主要评价指标。对于子任务二来说，考虑到生成的内容可能并不完全重合，在完全匹配之外，本任务还选择了Rouge-1、Rouge-2、Rouge-L对生成内容进行评价。子任务二的最终评价分数由精确匹配分数和Rouge分数加权求和得到:

$$score_2 = 0.4 * Exact\text{-}match + 0.3 * Rouge\text{-}L + 0.2 * Rouge\text{-}2 + 0.1 * Rouge\text{-}1 \quad (1)$$

一体化任务评价方法与子任务二评价方法保持一致。

4.2 大语言模型

为了探究当前在各种不同任务中取得良好效果的大语言模型使用情境学习（in context learning）方法在省略位置探测和省略内容恢复任务上取得的效果，本文设计了两段提示语来分

[1]https://huggingface.co/docs/transformers/model_doc/bert#transformers.BertForTokenClassification

第二十二届中国计算语言学大会论文集，第159页-第166页，哈尔滨，中国，2023年8月3日至5日。

别使用尖号∧标记省略位置（表4）和填充[$MASK$]对应位置的被省略内容（表5）。在提示语中，我们首先通过文本描述任务目标，之后提供三个包含有输入、输出对的例子，并在文本的最后提供带判断的文本，指示模型在“输出”后参照例子给出预测结果。

省略指句子中对语法或语义成分的省略。请参考以下例子，以∧标注省略现象出现的位置。
输入：他俩并不在看电视，只是借电视来营造一个只属于他俩的氛围，以这氛围在这家中做一种微妙的划分。
输出：他俩并不在看电视，∧只是借电视来营造一个只属于他俩的氛围，∧以这氛围在这家中做一种微妙的划分。
输入：看着一拨一拨的人陆续上车，我们的车还没来...
输出：∧看着一拨一拨的人陆续上车，我们的车还没来...
输入：捷达提速比爱丽舍要快。
输出：捷达提速比爱丽舍∧要快。
输入：sentence
输出：

Table 4: 省略位置探测ChatGPT提示语

省略指句子中对语法或语义成分的省略。以下示例中[MASK]表示这一位置为省略出现的位置，请参考这些示例，在句子内部找到合适的成分对替换[MASK]的部分，注意用于替换的成分必须在句子里出现过。
输入：他俩并不在看电视，[MASK]只是借电视来营造一个只属于他俩的氛围，[MASK]以这氛围在这家中做一种微妙的划分。
输出：他俩他俩
输入：[MASK]看着一拨一拨的人陆续上车，我们的车还没来...
输出：我们
输入：捷达提速比爱丽舍[MASK]要快。
输出：提速
输入：masked_text
输出：

Table 5: 省略内容补全ChatGPT提示语

4.3 参赛队伍结果

在表6中，我们展示了提交结果的两支队伍和基线方法以及大语言模型ChatGPT在子任务一中得到的结果。其中，基线方法使用BERT作为语义表示模型。

可以看到两支队伍在子任务一中的结果并不理想，未达到本文基线方法的水平。而相比两支队伍来说，ChatGPT取得的结果则更差。通过对ChatGPT结果的简单分析，我们发现，在盲测集的862个样例中，有711个样例ChatGPT都发生了不同程度的错误。其中，甚至在高达465个样例中，省略的数量与标准答案不匹配。

队伍	Precision	Recall	F1-score
Baseline	81.29	81.11	81.20
ChatGPT	39.99	46.49	42.99
北京语言大学	59.55	70.06	64.38
大连理工大学	67.01	75.99	71.22

Table 6: 子任务一参赛队伍盲测结果

在图7中，我们给出了基线模型在不同领域中在子任务一中得到的F1分数，可以看到尽管是正式文体，新闻领域中的省略位置探测与微博类似，均低于其它领域。我们认为这可能与新

第二十二届中国计算语言学大会论文集，第159页-第166页，哈尔滨，中国，2023年8月3日至5日。

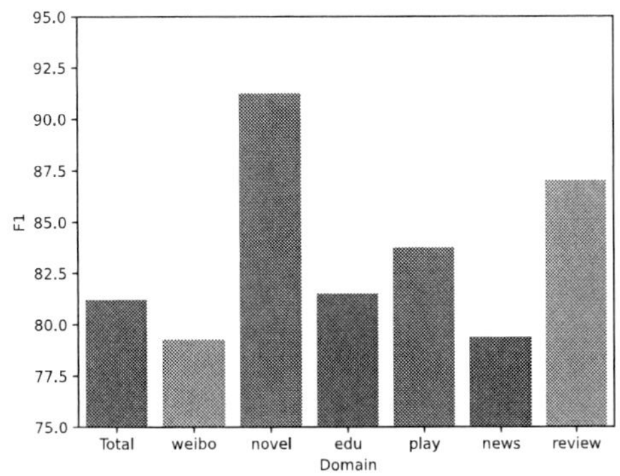

Figure 7: 不同领域下子任务一中基线模型得到的F1分数

闻文本长度相对较长有关（见图2），而微博中的省略位置探测结果差则主要和其表达更加随意有关。而由于在整个数据集中新闻和微博所占比例较高，因此总的F1分数也与这两个领域的分数较为接近。

在表7中，我们展示了提交结果的两支队伍在一体化任务中得到的结果。可以看到大连理工大学队获得的成绩相对于北京语言大学队的成绩更优，但是两支队伍综合得分尚未达到本文发布的基线模型。而目前使用的基于ChatGPT的模型在一体化任务中结果与两支队伍差距较大，说明基于ChatGPT的省略恢复仍需要继续进行研究。

队伍	Rouge-1	Rouge-2	Rouge-L	Exact Match	综合得分
ChatGPT	20.02	12.21	19.99	15.15	16.50
Baseline	69.27	46.91	69.27	64.20	62.77
北京语言大学	35.96	20.15	35.91	23.94	35.39
大连理工大学	55.05	30.80	55.04	48.17	55.37

Table 7: 一体化任务参赛队伍盲测结果

由于盲测集的设定，参赛队伍没有单独子任务二的结果（子任务一中的省略位置给出的情况下），因此我们仅在表8中给出基线模型和ChatGPT在子任务二中的表现。可以看出，虽然ChatGPT是生成模型，但是在此类限定范围的生成任务中，与经过训练的问答模型表现上仍有较大差距。

方法	Rouge-1	Rouge-2	Rouge-L	Exact Match	综合得分
Baseline	82.32	54.98	82.29	75.15	73.98
ChatGPT	39.61	22.03	39.57	30.16	30.30

Table 8: 子任务二基线方法结果

5 结论和展望

在本文中，我们介绍了跨领域句子级别中文省略消解恢复评测的任务设定和本文所采用的基线方法，以及参赛队伍的结果。从结果来看，参赛队伍在两个子任务上获得的结果均尚有较大提高空间。此外，为了探究大语言模型对省略现象的理解能力，本文尝试使用场景学习的方法使用ChatGPT来完成本任务。

在未来，本文认为可以对语义分析与省略恢复之间的关系进行研究，比如省略恢复是否以及如何能够帮助语义分析取得更好的效果。此外，本文对大语言模型在省略现象上的研究还非常不充分，在未来的研究中，我们认为可以探究大语言模型所生成内容中带有的省略现象是否与人类生成文本中带有的省略现象一致等方面。

第二十二届中国计算语言学大会论文集，第159页-第166页，哈尔滨，中国，2023年8月3日至5日。

参考文献

Jacob Devlin, Ming-Wei Chang, Kenton Lee, and Kristina Toutanova. 2019. BERT: pre-training of deep bidirectional transformers for language understanding. In Jill Burstein, Christy Doran, and Thamar Solorio, editors, *Proceedings of the 2019 Conference of the North American Chapter of the Association for Computational Linguistics: Human Language Technologies, NAACL-HLT 2019, Minneapolis, MN, USA, June 2-7, 2019, Volume 1 (Long and Short Papers)*, pages 4171–4186. Association for Computational Linguistics.

Mike Lewis, Yinhan Liu, Naman Goyal, Marjan Ghazvininejad, Abdelrahman Mohamed, Omer Levy, Veselin Stoyanov, and Luke Zettlemoyer. 2020. Bart: Denoising sequence-to-sequence pre-training for natural language generation, translation, and comprehension. In *Proceedings of the 58th Annual Meeting of the Association for Computational Linguistics*, pages 7871–7880.

Yihuan Liu, Bin Li, Peiyi Yan, Li Song, and Weiguang Qu. 2019a. Ellipsis in Chinese AMR corpus. In *Proceedings of the First International Workshop on Designing Meaning Representations*, pages 92–99, Florence, Italy, August. Association for Computational Linguistics.

Yinhan Liu, Myle Ott, Naman Goyal, Jingfei Du, Mandar Joshi, Danqi Chen, Omer Levy, Mike Lewis, Luke Zettlemoyer, and Veselin Stoyanov. 2019b. Roberta: A robustly optimized bert pretraining approach. *arXiv preprint arXiv:1907.11692.*

Jialu Qi, Yanqiu Shao, Wei Li, and Zizhuo Shen. 2022. Mcer: A multi-domain dataset for sentence-level chinese ellipsis resolution. In *CCF International Conference on Natural Language Processing and Chinese Computing*, pages 29–42. Springer.

Xuancheng Ren, Xu Sun, Ji Wen, Bingzhen Wei, Weidong Zhan, and Zhiyuan Zhang. 2018. Building an ellipsis-aware Chinese dependency treebank for web text. In *Proceedings of the Eleventh International Conference on Language Resources and Evaluation (LREC 2018)*, Miyazaki, Japan, May. European Language Resources Association (ELRA).

吕叔湘. 1979. 汉语语法分析问题. 商务印书馆.

吕叔湘. 1990. 中国文法要略. 商务印书馆.

王维贤. 1985. 说“省略”. 中国语文, 6:409–414.

祝克懿. 1987. 省略与隐含. 河南大学学报*(哲学社会科学版)*, (05):92–97.

陈平. 1987. 汉语零形回指的话语分析. 中国语文, 1987:363–378.

黎锦熙. 2007. 新著国语文法. 湖南教育出版社.

第二十二届中国计算语言学大会论文集，第159页-第166页，哈尔滨，中国，2023年8月3日至5日。

CCL23-Eval 任务6系统报告：基于深度学习的电信网络诈骗案件分类

李晨阳[1,2]，张龙[1,2]，赵中杰[1,2]，郭辉[1,2]
[1]中原工学院 前沿信息技术研究院，河南 郑州 450007
[2]河南省网络舆情监测与智能分析重点实验室，河南 郑州 450007
2312826399@qq.com

摘要

文本分类任务作为自然语言处理领域的基础任务，在面向电信网络诈骗领域的案件分类中扮演着至关重要的角色，对于智能化案件分析具有重大意义和深远影响。本任务的目的是对给定案件描述文本进行分类，案件文本包含对案件的经过脱敏处理后的整体描述。我们首先采用Ernie预训练模型对案件内容进行微调的方法得到每个案件的类别，再使用伪标签和模型融合方法对目前的F1值进行提升，最终在CCL23-Eval任务6电信网络诈骗案件分类评测中取得第二名的成绩，该任务的评价指标F1值为0.8628，达到了较为先进的检测效果。

关键词： 文本分类 ； 网络诈骗 ； 预训练模型 ； 伪标签 ； 模型融合

System Report for CCL23-Eval Task 6: Classification of Telecom Internet Fraud Cases Based on Deep Learning

Chengyang Li[1,2], Long Zhang[1,2],Zhongjie Zhao[1,2],Hui Guo[1,2]
[1]Frontier Information Technology Research Institute,
Zhongyuan University of Technology, Zhengzhou 450007 China
[2]Henan Key Laboratory on Public Opinion Intelligent Analysis, Zhengzhou China
2312826399@qq.com

Abstract

As the basic task in the field of Natural language processing, text classification plays a crucial role in the case classification in the field of telecom Internet fraud, and has great significance and far-reaching impact on intelligent case analysis. The purpose of this task is to classify the given case description text, which contains the overall description of the case after being desensitized. We first used Ernie's pre training model to fine tune the case content to get the category of each case, and then used pseudo tags and model fusion methods to improve the current F1 value. Finally, we won the second place in the CCL23-Eval task 6 Telecom Internet fraud case classification evaluation. The evaluation index F1 value of this task is 0.8628, achieving a more advanced detection effect.

Keywords: Text classification , Internet fraud , Pretraining model , Pseudo label , Model fusion

基金项目：河南省高等学校重点科研项目（22B520054）；嵩山实验室预研项目（YYJC032022021）；中原工学院自然科学基金（K2023MS021）

1 任务介绍

诈骗案件分类问题是打击电信网路诈骗犯罪过程中的关键一环，通过根据不同的诈骗方式、手法等对其分类，一方面能够便于统计现状，有助于公安部门掌握当前电信网络诈骗案件的分布特点，进而能够对不同类别的诈骗案件作出针对性的预防、监管、制止、侦查等措施，另一方面也有助于在向群众进行反诈宣传时抓住重点、突出典型等。然而，人工分类的方法不仅耗时耗力，还容易受到人为主观因素的干扰，分类结果难以达到高度准确。在现代社会，电信网络诈骗案件种类繁多、数量巨大，人工分类的方法已经难以满足需求。面对人工智能技术高速发展的时代，急需一项更加高效、准确的自动分类方法来解决此问题。为此，CCL2023发布了依靠深度学习技术解决这一问题的任务。该任务提供的数据集由公安部反诈大数据平台导出，数据样例如图1所示，由82210条训练集和10276条测试集组成。如图1所示，每条数据由案件编号、案情描述、案件类别3部分组成。案件文本内容为案件简述，即为受害人笔录，全部经过脱敏处理去除个人隐私或敏感信息。案件类别标签采用的是反诈大数据平台导出的12个类别，类别体系来源于反诈大数据平台的分类标准，主要依据受害人的法益及犯罪分子的手法进行分类。该任务需要通过测试集的案件内容来预测所属案件的类别。在评测性能时，主要采用宏F1值作为评价标准，即对每一类计算F1值，最后计算算数平均值。


```
{
  "案件编号": 48788,
  "案情描述": "2022年111月11日，接报警称其在家中，于当天晚上18时左右接到陌生电话对方自称时快递客服人员，称因疫情原因要
   销毁快递并会给我进行补偿，后下载了一个“会讯通云会议”APP，后称其操作失误银行卡冻结了，要解冻的话要先打钱到对方提供的银
   行卡上，按对方操作向对方转账了19999元。(受害人已向嫌疑人转账19999元）（嫌疑人电话）（涉案网址）",
  "案件类别": "冒充电商物流客服类"
},
{
  "案件编号": 56818,
  "案情描述": "2022年11月28日16时30分至2022年11月28日17时40分，报警人在里，因房子贷款要开结清证明，在支付宝上搜索贷
   款公司上海尚城消费金融有限公司，就在百度上搜索这家公司的客服，联系对方电话（），电话那边问我有没有20000元以上的卡我只
   有这样才能把结清证明发到工商银行上，按照客服的要求汇款给对方指定账户99976元，报警人叫对方退钱，对方让报警人接着操作，
   发现被骗，损失人民币99976元。（受害人银行卡：；嫌疑人卡号：，，吉林银行）",
  "案件类别": "贷款、代办信用卡类"
},
```


图 1. 数据样例

2 相关工作

文本分类在自然语言处理和文本挖掘中具有重要的作用，通过不断学习文本特征进行预测分类，在各个方面的研究中都具有十分重要的意义和研究价值 (Minaee et al., 2021)。传统的文本分类是基于机器学习方法 (Cheng, 2020)，包括支持向量机、决策树、朴素贝叶斯等，但这些方法都只解决了词汇层面的问题，无法有效学习和反映语句之间的语义相关性和深层语义特征。

近年来，深度学习技术在计算机视觉和自然有语言处理领域都取得了显著的进展。在自然语言处理任务中，基于深度学习的文本分类模型备受关注和研究，如CNN (Wan et al., 15) (Wang et al., 2017)、RNN (Le et al., 2017) (Cui et al., 2019)、GNN (Yao et al., 2018)、Attention (Kim et al., 2018)和预训练模型。它们在文本分类等自然语言处理任务中都表现出了优秀的效果。特别是预训练模型，由于在预训练时就已经接触大量的文本数据，因此能学习到更加丰富的语义信息，使其在文本分类等任务中具有更高的准确性和泛化能力。

3 分类模型介绍

Bert-wwm (Cui et al., 2019)是哈尔滨工业大学和科大讯飞联合发布的一个Bert升级版本，主要更改了原预训练截断的训练样本生成策略。相较于Bert，Bert-wwm的改进是用mask标签替换一个完整的词而不是字词。中文和英文不同，英文最小的token是一个单词，而中文最小的token却是字，词由一个或多个字组成，且每个词之间没有明显的分割，包含更多信息的是词。对比基于字的掩码，基于词的掩码能够让模型学到更多的语义信息。

第二十二届中国计算语言学大会论文集，第167页-第172页，哈尔滨，中国，2023年8月3日至5日。

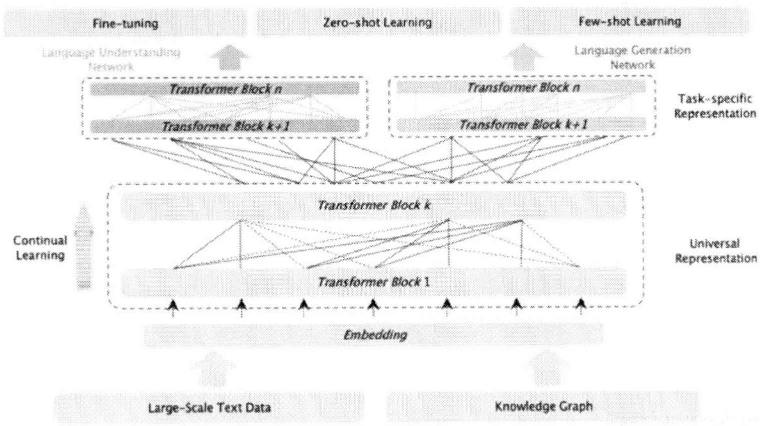

图 2. Ernie3.0结构图

Ernie3.0 (Sun et al., 2019)模型是一种融合了自回归网络和自编码网络的大规模知识增强模型，在纯文本和大规模知识图谱组成的语料库上训练得到。如图2所示，通过将大规模知识图谱的实体关系与大规模文本数据同时输入到预训练模型中进行联合掩码训练，促进了结构化知识和无结构文本之间的信息共享，大幅度提升了模型对知识的记忆和推理能力。通过这种方式，Ernie能够捕捉到更加细微的语义区别，并将其与知识图谱中的实体关系结合，从而实现更精准的分类。

模型融合是一种训练多个模型并进行融合的方法，旨在通过融合模型结果来超越单个模型的表现。常用的模型的融合方法共有三种，第一种是投票法，适用于分类任务，即对多个学习模型的预测结果过进行投票，以少数服从多数的方式来确定最后的结果，还可以根据人工设置或者根据模型评估分数来设置权重。第二种是平均法，适用于回归和分类任务，即对于学习模型的预测概率进行平均。第三种是交叉融合法，主要思路就是把原始的训练集先分成两部分，例如按9：1划分训练集和测试集，在第一轮训练时，使用训练集训练多个模型，然后对测试集进行预测，在第二轮训练时，直接用第一轮训练的模型在测试集上的预测结果作为新特征继续训练。

4 实现方法

如图3所示，我们先对文本内容进行预处理，然后对当前主流深度学习模型进行评估，选出表现较好的模型作为我们的基线模型，最后用伪标签、模型融合等方法提升F1指标。

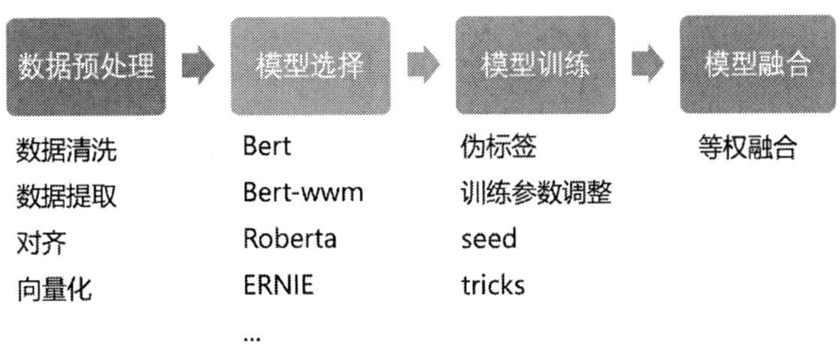

图 3. 模型的数据预处理、预测以及后处理过程

4.1 数据预处理

在获取训练集后，我们首先进行了清洗工作，我们发现训练集中存在29条重复文本和2条

第二十二届中国计算语言学大会论文集，第167页-第172页，哈尔滨，中国，2023年8月3日至5日。

内容相同但标签却不相同的文本，因此我们删除这30条数据。接下来分析文本内容，我们发现经过脱敏处理的文本有多个重复标点或符号的情况，我们在代码中用正则表达式对这些符号进行规范化。接下来我们编写了代码，对数据集中的内容进行提取，包括案件描述和案件类别。这些文本的平均长度为362，其中75%的文本长度在437以下，最大的文本长度为1865。由于Ernie预训练模型能够处理的最大长度为512，为使模型在训练中能学到更多特征，我们选择512为最大长度，来对案件描述的文本进行截断和补齐。

4.2 模型选择

由于本任务仅提供了训练集和无标签的测试集，因此我们按照9：1的比例把训练集重新划分为训练集和验证集。为了确保在后续步骤中可以控制每次分割训练集和验证集的异同，我们在代码中动态实现了数据集的随机划分，并固定随机种子为42。如表1所示，我们选取了当前主流的预训练模型，包括Bert，Bert的变体模型和Ernie，在此基础上对每个模型进行微调。从直观上来讲，网络模型越大，层数越深，学习能力越强大，因此我们的Ernie模型选择了20层网络结构的ernie3.0-xbase进行测试,同时我们后面提出的Ernie均指ernie3.0-xbase。经过验证，我们发现只有Bert-wwn和Ernie两个模型在验证集上超过了任务的baseline，因此我们把这两个模型当作我们任务的基线模型。

模型	bert-base	bert-wwm	bert-wwm-ext	ernie3.0	roberta-wwm-ext
F1	0.8475	0.8506	0.8486	0.8512	0.8483

表 1. 各模型评测F1分数

4.3 数据分析

为了提高F1分数，我们对每个类别的总数和每个类别对应的F1值进行了比较，如图4所示。我们发现数据分布不平均，部分标签对应的数据量较少的问题。例如虚假购物、服务类和网络婚恋、交友类两个类别的F1值相对于较低，且它们对应的数据集数量也相对较少。为了提升这两个类别的F1分数，我们采取增加数据集的方式来使模型学到更多的相关特征。我们首先采用同义词替换、随机词插入和随机词删除等方法对这两个标签的数据集进行了数据增强，在我们的两个基线模型上训练后，验证集分数都有很大的提升，但在测试集上却低于了官方的baseline，出现了过拟合状态，这表明数据增强这种方法可能对该任务不起作用。于是我们采用了同样能增加训练集数量的伪标签方法。

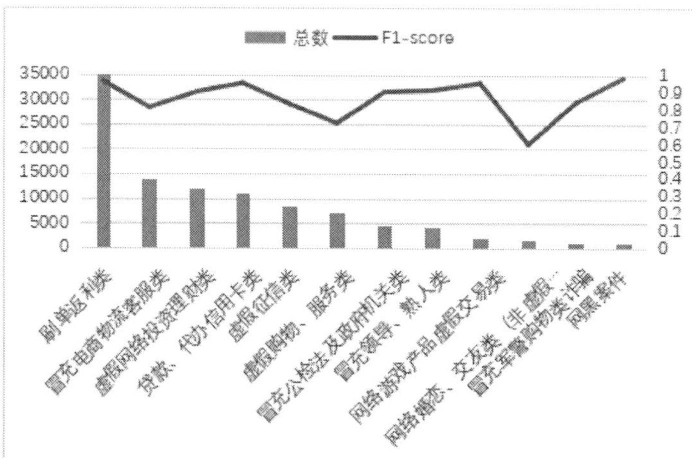

图 4. 各类别总数对应的F1值

4.4 伪标签

伪标签方法主要是将模型对无标签的测试数据的预测结果加入到训练集中 (Rizve et al.,

第二十二届中国计算语言学大会论文集，第167页-第172页，哈尔滨，中国，2023年8月3日至5日。

2021),从而增大数据量以提升模型效果。这种方法适用于模型精度较高的情况。此时我们模型预测的准确率已经接近90%，故可以采用该技巧。我们将Bert和Ernie两个模型进行微调，并取两者预测标签相同的部分加入到训练集重新训练。每次的伪标签数量都接近1万条，这表明我们的数据集在原本数量的基础上又增加了1万条数据。经过4轮伪标签法的训练后，F1值从0.85提升到了0.8616。

4.5 模型融合

经过多轮的伪标签训练后，筛选出的伪标签会越来越接近，最终模型达到了拟合的状态，此时再进行后续的伪标签方法已经不能够再提升测试集的F1值。于是我们采用模型融合的方法来进一步提升F1分数。关于模型融合，周志华教授的机器学习一书中提到：模型融合需要好而不同，即模型差异越大，融合效果越好。我们从两方面来增加差异化，一是使用不同的两个模型，Bert和Ernie。二是重新划分训练集和验证集来改变模型输入。在使用这两个模型对测试集进行预测时，我们没有直接输出预测的类别，而是输出了每个类别的概率，然后使两个模型预测的类别概率进行等权相加，得出模型融合后预测的新概率，最后选取具有最大概率的那一个类别作为预测结果。最终我们的分数由0.8616提升为0.8628。

5 实验结果

如表2所示，我们列出了我们的确定的两个基线模型Bert-wwm和Ernie在单模型情况下、数据增强、伪标签和模型融合方法下的F1值，相对于任务官方的基线模型0.8503，我们在此基础上提升了0.0125的分数。这再次证明了我们方法的有效性。

模型	F1
Bert-wwm	0.8506
Bert-wwm+数据增强	0.8300
Bert-wwm+伪标签	0.8608
Ernie3.0	0.8512
Ernie3.0+数据增强	0.8410
Ernie3.0+伪标签	0.8616
Bert-wwm+伪标签+Ernie3.0+模型融合	0.8628

表 2. 模型在伪标签和模型融合下的F1分数

如表3所示，展示了我们的模型具体参数。

模型	Max-len	Batch-size	seed	epoch	Learning-rate
Bert-wwm	512	18	42/43	5	2e-5
Ernie3.0	512	22	42/43	5	2e-5

表 3. 模型参数

6 总结

通过大量实验发现，对于本任务数据集，大多数模型预测的结果分数相近，并且由于本任务数据集数规模并不算小，因此采用类似随机词插入和随机词删除等通过添加噪声来实现数据增强的方法对本任务并没有提升。反而，使用伪标签方法可以增加数据集的规模，提升测试集的F1分数，并增加模型的泛化性。使用多轮伪标签方法后，后续筛选得出的伪标签几乎不会有变化，导致模型的性能不再有提升。这时可以采用模型融合技术，取差异较大的多个模型，分别学习不同的输入，使得多个模型之间学到的知识尽量不同，这样使得多个模型可以更好的融合，提高性能。

进一步优化方面，针对训练集存在的过拟合问题，可以考虑在划分训练集和验证集时进行数据均衡。使用伪标签方法时，尝试在预测结果时对输出的预测概率进行阈值判断，选取概率

第二十二届中国计算语言学大会论文集，第167页-第172页，哈尔滨，中国，2023年8月3日至5日。

较高的结果作为伪标签加入训练集。使用模型融合时，可以先采用五折交叉验证法来训练多个模型，然后在对多个预测结果取平均。

参考文献

Bao Guo, Chunxia Zhang, Junmin Liu, and Xiaoyi ma. 2019. Improving text classification with weighted word embeddings via a multi-channel textcnn model. *Neurocomputing*,363:366 – 374.

Cui, Y., Che, W., Liu, T., Qin, B., and Yang, Z. 2021. Pre-Training With Whole Word Masking for Chinese BERT. *IEEE/ACM Transactions on Audio, Speech, and Language Processing*, vol. 29, pp. 3504-3514.

Jiang Cheng. 2020. Research and implementation of Chinese long text classification algorithm based on deep learning. *University of the Chinese Academy of Sciences (Institute of artificial intelligence, Chinese Academy of Sciences).*

Le, H. T., Cerisara, C., and Denis, A. 2017. Do convolutional networks need to be deep for text classification? *arXiv preprint arXiv:1707.04108.*

Minaee, S., Kalchbrenner, N., Cambria, E., Nikzad, N., Chenaghlu, M., and Gao, J. 2021. Deep learning based text classification: a comprehensive review. *ACM computing surveys (CSUR),*54(3), 1-40.

Rizve, M. N., Duarte, K., Rawat, Y. S., and Shah, M. 2021. In defense of pseudo-labeling:an uncertainty-aware pseudo-label selection framework for semi-supervised learning. *arXiv preprint arXiv:2101.06329.*

Seonhoon Kim, Jin Hyun Hong, inho Kang, and nojun kwak. 2019. Semantic sense matching with densely connected recurrent and co-attentive information. *Proceedings of the AAAI Conference on Artificial Intelligence,*33(01), 6586-6593.

Wan, S., Lan, Y., Guo, J., Xu, J., Pang, L., and Cheng, X. 2016. A deep architecture for semantic matching with multiple positive sense representations. *Proceedings of the AAAI Conference on Artificial Intelligence,*30(1). https://doi.org/10.1609/aaai.v30i1.10342.

Wang, Z., Hamza, W., and Florian, R. 2017. Bilateral multi-perspective matching for natural language sentences. *In procedures of the twenty Sixth International Joint Conference on artistic intelligence,* ijcai-17, pages 4144 – 4150.

Yao, L., Mao, C., and Luo, Y. 2019. Graph revolutionary networks for text classification. *In Proceedings of the AAAI conference on artificial intelligence,*Vol. 33, No. 01, pp. 7370-7377

Yu Sun, Shuohuan Wang, Yukun Li, Shikun Feng, Xuyi Chen, Han Zhang, Xin Tian, danxiang Zhu, Hao Tian, and Hua wuErnie. 2019. Enhanced representation through knowledge. *arXiv preprint arXiv:1904.09223.*

第二十二届中国计算语言学大会论文集，第167页-第172页，哈尔滨，中国，2023年8月3日至5日。

CCL23-Eval 任务6系统报告:面向电信网络诈骗案件分类的优化策略研究

余俊晖
CVTE
junhuy@163.com

李智
CVTE
lizhi@cvte.com

摘要

电信网络诈骗案件的激增给社会带来了巨大的安全威胁，因此准确、高效地分类和检测电信网络诈骗成为了当务之急。本研究旨在针对电信网络诈骗案件分类问题，探索了一系列优化策略，并在"电信网络诈骗案件分类评测"技术评测比赛中最终成绩排名第一。本研究基于文本分类模型，并采用了BERT的继续预训练、FreeLB的对抗训练和模型融合等trick。通过BERT的继续预训练，使模型具备更好的语义理解能力和特征提取能力。而通过FreeLB的对抗训练，增强了模型的鲁棒性，使其能够更好地应对噪声和干扰。此外，本文采用模型融合的方法将多个模型的预测结果进行融合，进一步提高了分类的准确性。实验结果表明，本文的优化策略在比赛中取得了显著的成绩，证明了其在电信网络诈骗案件分类中的有效性和优越性。本研究的成果对于提高电信网络诈骗案件的分类性能具有重要意义，为相关领域的研究和实践提供了有益的参考。

关键词： 预训练 ；对抗训练 ；模型融合

CCL23-Eval Task 6 System Report: Research on Optimization Strategies for Telecom Internet fraud Case Classification

Junhui Yu
CVTE
junhuy@163.com

Zhi Li
CVTE
lizhi@cvte.com

Abstract

The proliferation of telecom internet fraud cases has brought huge security threats to society, so it is urgent to classify and detect telecom Internet fraud accurately and efficiently. The purpose of this study is to explore a series of optimization strategies for the classification of telecom Internet fraud cases, and rank first in the technical evaluation contest of "telecom Internet fraud case classification evaluation". This study is based on a text classification model and employs techniques such as BERT's continuous pre training, FreeLB's adversarial training, and model fusion. Through the continuous pre training of BERT, the model has better semantic understanding and feature extraction capabilities. Through FreeLB's adversarial training, the robustness of the model is enhanced, enabling it to better cope with noise and interference. In addition,

第二十二届中国计算语言学大会论文集，第173页-第178页，哈尔滨，中国，2023年8月3日至5日。

this article adopts the method of model fusion to fuse the prediction results of multiple models, further improving the accuracy of classification. The experimental results show that the optimization strategy in this paper has made significant achievements in the competition, which proves its effectiveness and superiority in the classification of telecom Internet fraud cases. The results of this study are of great significance for improving the classification performance of telecom Internet fraud cases, and provide a useful reference for research and practice in related fields.

Keywords: pre-training , adversarial training , model fusion

1 引言

随着信息技术的迅猛发展，电信网络诈骗案件在全球范围内呈现出愈演愈烈的态势，给个人和组织的财产和安全造成了巨大威胁。电信网络诈骗的手段和技术不断更新换代，使得传统的防御方法逐渐失去了效果。因此，准确、高效地识别和分类电信网络诈骗案件成为了当今社会安全领域的重要任务。

在此背景下，文本分类技术作为一种关键的手段被广泛应用于电信网络诈骗案件的防范和打击。通过对电信网络诈骗案件文本进行分类，可以实现对嫌疑案件的及时发现和预警，从而有效减少诈骗行为造成的损失。然而，由于电信网络诈骗案件文本的复杂性和多样性，传统的文本分类方法在处理此类问题时面临着挑战。

为了解决这些挑战，本研究着重探索了一系列优化策略，旨在提升电信网络诈骗案件分类的性能和鲁棒性。其中，我们采用了BERT(Devlin et al., 2018)的继续预训练技术，通过在大规模电信网络诈骗数据上进行预训练，使模型具备更好的语义理解和特征提取能力。同时，我们引入了FreeLB(Zhu et al., 2019)的对抗训练方法，以增强模型对干扰和噪声的抵抗能力。此外，我们还采用了模型融合的策略，通过集成多个分类模型的预测结果，进一步提高分类性能。

2 模型介绍

本文模型结构如图1所示，基线模型采用BERT(包括其变种)+Linear的架构。并采用预训练、对抗训练和模型融合等三种主要优化策略提升基线模型的性能。

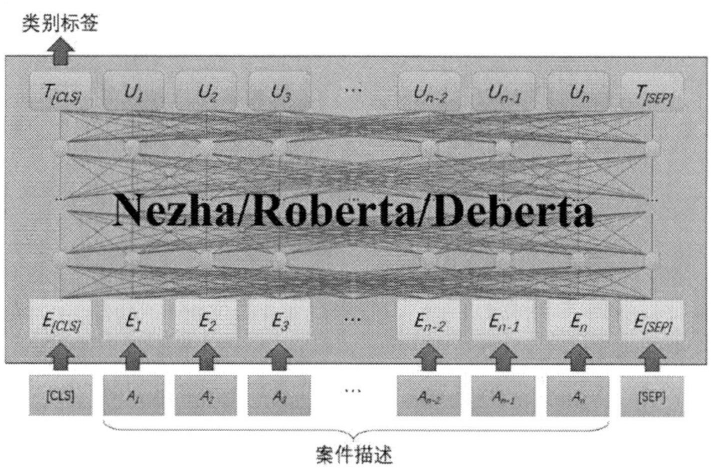

Figure 1: 模型结构

2.1 预训练

有效的预训练可以提升模型在下游任务微调的性能。本文提取数据集中的案情描述文本，在预训练阶段添加MLM预训练任务，通过无监督学习使得预训练语言模型获得案件领

第二十二届中国计算语言学大会论文集，第173页-第178页，哈尔滨，中国，2023年8月3日至5日。

域的知识，从而使模型具备对案件文本更好的语义理解和特征提取能力。MLM预训练使用了与Roberta(Cui et al., 2021)一致的方式，将输入的案情描述文本随机遮蔽，即为存在15%的概率决定对该token进行修改，其中有80%的概率改为"[MASK]",有10%的概率被替换为一个随机的token,有10%的概率保持不变。MLM预训练任务使用交叉熵损失进行训练，其损失表示为公式1：

$$L_{mlm} = -\sum_{i=0}^{V-1} y_i^{mask} log(p_i^{mask}) \tag{1}$$

其中，V为模型词表大小，y_i^{mask}是遮蔽字符的标签，p_i^{mask}表示模型预测的概率。

本文在预训练阶段，分别预训练了三种中文模型，分别为nezha、Roberta和Deberta。在使用Nezha-base-wwm[0]预训练语言模型时，输入序列的最大长度为1024，在使用chinese-roberta-wwm-ext-large[1]与Deberta[2]预训练语言模型时，输入序列的最大长度为512。

2.2 对抗训练

为了增强模型对干扰和噪声的抵抗能力，本文实验了PGD(Madry et al., 2017)、FGM(Miyato et al., 2016)、FreeLB等对抗训练技巧提升模型的鲁棒性，通过实验性能对比，最终主要采用了FreeLB对抗训练。FreeLB的核心思想是通过增加对抗样本的生成空间，引入自由生成的方法来提高模型的鲁棒性。传统的对抗训练方法通常使用固定的扰动方法来生成对抗样本，这可能会限制模型的泛化能力和鲁棒性。相比之下，FreeLB提出了自由生成的概念，它允许生成过程中的扰动更加多样和自由，从而提供更丰富的训练信号。都是在word embedding空间上加入扰动，然后对扰动后的embedding进行look up，得到的词向量再喂给模型。其原理伪代码如表1所示。

Table 1: FreeLB算法伪代码

输入：原始训练数据集D
输出：防御后的模型参数
Procedure AdversarialTraining(D):
初始化BERT模型参数
while 未达到停止条件**do**:
for each 样本(x, y) in D **do**:
计算原始样本的word embedding E_x
生成对抗样本的word embedding E_{adv} using Freelb算法
将E_x和E_{adv}分别作为输入喂给BERT模型
前向传播计算模型的输出O_x 和O_{adv}
计算原始样本的损失函数L_x
计算对抗样本的损失函数L_{adv}
计算总体损失函数$L_{total} = \alpha \cdot L_x + \beta \cdot L_{adv}$，其中$\alpha$ 和β 是权重
反向传播更新BERT模型参数
return 更新后的模型参数

2.3 模型融合

模型融合是一种常用的技术，在文本分类比赛中被广泛应用，旨在提高分类模型的性能和泛化能力。模型融合通过结合多个不同的分类模型的预测结果，从而得到更准确、更稳定的最终预测结果。本文的模型融合的方法是对于每个分类模型的输出概率进行简单的相加，得到最终的融合概率分布，进一步求取最大概率的下标获取对应的类别标签。

[0]https://huggingface.co/sijunhe/nezha-base-wwm

[1]https://huggingface.co/hfl/chinese-roberta-wwm-ext-large

[2]注：这里使用了两个权重进行实验，320M的进行了预训练，710M的没有进行预训练，相关权重链接：1、Erlangshen-DeBERTa-v2-320M-Chinese：https://huggingface.co/IDEA-CCNL/Erlangshen-DeBERTa-v2-320M-Chinese；2、Erlangshen-DeBERTa-v2-710M-Chinese：https://huggingface.co/IDEA-CCNL/Erlangshen-DeBERTa-v2-710M-Chinese

第二十二届中国计算语言学大会论文集，第173页-第178页，哈尔滨，中国，2023年8月3日至5日。

3 实验设置

3.1 数据集介绍

本文数据集来自于"CCL 2023 电信网络诈骗案件分类评测"任务[3]，该数据集案件文本内容为案情简述，即为受害人的笔录，由公安部门反诈大数据平台导出。去除了案件文本中的姓名、出生日期、地址、涉案网址、各类社交账号以及银行卡号码等个人隐私或敏感信息。最终将案件类别分为12个类别，具体类别信息及分布情况如表2所示。

类别名称	样本数量
刷单返利类	35459
冒充电商物流客服类	13772
虚假网络投资理财类	11836
贷款、代办信用卡类	11105
虚假征信类	8464
虚假购物、服务类	7058
冒充公检法及政府机关类	4563
冒充领导、熟人类	4407
网络游戏产品虚假交易类	2155
网络婚恋、交友类（非虚假网络投资理财类）	1654
冒充军警购物类诈骗	1092
网黑案件	1197

Table 2: 电信网络诈骗案件分类数据集类别及分布

3.2 实验参数设置

本文实验参数设置如表3所示，并且如图2分析了案情文本的长度分布，因此实验了两种输入长度策略，分别为1024和512。所有实验均使用Pytorch深度学习框架，并在一台A6000服务器上进行。

3.3 评价指标

评测性能时，本文参照比赛任务要求，主要采用宏平均F1值作为评价标准，即对每一类计算F1值，最后取算术平均值，其计算方式如公式2：

$$Macro-F1 = \frac{1}{n}\sum_{i=1}^{n} F1_i \tag{2}$$

其中$F1_i$ 为第i类的$F1$值，n为类别数，在本任务中n取12。

[3]https://github.com/GJSeason/CCL2023-FCC

模型参数	预训练	微调
Mask probabity	0.15	-
训练轮数	5	3
学习率	5e-5	2e-5
权重衰减系数	0.01	0.01
batch size	128	64
随机种子	42	42
输入序列最大长度	1024/512	1024/512
优化器	AdamW	AdamW
Warm up ratio	0.1	0.1
Lr schedule	0.1	0.1

Table 3: 实验参数设置

第二十二届中国计算语言学大会论文集，第173页-第178页，哈尔滨，中国，2023年8月3日至5日。

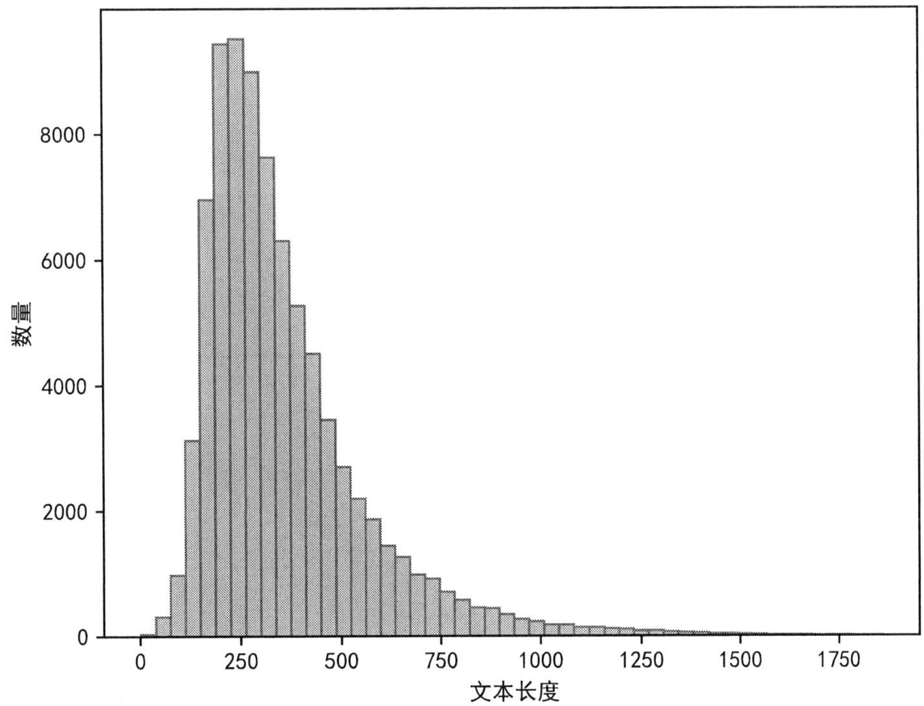

Figure 2: 案情描述长度分布

4 评测结果

表4展示了本文模型的线上评测结果, 本文方法取得了最佳性能。

提交模型	数据划分	输入长度	线上得分
①chinese-roberta-wwm-ext-large(预训练前)	9：1	512	0.846889077
②chinese-roberta-wwm-ext-large(预训练后)	全量数据	512	0.8589623748
③nezha-base-wwm(预训练前)	9：1	1024	0.8582825466
④nezha-base-wwm(预训练前)	全量数据	1024	0.8596631322
⑤nezha-base-wwm(预训练后)	全量数据	1024	0.8619108232
⑦Erlangshen-DeBERTa-v2-320M-Chinese(预训练前)	9：1	512	0.8582825466
⑧Erlangshen-DeBERTa-v2-320M-Chinese(预训练后)	全量数据	512	0.8595019184
⑨Erlangshen-DeBERTa-v2-710M-Chinese(预训练前)	全量数据	512	0.8611721092
④+⑦	-	-	0.8621353191
⑤+⑦	-	-	0.864710651
⑤+⑧+⑨	-	-	0.8660677395

Table 4: 评测最终公布结果

5 结果分析与讨论

模型对比：本文使用了多个不同的预训练模型进行评测，包括chinese-roberta-wwm-ext-large、nezha-base-wwm和Erlangshen-DeBERTa-v2系列模型。从线上得分来看，预训练后的模型普遍表现比预训练前的模型更好。

第二十二届中国计算语言学大会论文集，第173页-第178页，哈尔滨，中国，2023年8月3日至5日。

数据划分：大部分模型使用了9:1的数据划分比例，即将数据集划分为训练集和验证集。只有两个模型（②和③）使用了全量数据进行训练。使用全量数据进行训练通常会有更好的效果，因为模型可以更充分地学习数据中的模式和规律。

输入长度：所有模型的输入长度都为512或1024。较长的输入长度可以提供更多的上下文信息，有助于模型理解文本的语义和逻辑关系。然而，较长的输入长度也会增加模型的计算负担和训练时间。

模型融合：根据给出的实验结果，可以看出模型组合⑤+⑧+⑨获得了最高的线上得分（0.8660677395）。这是因为这个组合中的模型相互补充，模型的融合能够有效的提升模型的泛化能力。

此外，由于比赛提交次数有限，未提交验证FreeLB对抗训练对于结果的影响，根据本人在其他比赛的经验，该策略能有效提升模型的鲁棒性。

6 结论

本研究针对电信网络诈骗案件的分类问题，通过采用一系列优化策略和技巧，包括BERT的继续预训练、FreeLB的对抗训练和模型融合，取得了显著的成果。实验结果在"CCL23-Eval-任务6-电信网络诈骗案件分类评测"技术评测比赛中最终成绩排名第一，证明了所提出的优化策略在提高电信网络诈骗案件分类性能方面的有效性和优越性。

通过BERT的继续预训练，研究者使模型具备更好的语义理解和特征提取能力，有助于准确地分类和检测电信网络诈骗案件。同时，通过FreeLB的对抗训练，模型的鲁棒性得到增强，使其能够更好地处理噪声和干扰，提高了分类的准确性。此外，采用模型融合的方法将多个模型的预测结果进行融合，进一步提升了分类的效果。

参考文献

Yiming Cui, Wanxiang Che, Ting Liu, Bing Qin, and Ziqing Yang. 2021. Pre-training with whole word masking for chinese bert. *IEEE/ACM Transactions on Audio, Speech, and Language Processing*, 29:3504–3514.

Jacob Devlin, Ming-Wei Chang, Kenton Lee, and Kristina Toutanova. 2018. Bert: Pre-training of deep bidirectional transformers for language understanding. *arXiv preprint arXiv:1810.04805*.

Aleksander Madry, Aleksandar Makelov, Ludwig Schmidt, Dimitris Tsipras, and Adrian Vladu. 2017. Towards deep learning models resistant to adversarial attacks. *arXiv preprint arXiv:1706.06083*.

Takeru Miyato, Andrew M Dai, and Ian Goodfellow. 2016. Adversarial training methods for semi-supervised text classification. *arXiv preprint arXiv:1605.07725*.

Chen Zhu, Yu Cheng, Zhe Gan, Siqi Sun, Tom Goldstein, and Jingjing Liu. 2019. Freelb: Enhanced adversarial training for natural language understanding. *arXiv preprint arXiv:1909.11764*.

第二十二届中国计算语言学大会论文集，第173页-第178页，哈尔滨，中国，2023年8月3日至5日。

CCL23-Eval 任务6系统报告：基于CLS动态加权平均和数据增强的电信网络诈骗案件分类

刘天昀，张兴华，宋梦潇，柳厅文
中国科学院信息工程研究所/ 北京市海淀区树村路19号
liutianyun, zhangxinghua, songmengxiao, liutingwen@iie.ac.cn

摘要

电信网络诈骗领域的案件分类作为文本分类的一项落地应用，其目的是为相关案件进行智能化的分析，有助于公安部门掌握诈骗案件的特点，针对性的预防、制止、侦查。本文以此问题为基础，从模型设计、训练过程、数据增强三个方面进行了研究，通过CLS动态加权平均、Multi-Sample Dropout、对抗训练FGM、回译等方法显著提升了模型对诈骗案件描述的分类性能。

关键词： 文本分类 ；电信网络诈骗

System Report for CCL23-Eval Task 6: Classification of Telecom Internet Fraud Cases Based on CLS Dynamic Weighted Average and Data Augmentation

Tianyun Liu, Xinghua Zhang, Mengxiao Song, Tingwen Liu
Institute of Information Engineering, CAS / Beijing, China
liutianyun, zhangxinghua, songmengxiao, liutingwen@iie.ac.cn

Abstract

The case classification in the field of telecommunications network fraud, as a practical application of text classification, aims to intelligently analyze relevant cases, help public security departments grasp the characteristics of fraud cases, and provide targeted prevention, suppression, and investigation. Based on this issue, this article conducts research from three aspects: model design, training process, and data enhancement. Through methods such as CLS dynamic weighted average, Multi Sample Dropout, adversarial training FGM, and backtranslation, the classification performance of the model in describing fraud cases has been significantly improved.

Keywords: Text Classification , Telecom Internet Fraud

1 引言

文本分类是自然语言处理领域的基础任务，面向电信网络诈骗领域的案件分类对智能化案件分析具有重要意义。诈骗案件分类是打击电信网路诈骗犯罪过程中的关键一环，根据不同的诈骗方式、手法对案件进行分类，有助于公安部门掌握当前电信网络诈骗案件的分布特点，进而能够对不同类别的诈骗案件作出针对性的预防、监管、制止、侦查等措施。本评测的任务是将给定的案件描述文本进行分类。案件文本包含对案件的整体描述（经过脱敏处理），案件对应的类别共有12类。

本次测评我们采用了哈工大讯飞联合实验室发布的基于全词Mask的中文预训练模型Chinese-Bert-wwm-ext (Cui et al., 2020)作为基底模型。在模型设计方面，我们采用对基底模型中CLS表示动态加权平均和Multi-Sample Dropout的方式；在训练方面，我们通过FGM对抗训练增强模型泛化能力；在数据方面我们通过回译的方法对模型难以分类的案例进行数据增强。最终利用5折交叉融合的方式在宏平均F1值指标上达到了86.0242%。

1.1 赛题分析

电信网络诈骗，是指以非法占有为目的，利用电信网络技术手段，通过远程、非接触等方式，诈骗公私财物的行为[0]，给人民群众造成了巨大经济的损失，严重影响了广大人民群众的安全感、幸福感、获得感。通过对以往案件的分类对公安部门进行反诈宣传、风险防控具有重要的社会意义和应用价值。

面向电信网络诈骗领域的案件分类其本质为文本分类任务，旨在通过设计模型实现对案件的描述精准分类。该任务将诈骗领域案件分为了12个大类，提供82210样本用于模型训练，训练集数据分布情况见Table 1。其中"刷单返利类"数据占了总训练集的27.56%，而"网黑案件"和"冒充军警购物类"训练数据少于千条，由此我们可以考虑通过数据增强的方法来解决数据的长尾分布问题。此外，我们对数据的长度分布进行统计，其中80%的数据长度小于478，由此可以通过设置基础模型的最大处理长度加快训练、降低padding对最终性能的影响。

在此次测评中，使用宏平均F1值作为电信网络诈骗案件分类的评价指标，该指标首先分别计算每个类别的F1值，然后再进行平均得到最终的打分，所以当提升模型分类短板时可以有效提升模型性能。

Table 1: 训练集数据分布情况统计

类别名称	样本数量
刷单返利类	22656
冒充电商物流客服类	8804
虚假网络投资理财类	7539
贷款、代办信用卡类	7121
虚假征信类	5432
虚假购物、服务类	4581
冒充公检法及政府机关类	2920
冒充领导、熟人类	2811
网络游戏产品虚假交易类	1389
网络婚恋、交友类（非虚假网络投资理财类）	1064
冒充军警购物类	687
网黑案件	764
总计	82210

2 方法思路

在模型层面，为了使模型的语义表征能力更强，我们将基座模型CLS位置上的各层表示进行动态加权平均，同时采用Multi-Sample Dropout (Inoue, 2019)方法加速训练，增强模型的泛化能力，并采用交叉熵作为损失函数，模型架构如图 1所示。在训练方面，为了增强模型的泛化能力，我们采用对抗训练FGM对输入增加微小扰动，训练模型去区分样例是真实样例还是对抗样本。在数据层面，我们发现模型在"网络婚恋、交友类（非虚假网络投资理财类）"和"虚假

[0] http://www.npc.gov.cn/npc/c30834/202209/faadac81d2e94aa0bd7574efc9862cd0.shtml

第二十二届中国计算语言学大会论文集，第179页-第183页，哈尔滨，中国，2023年8月3日至5日。

购物、服务类”两类中分类效果极差，其中“网络婚恋、交友类（非虚假网络投资理财类）”在上述模型设计下仅能达到59%左右的性能，为此我们设计了回译的方法来增强该类。为了在有限的数据下提高最终的预测能力，我们通过5折交叉验证的方法进行模型融合，使不同子空间可以各取其长，从而提升模型的鲁棒性和泛化能力。

2.1 模型设计

2.1.1 CLS动态加权平均

在以往工作中 (Jawahar et al., 2019)，探究了Bert (Devlin et al., 2018)每一层的编码能力，证明了Bert深层较浅层学习到更为丰富的语言学信息；但是Bert无法在一层非常全面的学习到文本中的语言学信息，特定的层可能只会学到一些特定的语言学信息。同时由于Chinese-Bert-wwm-ext采用了与Bert相同的模型结构，基于此我们将所有Transformer层和编码层中的CLS位置权重进行动态加权平均，以增强向量的语义表征能力从而提升效果。即通过可学习的参数$W = [W_0, W_1, ..., W_n]$，设基座模型的层数m和Embedding层数l，如Chinese-Bert-wwm-ext共12层，Embedding有1层，故$n = m+l = 13$。设Embedding层表示为EL，Transormer层的表示为$TL_m, m = 12$。因该任务为分类任务，故我们选取模型每层输出的第一个token [CLS]的表示进行计算，故案件描述的分类表示为：

$$\mathbf{H} = sum(softmax(W) * [EL[0], TL_0[0], TL_1[0], ..., TL_m[0]]) \tag{1}$$

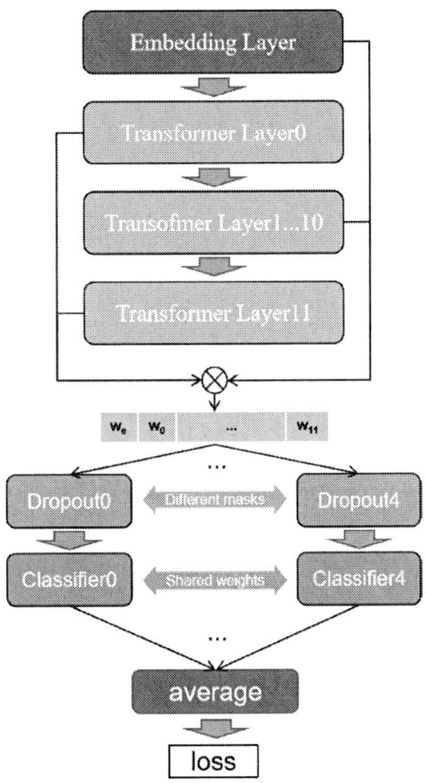

Figure 1: 模型架构图

2.1.2 Multi-Sample Dropout

参考以前的比赛经验，我们采用Multi-Sample Dropout对表示层的输出进行多次Dropout操作，一方面可以大大减少训练的迭代次数，另一方面可以使模型更加鲁棒，增强泛化能力。在获取到案件描述的表示**H**后经过多次Dropout操作，并最终利用MLP作为分类头，得到最后的

第二十二届中国计算语言学大会论文集，第179页-第183页，哈尔滨，中国，2023年8月3日至5日。

预测结果。其中在该任务中$mh = 4$，故Multi-Sample Dropout的输出结果为:

$$\mathbf{MH} = average(MLP(\sum_{i=0}^{m} hdropout(\mathbf{H}))) \quad (2)$$

2.2 训练过程

对抗训练是一种引入噪声的训练方法，在尽量不改变原样本的分布，对样本增加扰动，使得模型能够忽视这种扰动，从而提升模型的鲁棒性。为此我们采用了FGM (Miyato et al., 2016)在训练过程中进行模型泛化，以此来提升模型对不同数据的泛化能力，提升分类效果。

2.3 数据增强

通过数据增强可以有效增加训练样本，缓解数据不平衡造成的模型偏见问题。通常由同义词替换、随机插入、随机替换与删除以及回译的方式进行增强，相关论文 (Wei and Zou, 2019)已经证明了该方法可以显著提升模型性能。在此次评测过程中，我们尝试了数据增强，并最终选择回译和重复采样的方法对模型难区分类别“网络婚恋、交友类（非虚假网络投资理财类）”和“虚假购物、服务类”进行了训练数据的扩充。回译分别采用德文、日文、韩文三种语言，如德文设置下进行“中文-德文-中文”回译。

3 实验

3.1 实验设定

本次参赛仅使用了官方提供的数据集，并未使用其他额外数据集。在训练过程中我们将学习率设置为3e-5，并采用10%的步数进行linear warmup，共训练5个epoch，将batch size设置为16，最大长度为512。关于数据增强，我们重复采样了“网络婚恋、交友类（非虚假网络投资理财类）”1064条数据和虚假购物、服务类4581条数据，并通过利用百度翻译 [0]API回译“网络婚恋、交友类（非虚假网络投资理财类）”描述产生了1159条（由于仅使用免费服务，故产生数据较少）。

3.2 评测结果

在此次测评中我们采用上述方法进行了模型的设计与训练，最终在宏平均F1指标上达到了0.8602。模型在不同设置下的实验结果如Table 2所示，其中Model Ours为Chinese-Bert-wwm-ext + CLS动态加权平均+ Multi-Sample Dropout:

Table 2: 实验结果表

	Model	**Macro Avg F1**
method 1	TextCNN (Chen, 2015)	0.8464
method 2	Bert-base	0.8503
method 3	Ours	0.8537
method 4	method 3 + FGM	0.8589
method 5	method 4 + 回译	0.8602

4 总结

在本次电信网络诈骗案件分类任务中，本队伍使用了基于Chinese-Bert-wwm-ext的模型，并通过CLS动态加权平均与Multi-Sample Dropout的方式进行模型改进，并通过回译、对抗训练、五折交叉验证等方式进一步提升了模型性能。评测结果表明，本队伍提出的方法均可以使模型性能得到明显的提升，最终在测试集上的宏平均F1为0.8602%，较baseline方法有一定提升。但本次方法依然存在一些不足。例如，因时间关系数据增强样本不足，未对数据进行预处理（案件描述脱敏后存在大量相同信息，对分类而言无关）。此外，我们未针对任务进行特殊的模型设计，未来可以研究如何利用任务数据特色改进模型结构提升分类性能。

[0]https://fanyi-api.baidu.com/

第二十二届中国计算语言学大会论文集，第179页-第183页，哈尔滨，中国，2023年8月3日至5日。

参考文献

Yahui Chen. 2015. Convolutional neural network for sentence classification. Master's thesis, University of Waterloo.

Yiming Cui, Wanxiang Che, Ting Liu, Bing Qin, Shijin Wang, and Guoping Hu. 2020. Revisiting pre-trained models for Chinese natural language processing. In *Proceedings of the 2020 Conference on Empirical Methods in Natural Language Processing: Findings*, pages 657–668, Online, November. Association for Computational Linguistics.

Jacob Devlin, Ming-Wei Chang, Kenton Lee, and Kristina Toutanova. 2018. Bert: Pre-training of deep bidirectional transformers for language understanding. *arXiv preprint arXiv:1810.04805*.

Hiroshi Inoue. 2019. Multi-sample dropout for accelerated training and better generalization. *arXiv preprint arXiv:1905.09788*.

Ganesh Jawahar, Benoît Sagot, and Djamé Seddah. 2019. What does bert learn about the structure of language? In *ACL 2019-57th Annual Meeting of the Association for Computational Linguistics*.

Takeru Miyato, Andrew M Dai, and Ian Goodfellow. 2016. Adversarial training methods for semi-supervised text classification. *arXiv preprint arXiv:1605.07725*.

Jason Wei and Kai Zou. 2019. EDA: Easy data augmentation techniques for boosting performance on text classification tasks. In *Proceedings of the 2019 Conference on Empirical Methods in Natural Language Processing and the 9th International Joint Conference on Natural Language Processing (EMNLP-IJCNLP)*, pages 6382–6388, Hong Kong, China, November. Association for Computational Linguistics.

第二十二届中国计算语言学大会论文集，第179页-第183页，哈尔滨，中国，2023年8月3日至5日。

CCL23-Eval 任务6系统报告：基于预训练语言模型的双策略分类优化算法

黄永清[1]，**杨海龙**[1]，**傅薛林**[2]
[1]广东工业大学/ 广东省广州市
[2]桂林理工大学/ 广西省桂林市
1486590231@qq.com
hlyanggdut@aliyun.com
1735573894@qq.com

摘要

诈骗案件分类问题是打击电信网络诈骗犯罪过程中的关键一环，根据不同的诈骗方式、手法等将其分类，通过对不同案件进行有效分类能够便于统计现状，有助于公安部门掌握当前电信网络诈骗案件的分布特点，进而能够对不同类别的诈骗案件作出针对性的预防、监管、制止、侦查等措施。诈骗案件分类属于自然语言处理领域的文本分类任务，传统的基于LSTM和CNN等分类模型能在起到一定的效果，但是由于它们模型结构的参数量的限制，难以达到较为理想的效果。本文基于预训练语言模型Nezha，结合对抗扰动和指数移动平均策略，有助于电信网络诈骗案件分类任务取得更好效果，充分利用电信网络诈骗案件的数据。我们队伍未采用多模型融合的方法，并最终在此次评测任务中排名第三，评测指标分数为0.8625。

关键词： 预训练语言模型 ； 深度学习 ； 文本分类 ； 诈骗案件分类 ； Nezha

System Report for CCL23-Eval Task 6: Double-strategy classification optimization algorithm based on pre-training language model

Yongqing Huang[1], **Hailong Yang**[1], **Xuelin Fu**[2]
[1]Guangdong University of Technology / Guangzhou City , Guangdong Province
[2]Guilin University of Technology / Guilin City , Guangxi Province
1486590231@qq.com
hlyanggdut@aliyun.com
1735573894@qq.com

Abstract

The classification of fraud cases is a key link in the process of cracking down on telecom network fraud crimes. According to different fraud methods and techniques, it will be classified. Through effective classification of different cases, it can facilitate statistics and help public security departments to grasp the distribution characteristics of current telecom network fraud cases. Then it can make targeted prevention, supervision, stop, investigation and other measures for different categories of fraud cases. The classification of fraud cases belongs to the text classification task in the field of natural language processing. The traditional classification models based on LSTM and CNN can play a certain effect, but it is difficult to achieve the ideal effect due to the limitation of the number of parameters in their model structure. In this paper, based on the pre-training language model Nezha, combined with anti-disturbance and exponential moving average strategies, it is helpful to achieve better results in the classification task of telecom network fraud cases and make full use of the data of telecom network fraud

第二十二届中国计算语言学大会论文集，第184页-第192页，哈尔滨，中国，2023年8月3日至5日。
(c) 2023 中国中文信息学会计算语言学专业委员会

cases.Our team did not adopt the method of multi-model fusion, and finally ranked third in this evaluation task, with the evaluation index score of 0.8625.

Keywords: Pre-trained language models , Deep learning , Text classification , Classification of fraud cases , Nezha

1 引言

电信网络诈骗利用电信网络技术手段实施诈骗，随着互联网技术的快速发展，逐渐演变出多种诈骗方式，诈骗严重危害和侵犯了公民的财产权，同时也对社会秩序和社会治安造成一定程度的损害。对现有的诈骗案件进行分类是打击电信网络诈骗犯罪过程中的关键一环，根据不同的诈骗方式将其分类，能够便于统计诈骗案件，有助于公安部门掌握当前电信网络诈骗案件的分布特点，进而能够对不同类别的诈骗案件作出针对性的预防、监管、制止、侦查等措施，面向电信网络诈骗领域的案件分类对智能化案件分析具有重要意义。诈骗案件分类属于自然语言处理(Natural Language Processing)领域的文本分类任务，是一项基础且重要的任务，其目标是将给定的句子或段落等文本通过算法模型归类为某个具体的标签，这需要模型能够从给定的文本信息中学习到句子的语义特征信息，从而才能够对文本进行准确的识别和分类。深度学习是由机器学习发展而来，并且深度学习在自然语言处理领域得到了大量的应用，包括但不限于文本分类、机器阅读理解、机器翻译等任务。

2 相关工作

文本分类算法主要分为基于传统机器学习的文本分类算法和基于深度学习的文本分类算法。基于深度学习的文本分类算法是近年来的研究热点，本节将分析文本分类方向基于LSTM、CNN和预训练模型的研究进展。

2.1 基于LSTM的文本分类算法

循环神经网络RNN利用序列的时序化特征信息对数据进行建模，并且在自然语言处理领域得到广泛应用。但是RNN网络由于其自身结构的缺陷，在网络的训练过程中会出现"梯度消失"或"梯度爆炸"问题，导致模型不能很好地拟合数据。于是RNN的改进版本LSTM模型被提出用于文本分类任务，能很好地解决文本之间长距离的依赖问题。张云翔等人采用长短期记忆网络进行文本分类任务，通过门控机制对输入信息进行选择性长期记忆 (张云翔, 饶竹一, 2020)。LSTM模型对单向的语义信息建模，没用考虑到反向内容的语义信息，有技术人员在电网领域设备故障文本的分类任务中，提出Attention-BiLSTM (田园, 马文, 2020)算法模型，采用双向LSTM网络模型提取文本的上下文信息，并融合注意力机制来捕捉文本的关键信息，从而提高文本分类的效果。研究人员提出层次文本分类任务和LSTM集合的联合嵌入方法 (Zhao and Ma, 2020)，充分利用了上层和下层标签之间的联系。GRU网络模型也是RNN模型的一种改进变体，模型拥有两种门控机制：更新门和重置门，相比于LSTM模型拥有更快的收敛速度，于是学者提出了一种基于混合注意力的GRU模型hatt-GRU (Wang et al., 2019)用于多标签的投诉文本分类，以数据中的字符构造文本向量，然后提出了一种混合注意力机制，通过分析角色跟情感特征的相关性来筛选出对分类贡献更大的特征，从而提高模型分类的精度。

2.2 基于CNN的文本分类算法

卷积神经网络最初应用于计算机视觉领域，在图像分类、目标检测等领域取得不错的成绩。Kim(2014)第一次将卷积神经网络应用在文本分类任务中，提出了一种网络模型名为TextCNN，利用多个不同大小的卷积核提取输入句子中的核心信息，之后根据最大池化操作选择出最具有代表意义的高维分类特征，接着再经过全连接层提取文本深度特征后根据softmax函数进行分类。但是因为TextCNN网络中卷积核尺寸通常不会很大，会导致面对长文本时无法有效提取长距离特征，2017年，由腾讯AILab提出的DPCNN (Johnson and Zhang, 2017)网络可以通过加深网络，能够抽取长距离的文本依赖关系，在深层网络中添加了残差连接，能够有效减缓梯度弥散问题。研究人员为了充分利用CNN和RNN各自的优点，对两者进行组合搭建分类模型，学者Lai et al. (2015)使用循环神经网络来建模文本的上下文语义信息，然后通过最大池化去提取关键特征信息用于分类，可以进一步提高分类的精度。

第二十二届中国计算语言学大会论文集，第184页-第192页，哈尔滨，中国，2023年8月3日至5日。

2.3 基于预训练语言模型的文本分类算法

自Transformer (Vaswani et al., 2017)模型发布以来，便揭开了预训练语言模型的序幕。谷歌提出的BERT (Devlin et al., 2018)是由Transformer中Encoder组成的双向自编码预训练语言模型，相较于过去的RNN、CNN等模型，BERT可以同时利用上下文信息进行训练，并且能够解决远距离依赖问题。在进行下游任务过程中，使用预训练好的BERT模型已经能够提取到丰富的句子特征，再通过[CLS]这个token的信息输入到全连接层就可以实现分类任务，并且当时在大部分数据集上取得了较好的结果。为了利用bert模型强大的编码能力，Lehečka et al. (2020)将bert模型运用到多标签文本分类任务中，并且在此基础上添加了池化层结构，将最后一层[CLS]的向量结合池化序列输出提高最后的分类精度。还有研究人员会结合BERT和RNN系列模型用于分类任务，作者在中文短文本分类任务上 (郝婷, 王薇, 2023)利用bert模型编码文本词向量，然后通过bilstm网络去提取上下文的语义特征，所提出的方法在评价指标上有良好的效果。除了序列模型可以结合bert模型，卷积神经网络结合bert模型同样可以加强语义表达的能力，张小为等人在新闻文本分类方面，结合bert与cnn模型，其准确率比原BERT模型的准确率多了0.31%,且更为稳定 (张小为, 邵剑飞, 2021)。随着bert模型的发布，有许多基于bert的改进模型，如ernie (Sun et al., 2019)、roberta (Liu et al., 2019)、albert (Lan et al., 2019)以及基于中文的bert-chinese-wwm (Cui et al., 2021)等模型，都可以在之前的学者研究中替换对应的bert模型完成对应的下游任务。

3 算法模型设计

3.1 Nezha预训练语言模型

Nezha模型 (Wei et al., 2019)是华为开源的一款基于中文的预训练语言模型。模型结构基于BERT模型，并且在其基础上做了一些改进和优化，主要改进是使用相对位置编码以及使用whole word masking(Cui et al., 2021)策略。在Transformer模型中对于文本的位置编码使用的是正余弦函数编码，在BERT模型中使用的是参数式位置编码，这两者都是使用绝对位置编码用于表示输入序列中每个字符的绝对位置信息，但是绝对位置编码的受到长度限制，无法处理超过预先设定长度的序列，所以BERT模型规定输入的文本长度最大不能超过512，并且绝对位置编码没用考虑字符之间的相对重要性。Nezha模型在计算自注意力时采用函数式相对位置编码，计算公式如下所示:

$$a_{ij}[2k] = \sin\left(\frac{j-i}{10000^{\frac{2\cdot k}{d}}}\right) \tag{1}$$

$$a_{ij}[2k+1] = \cos\left(\frac{j-i}{10000^{\frac{2\cdot k}{d}}}\right) \tag{2}$$

公式中i和j表示两个位置信息，通过两者相减引入相对位置信息，d表示词向量的维度大小，k是位置编码向量中的某一维度，根据位置索引的奇偶性分别用余弦或正弦的方式计算具体数值，最后得到长度为d的表示位置信息的向量。

3.2 分类模型结构

本文使用的模型结构如图1所示，实验采用nezha-base模型，总共有12层编码层，预训练语言模型每一层学习到的信息特征是不一样的，高层网络学习到的是高级语义信息，而低层则是较为普通的语言学特征 (Jawahar et al., 2019)。本次实验过程中通过对12层的编码向量与embedding的cls动态加权平均，加权系数是可学习参数，初始化时赋予最后一层encoder的cls向量较大值，然后让模型在训练过程中通过参数学习进而改变加权系数达到动态加权的目的，通过结合模型各层的表征向量可以达到增强向量语义的目的。

3.2.1 输入层

在输入层中，输入向量由词向量(word embedding)和段向量(segment embedding)相叠加而成，[CLS]和[SEP]符号分别用作一句话开头和结束的标记，并且[CLS]向量可以表示整句话的语义，且通常被用作下游的分类任务。在BERT模型中，输入层由三个向量组成，除词向量和段向量外，还有一个用于表示输入序列位置信息的位置向量(position embedding)，可以获取词与词之间的位置关系。在BERT模型中，位置向量与词嵌入编码类似，通过随机初始化一个位置

第二十二届中国计算语言学大会论文集，第184页-第192页，哈尔滨，中国，2023年8月3日至5日。

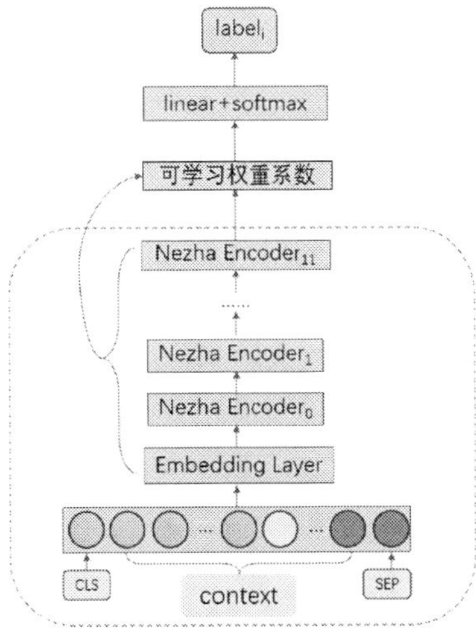

Figure 1: 基于Nezha动态加权的分类模型结构图

向量，然后在训练过程中对其优化，而transformer模型的位置编码由三角函数计算得到，为每个不同位置的单词生成一个位置向量，计算公式如下：

$$PE_{(pos,2i)} = sin(pos/10000^{2i/d_{model}}) \tag{3}$$

$$PE_{(pos,2i+1)} = cos(pos/10000^{2i/d_{model}}) \tag{4}$$

式子中pos表示位置，i表示对应的维度，d_{model}表示词向量的维度，在transformer模型中取值512，根据维度位置的奇偶性，通过余弦或正弦的形式表示其位置信息。

3.2.2 编码层

编码层是整个模型结构的核心部分，通过base模型利用12层双向编码器对文本进行语义提取。每一层的编码器都包含多头注意力(multi-head attention)以及前馈神经网络(feed forward neural network)两部分，前馈神经网络思想比较简单，包含两个全连接层，通过矩阵维度的变换得到最后的输出矩阵，增强向量的表达能力。

多头注意力由自注意力机制组成，计算过程如图2所示，在计算过程中初始化h组分别计算各自的自注意力值，通过并行的方式计算完成h组之后再拼接并输入到一个线性层中形成完整的多头注意力。图中的X是输入矩阵，每一行代表一个词，长度表示维度大小，经过自注意力加权后，每个词都包含文本中其他所有词的信息，词与词之间的权重系数越大，则表明它们之间的相关性也越大。

在计算自注意力机制过程中，查询向量Q、键向量K和值向量V，都是由同一个源向量通过三个线性层进行变换得到，然后通过计算注意力分数来学习词与词之间的语义关系，首先利用查询向量Q与键向量K计算相似权重系数QK^T，再利用softmax函数对得到的权重系数进行归一化，让权重系数所有元素之和相加为1，最后将权重向量与值向量V相乘便得到了注意力矩阵A，计算过程如下：

$$Attention(Q,K,V) = Softmax(\frac{QK^T}{\sqrt{d}})V \tag{5}$$

上式表示单个自注意力机制的计算过程，只需要重复计算h次，然后把输出合并起来便得到多头注意力值。以transformer中多头个数8为例，在实际计算过程中，是通过矩阵的维度变换实现多头注意力计算，可以加快运算速度，计算公式为：

$$Q_i = QW_i^Q, K_i = KW_i^K, V_i = VW_i^V, i = 1,2,...,8 \tag{6}$$

第二十二届中国计算语言学大会论文集，第184页-第192页，哈尔滨，中国，2023年8月3日至5日。

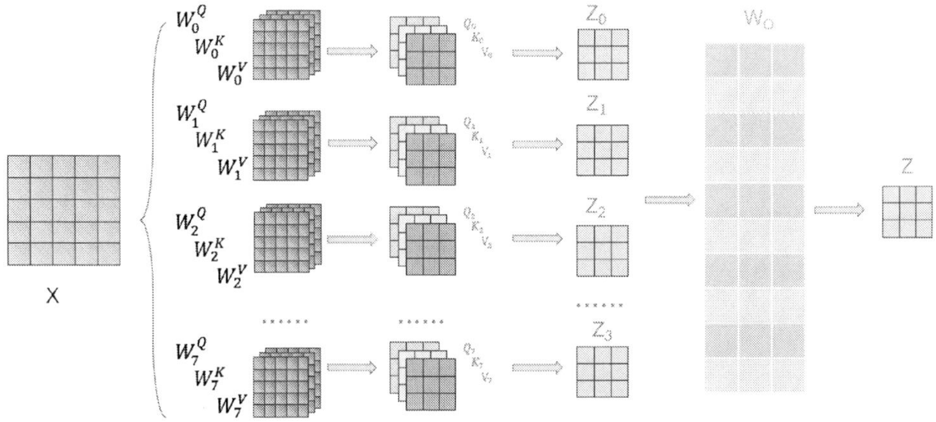

Figure 2: 多头注意力机制计算过程

$$head_i = Attention(Q_i, K_i, V_i), i = 1, 2, ..., 8 \tag{7}$$

$$Multihead(Q, K, V) = Concat(head_1, ..., head_8)W^O \tag{8}$$

3.2.3 输出层

输出层主要是用来预测文本对应的标签，最开始输入的文本序列$X = [X_1, X_2, ..., X_n]$经过输入层和编码层之后，得到的是融合上下文的动态词向量矩阵$E = [E_1, E_2, ..., E_n]$，然后通过全连接层将维度变换到与类别数量相同，最后结合softmax函数预测概率最大的类别作为输出。

3.3 对抗扰动策略

随着深度学习在各个领域蓬勃发展，关于对抗样本的研究也受到越来越多的关注。在计算机视觉领域，可通过对深度学习模型进行对抗攻击或者防御来提高模型的鲁棒性。在自然语言处理领域，对抗训练更多是作为一种正则化的方法来提高模型的泛化性能。在计算机视觉领域中，图像可以看作是一个连续实数向量，因此可以很容易加上一个很小的实数向量作为扰动，从而形成一个对抗样本，但在自然语言处理领域中输入的是一段文本，本质上是one-hot向量，因此不存在所谓的小扰动。在NLP中添加对抗扰动策略通常是对词向量矩阵W_E进行对抗扰动，让词向量发生微小改变。假设Nezha模型得到的字嵌入表示为X，需要预测的标签label为Y，则对抗扰动策略的具体实现如下：

$$\min_{\theta} E_{(X,Y)\in D}\left[\max_{\Delta X\in\Omega} Loss(X + \Delta X, Y; \theta)\right] \tag{9}$$

对字向量表示X加入对抗扰动ΔX，使得Nezha的损失值增大，但同时受限于约束空间Ω，对抗样本$X + \Delta X$在构建完成之后，输入到Nezha模型通过最小化模型的损失值来更新参数。实验过程中采用快速梯度方法FGM(Fast Gradient Method)计算字嵌入矩阵的梯度ΔW_E，然后再根据得到的梯度对字嵌入矩阵W_E进行对抗扰动。输入序列通过已被对抗扰动的字嵌入矩阵获得新的字向量表示，新的字向量表示用作原字向量表示的对抗样本$X + \Delta X$：

$$\Delta W_E = \epsilon \frac{\nabla_{W_E} Loss(X, Y, \theta)}{||\nabla_{W_E} Loss(X, Y, \theta)||} \tag{10}$$

$$W_E = W_E + \Delta W_E \tag{11}$$

其ϵ是一个超参数，本文实验过程中取值0.5，同时对梯度进行标准化，防止计算出来的梯度过大。

第二十二届中国计算语言学大会论文集，第184页-第192页，哈尔滨，中国，2023年8月3日至5日。

3.4 指数移动平均策略

指数移动平均(Exponential Moving Average, EMA)作为一种深度学习模型常用的调优技巧，可以有效提高模型的性能和鲁棒性。指数移动平均是移动平均的一种，还有简单移动平均(Simple Moving Average, SMA)、权重移动平均(Weight Moving Average, WMA)，主要区别在于平均值的计算方式不一样。指数移动平均是对先前所有数据做加权平均，加权的权重系数呈指数衰减。假设有n组数据$[\mathrm{p}_1, \mathrm{p}_2, \mathrm{p}_3, \ldots, \mathrm{p}_\mathrm{n}]$，对于简单移动平均来说，计算公式为(12)，对所有样本取平均值。指数移动平均计算公式如(13),其中β表示加权权重值，x_{t-1}是前t-1条的平均值。

$$\bar{\mathrm{x}} = \frac{1}{n}\sum_{i=1}^{n} p_i \tag{12}$$

$$x_t = \beta \cdot x_{t-1} + (1-\beta) \cdot p_t \tag{13}$$

训练过程中，神经网络通过对包含标签的样本训练集拟合，神经网络的参数通过最小化训练损失函数来优化。指数移动平均策略在深度学习中上式的p_t相当于在第t次更新得到的所有参数权重，而x_t则是第t次更新的所有参数移动平均数，β表示权重参数。正常神经网络的参数权重相当于一直累积更新整个训练过程的梯度，使用指数移动平均策略的参数权重相当于使用训练过程梯度的加权平均，由于神经网络刚开始训练时不稳定，这时候给予它的加权值较小更为合理，因此在训练神经网络过程中采用指数移动平均策略可以使得模型在测试数据上更健壮，实验过程中衰减率设置为0.999。

4 实验与结果

4.1 数据集描述

本文实验所使用的数据集来自于哈尔滨工业大学组织的CCL2023电信网络诈骗案件分类评测提供的数据集。数据集的案件文本内容是受害人的笔录，是对真实案件的简述，并且此次数据集对案件中原有的一些涉及个人隐私以及敏感信息做了脱敏处理，去除了受害人的姓名、出生日期、地址、社交账号以及银行卡号等信息。此次评测任务通过codalab平台提供技术支持，数据中总共包含12个类别，训练集包含82210条有标签样本供选手自由使用，10276条数据用于线上评测，具体类别及其对应数量如下表1所示。

类别名称	样本数量
刷单返利类	28367
冒充电商物流客服类	11018
虚假网络投资理财类	9469
贷款、代办信用卡类	8883
虚假征信类	6771
虚假购物、服务类	5647
冒充公检法及政府机关类	3651
冒充领导、熟人类	3525
网络游戏产品虚假交易类	1723
网络婚恋、交友类（非虚假网络投资理财类）	1324
冒充军警购物类	874
网黑案件	958
总计数目	82210

Table 1: 标签类别及其数量统计

本次实验所用数据集的长度及其数量分布如下图3所示，由图可见数据集的最长长度能达到1000以上，根据分析数据的最大长度为1865，平均长度为362，1/2的数据长度在309，3/4的数据长度都达到了437。在神经网络的训练过程中，主要是通过矩阵乘法运算，在运算过程中同一个批次的数据如果长度不一样会导致运算出错。因此对输入文本进行词向量化过程中需要保

第二十二届中国计算语言学大会论文集，第184页-第192页，哈尔滨，中国，2023年8月3日至5日。

证输入同一批次文本长度一样，如果对输入文本长度较短，模型可能无法很好理解文本所要表达的意思，导致分类精度较低；而选取的长度过长，会导致短文本填充过多无用字符，导致训练速度比较慢。在实验过程中，我们对选取的文本长度设置为512，并且采用动态填充的方式，将一个批次中的数据长度填充到当前批次中数据的最大长度，当长度过长时就取前512个字符。

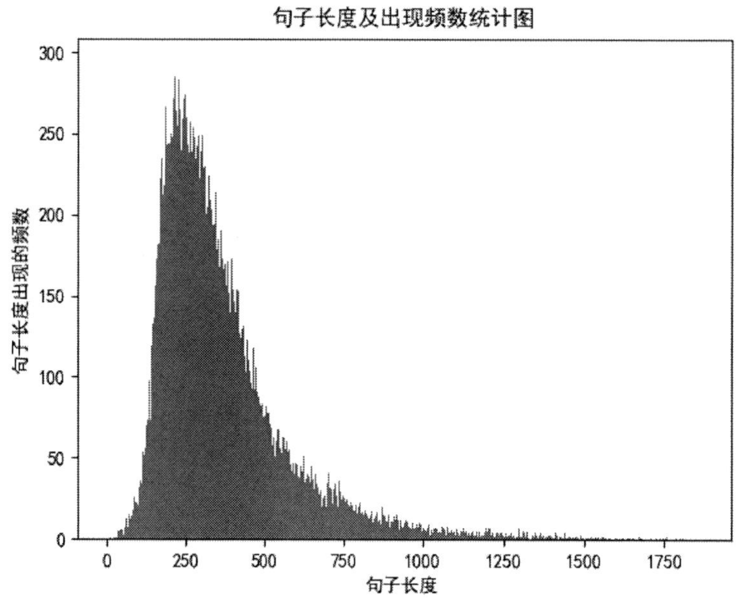

Figure 3: 电信网络诈骗数据集的长度分布图

4.2 评测指标

本文使用的评测指标是macro-f1，这也是作为多类别文本分类任务常见的评价指标。macro-f1同时兼顾了分类模型的精确率和召回率，可以看作是模型精确率和召回率的一种加权平均，最大值是1，最小值是0，值越大表示效果越好。在多分类任务中，评价模型性能有两种f1-score，分别是micro-f1和macro-f1，其中micro-f1计算过程中，每一个样本的权重都相同；macro-f1计算过程将每一类别的权重视为相同，macro-f1计算公式为：

$$P = \frac{TP}{TP + FP} \tag{14}$$

$$R = \frac{TP}{TP + FN} \tag{15}$$

$$F1 = \frac{2 \times P \times R}{P + R} \tag{16}$$

$$macro - f1 = \frac{1}{n} \sum_{i=1}^{n} f1 - score_i \tag{17}$$

公式中P和R分别表示精确率和召回率，其中公式(17)计算过程中n表示数据的类别总数，本次任务中n=12，下标i表示类别属于第i类的f1值，由上述公式计算每一个类别的f1值，然后再求和取平均得到macro-f1值。

第二十二届中国计算语言学大会论文集，第184页-第192页，哈尔滨，中国，2023年8月3日至5日。

4.3 参数设置

本文使用的预训练模型权重是华为开源的Nezha，输入的句子最大长度设置为512，训练轮数为5，批大小为16，采用差分学习率。在训练过程中也对预训练模型和全连接层参数设置不同学习率，对Nezha模型参数的学习率设置为3e-5，线性层参数学习率则设置较大，为3e-3，同时训练过程中也结合学习率预热，在预热期间，让学习率从0线性增加到优化器中的学习率3e-3，之后让学习率从优化器中的初始学习率线性降低到0，优化器采用AdamW，通过交叉熵损失函数优化更新模型参数。

4.4 实验结果分析

基于此次任务数据集，官方给出了相应的基线分数，分别是基于TextCNN模型和基于Bert微调的分类模型，两者的macro avg f1分别是0.8464和0.8503。本文实验将训练数据划分为10份，其中1份用于训练过程中检验效果，9份用于训练，并且训练每完成一轮对验证集进行验证，同时保存验证集上分数最高的模型权重，便于后续对测试集预测。最开始使用预训练语言模型Nezha实验，在测试集上的分数为0.8530相比于Bert模型高出0.0027，比基于TextCNN的分类模型高出0.0066。Nezha模型是基于Bert在预训练任务和结构上做了相应改进，所以在下游任务上会普遍好于Bert模型，而TextCNN模型仅基于卷积神经网络搭建分类模型，其编码能力不如基于Transformer的Nezha模型，同时也没有预训练学习先验知识，其分类效果较差。使用对抗扰动策略的模型比没有使用该策略在测试集评测时macro-f1分数高0.0056，见表2，因为对抗扰动策略通过对模型的embedding层进行对抗扰动来产生对抗样本，模型在训练时收到对抗样本的攻击可以在一定程度上提高模型的鲁棒性，从而提高模型表现能力的目的。此外在对抗扰动策略基础上加入指数移动平均策略，macro-f1分数提高0.0033，权重滑动平均是提供训练稳定性的有效方法，通过滑动平均可以提高模型的泛化性能。基于上述两个策略模型性能得到一定提升之后，将全部数据用于训练，最后训练完对测试集预测，分数为0.862466，为最终测试集分数，整体实验结果如表2所示。

模型名称	macro-f1
textcnn	0.8464
bert	0.8503
nezha	0.8530
nezha+对抗扰动策略	0.8586
nezha+对抗扰动策略+指数移动平均策略	0.8619
nezha+对抗扰动策略+指数移动平均策略+全量数据	0.8625

Table 2: 实验结果

5 结论

本文阐述预训练语言模型运用在电信网络诈骗案件分类任务中，提出使用预训练语言模型Nezha对网络诈骗案件数据进行文本编码，其中base模型拥有12层编码层，每一层学习到的语义信息不一样，对原有Nezha模型输出的编码向量进行改进，本文结合12层编码层以及embedding层的向量来共同学习输入文本的语义信息。此外，还使用了对抗扰动策略和指数移动平均策略来提高分类模型的性能表现以及泛化性。最后本文使用的算法模型在评价指标macro-f1为0.8625。从本文的实验效果来看，使用的算法模型可以在电信网络诈骗案件分类任务上取得较好的效果。但是实验过程中仍有改进的地方，如Nezha模型的规模大，参数多，因此训练整个算法模型对算力和时间的消耗较多，希望在以后的工作中可以降低模型的复杂度，同时提升评价指标。

第二十二届中国计算语言学大会论文集，第184页-第192页，哈尔滨，中国，2023年8月3日至5日。

参考文献

Ashish Vaswani, Noam Shazeer, Niki Parmar, Jakob Uszkoreit, Llion Jones, Aidan N Gomez, Łukasz Kaiser, and Illia Polosukhin. 2017. Attention is all you need. *Advances in neural information processing systems, California, USA.*

Ganesh Jawahar, Benoît Sagot, and Djamé Seddah. 2019. What does bert learn about the structure of language? In *ACL 2019-57th Annual Meeting of the Association for Computational Linguistics, Florence, Italy.*

郝婷, 王薇. 2023. 融合bert和bilstm的中文短文本分类研究. 软件工程, 26(03):58-62

Jacob Devlin, Ming-Wei Chang, Kenton Lee, and Kristina Toutanova. 2018. Bert: Pre-training of deep bidirectional transformers for language understanding. *arXiv preprint arXiv:1810.04805.*

Jan Lehečka, Jan Švec, Pavel Ircing, and Luboš Šmídl. 2020. Adjusting bert's pooling layer for large-scale multi-label text classification. In *Text, Speech, and Dialogue: 23rd International Conference, Brno, CR.*

Jingpeng Zhao and Yinglong Ma. 2020. Joint embedding of words and category labels for hierarchical multi-label text classification. arXiv preprint arXiv:2004.02555.

Junqiu Wei, Xiaozhe Ren, Xiaoguang Li, Wenyong Huang, Yi Liao, Yasheng Wang, Jiashu Lin, Xin Jiang, Xiao Chen, and Qun Liu. 2019. Nezha: Neural contextualized representation for chinese language understanding. arXiv preprint arXiv:1909.00204.

Rie Johnson and Tong Zhang. 2017. Deep pyramid convolutional neural networks for text categorization. In Proceedings of the 55th Annual Meeting of the Association for Computational Linguistics, Volume 1.Vancouver, Canada.

Shuyang Wang, Bin Wu, Bai Wang, and Xuesong Tong. 2019. Complaint classification using hybrid-attention gru neural network. In *Advances in Knowledge Discovery and Data Mining: 23rd Pacific-Asia Conference, Macau, China.*

Siwei Lai, Liheng Xu, Kang Liu, and Jun Zhao. 2015. Recurrent convolutional neural networks for text classification. In Proceedings of the AAAI conference on artificial intelligence, *California, USA.*

田园, 马文. *2020.* 基于*attention-bilstm* 的电网设备故障文本分类. 计算机应用, *40(S2):24-29.*

Y. Kim. 2014. Convolutional neural networks for sentence classification. arXiv:1408.5882.

Yiming Cui, Wanxiang Che, Ting Liu, Bing Qin, and Ziqing Yang. 2021. Pre-training with whole word masking for chinese bert. IEEE/ACM Transactions on Audio, Speech, and Language Processing, *29:3504–3514.*

Yinhan Liu, Myle Ott, Naman Goyal, Jingfei Du, Mandar Joshi, Danqi Chen, Omer Levy, Mike Lewis, Luke Zettlemoyer, and Veselin Stoyanov. 2019. Roberta: A robustly optimized bert pretraining approach. arXiv preprint arXiv:1907.11692.

Yu Sun, Shuohuan Wang, Yukun Li, Shikun Feng, Xuyi Chen, Han Zhang, Xin Tian, Danxiang Zhu, Hao Tian, and Hua Wu. 2019. Ernie: Enhanced representation through knowledge integration. arXiv preprint arXiv:1904.09223.

张小为, 邵剑飞. *2021.* 基于改进的*bert-cnn*模型的新闻文本分类研究. 电视技术, *45(07):146-150.*

张云翔, 饶竹一. *2020.* 基于*lstm*神经网络的电网文本分类方法. 现代计算机, *2:8-11.*

Zhenzhong Lan, Mingda Chen, Sebastian Goodman, Kevin Gimpel, Piyush Sharma, and Radu Soricut. 2019. Albert: A lite bert for self-supervised learning of language representations. arXiv preprint arXiv:1909.11942.

第二十二届中国计算语言学大会论文集，第184页-第192页，哈尔滨，中国，2023年8月3日至5日。

CCL23-Eval 任务6总结报告: 电信网络诈骗案件分类

孙承杰[1*], 纪杰[1], 尚伯乐[2], 刘秉权[1]
[1]哈尔滨工业大学, 哈尔滨, 150001
[2]哈尔滨市公安局香坊分局, 哈尔滨, 150001
sunchengjie@hit.edu.cn, jijie@insun.hit.edu.cn
shangboyue@163.com, liubq@hit.edu.cn

摘要

近年来，电信网络诈骗形势较为严峻，自动化案件分类有助于打击犯罪。本文介绍了任务相关的分类体系，其次从数据集、任务介绍、比赛结果等方面介绍并展示了本次评测任务的相关信息。本次任务共有60支参赛队伍报名，最终有34支队伍提交结果，其中有15支队伍得分超过 baseline，最高得分为0.8660，高于 baseline 1.6%。根据结果分析，大部分队伍均采用了 BERT 类模型。

关键词： 电信网络诈骗 ； 文本分类 ； BERT

Overview of CCL23-Eval Task 6: Telecom Network Fraud Case Classification

Chengjie Sun[1*], Jie Ji[1], Boyue Shang[2], Bingquan Liu[1]
[1]Harbin Institute of Technology, Harbin, 150001
[2]Harbin Public Security Bureau Xiangfang Branch, Harbin, 150001
sunchengjie@hit.edu.cn, jijie@insun.hit.edu.cn
shangboyue@163.com, liubq@hit.edu.cn

Abstract

In recent years, the situation of telecom network fraud has been severe, and automated case classification can help fight crime. This article introduces the task-related classification system, and then introduces and displays the relevant information of this evaluation task from the aspects of data sets, task introduction, and competition results. A total of 60 participating teams signed up for this task, and finally 34 teams submitted results, of which 15 teams scored more than baseline, the highest score was 0.8660, which was 1.6% higher than baseline. According to the analysis of the results, most of the teams have adopted the BERT-like model.

Keywords: Telecom Network Fraud , Text Classification , BERT

1 引言

随着互联网技术的发展，一些新型的互联网犯罪行为不断涌现，其中电信网络诈骗犯罪尤为突出。近年来，电信网络诈骗犯罪形势严峻，已经成为当前发案最高、损失最大、群众反映最强烈的突出犯罪 (刘玲玲 et al., 2023)。电信网络诈骗犯罪行为，给国家和人民都带来了不小的损害，不仅有物质上的损失，更有精神上的挫折，对于政府公信力、社会信任等都造成了严重的威胁，打击电信网络诈骗犯罪刻不容缓。2022年12月1日起，《中华人民共和国反电信网络诈骗法》正式施行 (张维炜, 2022)，这表明了国家欲治理当前电信网络诈骗乱象的决心。

针对电信网络诈骗案件进行分类，是有效帮助公安部门针对电信网络诈骗犯罪行为进行治理、防范、宣传等措施的关键 (王洁, 2019)。目前在电信网络诈骗案件的处理过程中，需要将案件上传至公安部门的反诈大数据平台并进行分类，而当前的分类工作主要依赖于人工进行标注，因此利用深度学习以及自然语言处理技术实现案件的自动分类，可以有效地降低人工成本，提高分类工作效率。

文本分类是自然语言处理领域的一个基础任务。在自然语言处理技术发展早期，基于统计模型的文本分类的方法占据主流，例如朴素贝叶斯、K近邻、SVM 等机器学习模型。随着GPU 计算能力的提高，基于深度学习的文本分类方法逐渐受到关注，例如 TextCNN (Kim, 2014)、FastText (Joulin et al., 2017)、BERT (Devlin et al., 2019) 等深度学习模型。案件分类主要是依据案件文本进行分类，其中案件文本为案件过程的描述性文本，具体来说，即对案件发生的时间、地点、经过进行了概括性描述的文本，因而案件分类可以看作是一个文本分类任务。在电信网络诈骗案件文本分类任务上，相关研究较少，目前还存在空白。因此，本任务的提出也是为了推进这一领域的研究进展。

分类任务需要按照一定的分类的体系或标准进行，目前电信网络诈骗的分类体系较多。宋兵 (2019)按照法益以及受害者受骗领域的不同为标准，将电信网络诈骗分为金融理财型、消费购物型、虚假冒充型等3个类别。孙高峰 (2020)按照受害人的心理，将案件分为由贪财、恐惧、好奇等3个心理类别。葛俊峰 (2019)同样从受害人心理角度出发，将案件分为利诱、色诱、情诱、信诱、威逼等5个类别。2019年2月19日，公安部官方微博"中国警方在线"发布了最全60种典型电信诈骗手段，分为仿冒身份诈骗、购物类诈骗等8个类别。2022年8月1日，中国司法大数据研究院正式对外发布《涉信息网络犯罪特点和趋势（2017.1-2021.12）司法大数据专题报告》，报告中将电信网络诈骗分为贷款、冒充、招聘等7个类别。

本次评测任务采取我国公安部门的反诈平台现行的分类体系，具体来说有冒充电商物流客服类、虚假征信类等13个类别，由于"其他类型诈骗"数据较少且特征复杂，本次任务采用了除该类别以外的12个类别，具体说明可参考第 2 节。

本文组织结构如下：第一部分分析了电信网络诈骗的形势及案件分类的意义，同时介绍了现有的分类体系。第二部分从数据处理、数据样例、数据分布等三个方面，对数据集进行了介绍。第三部分介绍了任务的流程、评价标准、baseline 等。第四部分主要展示了本次任务的比赛结果。第五部分对比赛结果及任务中模型采用情况进行了分析。第六部分对本次任务进行总结及未来展望。

2 数据集

2.1 数据处理

数据采集 数据由公安部门反诈大数据平台导出，每一条数据包含案件文本和类别标注，其中案件文本内容为案情简述，即关于案件经过的描述性文本，具体示例可参考下面的 2.2。

数据清洗 从反诈大数据平台共计导出13个类别的数据，去除了"其他类型诈骗"类别，因此本次任务数据集共有12个类别。

脱敏处理 为防止对受害者造成二次伤害以及防止诈骗信息产生二次传播，去除了数据中受害者的隐私信息及诈骗分子的不良信息，具体来说，包括案件文本中的姓名、出生日期、地址、涉案网址、各类社交账号以及银行卡号码等信息。

分类依据 类别体系来源于反诈大数据平台的分类标准，主要依据受害人的法益及犯罪分子的手法进行分类，例如冒充淘宝客服谎称快递丢失的，分为冒充电商物流客服类；冒充公安、检察院、法院人员行骗的，分为冒充公检法及政府机关类；谎称可以帮助消除不良贷款记录的，分为虚假政信类等等，具体类别划分可参考下面的 2.3。

2.2 数据样例

数据以 json 格式存储，每一条数据具有三个属性，分别为案件编号、案情描述、案件类别。样例如下：

{

第二十二届中国计算语言学大会论文集，第193页-第200页，哈尔滨，中国，2023年8月3日至5日。

"案件编号": 28043,
"案情描述": "事主（女，20岁，汉族，大专文化程度，未婚，现住址：）报称2022年8月27日13时43分许在口被嫌疑人冒充快递客服以申请理赔为由诈骗3634元人民币。对方通过电话（）与事主联系，对方自称是中通快递客服称事主的快递物件丢失现需要进行理赔，事主同意后对方便让事主将资金转入对方所谓的"安全账号"内实施诈骗，事主通过网银的方式转账。事主使用的中国农业银行账号，嫌疑人信息：1、成都农村商业银行账号，收款人：；2、中国建设银行账号，收款人：。事主快递信息：中通快递，.现场勘查号：。",
"案件类别": "冒充电商物流客服类"
}

2.3 数据分布

数据共有12个类别，各类别对应的样本数量如表1所示，相应的分布柱状图如图1所示。

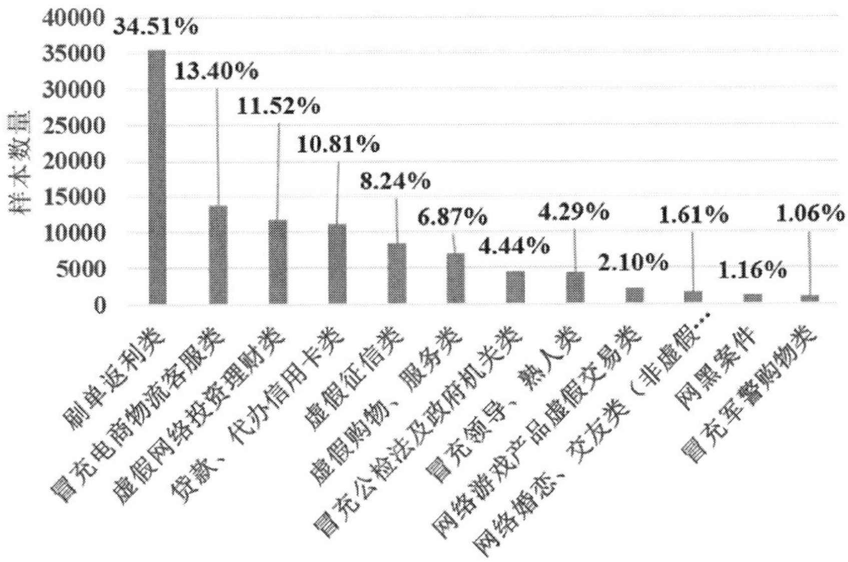

Figure 1: 数据分布柱形图

由图1可见，本次任务的数据集存在有数据不平衡情形，数据之间的分布差异较大，其中"刷单返利类"数量占据最多，接近总样本数量的三分之一。

数据集按8:1:1的比例，划分为训练集、测试集A、测试集B。具体数量如表2所示。

本次任务仅采用了训练集及测试集A以作评测。

3 任务介绍

3.1 任务流程

本次任务目的是对给定案件描述文本进行分类。案件描述文本为对案件发生过程的描述性文本（经过脱敏处理，或称数据匿名化处理）。具体分类流程，如图2所示。

3.2 评价标准

评测性能时，本任务主要采用宏平均 F1 值作为评价标准，即对每一类计算 F1 值，最后取算术平均值，其计算方式如下：

$$Macro_{F1} = \frac{1}{n}\sum_{i=1}^{n} F1_i$$

第二十二届中国计算语言学大会论文集，第193页-第200页，哈尔滨，中国，2023年8月3日至5日。

类别名称	样本数量
刷单返利类	35459
冒充电商物流客服类	13772
虚假网络投资理财类	11836
贷款、代办信用卡类	11105
虚假征信类	8464
虚假购物、服务类	7058
冒充公检法及政府机关类	4563
冒充领导、熟人类	4407
网络游戏产品虚假交易类	2155
网络婚恋、交友类（非虚假网络投资理财类）	1654
网黑案件	1197
冒充军警购物类	1092
总计	102762

Table 1: 类别及对应样本数量

	样本数量
训练集	82210
测试集A	10276
测试集B	10276
总计	102762

Table 2: 数据划分情况

其中 $F1_i$ 为第 i 类的 F1 值，n 为类别数，在本任务中 n 取12。

3.3 Baseline

本次任务采用经典的文本分类模型 TextCNN 和 BERT 作为 baseline。其中 TextCNN 为经典架构，主要由三层卷积层构成，卷积核的大小分别设置为2、3、4，池化层采用最大池化。采用的 BERT 模型为 base 版本，在 BERT 输出层后加入一层全连接层，结合微调方法训练。baseline 结果如表3所示。

Model	**Macro Avg F1**
TextCNN	0.8464
BERT	0.8503

Table 3: baseline 得分结果

4 比赛结果

本次评测共有60支参赛队伍报名。最终有34支参赛队伍提交结果。共有15支队伍得分超过baseline。鉴于篇幅有限，仅展示超过 baseline 的队伍得分结果，如表4所示。

第一名使用了多个不同的预训练模型进行评测，包括 Chinese-RoBERTa-wwm-ext-large (Cui et al., 2021)、NEZHA-base-wwm (Wei et al., 2019) 和 Erlangshen-DeBERTa-v2 (Wang et al., 2022) 等系列模型，在这些模型上进行领域预训练 (Sun et al., 2019; Gururangan et al., 2020)任务，同时结合了 FreeLB (Zhu et al., 2019) 的对抗训练方法，最终提交结果融合了 NEZHA 模型与参数量为320M、710M的 Erlangshen 模型。

第二名尝试了 BERT-base、BERT-wwwm、BERT-wwm-ext、ERNIE (Sun et al., 2019) 和 Chinese-RoBERTa-wwm-ext 等多个预训练模型，根据实验结果，选择了 BERT-wwm 和 ERNIE 作为基底模型，针对数量较少的类别采取了伪标签 (Rizve et al., 2021)的方法增加了训

第二十二届中国计算语言学大会论文集，第193页-第200页，哈尔滨，中国，2023年8月3日至5日。

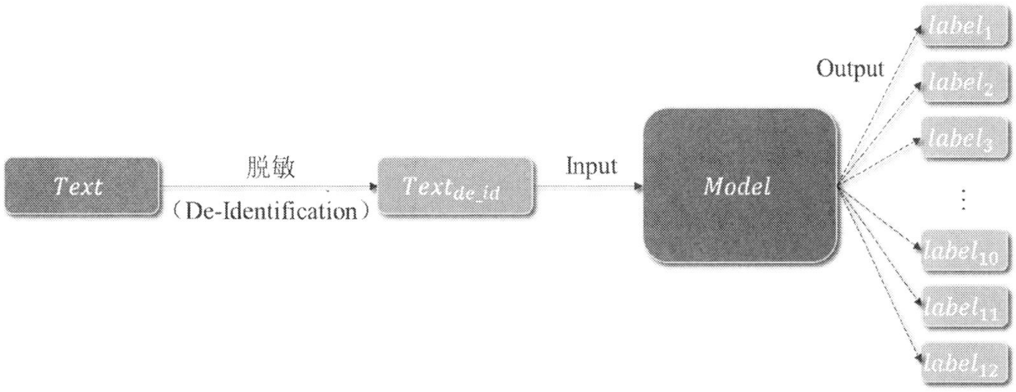

Figure 2: 任务流程示意图

Team Name	Macro Avg F1
CVTEDMer	0.866068
ZUT	0.862891
GDUT-Hyq	0.862466
DECEM	0.861416
NARI-DCloud	0.860952
KDSEC@IIE	0.860242
翼智团@TeleAI	0.860104
SCUT-SSE	0.859259
SUDA-GLnb	0.857642
KNODI-NLP	0.857474
BLCU-ST	0.855343
BIT	0.852768
HNU	0.852425
NENU-NLP	0.851454
CCNU	0.850499

Table 4: 部分队伍得分结果（超过 baseline）

练集数量，最后提交结果融合了这两个基底模型。

第三名以 NEZHA 模型为基底模型，采用了 FGM (Miyato et al., 2016) 对抗训练方法增加扰动，并使用了指数移动平均策略更新网络权重。

第五名基于 NEZHA 模型，采用了层次分解方法延拓了位置编码向量，同时也采用了对抗训练策略增加模型的鲁棒性。

第六名采用 Chinese-BERT-wwm-ext 作为基底模型，通过对 CLS 位置进行动态加权平均增强向量的语义表征能力，同时采用 Multi-Sample Dropout 方法对输出进行多次 Dropout 以增强模型泛化能力，此外还通过回译 (Wei and Zou, 2019)的方式，扩充了数量较少类别的样本规模，最后同样在训练过程中加入了 FGM 对抗训练方法。

第七名基于原型监督对比学习 (Wang et al., 2021)思想，以 BERT-base、BERT-large 为基底模型，结合了领域预训练、FGM 对抗训练、R-Drop (Liang et al., 2021) 等方法，并针对混淆程度较高的类别使用后置分类模块进行二次补充判别。

第八名采用 Chinese-RoBERTa-wwm-ext、LERT (Cui et al., 2022)、MacBERT (Cui et al., 2020) 等作为基底模型，结合领域预训练方法，以增强模型语义理解能力，通过 FGM、AWP (Dong et al., 2020) 对抗训练和多次随机采样方法，以提高模型语义挖掘能力。此外，还将伪标签 (Lee, 2013)样本添加到训练集中，进行了语义增强。最后结合了模型融合方法进行预测以获得结果。

第二十二届中国计算语言学大会论文集，第193页-第200页，哈尔滨，中国，2023年8月3日至5日。

本次任务还通过问卷统计了各队伍所采用的模型情况，结合已收集的技术报告，鉴于问卷采取自愿填写方式且存在无效回答，因此未能统计全部参赛队伍的情况，不完全统计结果如图3所示。

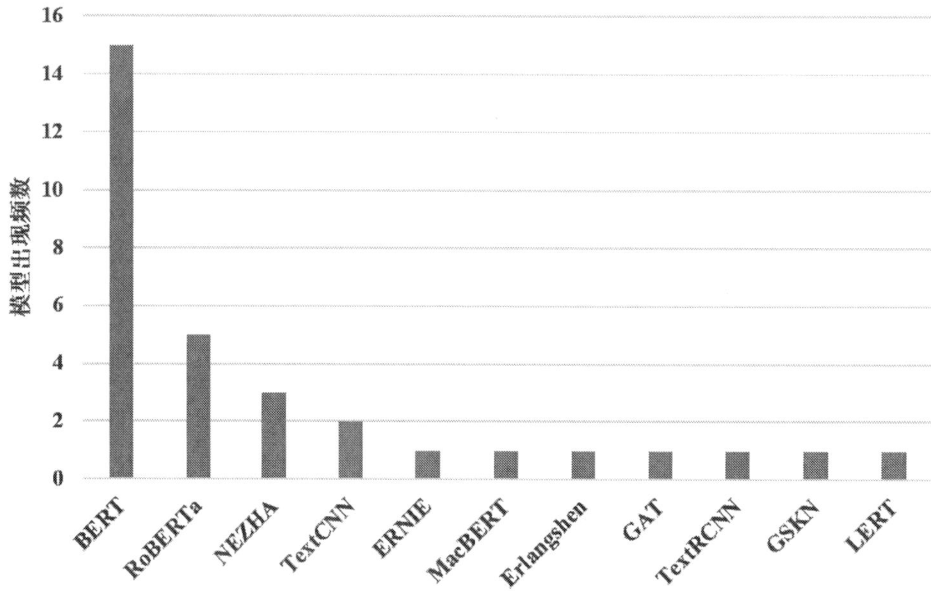

Figure 3: 模型使用情况（不完全）统计结果

5 结果分析

从本次任务采用模型来看，本次评测队伍基本采用的是 BERT 类的模型，典型的包括 BERT、RoBERTa 等，还有中文预训练模型 ERNIE、NEZHA 等。这表明在目前的文本分类任务上，主要还是以传统的预训练模型结合微调技术的方法为主，而当下较为火热的大模型，如 ChatGPT 等并未被采用进行本任务。当然，这可能跟本次任务未能提供相关支持有关。

从本次任务的结果来看，对抗训练、模型融合是使用最多且有效的方法。作为案件简述文本来说，其中噪声较多，对于分类并无帮助的文本内容较多，例如各类未涉及隐私的个人信息、时间、银行名称等，同时由于数据脱敏时采用的方式较为直接，文本中残留不少标点符号，因此对抗训练通过增加扰动，可能增强了模型对于这类信息的抗干扰性，从而提高了模型性能。此外，模型融合作为一般性策略，在各类评测任务中均有较好效果，本次任务结果也验证了这一点。

在数据不平衡方面，部分队伍通过伪标签或回译的方法取得了较好的结果。伪标签方法通过将无标签的测试集样本，经模型预测后标注伪标签，加入到训练集中，增加了训练集数量，从结果上来看，有效缓解了部分类别样本数量较少的问题。回译方法通过将将数据样本翻译为另一语言甚至多个语言后，再翻译回原语言的方式，同样增加了不平衡类别的样本数量，从而提高了模型结果。

本次任务可看作是电信网络诈骗领域的文本分类任务，即特定领域文的本分类任务，因此部分队伍采用了领域预训练的方法，通过在本次任务的领域语料上进行继续预训练任务，使模型能够学习到领域中数据分布特征。本次任务结果也验证了该方法的有效性。

此外，少数队伍注意到了数据中存在易混淆的类别，并提出后置分类的方法，以解决该问题。该方法通过在模型预测所有类别后，针对易混淆类别进行二次补充判别，最终提高了易混淆类别识别效果以及模型整体的预测结果。易混淆类别的存在，根源于分类体系的定义不够明确清晰，类别之间划分边界较为模糊，从而导致类别混淆、类别重叠等问题。

第二十二届中国计算语言学大会论文集，第193页-第200页，哈尔滨，中国，2023年8月3日至5日。

6 结论及未来展望

本次任务中 BERT 类模型结合对抗训练方法取得较好结果，传统微调预训练方法仍占据主流，比赛结果中最高得分比 baseline 提升了1.6%，达到0.8660，表明该任务还存在较大的提升空间。未来将考虑进一步优化分类数据集，包括数据集中的噪声信息，以及一些错误分类的数据项，需要进行处理。此外当前分类体系下部分数据存在有分类重叠等问题，还需要进一步改进分类体系。

参考文献

Armand Joulin, Edouard Grave, Piotr Bojanowski, and Tomas Mikolov. 2017. Bag of Tricks for Efficient Text Classification. In *Proceedings of the 15th Conference of the European Chapter of the Association for Computational Linguistics: Volume 2, Short Papers*, 427–431.

Chen Zhu, Yu Cheng, Zhe Gan, Siqi Sun, Thomas Goldstein, and Jingjing Liu. 2019. Freelb: Enhanced adversarial training for language understanding. *arXiv preprint arXiv: 1909.11764.*

Chi Sun, Xipeng Qiu, Yige Xu, and Xuanjing Huang. 2019. How to fine-tune bert for text classification?. In *Chinese Computational Linguistics: 18th China National Conference, CCL 2019, Kunming, China, October 18–20, 2019, Proceedings 18*, 194–206.

Dong-Hyun Lee. 2013. Pseudo-label: The simple and efficient semi-supervised learning method for deep neural networks. In *Workshop on challenges in representation learning, ICML*, 896.

Jason Wei, Kai Zou 2019. EDA: Easy Data Augmentation Techniques for Boosting Performance on Text Classification Tasks. In *Proceedings of the 2019 Conference on Empirical Methods in Natural Language Processing and the 9th International Joint Conference on Natural Language Processing (EMNLP-IJCNLP)*, 6382—6388.

Jocab Devlin, Ming-Wei Chang, Kenton Lee, and Kristina Toutanova. 2019. Bert: Pre-training of deep bidirectional transformers for language understanding. In *Proceedings of the Conference of the North American Chapter of the Association for Computational Linguistics: Human Language Technologies, Volume 1 (Long and Short Papers)*, 4171–4186.

Junjie Wang, Yuxiang Zhang, Lin Zhang, Ping Yang, Xinyu Gao, Ziwei Wu, Xiaoqun Dong, Junqing He, Jianheng Zhuo, Qi Yang, Yongfeng Huang, Xiayu Li, Yanghan Wu, Junyu Lu, Xinyu Zhu, Weifeng Chen, Ting Han, Kunhao Pan, Rui Wang, Hao Wang, Xiaojun Wu, Zhongshen Zeng, Chongpei Chen, Ruyi Gan, and Jiaxing Zhang 2022. Fengshenbang 1.0: Being the Foundation of Chinese Cognitive Intelligence. *CoRR*, abs/2209.02970.

Junqiu Wei,Xiaozhe Ren, Xiaoguang Li, Wenyong Huang, Yi Liao, Yasheng Wang, Jiashu Lin, Xin Jiang, Xiao Chen, and Qun Liu. 2019. Nezha: Neural contextualized representation for chinese language understanding. *arXiv preprint arXiv:1909.00204.*

Mamshad Nayeem Rizve, Kevin Duarte, Yogesh S Rawat, and Mubarak Shah. 2021. In defense of pseudo-labeling: An uncertainty-aware pseudo-label selection framework for semi-supervised learning. *arXiv preprint arXiv:2101.06329.*

Peng Wang, Kai Han, Xiu-Shen Wei, Lei Zhang, and Lei Wang. 2021. Contrastive Learning based Hybrid Networks for Long-Tailed Image Classification. In *IEEE/CVF Conference on Computer Vision and Pattern Recognition (CVPR)*, 943–952.

Suchin Gururangan, Ana Marasović, Swabha Swayamdipta, Kyle Lo, Iz Beltagy, Doug Downey, and Noah A. Smith 2020. Don't Stop Pretraining: Adapt Language Models to Domains and Tasks. In *Proceedings of the 58th Annual Meeting of the Association for Computational Linguistics*, 8342—8360.

Takeru Miyato, Andrew M. Dai, and Ian Goodfellow. 2016. Adversarial training methods for semi-supervised text classification. *arXiv preprint arXiv:1605.07725.*

Xiaobo Liang, Lijun Wu, Juntao Li, Yue Wang, Qi Meng, Tao Qin, Wei Chen, Min Zhang, and Tie-Yan Liu. 2021. R-drop: Regularized dropout for neural networks. In *Advances in Neural Information Processing Systems*, 10890–10905.

第二十二届中国计算语言学大会论文集，第193页-第200页，哈尔滨，中国，2023年8月3日至5日。

Yiming Cui, Wanxiang Che, Ting Liu, Bing Qin, Shijin Wang, and Guoping Hu. 2020. Revisiting Pre-Trained Models for Chinese Natural Language Processing. In *Findings of the Association for Computational Linguistics: EMNLP 2020*, 657–668.

Yiming Cui, Wanxiang Che, Ting Liu, Bing Qin, and Ziqing Yang. 2021. Pre-training with whole word masking for chinese bert. In *IEEE/ACM Transactions on Audio, Speech, and Language Processing, Volume 29*, 3504–3514.

Yiming Cui, Wanxiang Che, Shijin Wang, and Ting Liu. 2022. LERT: A Linguistically-motivated Pre-trained Language Model. *arXiv preprint arXiv:2211.05344*.

Yinpeng Dong, Zhijie Deng, Tianyu Pang, Jun Zhu, and Hang Su 2020. Adversarial distributional training for robust deep learning. In *Advances in Neural Information Processing Systems*, 8270–8283.

Yinhan Liu, Myle Ott, Naman Goyal, Jingfei Du, Mandar Joshi, Danqi Chen, Omer Levy, Mike Lewis, Luke Zettlemoyer, and Veselin Stoyanov. 2019. Roberta: A robustly optimized bert pretraining approach. *arXiv preprint arXiv:1907.11692*.

Yoon Kim. 2014. Convolutional neural networks for sentence classification. In *Conference on Empirical Methods in Natural Language Processing (EMNLP'14)*.

Yu Sun, Shuohuan Wang, Yukun Li, Shikun Feng, Xuyi Chen, Han Zhang, Xin Tian, Danxiang Zhu, Hao Tian, and Hua Wu. 2019. ERNIE: Enhanced Representation through Knowledge Integration. *arXiv:1904.09223*.

葛俊峰. 2019. 深圳市电信网络诈骗特征与治理困境研究. 深圳大学.

刘玲玲, 毕梦瀛, 沈小晓. 2023. 多国出台措施打击电信网络诈骗. 人民日报, 2023-01-05(017).

宋兵. 2019. 电信网络诈骗犯罪的刑事立体防治. 青岛大学.

孙高峰. 2020. 电信网络诈骗犯罪现状与对策研究. 河北大学.

王洁. 2019. 电信网络诈骗犯罪的独特属性与治理路径. 中国人民公安大学学报(社会科学版), 35(04):1-10.

张维炜. 2022. 密织反诈"防护网" 压实"守门人"责任——反电信网络诈骗法正式实施. 中国人大, No.563(23): 33-34.

第二十二届中国计算语言学大会论文集，第193页-第200页，哈尔滨，中国，2023年8月3日至5日。

CCL23-Eval任务6系统报告：基于原型监督对比学习和模型融合的电信网络诈骗案件分类

熊思诗　张劼　赵宇　刘欣璋　宋双永
中国电信数字智能科技分公司
{xiongsishi, zhangj157, zhaoy11, liuxz2, songshy}@chinatelecom.cn

摘要

本文提出了一种基于原型监督对比学习和模型融合的电信网络诈骗案件分类方法。为了增强模型区分易混淆类别的能力，我们采用特征学习与分类器学习并行的双分支神经网络训练框架，并通过领域预训练、模型融合、后置分类等策略优化分类效果。最终，本文方法在CCL2023-FCC评测任务上取得了Macro-F1为0.8601 的成绩。

关键词： 文本分类 ；原型监督对比学习 ；模型融合 ；电信网络诈骗

System Report for CCL23-Eval Task 6: Classification of Telecom Network Fraud Cases Based on Prototypical Supervised Contrastive Learning and Model Fusion

Sishi Xiong　Jie Zhang　Yu Zhao　Xinzhang Liu　Shuangyong Song
China Telecom Corporation Ltd. Data&AI Technology Company
{xiongsishi, zhangj157, zhaoy11, liuxz2, songshy}@chinatelecom.cn

Abstract

We propose a method based on prototypical supervised contrastive learning and model fusion for telecom network fraud case classification (FCC) tasks. We introduce a parallel framework of feature learning and classifier learning, which enhances model capability of distinguishing confusing classes. We also take advantage of domain-specific pre-training, multi-model integration and post-classification modules to improve the overall performance. Our method achieves a final score of 86.01% Macro-F1 value on CCL2023-FCC evaluation task.

Keywords: Text Classification , Prototypical Supervised Contrastive Learning , Model Fusion , Telecom Network Fraud

1　引言

电信网络诈骗案件分类任务旨在将给定的电信诈骗案件描述文本自动归类到12个不同类别上。其中，易混淆的案件主要集中在几个特定类别之间，如"冒充电商物流客服类"、"虚假征信类"、"虚假购物、服务类"、"虚假网络投资理财类"等。

在参与CCL2023评测[0]的过程中，我们基于原型监督对比学习思想，提出一种特征学习与分类器学习并行的双分支神经网络训练框架，同时针对易混淆类别设计后置分类、模型融合方案，有效提升了系统评测指标。

[0]评测网址：https://github.com/GJSeason/CCL2023-FCC

第二十二届中国计算语言学大会论文集，第201页-第205页，哈尔滨，中国，2023年8月3日至5日。

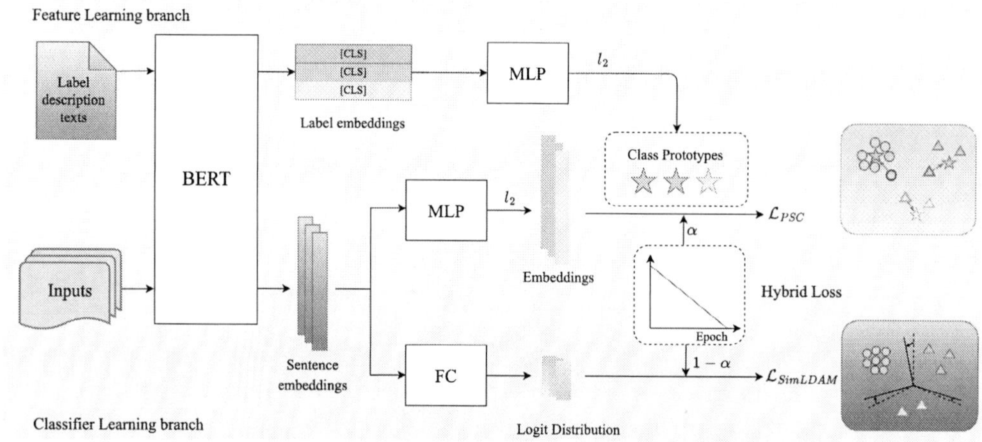

Figure 1: 基于原型监督对比学习的双分支网络模型

2 模型介绍

2.1 原型监督对比学习

原型对比学习(Prototypical Contrastive Learning, PCL)由Li等人 (2021)提出，该方法统一了聚类学习和对比学习思想，将属于同一类的样本聚集在原型附近。Wang等人 (2021)首次将原型对比学习与监督对比学习 (Khosla et al., 2020)结合起来，提出原型监督对比学习(Prototypical Supervised Contrastive Learning, PSCL)，不仅具有PCL的优势，还具备更强的语义辨析能力。

因此，我们基于BERT (Devlin et al., 2019)编码器和PSCL思想，设计了一个特征学习与分类器学习并行的双分支网络模型，如图1所示。特征学习分支由原型监督对比学习损失函数指导训练，公式如下：

$$\mathcal{L}_{PSC} = -log\frac{exp(v \cdot p_y/\tau)}{\sum_{j=1}^{C} exp(v \cdot p_j/\tau)} \quad (1)$$

其中，y为样本所属的真实类别，v表示样本的特征向量，p_y、p_j分别表示类别y和类别j的原型表征向量。从式(1)可以看出，$\mathcal{L}_{PSC}$鼓励样本尽可能向真实类别的原型靠近、远离负类原型，从而使类内特征分布更为紧凑，有助于模型学习到更为均衡且易分离的表征空间。

具体地，我们参考公开资料[1]，为每个标签归纳了一段描述文本(Label Description)作为先验知识。把描述文本输入到双分支共享的、可训练的编码器，经过MLP映射层与L_2归一化后，可以获得各个类别的原型语义表征。标签描述的语义特征代表了同类样本共有的特征和规则，能够帮助模型更好地区分容易混淆的类别。

分类器学习分支由分类损失函数指导训练。我们基于原型结构提出了一种新的分类损失函数SimLDAM。它基于LDAM损失函数 (Cao et al., 2019)改进，公式如下：

$$\mathcal{L}_{SimLDAM} = -log\frac{e^{(z_y-\Delta_y)}}{e^{(z_y-\Delta_y)} + \sum_{j\neq y} e^{z_j+\gamma s(p_y,p_j)}} \quad (2)$$

其中，z_j、z_y分别表示类别j和真实类别y的逻辑分数，Δ_y表示在真实类别y上的附加边距，是一个和类别y的样本数量负相关的常数，用于缓解样本分布的不均衡性。同时，考虑到评测任务的标签粒度较细，SimLDAM在LDAM基础上融合了原型相似度惩罚$\gamma s(p_y, p_j)$，以缓解原型相近的类别之间的混淆程度，其中$s(\cdot)$为余弦相似度函数，γ为超参数。

假设类别y与类别j之间存在高度混淆。PSCL拉近样本与真实类别原型的距离，同时使其与负类原型的距离增加，促使不同类别的样本分离开。若类别y与类别j的原型表征相近，SimLDAM损失函数添加了一项与原型相似度相关的惩罚项，从而能抑制模型在易混淆负类j上的逻辑输出值，进一步降低混淆程度。

[1]公开资料来源：https://baijiahao.baidu.com/s?id=1733668985271273518

第二十二届中国计算语言学大会论文集，第201页-第205页，哈尔滨，中国，2023年8月3日至5日。

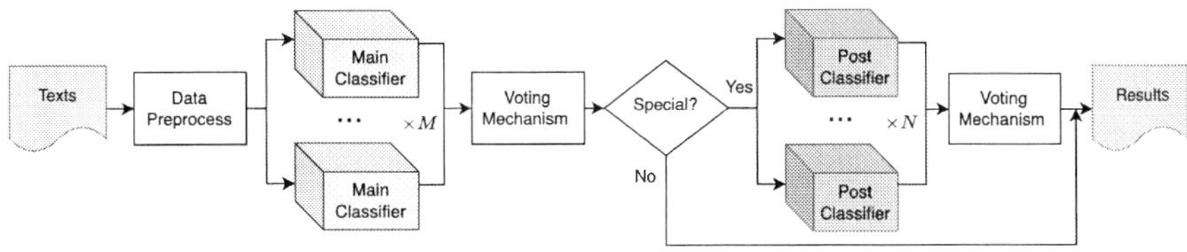

Figure 2: 系统框架

模型的训练过程采用渐进学习策略 (Zhou et al., 2020)，整体损失是对比损失$\mathcal{L}_{PSC}$和分类损失$\mathcal{L}_{SimLDAM}$加权的混合损失，公式如下：

$$\mathcal{L} = \alpha\mathcal{L}_{PSC} + (1-\alpha)\cdot\lambda\mathcal{L}_{SimLDAM} \tag{3}$$

其中，λ为分类损失权重参数，$\alpha = 1 - T/T_{max}$为渐进权重，T、T_{max}分别为当前训练轮次和最大训练轮次。在训练初期，特征学习分支占主导地位，强调不同类别特征空间的差异化。随着训练的进行，分类器学习分支的权重逐步增大，更侧重于调整分类决策边界。

2.2 领域预训练

本次评测中，我们进行了任务持续预训练(TAPT) (Sun et al., 2019; Gururangan et al., 2020)，选取的底座以BERT类模型为主，包括但不限于BERT、RoBERTa (Liu et al., 2019)、ALBERT (Lan et al., 2020)等。我们尝试了不同的预训练模型，并针对训练语料特点设计了特殊的训练策略 (Pan et al., 2020; Dong et al., 2023)，包括：

1. 词表适应：将[unused]替换为在单一分类下高频出现的、类别独有的任务强相关词汇；
2. MLM任务适应：修改mask替换概率，高频词汇被mask概率更高；
3. NSP任务适应：使用整句截断代替字随机截断，与下游任务的长文本处理方式对齐。

2.3 模型融合

如图2所示，我们在模型融合部分采用K-Fold交叉验证的方法，旨在提升系统整体的泛化性。具体地，我们在训练集上随机划分出K个不同的开发集，并使用不同的底座训练得到多个基础分类器。评测时，我们选取效果最好的M个基础分类器，在每个测试样本上进行多数决策投票，获得模型集成后的最终预测结果。最终提交版本的参数为M=7，其中6个模型基于BERT_{BASE}预训练，1个模型基于BERT_{LARGE}预训练。

2.4 后置分类

在模型迭代过程中，我们统计了模型集成后的投票结果与人工标注的分布差异，得到不同类别之间的混淆矩阵。我们发现，已有方案在“冒充电商物流客服类”、“虚假征信类”两个类别上相互混淆程度最高，误识别的样本最多，如图3中的红框所示。

Figure 3: 混淆矩阵图

基于上述分析，我们在原有方案基础上增加一个后置二分类模块(Post Classifier)以解决这两个类别识别效果欠佳的问题，如图2所示。我们仅使用这两个类别的训练数据训练多个二分类模型，选取最好的5个模型进行多数决策投票。预测阶段，如果主模型(Main Classifier)投票结果属于这两个分类其中之一，则使用后置分类器进行二次补充判别。

第二十二届中国计算语言学大会论文集，第201页-第205页，哈尔滨，中国，2023年8月3日至5日。

3 评测结果

3.1 实验设置

本次评测中，我们采用领域预训练过的BERT作为基座，base版学习率为2×10^{-5}，large版学习率为2×10^{-6}，为使模型训练更稳定，学习率采用了WarmUp (He et al., 2016)与余弦退火衰减策略。优化器使用AdamW (Loshchilov and Hutter, 2019)，最大句子长度设置为512。模型训练过程中还采用了FGM对抗训练 (Miyato et al., 2017)和R-Drop (Liang et al., 2021)方法以增强泛化能力。

3.2 分析与讨论

表1展示了我们采用的不同策略的真实评测指标结果。可以看出，原型监督对比学习方法的总体效果提升最为明显，获得了0.68% 的性能提升。基座方面，Large效果略优于Base。

框架	策略	效果	提升
单模型	BERT_{BASE}	0.8425	
	BERT_{BASE} + 领域预训练	0.8458	+0.33%
	BERT_{BASE} + 领域预训练+ PSCL	0.8526	**+0.68%**
	BERT_{LARGE} + 领域预训练+ PSCL	0.8538	+0.12%
多模型	模型融合	0.8577	+0.39%
	模型融合+ 后置分类器	0.8581	+0.04%
	模型融合+ 后置分类器+ FGM & R-Drop	**0.8601**	+0.20%

Table 1: 不同策略结果对比(Macro-F1)

表2对比了我们采用的不同策略在不同类别上的表现。可以看出，原型监督对比学习方法的正向收益最稳定，在大多数类别上都有性能提升，在部分类别上单模型效果甚至超过了多模型融合版本。同时，后置二分类模块在选定的两个分类上均有正向提升，验证了图3中错误样例分析的正确性。最终版本使用的FGM对抗训练和R-Drop方法也在四个类别上取得了效果提升。

	基线	+预训练	+PSC	+融合	+后置	最佳版本
冒充公检法及政府机关类	0.9044	0.8982↓	0.9162↑	**0.9216**↑	0.9216	0.9195↓
冒充军警购物类	0.7531	0.7733↑	0.7803↑	**0.7870**↑	0.7870	0.7870
冒充电商物流客服类	0.7924	0.8001↑	0.7850↓	0.7975↑	0.7981↑	**0.8060**↑
冒充领导、熟人类	0.8892	0.8894	0.8958↑	**0.9045**↑	0.9045	0.9045
刷单返利类	0.9571	0.9578	0.9559↓	**0.9616**↑	0.9616	0.9609
网络婚恋、交友类	0.6142	0.6424↑	**0.6547**↑	0.6500↓	0.6500	0.6545↑
网络游戏产品虚假交易类	0.9167	0.9095↓	**0.9204**↑	0.9130↓	0.9130	0.9170↑
网黑案件	0.9597	0.9675↑	**0.9754**↑	0.9714↓	0.9714	0.9754↑
虚假征信类	0.8180	0.7993↓	0.8175↑	0.8188↑	**0.8231**↑	0.8218↓
虚假网络投资理财类	0.8827	0.8704↓	0.8768↑	0.8890↑	0.8890	**0.8898**↑
虚假购物、服务类	0.6972	0.6945↓	0.7056↑	0.7265↑	0.7265	**0.7322**↑
贷款、代办信用卡类	0.9250	0.9461↑	0.9482↑	0.9518↑	0.9518	**0.9525**↑

Table 2: 不同类别结果对比(Macro-F1)

4 总结

在CCL2023-FCC评测中，我们使用原型监督对比学习、领域预训练、模型融合、后置分类、对抗训练和R-Drop等策略，有效提升了分类效果。其中，原型监督对比学习方法能够有效区分易混淆类别，带来的正向收益最为稳定。另外，我们还尝试过不同的长文本处理、投票机制、数据增强等策略，但是没有取得更好的效果。未来，我们会在这些方向上做进一步的探索和优化。

第二十二届中国计算语言学大会论文集，第201页-第205页，哈尔滨，中国，2023年8月3日至5日。

参考文献

Boyan Zhou, Quan Cui, Xiu-Shen Wei, and Zhao-Min Chen. BBN: Bilateral-Branch Network with Cumulative Learning for Long-Tailed Visual Recognition. 2020. *Proceedings of the IEEE/CVF conference on computer vision and pattern recognition, pages 9716-9725.* Seattle, WA, USA.

Chi Sun, Xipeng Qiu, Yige Xu and Xuanjing Huang. How to Fine-Tune BERT for Text Classification?. 2019. *Chinese Computational Linguistics, pages 194-206.*

Ilya Loshchilov and Frank Hutter. Decoupled Weight Decay Regularization. 2019. *7th International Conference on Learning Representations.* New Orleans, LA, USA.

Jacob Devlin, Mingwei Chang, Kenton Lee and Kristina Toutanova. BERT: Pre-training of Deep Bidirectional Transformers for Language Understanding. 2019. *Proceedings of the 2019 Conference of the North American Chapter of the Association for Computational Linguistics: Human Language Technologies, pages 4171-4186.* Minneapolis, Minnesota.

Junnan Li, Pan Zhou, Caiming Xiong and Steven Hoi. Prototypical Contrastive Learning of Unsupervised Representations. 2021. *9th International Conference on Learning Representations.*

Kaidi Cao, Colin Wei, Adrien Gaidon, Nikos Aréchiga and Tengyu Ma. Learning Imbalanced Datasets with Label-Distribution-Aware Margin Loss. 2019. *Proceedings of the 33rd International Conference on Neural Information Processing Systems, pages 1567–1578.* Red Hook, NY, USA.

Kaiming He, Xiangyu Zhang, Shaoqing Ren and Jian Sun. Deep Residual Learning for Image Recognition. 2016. *Proceedings of the IEEE conference on computer vision and pattern recognition, pages 770-778.* Las Vegas, NV, USA.

Peng Wang, Kai Han, Xiushen Wei, Lei Zhang and Lei Wang. Contrastive Learning Based Hybrid Networks for Long-Tailed Image Classification. 2021. *Proceedings of the IEEE/CVF Conference on Computer Vision and Pattern Recognition, pages 943-952.* Nashville, TN, USA.

Prannay Khosla, Piotr Teterwak, Chen Wang, Aaron Sarna, Yonglong Tian, Phillip Isola, Aaron Maschinot, Ce Liu and Dilip Krishnan. Supervised contrastive learning. 2020. *Advances in neural information processing systems, pages 18661-18673.*

Suchin Gururangan, Ana Marasović, Swabha Swayamdipta, Kyle Lo, Iz Beltagy, Doug Downey, and Noah A. Smith. Don't Stop Pretraining: Adapt Language Models to Domains and Tasks. 2020. *Proceedings of the 58th Annual Meeting of the Association for Computational Linguistics, pages 8342-8360.*

Takeru Miyato, Andrew M. Dai and Ian J. Goodfellow. Adversarial Training Methods for Semi-Supervised Text Classification. 2017. *5th International Conference on Learning Representations.* Toulon, France.

Xiaobo Liang, Lijun Wu, Juntao Li, Yue Wang, Qi Meng, Tao Qin, Wei Chen, Min Zhang and Tieyan Liu. R-Drop: Regularized Dropout for Neural Networks. 2021. *Advances in Neural Information Processing Systems 34: Annual Conference on Neural Information Processing Systems 2021, pages 10890-10905.*

Xipeng Qiu, Tianxiang Sun, Yige Xu, Yunfan Shao, Ning Dai and Xuanjing Huang. Pre-trained models for natural language processing: A survey. 2020. *Science China Technological Sciences, 63(10): 1872-1897.*

Yinhan Liu, Myle Ott, Naman Goyal, Jingfei Du, Mandar Joshi, Danqi Chen, Omer Levy, Mike Lewis, Luke Zettlemoyer and Veselin Stoyanov. RoBERTa: A Robustly Optimized BERT Pretraining Approach. 2019. *CoRR,abs/1907.11692.*

Zhenzhong Lan, Mingda Chen, Sebastian Goodman, Kevin Gimpel, Piyush Sharma, Radu Soricut. ALBERT: A Lite BERT for Self-supervised Learning of Language Representations. 2020.

Zican Dong, Tianyi Tang, Lunyi Li and Wayne Xin Zhao. A Survey on Long Text Modeling with Transformers. 2023. *CoRR,abs/2302.14502.*

第二十二届中国计算语言学大会论文集，第201页-第205页，哈尔滨，中国，2023年8月3日至5日。

System Report for CCL23-Eval Task 6: A Method For Telecom Network Fraud Case Classification Based on Two-stage Training Framework and Within-task Pretraining

Guanyu Zheng[1], Tingting He[2], Zhenyu Wang[1*], Haochang Wang[2]
[1] South China University of Technology, Guangzhou, China
[2] Northeast Petroleum University, Daqing, China
mounthuangdj@gmail.com, hetingtingjiayou@163.com
wangzy@scut.edu.cn, kinghaosing@gmail.com

Abstract

Domain-specific text classification often needs more external knowledge, and fraud cases have fewer descriptions. Existing methods usually utilize single-stage deep models to extract semantic features, which is less reusable. To tackle this issue, we propose a two-stage training framework based on within-task pretraining and multi-dimensional semantic enhancement for CCL23-Eval Task 6 (Telecom Network Fraud Case Classification, FCC). Our training framework is divided into two stages. First, we pre-train using the training corpus to obtain specific BERT. The semantic mining ability of the model is enhanced from the feature space perspective by introducing adversarial training and multiple random sampling. The pseudo-labeled data is generated through the test data above a certain threshold. Second, pseudo-labeled samples are added to the training set for semantic enhancement based on the sample space dimension. We utilize the same backbone for prediction to obtain the results. Experimental results show that our proposed method outperforms the single-stage benchmarks and achieves competitive performance with 0.859259 F1. It also performs better in the few-shot patent classification task with 65.160% F1, which indicates robustness.

1 Introduction

The official implementation of *Law of the People's Republic of China on Anti-Telecom and Network Fraud* demonstrates China's determination to combat telecom and network fraud in our society. As an essential part of the fight against telecom and network fraud crimes, accurate classification of fraud cases facilitates the public security services to grasp the distribution characteristics of current fraud cases. It assists them in making targeted measures, such as prevention, supervision, suppression, and detection. Currently, there are two problems with the task: (1) The categories of fraud cases are more finely grained. (2) There need to be sufficient text features and data resources.

To cope with these problems, we introduce the two-stage training to enhance the differentiation among samples and to motivate the model to distinguish fine-grained case samples and thus achieve effective classification. In the first stage, the model extracts semantic features in fraud cases to obtain above-threshold prediction samples and use them as prior knowledge. The model then fuses the obtained samples into the second stage to enhance the representation capability of the model. In the second stage, the model uses BERT (Devlin et al., 2019) based fine-tuning to improve the semantic feature mining capability for a few descriptive texts of the cases and finally predicts the labels. In the training process, we introduce a multi-dimensional semantic enhancement method to improve the contextual modeling capability of the model. It contains two dimensions: feature space dimension and sample space dimension. The former uses a combination of adversarial training and multi-sampling. At the same time, the latter introduces semi-supervised learning that uses a model fusion-based approach to generate pseudo-labeled data. We implement the model fusion-based approach by summing the predicted probabilities. In addition, to enhance the model's fitness, we introduce the within-task pretraining approach to maximize

Proceedings of the 22nd China National Conference on Computational Linguistics, pages 206-212, Harbin, China, August 3 - 5, 2023.
(c) Technical Committee on Computational Linguistics, Chinese Information Processing Society of China

the use of data from the dataset and further improve the classification effect without introducing external knowledge.

In this paper, we proposed a two-stage training framework, and here are our main contributions:

(1) We propose a two-stage training-based text classification framework. The framework uses in-domain samples to guide data classification and effectively improves the classification results. Meanwhile, it is simple to implement and reusable for similar tasks.

(2) The introduction of the within-task pretraining approach and the multi-dimensional semantic enhancement method effectively compensates for the loss of crucial information caused by the lack of external knowledge and less contextual details on the task data. The experimental result shows that the proposed model outperforms other benchmark models.

(3) Our proposed framework ranks eighth in CCL23-Eval Task 6 (Telecom Network Fraud Case Classification, FCC) with 0.859259 F1 and performs well in the few-shot patent classification task.

2 Proposed Framework

2.1 Within-task Pretraining

As justice-relevant corpus is generally unavailable, we feed BERT the training data for domain pretraining. This approach is known as within-task pretraining. Research shows that the method efficiently improves the performance of the model on specific tasks despite the less training corpus and achieves task-adaptive effects (Gururangan et al., 2020). This makes the within-task pretraining method much less expensive to run than the domain-adaptive pretraining approach that continues pretraining on a large corpus of unlabeled domain-specific text.

2.2 Multi-dimensional Semantic Enhancement

Feature Space dimension: For the case with fewer case details, we perform random perturbation in the embedding layer to generate adversarial samples. This increases the feature space's diversity and enhances the model's robustness to adversarial samples, thus improving the model's performance. Adversarial training is standardized in the following format (Madry et al., 2017):

$$\min_{\theta} E_{(x,y)\sim\mathcal{D}}\left[\max_{\Delta x\in\Omega} L(x+\Delta x, y; \theta)\right] \tag{1}$$

where $\mathcal{D}$ is training dataset, x represent input, y represent label, θ represent model parameters, $L(x, y; \theta)$ is the loss of a single sample, Δx is adversarial perturbation, and Ω is the perturbation space. We use Fast Gradient Method (FGM) (Goodfellow et al., 2014) to optimize equation (1):

$$\Delta x = \epsilon \nabla x L(x, y; \theta) = \epsilon \frac{\nabla x L(x, y; \theta)}{\|\nabla x L(x, y; \theta)\|} \tag{2}$$

substitute the normalized Δx back into equation 1 to complete the optimization:

$$\min_{\theta} E_{(x,y)\sim\mathcal{D}}\left[L(x+\Delta x, y; \theta)\right] \tag{3}$$

We also introduce Adversarial Weight Perturbation (AWP) (Dong et al., 2020) to optimize the training process, and our experimental results show that AWP underperforms FGM on two tasks.

In addition, we randomly sample the hidden layer representation output from the model backbone several times and then calculate the arithmetic mean of all the results. This approach speeds up training convergence and improves generalization. We exploit the randomness of Dropout (Inoue, 2019) by feeding the hidden layer representation into it multiple times to obtain a consistent number of slightly different but within-controllable vector representations, achieving the effect of numerous random samplings.

Sample Space dimension: To expand the case context, we augment the sample space from a data augmentation perspective to improve model performance. As external data in the same domain as the fraud cases are difficult to obtain, the unlabeled test data are a suitable target for semantic augmentation based

Proceedings of the 22nd China National Conference on Computational Linguistics, pages 206-212, Harbin, China, August 3 - 5, 2023.

on the sample space dimension. For more straightforward implementation and to include as much feature information as possible, we first fuse several BERTs with different structures from within-task pretraining to predict the test dataset, generating classification labels and corresponding probabilities. A threshold is then set, and the predicted labels are filtered to select samples above the threshold as the new training data. This data is known as pseudo-labeled data (Lee, 2013). According to the cluster assumption, these sample points with higher probability are usually more likely to be in the same class. Hence, the confidence level of their corresponding pseudo-labels is higher.

2.3 Two-stage Training Framework

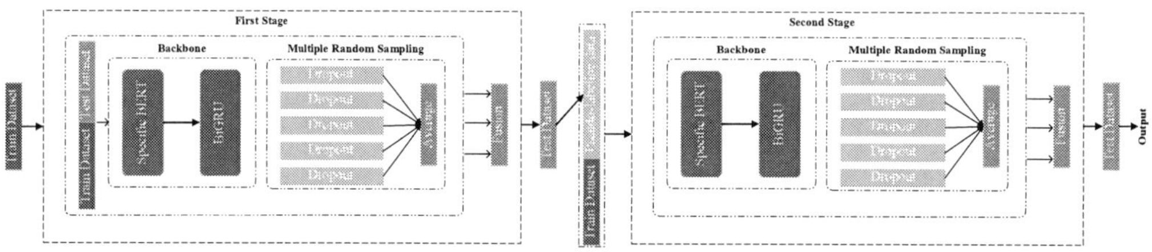

Figure 1: The two-stage training framework

As shown in Figure 1, the two-stage training framework integrates within-task pretraining and multi-dimensional semantic enhancement to improve the classification of fraud cases.

First stage: We use the training corpus for within-task pretraining to obtain a specific BERT, stack the BERT and BiGRU as our model backbone, and introduce semantic enhancement based on the feature space dimension to improve the model's contextual modeling capability and enhance robustness. Finally, pseudo-labeled data is generated by model fusion to predict the test data. We implement the model fusion-based approach by summing the predicted probabilities. Specifically, the method first sums the probability results of the same class predicted by different models in each sample and then takes the maximum value. The class corresponding to that value is the final predicted class.

Second stage: The pseudo-labeled data generated in the first stage is added to the training set to achieve semantic enhancement based on the sample space dimension. We use the same backbone and model fusion for prediction to obtain the results.

Summary: The two stages of the training process have four points in common: the model backbone, the specific BERT, the semantic enhancement based on the feature space dimension, and the model fusion approach. The difference is in the training data used, the former being the original dataset and the latter a new dataset containing pseudo-labeled data fused by multi-dimensional semantic enhancement and within-task pretraining. This simple but effective implementation facilitates low-density separation between fine-grained fraud classes and enhances classification results.

3 Experiments and Analysis

3.1 Datasets

We conduct experiments on two different-scale domain-specific text classification datasets: (1) the **Telecom Network Fraud Case** (or TNFC for short) dataset consists of 82,210 fraud cases and is divided into 12 genres, and (2) the **Few-shot Patents** (or FSP for short) dataset consists of 985 patent data (including title, assignee, and abstract) and encompasses 36 genres.

3.2 Experimental Settings

For the backbone, the structure of bidirectional transformers is implemented with a specific BERT, and a single-layer variant recurrent network is implemented with BiGRU. The specific BERT is implemented using RoBERTa-wwm-ext-large (Cui et al., 2021), Chinese-LERT-large (Cui et al., 2022), and MacBERT-large (Cui et al., 2020). All three are developed by Harbin Institute of Technology. We use F1 score based on macro-averaged as our evaluation metric. We set the probability threshold for

Proceedings of the 22nd China National Conference on Computational Linguistics, pages 206-212, Harbin, China, August 3 - 5, 2023.
(c) Technical Committee on Computational Linguistics, Chinese Information Processing Society of China

#	Type	Model	F1/%
1	single-stage	input^{template}+backbone^{RoBERTa}	83.642
2	single-stage	input^{template}+backbone^{LERT}	84.195
3	single-stage	input^{template}+backbone^{MacBERT}	84.255
4	single-stage	input^{abstract}+backbone^{RoBERTa}	84.308
5	single-stage	input^{abstract}+backbone^{LERT}	84.454
6	single-stage	input^{abstract}+backbone^{MacBERT}	84.590
7	single-stage	input^{abstract}+backbone$^{RoBERTa^{pre}}$ + adv^{FGM}	84.739
8	single-stage	input^{abstract}+backbone$^{LERT^{pre}}$ + adv^{FGM}	84.821
9	single-stage	input^{abstract}+backbone$^{MacBERT^{pre}}$ + adv^{FGM}	84.910
10	single-stage	input^{abstract}+backbone$^{LERT^{pre}}$ + adv^{AWP}	84.187
11	single-stage	fusion^{1+2+3}	84.578
12	single-stage	fusion^{4+5+6}	85.179
13	single-stage	fusion^{7+8+9}	85.284
14	two-stage	two-stage$^{pseudo^{13}+7}$	85.322
15	two-stage	two-stage$^{pseudo^{13}+8}$	85.526
16	two-stage	two-stage$^{pseudo^{13}+9}$	85.752
17	two-stage	fusion$^{14+15+16}$ **(final published result)**	**85.926** (0.859259)

Table 1: Experimental results on the Telecom and Network Fraud Cases dataset

filtering pseudo-labeled data to 0.99. We set the $epsilon$ involved in the adversarial training to 0.01. We set $epochs$, $batch\_size$, and lr in within-task pretraining to 5, 100, and 2e-5, respectively. We set $encoder\_lr$, $epochs$, and $batchsize$ to 2e-5, 10, and 8 respectively. We optimize the models using AdamW (Loshchilov and Hutter, 2017) and implement the proposed models using Pytorch. All experiments are run on a single NVIDIA RTX A5000 24GB GPU.

3.3 Experimental Results and Analysis

The experimental results on the TNFC dataset are shown in Table 1. Exp.1 to Exp.13 are single-stage frameworks, and Exp.14 to Exp.17 are two-stage frameworks. Note that input* represents the input format, where input^{template} has the format **"case number: id. case description: description"**, and input^{abstract} has **only description**. $backbone$ consists of BERT, a single-layer BiGRU, and Multi-sample Dropout. $RoBERTa^{pre}$, $LERT^{pre}$, and $MacBERT^{pre}$ denote specific BERT model by within-task pertraining. $fusion$ and adv* represent the model fusion method and adversarial training approach, respectively. Meanwhile, two-stage^{a+b} represents the two-stage framework, where a indicates the approach used in the first stage and b indicates the method used in the second stage. We have experimental results that lead to the following conclusions:

(1) Comparing Exp.1 & Exp.4, Exp.2 & Exp.5, and Exp.3 & Exp.6, the practical part of the training data is the case description, and the overly detailed prompt template affects the model recognition and training efficiency.

(2) Comparing Exp.4 & Exp.7, Exp.5 & Exp.8, and Exp.6 & Exp.9, RoBERTa, MacBERT, and LERT introduce the multidimensional semantic enhancement to improve the model's ability to mine the migrated knowledge features in the domain after within-task pretraining, which lead to a significant increase in F1 score and verify the effectiveness of Within-task Pretraining and multidimensional semantic enhancement.

(3) Comparing Exp.5 & Exp.10 and Exp.8 & Exp.10, AWP adversely affects the model performance. A possible reason is that the more complex AWP is prone to overfitting. It performs less well than the simpler structured FGM under few-shot scenarios or few contents in Chinese-specific domains.

(4) After introducing the two-stage framework, the F1 score of Exp.14, Exp.15, and Exp.16 improve substantially, which verifies the effectiveness of the proposed framework. It indicates that the two-stage framework can enhance the model performance from both data and feature perspectives. The

Proceedings of the 22nd China National Conference on Computational Linguistics, pages 206-212, Harbin, China, August 3 - 5, 2023.

#	Model	F1/%
1	Our Model$^{two-stage}$	**85.752**
2	- two-stage	85.284
3	Our Model$^{single-stage}$	**84.910**
4	- msdr	84.753
5	- fgm	84.806
6	- within-task	84.611

Table 2: Ablation Studies

semantic information of the training corpus is maximized without introducing external knowledge. The F1 score of Exp.11, Exp.12, Exp.13, and Exp.17 illustrate the effectiveness of model fusion, and its simple implementation can improve model performance more substantially.

3.4 Efficiency Analysis

For the same experimental conditions, we output the loss variation curves in the same training epoch as shown in Figure 2. Fig. 2(a) represents the comparison of loss variation between MacBERT, LERT, and RoBERTa. Fig. 2(b) represents the comparison of loss variation between MSDR and without MSDR. It leads to the following conclusions: (1) The training convergence speed of the three types of BERT is MacBERT, LERT, and RoBERTa in order from high to low, among which MacBERT has the fastest convergence speed, and the loss is always at a relatively low level, indicating that MacBERT is more effective in this task. (2) The convergence speed of the model training is accelerated after adding MSDR. The lower mean value of loss in the convergence process indicates that MSDR can speed up the convergence of the model and avoid the overfitting problem.

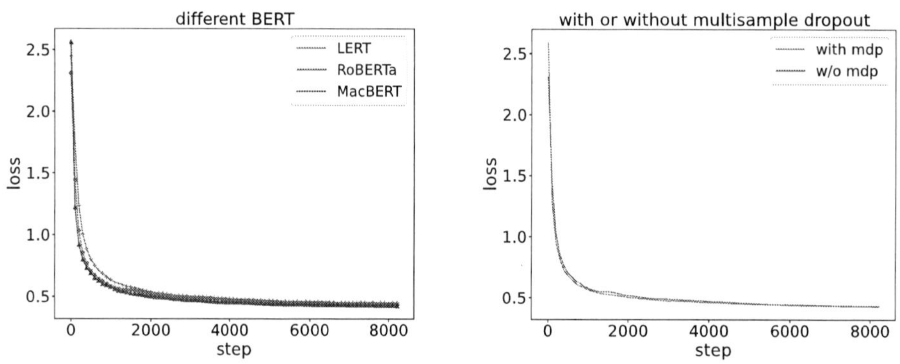

(a) loss variation of different BERT

(b) Loss variation with and without MSDR

Figure 2: Loss variation curves

3.5 Ablation Studies

To further validate the effectiveness of each part of the proposed framework, we conduct ablation experiments on the TNFC dataset, and the results are shown in Table 2. The validity of the two-stage framework is verified by comparing Exp.1 & Exp.2. Comparing with Exp.3, the F1 score of Exp.4, Exp.5, and Exp.6 all show different degrees of decrease, indicating the validity of all three. Among them, Exp.6 has the most significant reduction, meaning that BERT generated based on large-scale corpus training has a more substantial impact on the effect of downstream tasks after within-task pretraining.

Proceedings of the 22nd China National Conference on Computational Linguistics, pages 206-212, Harbin, China, August 3 - 5, 2023.

#	Model	F1/%
1	input+simple_backbone$^{RoBERTa^{pre}}$ + adv^{FGM}	61.021
2	input+simple_backbone$^{LERT^{pre}}$ + adv^{FGM}	60.737
3	input+simple_backbone$^{MacBERT^{pre}}$ + adv^{FGM}	60.775
4	input+simple_backbone$^{bert_for_patent^{pre}}$ + adv^{FGM}	60.146
5	fusion$^{1+2+3+4}$	64.539
6	two-stage$^{pseudo^1+1}$	61.815
7	two-stage$^{pseudo^2+1}$	61.100
8	two-stage$^{pseudo^3+1}$	61.078
9	two-stage$^{pseudo^5+1}$	**65.160**

Table 3: Experimental results on the Few-shot Patents dataset

3.6 Robustness Analysis Based on Few-shot Text Classification

To verify the robustness of our proposed framework, we conduct experiments on the FSP dataset, and the results are shown in Table 3. Due to the limitation of the prediction model size, we only use a single model for prediction in the second stage. Since the context of the training corpus is scarce in small sample scenarios, a more straightforward model structure is used for encoding. It should be specified that simple_backbone consists of BERT only. We have experimental results that lead to the following conclusions:

(1) The F1 score of Exp.9 is higher than the F1 score of Exp.5, indicating the effectiveness of our proposed two-stage framework, which is higher than the F1 score of Exp.6, Exp.7, and Exp.8. The reason is that the higher the F1 score of the first-stage model, the higher the confidence level of the prediction and the higher the quality of the generated pseudo-labeled data, affecting the prediction of the second-stage labels.

(2) Our proposed framework achieves better results in both tasks. Despite the absence of fine-tuned parameters, it still ranks at the top of the evaluation, which validates the robustness of our proposed framework.

4 Conclusion

In this paper, we propose a two-stage framework based on within-task pretraining and multi-dimensional semantic enhancement for CCL23-Eval Task 6 (FCC). It enhances the model's ability to represent the case text in feature and sample space dimensions. Experiments show that our proposed architecture achieves good results in this review, outperforming baseline models. In future work, we plan to use the framework extensively for domain text classification tasks in other scenarios. Inspired by model pruning and knowledge distillation, we try to refine the sub-stage to improve our architecture.

References

Devlin J, Chang M W, Lee K, et al. 2019. BERT: Pre-training of Deep Bidirectional Transformers for Language Understanding. *Proceedings of the 2019 Conference of the North American Chapter of the Association for Computational Linguistics: Human Language Technologies*, 2019: 4171-4186.

Gururangan S, Marasović A, Swayamdipta S, et al. 2020. Don't Stop Pretraining: Adapt Language Models to Domains and Tasks. *Proceedings of the 58th Annual Meeting of the Association for Computational Linguistics*, 2020: 8342-8360.

Madry A, Makelov A, Schmidt L, et al. 2017. Towards deep learning models resistant to adversarial attacks. arXiv preprint arXiv:1706.06083, 2017.

Goodfellow I J, Shlens J, Szegedy C. 2014. Explaining and harnessing adversarial examples. arXiv preprint arXiv:1412.6572, 2014.

Proceedings of the 22nd China National Conference on Computational Linguistics, pages 206-212, Harbin, China, August 3 - 5, 2023.

Dong Y, Deng Z, Pang T, et al. 2020. Adversarial distributional training for robust deep learning. *Proceedings of the 34th International Conference on Neural Information Processing Systems*, 2020: 8270-8283.

Inoue H. 2019. Multi-sample dropout for accelerated training and better generalization. arXiv preprint arXiv:1905.09788, 2019.

Lee D H. 2013. Pseudo-label: The simple and efficient semi-supervised learning method for deep neural networks. *Workshop on challenges in representation learning (ICML)*, 3(2): 896.

Loshchilov I, Hutter F. 2017. Fixing weight decay regularization in adam.

Cui Yiming, Che Wanxiang, Liu Ting, et al. 2021. Pre-Training with Whole Word Masking for Chinese BERT. *IEEE Transactions on Audio, Speech and Language Processing*

Cui Yiming, Che Wanxiang, Wang Shijin, et al. 2022. LERT: A Linguistically-motivated Pre-trained Language Model. arXiv preprint arXiv:2211.05344, 2022.

Cui Yiming, Liu Ting, Qin Bing, et al. 2020. Revisiting Pre-Trained Models for Chinese Natural Language Processing. *Proceedings of the 2020 Conference on Empirical Methods in Natural Language Processing: Findings*, 2020: 657–668.

Proceedings of the 22nd China National Conference on Computational Linguistics, pages 206-212, Harbin, China, August 3 - 5, 2023.

CCL23-Eval 任务7赛道一系统报告：基于序列到序列模型的自动化文本纠错系统

刘世萱　　刘欣璋　　黄钰瑶　　王超　　宋双永
中国电信数字智能科技分公司
{liusx14, liuxz2, huangyy121, wabgc17, songshy}@chinatelecom.cn

摘要

本文介绍了本队伍在CCL-2023汉语学习者文本纠错评测大赛赛道一中提交的参赛系统。近年来，大规模的中文预训练模型在各种任务上表现出色，而不同的预训练模型在特定任务上也各有优势。然而，由于汉语学习者文本纠错任务存在语法错误复杂和纠错语料稀缺等特点，因此采用基于序列标记的预训练文本纠错模型来解决问题是自然的选择。我们的团队采用了序列到序列的纠错模型，并采取了两阶段训练策略，设计了一套基于序列到序列文本纠错的pipeline。首先，我们对训练集数据进行了清洗处理；在第一阶段训练中，我们在训练集上使用数据增强技术；在第二阶段，我们利用验证集进行微调，并最终采用多个模型投票集成的方式完成后处理。在实际的系统测评中，我们提交的结果在封闭任务排行榜上超出baseline模型17.01分（40.59->57.6）。

关键词： 序列到序列 ； 文本纠错 ； 语言模型

System Report for CCL23-Eval Task 7 Track 1: Automated text error correction pipeline based on sequence-to-sequence models

Shixuan Liu　　Xinzhang Liu　　Yuyao Huang　　Chao Wang　　Shuangyong Song
China Telecom Corporation Ltd. Data&AI Technology Company
{liusx14, liuxz2, huangyy121, wabgc17, songshy}@chinatelecom.cn

Abstract

This paper presents our results in Track 1 of the CCL-2023 Chinese Learner Text Correction Assessment Contest. In recent years, large Chinese pre-trained models have performed well on various tasks, while different pre-trained models have their own advantages on specific tasks. However, due to the complexity of grammatical errors and the scarcity of error correction corpus in text correction tasks for Chinese learners, it is a natural choice to use sequence-to-sequence pre-trained language models to solve the problem. Our team adopts a sequence-to-sequence error correction model and adopts a two-stage training strategy to design a text error correction pipeline. First, we clean the training dataset; We use data augmentation techniques during the first training stage; in the second stage. Then, we use the validation dataset for fine-tuning, and finally, we post-process the results and use an ensemble method by voting. In the actual system evaluation, our results outperformed the baseline model by 17.01 scores (40.59->57.6) on the closed track leaderboard.

Keywords: Sequence to Sequence , Grammatical text correction , Language models

第二十二届中国计算语言学大会论文集，第213页-第219页，哈尔滨，中国，2023年8月3日至5日。
(c) 2023 中国中文信息学会计算语言学专业委员会

1 引言

写作是一种学习技能，对非中文母语使用者而言尤为具有挑战性。我们都会偶尔在标点符号、拼写和用词方面出现小错误。虽然我们在中文母语中也会偶尔犯一些标点符号和选词不当的错误，但非中文母语作者往往更难创造出语法正确且易于理解的文本。随着自然语言处理领域的日益发展，文本自动纠错技术的重要性也变得越来越突出。这项技术可以使系统自动检测句子中的语法错误，并进行修正，从而提高文本的质量和可读性。中文文本纠错是自然语言处理(NLP)领域的一个重要任务，然而，由于中文语法和表达方式的复杂性，以及数据集规模和质量的限制，中文文本纠错仍然面临着许多挑战。

目前，中文文本纠错数据集的数量相对较少，主要来源于lang8平台的中文数据语料库。lang8平台的语料库虽然为中文文本纠错提供了一定的基础数据，但它们的覆盖范围有限，仅标注了汉字、词语和短语中的错误。这意味着现有的模型在训练过程中往往只能学习到表层错误，而无法充分修正语法错误。

在早期的文本纠错任务中，人们主要借助基于手动编码的规则来进行纠错，这些规则应用于具有鲁棒性的解析器，并通过这些解析器对文本错误进行纠正(Leacock et al., 2009)。同一时期，研究人员开始探索数据驱动的方法，使用带有示例更正的错误文本语料库和监督机器学习模型来进行修正(Rozovskaya and Roth, 2010)。随着深度学习技术的发展，各种大规模预训练模型也被用于文本纠错任务，基于Transformer的编码解码器结构模型在错误文本到正确文本的"翻译"过程中也有着较好的效果，如BART (Lewis et al., 2020)和T5(Xue et al., 2021)。一些基于Transformer解码器结构的大型生成式模型也在类似任务中有着不错的性能，如bloom(Scao et al., 2022)。深度学习模型，尤其是序列到序列(Seq2Seq)模型，在训练过程中通常需要大量的训练数据。然而，由于中文语法结构的复杂性和多样性，以及不同领域的文本特点差异较大，获取大规模且高质量的中文文本纠错数据集仍然是一个挑战。此外，现有的模型在处理复杂的语法结构时也存在困难，例如长句、多义词等。

因此，在本次CCL-2023汉语学习者文本纠错评测赛道一封闭任务中，我们基于序列到序列的模型，设计了自动化文本纠错的pipeline，实现了数据清洗和预处理，基于语法错误分布的训练数据增强，基于序列到序列模型的一阶段训练和二阶段微调，生成文本数据的后处理和不同模型的投票集成。最终，我们的模型在最小改动和流利度提升两个任务的平均F0.5得分上，超过baseline模型17.01分（40.59->57.6）

2 相关工作

在模型层面，我们的目光主要聚焦在基于Transformer架构的深度学习语言模型上。目前主流的技术主要分为两种：（1）基于序列到编辑（Seq2Edit）的语法纠错。（2）基于序列到序列（Seq2Seq）的语法纠错。基于序列到编辑的中文语法纠错方法是一种基于神经网络的方法，它通过预先定义一些编辑动作，采用神经网络为句子的token打上编辑标签，将语法纠错任务转化成序列标签任务，从而进行语法纠错。当前较为先进的模型为GECToR(Omelianchuk et al., 2020), 作为一个序列标注模型，其解码空间涵盖了插入、删除和替换等编辑操作。GECToR在训练过程中预测这些编辑，并通过后处理将其应用于原始语句。基于序列到序列的语法纠错模型则利用神经网络学习输入和输出之间的映射关系，直接输入原始错误句子到模型，模型直接输出改正后的句子，从而实现对文本中的语法错误的自动纠正的方法。这类模型通常包括编码器(Encoder)和解码器(Decoder)两个部分。编码器负责将输入的文本序列转换为一个固定长度的向量表示，这个向量包含了输入文本的所有信息。解码器则根据编码器的输出生成一个新的、正确的文本序列。在这个过程中，解码器会根据当前的上下文和已经生成的字符来预测下一个字符，如bart(Lewis et al., 2020), t5模型(Xue et al., 2021)。随着近期超大规模语言模型的流行（如chatgpt），使用超大参数量Transformer decoder only结构的生成式模型也在各个任务上表现出不错的性能，一些论文也探讨了如何在语法纠错任务上发挥超大模型的性能。在一些研究中，作者尝试设计更加精准的prompt模板来挖掘超大模型学习到的知识，从而更好地纠正原始句子中的语法错误(Fang et al., 2023)。

在文本语法纠错任务中，数据增强技术可以用于扩充训练集，提高模型的性能。常见的数据增强技术包括噪声增强、样例生成等。噪声增强是一种常见的数据增强技术，通过将训练集正确文本中的一些token随机进行替换，插入，删除等操作，形成新的错误句子来扩充训练集。例如，我们可以将原始文本中的某些单词替换为同义词或随机生成的新单词，或者在文本中添

第二十二届中国计算语言学大会论文集，第213页-第219页，哈尔滨，中国，2023年8月3日至5日。

加一些无关紧要的信息。假设我们有一个正确句子"现在我还没有吃饭呢。"，我们可以使用语义替换技术生成错误句子"现在我还没有饭呢。"。此外，我们还可以在模型参数层面添加一些噪声，从而提高模型的鲁棒性，例如使用对抗训练的方式，在模型的embedding层添加扰动。样例生成则通过生成新的样本来扩充训练集。例如，我们可以使用模板生成器或变分自编码器等技术来生成新的样本，这些样本可能与原始数据相似但不完全相同。这种方法可以帮助模型学习到更多的上下文信息，并提高其对未知数据的适应能力。

3 任务介绍

汉语学习者文本纠错(Chinese Learner Text Correction, CLTC) 任务旨在自动检测并修改汉语学习者文本(Chinses Learner Text) 中的标点、拼写、语法、语义等错误，从而获得符合原意的正确句子。多维度汉语学习者文本纠错则考虑到同一个语法错误从不同语法点的角度可被划定为不同的性质和类型，也会因语言使用的场景不同、具体需求不同，存在多种正确的修改方案。赛道一的数据中提供针对一个句子的多个参考答案，并且从最小改动（Minimal Edit，M）和流利提升（Fluency Edit，F）两个维度对模型结果进行评测。最小改动维度要求尽可能好地维持原句的结构，尽可能少地增删、替换句中的词语，使句子符合汉语语法规则；流利提升维度则进一步要求将句子修改得更为流利和地道，符合汉语母语者的表达习惯。其中，训练集来自NLPCC2018-GEC发布的采集自Lang8平台的数据，开发和测试数据来源为汉语学习者文本多维标注数据集YACLC，数据统计如表格1所示。

Table 1: 开发集和测试集数据统计

	YACLC-Minimal-Dev	**YACLC-Minimal-Test**	**YACLC-Fluency-Dev**	**YACLC-Fluency-Test**
原句数	1,839	7,296	1,839	5,515
参考句数	15,938	42,462	3,332	10,237
平均参考句数	8.67	5.82	1.81	1.86
有修改的参考句数	15,935	40,334	3,332	8,604
（比例）	(99.98%)	(94.99%)	(100.00%)	(84.05%)
原句平均字符数	25.85	21.19	25.85	20.81
参考句平均字符数	27.22	23.25	27.14	21.40

评价指标使用中文语法错误纠正评估工具ChERRANT,对预测结果进行评估。通过对比预测结果编辑和参考答案标准编辑，计算预测结果的精确度、召回度和F0.5值。

4 算法

我们在本次比赛中，基于序列到序列的模型设计了自动化文本纠错的pipeline，总共包含五个模块：数据预处理，数据增强，模型训练+二次微调，生成结果后处理和模型集成，具体流程如图1所示。

4.1 数据预处理

在处理lang8数据的过程中，我们发现原始数据本身存在一些噪音，这可能会影响到后续的分析和模型训练。因此，我们采取了一系列的数据清洗操作，以确保数据的准确性和可靠性。首先，我们使用繁体转简体的方式对数据进行了预处理，因为繁体中文与简体中文在书写形式上存在差异，如果不进行转换，可能会导致一些误解。然后，我们进一步对数据进行了清洗，包括清洗特殊字符串、emoji和重复标点等操作。这些操作的目的是去除那些无用的、重复的或者不符合语言规范的信息。在清洗过程中，我们还剔除了一部分无效的样本。无效样本主要是指那些错误句子和正确句子长度差异过大、文本长度过短、中文字符占比低于50%等不符合语言特点的样本。对于部分正确和错误句子对缺失末尾标点的样本，我们统一补上了目标句子末尾可能缺失的标点，以保证数据的完整性。总的来说，我们的数据清洗过程旨在提高数据的质量和可用性，为后续的分析和模型训练提供一个干净、准确的基础。

第二十二届中国计算语言学大会论文集，第213页-第219页，哈尔滨，中国，2023年8月3日至5日。

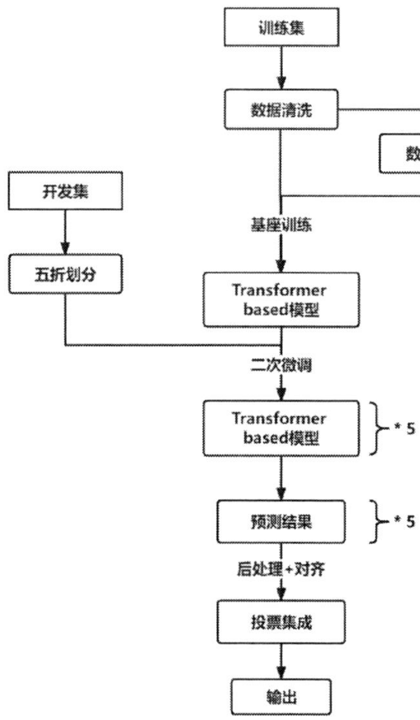

Figure 1: 流程图

4.2 数据增强

我们探讨了如何利用lang8和YACLC数据集来提高自然语言处理模型的性能。鉴于这两个数据集之间的差异，我们在数据增强阶段统计了在YACLC数据集中的各类修改方式所占的比例，并根据占用的比例对lang8的数据进行数据增强。数据增强过程分为三个阶段：

- 数据比例统计：在这个阶段主要分为两部分，首先对YACLC的验证集中的错误类型和修改方式进行统计，计算出在数据中所占有的比例。其次，对lang8和YACLC进行分词，对词频进行统计，并且使用生成的方式，生成一些与高频修改词、易错词的近义词和反义词。
- 单数据增强，在这个阶段会针对每一条数据进行数据多次数据增强。主要的增强方法分成针对结构性错误和语义性错误两种，结构性错误主要是在文字上的重复、丢失、语序变换，语义性的错误包括使用近义词或者反义词对个别词汇进行替换。在实际操作过程中，每一句都会随机出现结构性错和语义性错误，与原来的句子构成句子对，形成新的数据。由于存在两个原则，在最小变更原则下我们适当减少了错误的比例，来实现修改数量的减少，在流利性原则下，增加了语义性的错误以让模型更多的学到语义流利的修改。总而言之，单句数据增强过程中的错误数量和方式参照了YACLC验证集以及最终评价标准。
- 最后本文对大量的单挑增强后数据进行了筛选，主要的目标是够构建一个与YACLC数据集相似的高质量、大数量的训练集。主要方式是对不同类型的数据进行随机抽样，使得比例与YACLC验证集的错误构成一致.

最终，我们将训练集数据和由训练集生成的增强数据进行混合，作为模型第一阶段训练的语料。

4.3 模型设计

基于使用序列到序列模型的考虑，我们主要考虑了两种类型：基于Transformer编码器+解码器的模型和只使用Transformer解码器的生成式模型。这两种模型都涉及到生成阶段，因此使

第二十二届中国计算语言学大会论文集，第213页-第219页，哈尔滨，中国，2023年8月3日至5日。

用Transformer解码器结构几乎是必须的。对于是否使用Transformer编码器结构，我们主要有以下四点考虑。

- Transformer编码器作为语言理解模型，可以对输入的错误句子进行更好地编码和特征提取，以用于正确句子的生成。这是因为Transformer编码器能够捕捉输入句子中的语义信息和上下文关系，从而提高生成正确句子的准确性。例如，在机器翻译任务中，Transformer编码器可以将源语言句子转换为固定长度的向量表示，然后再将这个向量传递给Transformer解码器进行后续的生成过程，中文文本纠错任务与机器翻译任务有着很大的相似性，因此，使用Transformer编码器有着天然的优势。

- 只使用Transformer解码器的生成式模型由于参数量以及预训练数据量堆叠的优势，所涵盖的知识量更加丰富，可以更好地生成正确句子。这是因为Transformer解码器可以直接从输入的错误句子中学习到正确的语法和语义规则，从而生成更加准确的正确句子。同时，在二次微调阶段，我们还可以针对最小改动和流利度提升两个数据集，涉及不同的prompt模板来生成正确的回答，如“请使用尽可能少的改动，修改以下句子<错误句子>，输出：<正确句子>”和“请修改以下句子<错误句子>，使改动后的结果尽可能流畅，输出：<正确句子>”。

- 此外，我们在调研中发现，指针生成网络(Point Generator Network)比较符合本文的特性。指针生成网络旨在用生成式模型解决文本摘要任务，在生成时可以生成新的token，也可以直接复制原文的内容。指针网络可以结合序列到序列模型，并且由于其可以复制原文的特性，这种特性使得指针生成网络在处理文本纠错问题时具有优势(See et al., 2017)。通过复制原文内容，指针生成网络可以避免对原始文本进行过多的修改和调整，从而提高模型的稳定性和可靠性，可以很好地解决模型纠正过多的特性。

- 综上所述，我们在选择序列到序列模型时，综合考虑试验Transformer编码器+解码器的结构模型，Transformer解码器的生成式模型和指针生成网络模型。经过调研，我们选择了官方基线的bart-large，基于bart-large的指针生成网络，和开源的bloom-7b1[0]进行文本纠错方向的实验。

Table 2: 生成式模型prompt模板

	prompt模板
最小改动	请最小变动改正病句：<错误句子>，输出：<正确句子> 我想让你修改病句，使得变动尽可能的小：<错误句子>，输出：<正确句子> 请使用尽可能少的改动，修改以下句子<错误句子>，输出：<正确句子>
流利度提升	我想让你修改病句，达到句子流畅的目的：<错误句子>，输出：<正确句子> 请修改以下句子<错误句子>，使改动后的结果尽可能流畅，输出：<正确句子> 给出一个病句<错误句子>，请你尽可能修改这个句子使其流畅，输出：<正确句子>

在训练阶段，我们首先将训练集和基于训练集增强的数据进行混合，同时输入模型中进行一阶段的训练。在一阶段结束后，我们选取最优的checkpoint作为基座模型，使用开发集进行二阶段微调。我们将最小改动和流利度提升的两个开发集分开进行五折交叉验证和微调，最终在两个任务数据集上各得到五个模型。在使用开源bloom-7b1生成式模型进行训练时，我们设计了多个prompt模板来强化模型的泛化能力，如表格2所示。

4.4 数据后处理

在实验中，我们观察到中文分词器在处理未出现在词表中的词汇时，会生成一个特殊的[UNK]标记。此外，对于一些英文单词，分词器可能会将其拆分成带有的词根形式。这些操作会导致评测过程中出现无意义的编辑操作，从而降低模型的分值。为了解决这个问题，我们对预测输出进行了数据后处理。

[0] https://huggingface.co/bigscience/bloom-7b1

第二十二届中国计算语言学大会论文集，第213页-第219页，哈尔滨，中国，2023年8月3日至5日。

Table 3: 一阶段base模型效果对比

	平均值**F0.5**	最小改动维度**F0.5**	流利提升维度**F0.5**
BART-base	40.59	55.7	25.47
BERT-base	39.85	54.1	25.59
PGN	41.92	57.24	26.59
+data augmentation	44.98	60.26	29.70
bloom-7b1	43.0	58.1	27.89
+data augmentation	44.98	60.4	29.56
BART-large	47.73	62.01	33.45
+data augmentation	**49.69**	**64.06**	**35.32**

- 首先，针对[UNK]标记，我们将原本的错误句子进行再次分词，以识别并还原分词器无法识别的[UNK]标记。这意味着我们会将原本的[UNK]替换回其原始的词汇。这样做可以确保我们的模型能够正确处理所有可能的词汇，从而提高评测结果的准确性。

- 其次，对于带有词根的英文单词，我们会将其拼接成完整的单词，并按照原句格式转换为对应的大小写形式。这样一来，我们的模型就能够正确地处理这些特殊情况，避免因错误的词形变化而导致的编辑操作。

通过这种数据后处理方法，我们成功地提高了模型在评测过程中的表现，使其在面对未出现在词表中的词汇和特殊单词形态时仍能保持较高的准确性。

4.5 模型集成

在五折交叉验证后，我们在每个任务上都得到了五个二次微调后的模型。对于这五个模型的生成结果，我们将其编辑操作提取出来，并设定一个阈值$\theta \in \{1,2,3,4,5\}$对每一个编辑操作进行投票选择。每一个模型的修改方式不同，但是当某一个操作频繁出现时，说明其是“共识”错误。因此，只有当该编辑操作的出现次数大于等于θ时，该操作才会被采纳，这样一来，我们可以筛选出那些更有可能产生积极效果的编辑操作。

5 实验分析

Table 4: 基于bart-large的效果对比

	平均值**F0.5**	最小改动维度**F0.5**	流利提升维度**F0.5**
BART-large	47.73	62.01	33.45
+data augmentation	49.69	64.06	35.32
+second-stage fine-tune	52.23	69.14	35.32
+post-process	54.35	69.11	39.58
+ensemble	**57.6**	**73.05**	**42.15**

接下来，我们对比了不同模型的实验效果。从表3中，我们对比了我们选取的三个模型和对应的使用数据增强方法的实验效果。从表中数据可以看到，我们使用的数据增强方法在三个模型的F0.5得分上，平均能够提升2.33分。同时可以发现，基于bart-large模型的效果好于bloom-7b1和PGN+bart-large。我们初步分析认为原因有三点，1) Transformer的编码器可以在语义理解上为解码阶段提供更多的帮助。2) 基于Transformer解码器的模型可能需要更大的参数量才能发挥效果。3)PGN在生成过程中，过少地改动句子，导致其recall得分较低，因此性能较差。

我们选取了一阶段训练的最好模型，并在此基础上进一步进行二次微调训练。如表4所示，我们使用五折交叉验证划分的开发集二次微调，其中最好的模型能够提高2.54分，在此基础之

第二十二届中国计算语言学大会论文集，第213页-第219页，哈尔滨，中国，2023年8月3日至5日。

上使用数据后处理，可以再次提高2.12分。最终我们使用$\theta = 5$对五个微调模型的编辑操作进行投票，得到57.6分。

6 结论

在本次多维度汉语学习者文本纠错任务中，本队伍使用了设计了基于序列到序列的文本生成式自动化纠错pipeline。数据方面，我们对数据进行清洗并基于开发集数据的错误分布引入了增强数据。模型上，我们分析并试验了基于Transformer编码器+解码器的模型和只基于Transformer解码器的生成式模型，同时对模型生成的结果进行了针对性后处理，并采用投票集成的方式进一步提升性能。最终，我们选取了其中带来有效提升的方法，并最终得到57.6的F0.5得分，位列赛道一封闭任务第三名。

此外，随着大模型的性能日益增强，设计符合任务的prompt是一个值得挑战的方向。例如，给予模型精准的instuction从而挖掘大模型存储的海量知识，或根据模型生成的回答不断给予提示重复迭代以达到最佳的效果，是未来需要进一步思考的方向。

参考文献

Tao Fang, Shu Yang, Kaixin Lan, Derek F Wong, Jinpeng Hu, Lidia S Chao, and Yue Zhang. 2023. Is chatgpt a highly fluent grammatical error correction system? a comprehensive evaluation. *arXiv preprint arXiv:2304.01746*.

Claudia Leacock, Michael Gamon, and Chris Brockett. 2009. User input and interactions on microsoft research esl assistant. In *Proceedings of the Fourth Workshop on Innovative Use of NLP for Building Educational Applications*, pages 73–81.

Mike Lewis, Yinhan Liu, Naman Goyal, Marjan Ghazvininejad, Abdelrahman Mohamed, Omer Levy, Veselin Stoyanov, and Luke Zettlemoyer. 2020. Bart: Denoising sequence-to-sequence pre-training for natural language generation, translation, and comprehension. In *Proceedings of the 58th Annual Meeting of the Association for Computational Linguistics*, pages 7871–7880.

Kostiantyn Omelianchuk, Vitaliy Atrasevych, Artem Chernodub, and Oleksandr Skurzhanskyi. 2020. Gector–grammatical error correction: Tag, not rewrite. *ACL 2020*, page 163.

Alla Rozovskaya and Dan Roth. 2010. Training paradigms for correcting errors in grammar and usage. In *Human language technologies: The 2010 annual conference of the north american chapter of the association for computational linguistics*, pages 154–162.

Teven Le Scao, Angela Fan, Christopher Akiki, Ellie Pavlick, Suzana Ilić, Daniel Hesslow, Roman Castagné, Alexandra Sasha Luccioni, François Yvon, Matthias Gallé, et al. 2022. Bloom: A 176b-parameter open-access multilingual language model. *arXiv preprint arXiv:2211.05100*.

Abigail See, Peter J Liu, and Christopher D Manning. 2017. Get to the point: Summarization with pointer-generator networks. In *Proceedings of the 55th Annual Meeting of the Association for Computational Linguistics (Volume 1: Long Papers)*, pages 1073–1083.

Linting Xue, Noah Constant, Adam Roberts, Mihir Kale, Rami Al-Rfou, Aditya Siddhant, Aditya Barua, and Colin Raffel. 2021. mt5: A massively multilingual pre-trained text-to-text transformer. In *Proceedings of the 2021 Conference of the North American Chapter of the Association for Computational Linguistics: Human Language Technologies*, pages 483–498.

第二十二届中国计算语言学大会论文集，第213页-第219页，哈尔滨，中国，2023年8月3日至5日。

CCL23-Eval任务7赛道一系统报告：Suda &Alibaba 文本纠错系统

蒋浩辰[1]，刘雨萌[1]，周厚全[1]，乔子恒[1]，章波[2]，李辰[2]，李正华[1]，张民[1]
1.苏州大学计算机科学与技术学院，苏州，中国
2.阿里巴巴达摩院，杭州，中国
联系邮箱：hcjiang@stu.suda.edu.cn; zhli13@suda.edu.cn

摘要

本报告描述 Suda &Alibaba 纠错团队在 CCL2023 汉语学习者文本纠错评测任务的赛道一：多维度汉语学习者文本纠错（Multidimensional Chinese Learner Text Correction）中提交的参赛系统。在模型方面，本队伍使用了序列到序列和序列到编辑两种纠错模型。在数据方面，本队伍分别使用基于混淆集构造的伪数据、Lang-8 真实数据以及 YACLC 开发集进行三阶段训练；在开放任务上还额外使用 HSK、CGED 等数据进行训练。本队伍还使用了一系列有效的性能提升技术，包括了基于规则的数据增强，数据清洗，后处理以及模型集成等。除此之外，本队伍还在如何使用 GPT3.5、GPT4 等大模型来辅助中文文本纠错上进行了一些探索，提出了一种可以有效避免大模型过纠问题的方法，并尝试了多种 Prompt。在封闭和开放两个任务上，本队伍在最小改动、流利提升和平均 $F_{0.5}$ 得分上均位列第一。

关键词： 文本纠错 ；序列到序列 ；序列到编辑

CCL23-Eval Task 7 Track 1 System Report: Suda &Alibaba Team Text Error Correction System

Haochen Jiang[1], Yumeng Liu[1], Houquan Zhou[1], Ziheng Qiao[1],
Bo Zhang[2], Chen Li[2], Zhenghua Li[1], Min Zhang[1]
1.School of Computer Science and Technology, Soochow University, Suzhou, China
2.DAMO Academy, Alibaba Group, Hangzhou, China
Contact Email: hcjiang@stu.suda.edu.cn; zhli13@suda.edu.cn

Abstract

The article describes the submission of Suda &Alibaba Error Correction Team for Track 1 of the Multidimensional Chinese Learner Text Correction (CCL2023) evaluation task. In terms of models, we used both sequence-to-sequence and sequence-to-edit correction models. For data, we conducted a three-stage training using pseudo data constructed based on confusion sets, real data from Lang-8, and the development set from YACLC. In the open task, we also utilized additional data such as HSK and CGED for training. We employed a series of effective performance enhancement techniques, including rule-based data augmentation, data cleaning, post-processing, and model ensembling. Moreover, we explored the use of large models such as GPT3.5 and GPT4 to assist Chinese text correction and tried various prompts. In both the closed and open tasks, our team ranked first in minimum edits, fluency improvement, and average F0.5 scores.

Keywords: Text Correction , Sequence-to-sequence , Sequence-to-edit

项目资助： 国家自然科学基金（62176173）、江苏高校优势学科建设工程资助项目、阿里巴巴AIR计划项目

1 任务介绍

随着互联网时代的到来，大量信息被快速地产生和传播。然而，由于人们的疏忽、打字错误或语言技能不足，文本中往往存在各种错误。这些错误可能会导致信息不准确，甚至对人造成误导。因此，文本纠错任务的重要性日益凸显。在自然语言处理中，文本纠错任务是指通过自动化的方式来检测和修正文本中的错误，包括拼写错误、语法错误和语义错误等。

1.1 任务定义

本次比赛赛道一的多维度汉语学习者文本纠错 (Multidimensional Chinese Learner Text Correction) 任务，旨在自动检测并修改汉语学习者文本 (Chinses Learner Text) 中的标点、拼写、语法、语义等错误，从而获得符合原意的正确句子。其特点是多维度评价，由于同一个语法错误从不同语法点的角度可被划定为不同的性质和类型 (Wang et al., 2021)，也会因语言使用的场景不同、具体需求不同，存在多种正确的修改方案，针对这个情况，多维度汉语学习者文本纠错任务从最小改动 (Minimal Edit，M) 和流利提升 (Fluency Edit，F) 两个维度对模型结果进行评测。最小改动维度要求尽可能好地维持原句的结构，尽可能少地增删、替换句中的词语，使句子符合汉语语法规则；流利提升维度则进一步要求将句子修改得更为流利和地道，符合汉语母语者的表达习惯。

此外，近一年随着人工智能技术的不断进步和发展，一些优秀的大规模语言模型产品逐渐进入人们的视野，如 OpenAI 的 ChatGPT 和 GPT4 (OpenAI, 2023) 、百度的文心一言、清华大学的 ChatGLM 等，能够自动地理解、处理和生成文本，并在自动问答、开放域对话等任务中表现出了优异的性能。这些模型的出现也为文本纠错任务的研究提供了新的机遇，因此本次比赛分别设立封闭，开放任务。封闭任务仅允许使用主办方提供的 Lang-8 数据训练，禁止使用大模型，模型参数量需为 10B 以下；开放任务则可使用所有开源数据，且允许参赛队伍使用包括 ChatGPT、文心一言、ChatGLM 等在内的大模型，通过调整 Prompt 等方式来实现更好的纠错效果。

1.2 任务数据

本次评测针对赛道一提供的数据集，包括供参赛队伍训练模型的训练集，供参赛队伍进行模型调优的开发集，以及评测参赛队伍模型性能的封闭测试数据集。训练集来自 NLPCC2018-GEC (Zhao et al., 2018) 发布的采集自 Lang-8 平台的数据。开发和测试数据来源为汉语学习者文本多维标注数据集 YACLC。

针对赛道一，主办方提供了最小改动和流利提升两个维度的多参考数据集 YACLC-Minimal 和 YACLC-Fluency。其中 YACLC-Minimal 属于最小改动维度，YACLC-Fluency 属于流利提升维度。赛道一的数据集统计信息如表 (1) 所示。

	原句数	参考句数	平均参考句数	有修改的参考句数
YACLC-Minimal-Dev	1,839	15,938	8.67	15,935 (99.98%)
YACLC-Minimal-Test	7,296	42,462	5.82	40,334 (94.99%)
YACLC-Fluency-Dev	1,839	3,332	1.81	3,332 (100%)
YACLC-Fluency-Test	5,515	10,237	1.86	8,604 (84.05%)

Table 1: YACLC 数据集统计

2 模型

比赛中，本队伍使用了序列到序列 (Seq2Seq) 模型和序列到编辑 (Seq2Edit) 两种模型，虽然 Seq2Edit 模型整体性能低于 Seq2Seq 模型，但由于这两者的差异性，在集成时它们能起到很好的互补作用。在封闭任务上，我们使用三阶段训练策略，第一阶段使用基于规则加噪的伪数据预训练，第二阶段使用主办方提供的 Lang-8 数据集微调，第三阶段则使用 YACLC 开发集进行精调。在开放任务上， Seq2Seq 使用 NaSGEC (Zhang et al., 2023) 提供的基于 100M 伪数据预训练的 BART 模型； Seq2Edit 则使用自己构建的 10M 伪数据进行预训练。在此基础上进行三阶段微调训练，首先使用 Lang-8 (Zhao et al., 2018)、HSK (Zhang, 2009)、CGED (Rao et al., 2018; Rao et al., 2020)、MuCGEC-Dev (Zhang et al., 2022b)、NLPCC-2018-Test (Zhao

第二十二届中国计算语言学大会论文集，第220页-第229页，哈尔滨，中国，2023年8月3日至5日。

et al., 2018)[1][2] 进行第一阶段训练，然后去掉 Lang-8 进行第二阶段训练，最后使用 YACLC 开发集进行精调。此外我们初步的实验结果显示，在开放任务上使用单参考[3]数据会让模型性能更好，而封闭任务则没有效果。

2.1 基于序列到序列的语法纠错模型

Seq2Seq 是一种深度学习模型，用于处理输入和输出都是序列数据的任务。它在自然语言处理、机器翻译、语音识别等领域具有广泛的应用。

在基于 Seq2Seq 的语法纠错模型中，编码器负责将输入的原始文本序列编码成一个固定长度的向量表示，其中包含了输入文本的语义和上下文信息。解码器则根据编码器生成的向量表示和已知的纠正文本序列，逐步生成纠正后的文本序列。在生成过程中，解码器会考虑上下文信息和目标纠正序列的条件概率，以生成更准确的纠正文本。

Seq2Seq 模型基本的训练数据为一个由原始句子和正确句子所组成的平行句对，本次比赛我们使用 bart-large-chinese[4] (Lewis et al., 2020; Shao et al., 2021) 的 Fairseq 版本[5]作为 Seq2Seq 的基底预训练语言模型。参照 SynGEC (Zhang et al., 2022c)，我们使用更新后词表来训练模型，补充了词表中缺失的中文引号等内容，来让模型达到更高的性能。

2.2 基于序列到编辑的语法纠错模型

Seq2Edit 是一种用于处理序列编辑任务的深度学习模型。它主要用于解决文本编辑、文本改写、机器翻译等任务，其中输入序列需要经过一系列编辑操作来生成目标序列。

序列到编辑模型与传统的序列到序列模型类似，但在解码器的设计上有所不同。传统的序列到序列模型使用自回归 (Autoregressive) 的方式逐步生成输出序列，而序列到编辑模型引入了编辑操作，通过模拟插入、删除和替换等操作来实现序列的改动。

GECToR (Omelianchuk et al., 2020) 是一种基于序列到编辑的语法纠错模型，旨在解决语法纠错任务中的错误检测和纠正问题。GECToR 模型的核心思想是将语法纠错任务视为将原始文本序列转换为纠正后的文本序列的编辑操作序列。具体而言，模型使用 Transformer (Vaswani et al., 2017) 架构，其中包括编码器和解码器。编码器将输入的原始文本序列编码成上下文感知的表示，而解码器则根据这些表示生成一个编辑操作序列，该序列描述了如何将原始文本转换为纠正后的文本。

标签	描述	个数	总数
`@@UNKNOWN@@`	未知编辑	1	7515
`@@PADDING@@`	填充token	1	
`$KEEP`	保持当前token不变	1	
`$DELETE`	删除当前token	1	
`$APPEND(t)`	在当前token后新添一个token t	3779	
`$REPLACE(t)`	将当前token替换为另一个token t	3728	

Table 2: GECToR 模型的标签类型

GECToR 模型的训练过程包括两个阶段：错误检测和错误纠正。在错误检测阶段，模型通过预测每个 token 的编辑操作标签来确定错误位置以及标签。在错误纠正阶段，模型使用编辑操作序列来生成纠正后的文本。这些编辑操作包括插入、删除和替换等，以修正语法错误。

由于 GECToR 模型需要标签，而训练数据只是错误-正确的平行句对，因此首先需要通过基于最小编辑距离算法的标签抽取方法将输入转换成对应的编辑标签序列，然后再送入模型。本次比赛我们使用 bert-struct-large[6] (Wang et al., 2019) 作为序列到编辑的基底预训练语言模型。值得一提的是，Seq2Edit 模型的编辑词表为训练数据中抽取，不在词表中的编辑操作不会

[1] https://github.com/HillZhang1999/MuCGEC#%E8%AE%AD%E7%BB%83%E6%95%B0%E6%8D%AE
[2] https://github.com/blcuicall/cged_datasets
[3] https://blcuicall.org/CCL2022-CLTC/reports/track4/cltc2022-track4-rank1-ye.pdf
[4] https://huggingface.co/fnlp/bart-large-chinese/tree/v1.0
[5] https://github.com/HillZhang1999/SynGEC
[6] https://github.com/alibaba/AliceMind/tree/main/StructBERT

第二十二届中国计算语言学大会论文集，第220页-第229页，哈尔滨，中国，2023年8月3日至5日。

被预测，但词表过大也会干扰模型预测，我们根据训练数据做了一定调整，最终使用的编辑词表为训练数据中重复超过 5 次的编辑，加上了 YACLC 开发集重复超过 2 次的编辑，最终词表中包含了 7515 种编辑操作，对 YACLC 开发集的编辑基本达到了完全覆盖，同时词表规模也比较均衡。

原始句子	力	行	节	约	，	反	反	对	费
编辑标签	$R(厉)	$K	$K	$K	$K	$K	$D	$A(浪)	$K
纠错结果	厉	行	节	约	，	反		对浪	费

Table 3: 编辑标签抽取示例。(R: REPLACE, K: KEEP, D: DELETE, A: APPEND)

3 性能提升技术

在两种模型的基础上，本队伍也尝试了一些泛用性较强的性能提升技术，包括数据增强，数据清洗，基于规则的后处理以及模型集成四部分，本次比赛我们对于仅拟合单一数据集的技术探索较少。

3.1 基于规则的数据增强

在机器学习和深度学习任务中，模型通常需要大量的训练数据才能取得良好的性能，但实际应用中我们的数据往往是有限的。数据增强是指对已有数据进行一系列变换和扩充，模拟真实数据生成伪数据的技术，在训练数据有限的情况下，合理的数据增强方法能较好地提高模型性能。

本队伍使用了基于规则的数据增强方法 (Zhang et al., 2021)，我们首先对主办方提供的 YACLC 开发集做了分析，统计了不同错误类型的分布，结果如图 (1) 所示，我们模拟该分布，基于混淆集、近义词词表和同音词词表 (Zhang et al., 2022a)，对句子中的字、词以一定概率随机进行替换、插入、删除和词序调换等操作，获得人造伪数据。

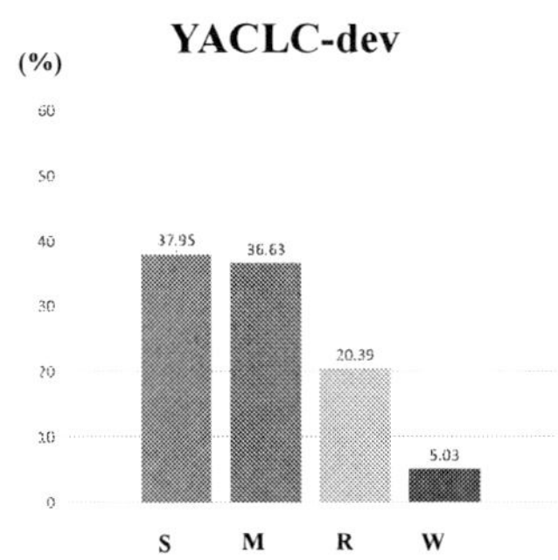

Figure 1: YACLC 最小改动维度开发集的错误分布

具体而言，我们将句子切为等长子段，对每个子段以一定概率随机选取 1-3 个 token 进行加噪。加噪方式分为替换、添加、删除和词序调换四种，每种加噪方式又被分为字和词两种级别。各加噪方式的概率与数据集对应的错误分布相同。

混淆集	原字/词	混淆集内容
同音混淆集（词级别）	不是	不时/捕食/不适/不实...
同音混淆集（字级别）	于	与/育/语/预/域/余/遇...
形近混淆集（字级别）	特	痔/持/待/恃/诗/侍/峙...

Table 4: 混淆集示例

第二十二届中国计算语言学大会论文集，第220页-第229页，哈尔滨，中国，2023年8月3日至5日。

我们在 YACLC 最小改动维度开发集上测试了数据增强的效果，其在 Seq2Edit 模型上能带来 0.5% 的提高，Seq2Seq 模型上的提高为 1% 左右，主要的提升由召回率带来，详细结果如表 (6) 所示。

3.2 Lang-8 数据清洗

数据清洗是指在数据分析和处理过程中，对原始数据进行检查、修正、删除或补充等操作，以确保数据的准确性、完整性和一致性。观察比赛给定的 Lang-8 训练集，我们发现其中含有一定量的噪音数据，如表 (5) 所示。

这些数据原句和目标句的差异过大，显然不属于纠错范畴，对模型的训练会产生干扰。本队伍通过人工规则清洗此类噪音数据。具体而言，去除答案是原句长度 1.5 倍以上的训练数据，对重复导致的过长目标句，保留前面和原句相似的部分，其余无法修正的数据则直接舍弃。最终共修正 20K 噪音数据、筛去了 30K 条噪音数据。

原始句子	渐渐地天气很冷。
目标句子	渐渐地天气变冷了。OR 天气已经很冷了。
原始句子	他的口太小。
目标句子	他的口太小，而且还没有一颗牙齿

Table 5: Lang-8 中的噪音数据

我们同样在 YACLC 最小改动维度开发集上测试了数据清洗技术的效果，数据清洗带来的提升比较稳定，平均提升 1% – 3%，实验结果如表 (6) 所示。

3.3 基于规则的后处理

由于词表不能覆盖数据中的所有词，纠错模型预测时会将不在词表中的 token 用“<unk>”标识符表示，更新词表后“<unk>”标识符极大减少但仍然存在。此外，Seq2Seq 模型在输入和预测时都使用了 BPE 分词，因此最终输出会包含“##” BPE 分词标记，在后处理时，我们将“<unk>”标识符还原，同时基于规则除去了所有 BPE 分词标记。值得注意的是，因为使用的训练数据和预训练模型都基于中文，纠错模型对英文的纠错能力较差，因此我们筛去了所有有关英文的编辑，保留英文原文。

考虑到模型预测的标点中英文混杂，本队伍还尝试了将所有标点转换为中文，但转换后的 $F_{0.5}$ 分值反而会有所下降，观察 YACLC 开发集后我们发现其中对标点的要求并不严格，其并未将标点全改为中文，因此最终我们未对标点做相关处理。

后处理的效果可以参考表 (6)，由于 BPE 分词标记和重写的原因，其在 BART 模型上的提升较大。

3.4 模型集成

模型集成是一种将多个独立的模型组合在一起，以获得更强大和更准确的预测结果的技术。通过结合多个模型的预测，模型集成可以降低单个模型的偏差、方差或错误率，提高整体性能和稳定性。

本队伍使用投票的方式集成不同模型的结果，其优点是直接在预测结果上集成，可以有效应对模型结构多样的场景。具体而言，我们首先将预测结果转为 m2 格式并抽取出编辑，然后在编辑级别进行投票，采纳票数超过投票阈值 k 的编辑，不同模型可以自定义投票权重，若采纳的编辑范围重复，则随机选择其中一种，当集成模型数量较多时，可以通过投票阈值的设置来控制精确率和召回率的平衡。

通常，投票集成的效果受到以下因素影响：首先集成模型的性能需要相近，若性能差距较大，低性能的模型会干扰集成结果，如果性能差距无法避免，则可以优先保证精确率相近，或是调整低性能模型的投票权重来弱化干扰。在此基础上，我们认为集成模型之间的差异性越大越好，以本次比赛使用的 Seq2Edit 和 Seq2Seq 模型为例，它们模型结构不同，擅长纠正的错误类型也有较大差异，因此能起到很好的互补作用，实验显示即使单 Seq2Edit 模型的性能比 Seq2Seq 模型低了 3% – 4%，二者的集成效果也超过了纯 Seq2Seq 模型集成。

第二十二届中国计算语言学大会论文集，第220页-第229页，哈尔滨，中国，2023年8月3日至5日。

模型	最小改动维度		
	P	**R**	**$F_{0.5}$**
Seq2Edit	59.52	35.59	52.46
+pseudo	58.72	38.29	53.06
+clean	59.34	39.03	53.75
+post process	59.66	35.65	52.58
Seq2Seq	67.87	39.28	59.24
+pseudo	67.06	43.12	60.36
+clean	67.57	48.24	62.56
+post process	65.47	46.10	60.39
6×Seq2Seq	72.81	39.64	62.37
3×Seq2Seq+3×Seq2Edit	74.78	42.84	65.07

Table 6: 各性能提升技术实验结果 (pseudo 为使用数据增强技术训练的模型，clean 为使用数据清洗技术训练的模型,post process 为后处理后的结果，实验均在 YACLC 最小改动维度开发集上测试，集成使用的模型为 baseline 模型)

4 大模型辅助纠错

本次比赛设有开放任务，允许使用大模型辅助纠错。本队伍针对中文纠错任务设计了一套简单的 Prompt ，分别使用 GPT3.5 和 GPT4 预测了对应的纠错结果，对利用大模型进行纠错进行了一些探索。

4.1 Prompt 设计

大模型的 Prompt 设计会对结果带来直接影响，设计合理且有效的 Prompt 对使用大模型至关重要，本队伍结合前人设计 Prompt 的经验，多次尝试后构造了一个简洁的语法纠错 Prompt ，其由角色 Prompt、指令 Prompt、输出控制 Prompt 和一致性 Prompt 四部分构成。角色 Prompt 让大模型扮演一个中文领域的语言专家；指令 Prompt 则尽可能以简洁精确的语言描述中文纠错，让大模型理解自己的任务；输出控制 Prompt 用于指定结果输出的格式，便于对预测结果的后处理；一致性 Prompt 则用于强调输入输出的一致性，避免缺漏数据的情况。完整的 Prompt 请参考表 (7)。在上述 Prompt 的基础上，我们随机采样十条开发集的数据作为 example，以输出控制 Prompt 中指定的格式输入模型。我们发现加入 example 能让大模型更好地理解输入和输出，但对纠错性能的提升不大。

值得一提的是，也许是大模型训练数据中英文占比较高的原因，使用英文 Prompt 有助于模型更好地理解任务目标，实验显示英文 Prompt 相较于中文 Prompt 会对结果有较稳定的提升，详细结果可参考表 (10)。由于大模型直接在测试集上评测的 $F_{0.5}$ 值会因过度改写纠正的原因被大幅影响，且难以通过简单的 Prompt 指令避免，因此我们将大模型参与集成后的结果作为评价标准，具体集成方式可参考第 4.3 节，通俗来讲就是不考虑过纠问题，只关注大模型对语法错误的纠正能力。

第二十二届中国计算语言学大会论文集，第220页-第229页，哈尔滨，中国，2023年8月3日至5日。

角色+指令 Prompt	请你以中文领域语言专家的身份，纠正句子中的各种语法错误，使其符合中文的表达习惯但不改变句子原意。在修改错误时，你首先需要理解整个句子的意思，然后一步步地修改错误。在修改时选择对句子改动最小的方式来纠正上述语法错误。
输出控制 Prompt	我会以'<句子编号>错误句子' 的形式给出需要修改的句子，你需要以'<句子编号>修改后的句子' 的形式返回修改后的结果，结果仍然是中文。
一致性 Prompt	每行都是一句独立句子，不需要和下一行合并考虑，且无需输出注解，给出的行数和返回的行数必须一致。

Table 7: Prompt 示例

4.2 大模型纠错性能分析

本队伍首先分析了使用上述 Prompt 得到的大模型纠错结果，在 YACLC 开发集上简单测试对比了一下 GPT4 和 BART 模型的性能，结果如表，可以看到直接将 GPT4 用于文本纠错，其在开发集上的得分远低于常规纠错模型。但值得注意的是，这里的 $F_{0.5}$ 分值并不能准确说明 GPT4 的纠错能力。结合数据观察，能看到 GPT4 修改出了一些 BART 模型纠正不了的复杂错误，同时 BART 模型找出的语法错误 GPT4 则基本都能找出，如表 9中所示，"我认为空气污染是跟我们的生活密切的问题"为病句，BART模型并未找出这个语病，GPT则做出了正确修改。GPT4 评分低的原因在于做了很多的过度润色和改写，仍然以表 9中句子为例，GPT将"所以一定"改写为了"因此必须"，这属于不必要的过度改写。由于目前文本纠错领域标注数据集时一般只考虑语病，因此这些过度润色与改写在纠错评测中统一归于误纠。我们在mucgec数据集上的分析显示， GPT4 模型的结果中，FP (对正确token进行误纠) 的数量为常规纠错模型的三倍。

模型	最小改动维度		
	P	**R**	**$F_{0.5}$**
GPT4	47.51	51.00	48.17
Seq2Edit	59.52	35.59	52.46
Seq2Seq	67.87	39.28	59.24

Table 8: GPT4 和中小纠错模型在 YACLC 开发集上的得分

如果不考虑过度润色和改写，大模型对语法错误的检测和纠正精确率其实很高，尤其是一些复杂错误的检测和纠正已经很大程度超过了目前文本纠错的 SOTA 模型。

SRC	我认为空气污染是与我们的生活密切的问题，所以一定要最优先解决，优其是像北京那样的大城市。
BART	我认为空气污染是与我们的生活密切的问题，所以一定要最优先解决，尤其是像北京那样的大城市。
GPT	我认为空气污染是与我们的生活密切相关的问题，因此必须最优先解决，特别是像北京这样的大城市。
REF	我认为空气污染是与我们的生活密切相关的问题，所以一定要最优先解决，尤其是像北京这样的大城市。

Table 9: LLM和BART纠错模型纠错例子，蓝色和红色分布表示正确、错误修改

第二十二届中国计算语言学大会论文集，第220页-第229页，哈尔滨，中国，2023年8月3日至5日。

4.3 大模型参与集成

考虑到上述大模型特性，要将大模型用于辅助文本纠错任务，首先要解决过纠问题，本队伍尝试了一些 Prompt 去限制大模型的过纠现象，但效果都不是很好，根本原因在于难以通过 Prompt 让大模型准确理解纠错是否过度。因此我们转换思路，通过将大模型和纠错模型集成，调整大模型参与集成的权重，以此来避开大模型的过纠问题，同时利用其对语法错误的高检测率和高精确率辅助纠错。通俗来讲，我们将大模型作为判断纠错模型预测的编辑是否正确的权威专家，但限制大模型无法亲自提供纠错编辑。具体而言，在多模型投票集成中，我们将大模型的投票权重设为 3，纠错模型的投票权重设为 1，最终采纳编辑的投票阈值设为 4，即只要有任意纠错模型预测结果和大模型相同，就采纳；而纠错模型通常不会有过度改写的编辑，即使有，由于过度改写的多样性，编辑恰好和大模型重复的概率也很低，因此这种集成方式能很好地筛去大模型的过度改写编辑，同时保留那些真正有语法错误的纠正。

实验显示，这样的集成方式能为纠错系统带来 1.3% 的提升。值得一提的是，随着集成模型数量的增加，以及纠错系统性能的提高，大模型的权重需要相应调整。以本队伍实际测试的结果而言，如果纠错系统的精确率较高（如已超过 80%），且集成模型数量较多，就需要降低大模型的投票权重，只将其作为一个权重较高的子模型参与集成，换句话说，就是降低大模型的权威性。

本队伍还尝试了多 GPT 分层集成的方式，思路是既然只将大模型作为判断纠正是否正确的专家，那么先将大模型的预测结果以一个较低的投票阈值集成，增加识别的语法错误，得到召回率较高的集成结果，然后再作为判断纠错编辑是否正确的工具与常规纠错模型集成，这样能更好发挥其权威专家的作用。实验显示这样的分层集成方式对结果的提升有限，我们分析后发现多 GPT 集成对召回率的提升不明显，原因是单个大模型已能找出绝大部分语法错误，剩余的复杂错误很难通过多次使用大模型预测的方式补充找出。

模型	最小改动维度		
	P	R	$F_{0.5}$
GPT3.5 (中)+3Seq2Seq+3Seq2Edit	80.19	50.09	71.59
GPT3.5 (英)+3Seq2Seq+3Seq2Edit	79.69	51.62	71.87
GPT4 (英)+3Seq2Seq+3Seq2Edit	80.62	52.68	72.89

Table 10: 不同 Prompt 和 GPT 版本的性能差异

5 实验

5.1 训练设置

Seq2Seq 模型结构如 2.1 节所描述，使用 pytorch (Paszke et al., 2019) 库和 fairseq (Ott et al., 2019) 框架搭建，模型参数方面，学习率为5x10-4，batch size为8096 tokens，最大epoch设置为20，核心代码和详细参数设置参考 SynGEC (Zhang et al., 2022c) 开源模型，。Seq2Edit 模型结构如 2.2 节所示，首先冻结encoder，学习率设为1x10-3，训练2个epoch，然后训练全部模型参数，学习率设为1x10-5，最大epoch设为10，核心代码和详细参数设置参考 MuCGEC (Zhang et al., 2022b) 开源模型。

封闭任务的训练具体流程为: (1) 使用如 3.1 节所述的规则加噪方式，以 Lang-8 数据集目标端的正确句子为种子语料，构建 10M 伪数据预训练。(2) 使用主办方提供的 Lang-8 数据集进行微调。(2) 使用 YACLC 开发集进行精调。

开放任务的训练具体流程为: (1) Seq2Edit 使用如 3.1 节所述的规则加噪方式，以悟道语料库为种子语料，构建 10M 伪数据预训练。 Seq2Seq 使用 NaSGEC (Zhang et al., 2023) 发布的基于 100M 伪数据预训练的 BART 模型。(2) 使用 Lang-8、HSK、CGED、MuCGEC-Dev、NLPCC-2018-Test 混合数据进行微调。(3) 使用 HSK、CGED、MuCGEC-Dev、NLPCC-2018-Test 混合数据进行进一步微调。(4) 使用 YACLC 开发集进行精调。

第二十二届中国计算语言学大会论文集，第220页-第229页，哈尔滨，中国，2023年8月3日至5日。

5.2 测试集结果

本次比赛中，我们Seq2Seq的单模型最高得分为55.63，Seq2Edit的单模型最高得分为52.27，我们尝试了多种集成方案，同时在开放任务测试了一些大模型参与集成的方法，测试集的详细结果可参考表(11)。可以看到，开放任务使用其他开源数据在Seq2Edit模型上的提升不大，在使用YACLC开发集精调前，混合数据能给模型带来5%左右的提高，但在精调后，模型最终的性能与封闭任务相差不大，我们推测是训练阶段太多，Seq2Edit模型比较容易遗忘前面的知识，因此开放任务的集成我们最终使用了封闭任务的Seq2Edit模型。在Seq2Seq模型上，混合数据的效果较好，能带来1.6%的提升。

在投票集成中，我们将投票阈值设为集成模型的一半，这样能最大程度发挥两种模型的互补效果，同时保证精确率召回率的平衡。值得注意的是，开放任务中由于模型集成数量的增加，大模型参与集成的权重过高会影响精确率，因此我们降低了大模型的权重。

封闭任务	平均值	最小改动维度			流利提升维度		
	$\mathbf{F_{0.5}}$	**P**	**R**	$\mathbf{F_{0.5}}$	**P**	**R**	$\mathbf{F_{0.5}}$
Seq2Edit	51.90	70.49	51.49	65.65	44.65	24.14	38.16
Seq2Seq	54.08	74.08	54.41	69.08	46.37	24.02	39.09
3Seq2Seq+3Seq2Edit	56.20	76.21	55.75	71.00	48.52	26.08	41.40
6Seq2Seq+6Seq2Edit	59.75	83.51	54.12	75.33	54.86	24.81	44.16
12Seq2Seq+12Seq2Edit	60.59	85.44	53.44	76.3	56.53	24.6	44.88
开放任务	**平均值**	**最小改动维度**			**流利提升维度**		
	$\mathbf{F_{0.5}}$	**P**	**R**	$\mathbf{F_{0.5}}$	**P**	**R**	$\mathbf{F_{0.5}}$
Seq2Edit	52.27	71.64	51.45	66.43	45.36	23.24	38.1
Seq2Seq	55.63	73.86	61.64	71.05	44.59	28.88	40.22
3Seq2Seq+3Seq2Edit	56.81	75.51	59.77	71.73	47.22	28.89	41.9
6Seq2Seq+6Seq2Edit	58.38	79.17	58.81	74.04	49.31	27.85	42.72
12Seq2Seq+12Seq2Edit	60.55	88.5	50.08	76.73	58.71	22.45	44.37
GPT4+12Seq2Seq+12Seq2Edit	61.75	87.25	54.95	78.07	55.87	26.01	45.44

Table 11: 测试集提交结果

6 结语

在本次CCL2023-CLTC评测任务中，我们使用了Seq2Seq和Seq2Edit两种模型，采用了伪数据——Lang-8数据——YACLC开发集数据的三阶段训练方案，尝试了数据增强、数据清洗、数据后处理以及模型集成技术，同时在大模型辅助纠错方面做了一些探索。实验结果表明，这些策略均可以使模型性能得到有效的提升，最终我们的纠错系统在赛道一封闭、开放任务测试集上的总得分为60.59、61.75，均位列第一。

但是本次的系统依旧有很多不足，例如投票集成时的权重只是模型级别，未细分到错误类型级别，未来可以尝试统计模型在不同错误类型上的性能，给予不同的投票权重。此外在大模型辅助纠错方面，我们只探索了使用大模型直接预测纠错结果并参与集成的方式，并未尝试大模型知识萃取，生成伪数据的技术。

致谢

衷心感谢章岳、李嘉诚，两位在之前评测中积累了很多经验、代码和模型，是我们参加本次评测的重要基础。此工作受国家自然科学基金（62176173）资助，同时也受到江苏高校优势学科建设工程资助项目，阿里巴巴AIR计划项目支持。

第二十二届中国计算语言学大会论文集，第220页-第229页，哈尔滨，中国，2023年8月3日至5日。

参考文献

Mike Lewis, Yinhan Liu, Naman Goyal, Marjan Ghazvininejad, Abdelrahman Mohamed, Omer Levy, Veselin Stoyanov, and Luke Zettlemoyer. 2020. BART: Denoising sequence-to-sequence pre-training for natural language generation, translation, and comprehension. In *Proceedings of ACL*, pages 7871–7880.

Kostiantyn Omelianchuk, Vitaliy Atrasevych, Artem Chernodub, and Oleksandr Skurzhanskyi. 2020. GECToR – grammatical error correction: Tag, not rewrite. In *Proceedings of the Fifteenth Workshop on Innovative Use of NLP for Building Educational Applications*, pages 163–170.

OpenAI. 2023. Gpt-4 technical report. *ArXiv*, abs/2303.08774.

Myle Ott, Sergey Edunov, Alexei Baevski, Angela Fan, Sam Gross, Nathan Ng, David Grangier, and Michael Auli. 2019. fairseq: A fast, extensible toolkit for sequence modeling. In *Proceedings of NAACL-HLT 2019: Demonstrations*.

Adam Paszke, Sam Gross, Francisco Massa, Adam Lerer, James Bradbury, Gregory Chanan, Trevor Killeen, Zeming Lin, Natalia Gimelshein, Luca Antiga, Alban Desmaison, Andreas Kopf, Edward Yang, Zachary DeVito, Martin Raison, Alykhan Tejani, Sasank Chilamkurthy, Benoit Steiner, Lu Fang, Junjie Bai, and Soumith Chintala. 2019. PyTorch: An Imperative Style, High-Performance Deep Learning Library. In *NeurIPS 32*, pages 8024–8035.

Gaoqi Rao, Qi Gong, Baolin Zhang, and Endong Xun. 2018. Overview of NLPTEA-2018 share task Chinese grammatical error diagnosis. In *Proceedings of the 5th Workshop on Natural Language Processing Techniques for Educational Applications*, pages 42–51.

Gaoqi Rao, Erhong Yang, and Baolin Zhang. 2020. Overview of NLPTEA-2020 shared task for Chinese grammatical error diagnosis. In *Proceedings of the 6th Workshop on Natural Language Processing Techniques for Educational Applications*, pages 25–35.

Yunfan Shao, Zhichao Geng, Yitao Liu, Junqi Dai, Hang Yan, Fei Yang, Li Zhe, Hujun Bao, and Xipeng Qiu. 2021. Cpt: A pre-trained unbalanced transformer for both Chinese language understanding and generation. *arXiv preprint arXiv:2109.05729.*

Ashish Vaswani, Noam Shazeer, Niki Parmar, Jakob Uszkoreit, Llion Jones, Aidan N Gomez, Łukasz Kaiser, and Illia Polosukhin. 2017. Attention is all you need. *NeurIPS*, 30.

Wei Wang, Bin Bi, Ming Yan, Chen Wu, Zuyi Bao, Jiangnan Xia, Liwei Peng, and Luo Si. 2019. Structbert: Incorporating language structures into pre-training for deep language understanding. *arXiv preprint arXiv:1908.04577.*

Yingying Wang, Cunliang Kong, Liner Yang, Yijun Wang, Xiaorong Lu, Renfen Hu, Shan He, Zhenghao Liu, Yun Chen, Erhong Yang, et al. 2021. Yaclc: A Chinese learner corpus with multidimensional annotation. *arXiv preprint arXiv:2112.15043.*

Yue Zhang, Zuyi Bao, Bo Zhang, Chen Li, Jiacheng Li, and Zhenghua Li. 2021. Technical report of suda-alibaba team on ctc-2021. Technical report.

Yue Zhang, Haochen Jiang, Zuyi Bao, Bo Zhang, Chen Li, and Zhenghua Li. 2022a. Mining error templates for grammatical error correction. *arXiv preprint arXiv:2206.11569.*

Yue Zhang, Zhenghua Li, Zuyi Bao, Jiacheng Li, Bo Zhang, Chen Li, Fei Huang, and Min Zhang. 2022b. MuCGEC: a multi-reference multi-source evaluation dataset for Chinese grammatical error correction. In *Proceedings of NAACL-HLT 2022*, pages 3118–3130.

Yue Zhang, Bo Zhang, Zhenghua Li, Zuyi Bao, Chen Li, and Min Zhang. 2022c. Syngec: Syntax-enhanced grammatical error correction with a tailored gec-oriented parser. In *Proceedings of EMNLP*, pages 2518–2531.

Yue Zhang, Bo Zhang, Haochen Jiang, Zhenghua Li, Chen Li, Fei Huang, and Min Zhang. 2023. NaSGEC: a multi-domain Chinese grammatical error correction dataset from native speaker texts. In *Findings of ACL*.

Baolin Zhang. 2009. Features and functions of the hsk dynamic composition corpus. *International Chinese Language Education*, 4:71–79.

Yuanyuan Zhao, Nan Jiang, Weiwei Sun, and Xiaojun Wan. 2018. Overview of the nlpcc 2018 shared task: Grammatical error correction. In *Proceedings of NLPCC: 7th CCF International Conference*, pages 439–445. Springer.

第二十二届中国计算语言学大会论文集，第220页-第229页，哈尔滨，中国，2023年8月3日至5日。

CCL23-Eval 任务7系统报告：基于序列标注和指针生成网络的语法纠错方法

于右任，张仰森, 畅冠光，高贝贝，姜雨杉，肖拓
北京信息科技大学，智能信息处理研究所
{a154377713,zys,cgg,gbb,jys,xt}@bistu.edu.cn

摘要

针对当前大多数中文语法纠错模型存在错误边界识别不准确以及过度纠正的问题，我们提出了一种基于序列标注与指针生成网络的中文语法纠错模型。首先，在数据方面，我们使用了官方提供的lang8数据集和历年的CGED数据集，并对该数据集进行了繁体转简体、数据清洗等操作。其次，在模型方面，我们采用了基于ERNIE+Global Pointer的序列标注模型、基于ERNIE+CRF的序列标注模型、基于BART+指针生成网络的纠错模型以及基于GECToR的纠错模型。最后，在模型集成方面，我们使用了投票和基于ERNIE模型计算困惑度的方法，来生成最终预测结果。根据测试集的结果，我们的COM指标达到了48.68，位居第二名。

关键词： 序列标注 ；指针生成 ；困惑度

System Report for CCL23-Eval Task 7: A Syntactic Error Correction Approach Based on Sequence Labeling and Pointer Generation Networks

Youren Yu, Yangsen Zhang, Guanguang Chang, Beibei Gao, Yushan Jiang, Tuo Xiao
Institute of Intelligent Information Processing, Beijing Information Science and Technology University
{a154377713,zys,cgg,gbb,jys,xt}@bistu.edu.cn

Abstract

Aiming at the problems of inaccurate recognition of error boundaries and overcorrection in most current Chinese grammar error correction models, we propose a Chinese grammar error correction model based on sequence annotation and pointer generation network. First, in terms of data, we use the officially provided lang8 dataset and the CGED dataset of past years, which has been subjected to the operations of traditional to simplified Chinese, data cleaning and so on. Secondly, in terms of model, we used the sequence annotation model based on ERNIE+Global Pointer, the sequence annotation model based on ERNIE+CRF, the error correction model based on BART+Pointer Generation Network, and the error correction model based on GECToR. Finally, in terms of model integration, we used voting and ERNIE-based models to compute the perplexity to generate the final predictions. According to the results of the test set, we achieved a COM metric of 48.68, which placed us in second place.

Keywords: Sequence Labeling , Pointer generation , Perplexity

第二十二届中国计算语言学大会论文集，第230页-第238页，哈尔滨，中国，2023年8月3日至5日。

1 引言

中文语法错误检测（Chinese Grammatical Error Diagnosis, CGED）是一项旨在识别中文文本中的语法错误并确定其位置与类型的任务。这些语法错误可以分为四类：赘余（Redundant Words，R）、遗漏（Missing Words，M）、误用（Word Selection，S）和错序（Word Ordering Errors，W）。准确地检测和纠正中文文本中的语法错误对于提高写作质量、加深语言理解以及有效沟通至关重要。中文语法检测有着广泛的应用，包括自动化写作、机器翻译、语音识别和智能助手等。

为了实现中文语法错误的检测与纠正，我们使用了多个模型进行集成。首先，为了提高所训练出的模型的鲁棒性和泛化能力，我们对数据集进行了繁体转简体、数据清洗等操作。其次，为了更好地捕捉错误边界并缓解过度纠正问题，我们采用了基于ERNIE+Global Pointer和基于ERNIE+CRF的序列标注模型，以利用上下文信息对语法错误进行标注。此外，我们还采用了基于BART+指针生成网络和基于GECToR的纠错模型，从不同角度提升语法纠错性能。

2 背景

2.1 任务设置

如表1所示，此次任务涉及四种类型的错误，包括缺失(M)、赘余(R)、误用(S)和乱序(W)。对于S类型和M类型的错误，需要提供相应的纠正结果。

错误类型	输入文本	输出文本
缺失(M)	有的国家解决吸烟造成的影响而采取了跟吸烟有关的政策。	有的国家为了解决吸烟造成的影响而采取了跟吸烟有关的政策。
赘余(R)	这表示你的肺部不是正常。	这表示你的肺部不正常。
误用(S)	所以我少就不理他了。	所以我早就不理他了。
乱序(W)	那就意味着一有位亲人要去世！	那就意味着有一位亲人要去世！

Table 1: 数据集示例

2.2 评测标准

下述是对系统性能的评价，从以下五个方面以精确率、召回率和F1值进行评估：

（1）假阳性（False Positive）：正确的段落单元被错误地判断为包含错误的比例。

（2）侦测层（Detective-level）：对段落单元是否包含错误进行二分判断。

（3）识别层（Identification-level）：该层的子任务是多分类问题，即确定错误点的错误类型。

（4）定位层（Position-level）：对错误点的位置和覆盖范围进行判断。错误的边界以词边界为界限，分词颗粒度参考jieba缺省模式。

（5）修正层（Correction-level）：提供了针对错误字符串（S）和字符串缺失（M）两种错误类型的修正答案。对于每个赛题的S型和M型错误，均提供1-3个正确答案。

2.3 相关工作

中文语法纠错是自然语言处理（NLP）领域中一个重要的研究方向。随着中文在全球范围内的广泛应用，正确的语法表达对于有效沟通和交流变得尤为重要。然而，中文的语法结构复杂，包含大量的规则和特殊情况，给语法纠错任务带来了挑战。目前，中文语法纠错的研究主要集中在以下几个方面：基于规则的方法、基于统计和机器学习的方法以及基于深度学习的方法。基于规则的方法主要依赖于手工编写的规则和语法知识库，但受限于规则的完备性和准确性。基于统计和机器学习的方法通过训练模型来捕捉中文语法的模式和规律，但由于中文语法的复杂性，这些方法在中文语法纠错上的效果有限。

最近，基于深度学习的方法在中文语法纠错中展现出了巨大的潜力。(zhang et al., 2020)提出了一种软掩码（soft masking)机制，利用Bi-GRU网络对文本进行检错，并预测每个位置上字符的错别字概率。然后利用这些概率对该位置上的字符进行软掩码处理，并借助BERT模型进行纠错，从而有效地降低了模型的误纠率。(Hong et al., 2019)提出了一种基于BERT的

第二十二届中国计算语言学大会论文集，第230页-第238页，哈尔滨，中国，2023年8月3日至5日。

深度降噪编码器(DAE)和以置信度-字音字形相似度为基础的解码器（CSD）的文本纠错模型。在DAE阶段，该模型利用BERT模型动态生成候选集，代替传统的混淆集。而在CSD阶段，通过计算置信度和字音字形相似度两个维度来选择候选集，取代传统单一阈值的方法，从而提高纠错效果。 (Cheng et al., 2020)提出了一种利用图卷积网络(Graph convolutional network,GCN)进行文本纠错的模型。该模型通过GCN学习文本中字音和字形之间的结构关系，并将这些信息融入字的嵌入向量中。在纠错分类时，模型更倾向于预测字在混淆集中的可能性。 (Lai et al., 2022)提出了一种类型驱动的多轮修正方法，用于语法错误的纠正。通过按照不同错误类型对原始训练数据进行分解，使得模型能够逐步学习如何纠正错误，并理解不同类型错误之间的内在关联，从而获得更好的效果。 (Li et al., 2022)提出了一种适用于中文拼写检查的错误驱动对比概率优化模型。该模型利用对比学习的思想，将正确字符作为正样本，将模型容易预测错误的字符作为负样本，并设计了额外的对比损失函数，从而进一步提高正确字符的预测概率，同时降低错误字符的预测概率。

3 参赛系统

本节介绍了我们参赛系统所采用的方法和策略。该系统主要由四个部分组成：（1）数据预处理：包括繁体转简体和数据清洗等操作；（2）语病检测模块：采用基于ERNIE+Global Pointer和基于ERNIE+CRF的序列标注模型，用于检测文本中的错误信息；（3）语病纠错模块：采用基于BART+指针生成网络和基于GECToR的纠错模型，用于对文本中的错误信息进行纠正；（4）模型集成模块：利用投票和基于ERNIE模型的文本困惑度方法，对模型生成的结果进行集成。

3.1 数据预处理

由于lang8数据集和CGED历年数据集有简体和繁体而测试集均为简体，并且数据集中存在噪音，因此要对数据集进行清洗。具体流程如下：

（1）去除特殊字符和重复标点。
（2）使用opencc包统一将繁体转为简体。
（3）去除输入长度与输出长度差异过大的文本。
（4）去除长度过短文本。
（5）去除中文字符占比小于20

3.2 语病检测模块

3.2.1 ERNIE

在语病检测模块，我们使用基于ernie-3.0-xbase-zh模型对文本进行编码。ERNIE 3.0模型 (Sun et al., 2021)是一种由百度公司研发的基于BERT模型改进的预训练语言模型。它首次引入了大规模知识图谱，并采用了海量无监督文本与大规模知识图谱的平行预训练方法。这种方法通过联合掩码训练，将大规模知识图谱的实体关系与大规模文本数据输入到预训练模型中，从而促进了结构化知识和无结构文本之间的信息共享，提升了模型对知识的记忆和推理能力。

ERNIE 3.0模型采用了通用语义表示网络和任务语义表示网络的两层框架。通用语义表示网络学习基础和通用的知识，而任务语义表示网络基于通用语义表示学习任务相关的知识。任务语义表示网络可以通过自编码结构或自回归结构实现，并通过底层共享来实现交互和增强。在学习过程中，任务语义表示网络只学习对应类别的预训练任务，而通用语义表示网络会学习所有的预训练任务，从而提升了模型效果。

3.2.2 Global Pointer

Global Pointer是一种利用全局归一化的思路，可以无差别识别非嵌套实体（flat-ner）和嵌套实体（nested-ner）的解码器。设长度为n的文本经过ERNIE模型编码后的向量序列为$[h_1, h_2, ..., h_n]$，首先，如公式(1)(2)所示,使用线性变换得到向量序列$[q_{1,\alpha}, q_{2,\alpha}, ..., q_{n,\alpha}]$和$[k_{1,\alpha}, k_{2,\alpha}, ..., k_{n,\alpha}]$。

$$q_{i,\alpha} = \mathbf{W}_{q,\alpha} h_i + b_{q,\alpha} \tag{1}$$

$$k_{i,\alpha} = \mathbf{W}_{k,\alpha} h_i + b_{k,\alpha} \tag{2}$$

第二十二届中国计算语言学大会论文集，第230页-第238页，哈尔滨，中国，2023年8月3日至5日。

其中，$W_{q,\alpha}, W_{k,\alpha}$为权重矩阵，$b_{q,\alpha}, b_{k,\alpha}$为偏置项，$h_i, h_j$代表下标为i、j的输入序列。

为了增加Global Pointer解码器对输入文本中实体的长度与跨度的敏感度，使用相对位置编码RoPE (Su et al., 2021)对向量序列添加相对位置信息，并计算出下标从i到j的连续序列为类型实体的得分函数，具体如公式(3)所示。

$$\begin{aligned} s_\alpha(i,j) &= (R_i q_{i,\alpha})^T (R_j k_{j,\alpha}) \\ &= q_{i,\alpha}^T R_i^T R_j k_{j,\alpha} \\ &= q_{i,\alpha}^T R_{j-i} k_{j,\alpha} \end{aligned} \tag{3}$$

其中，$R_i R_j$为RoPE中的变换矩阵，满足关系$R_i^T R_j = R_{j-i}$。

3.2.3 语病检测模型

ERNIE+Global Pointer 如图1所示，该模型的结构如下：首先，将输入序列通过ernie-3.0-xbase-zh编码以获取每个字符的表征信息。然后，使用Global Pointer解码器来输出预测的标签序列。同时，为了增强模型的效果，我们对模型采用了差分学习率。

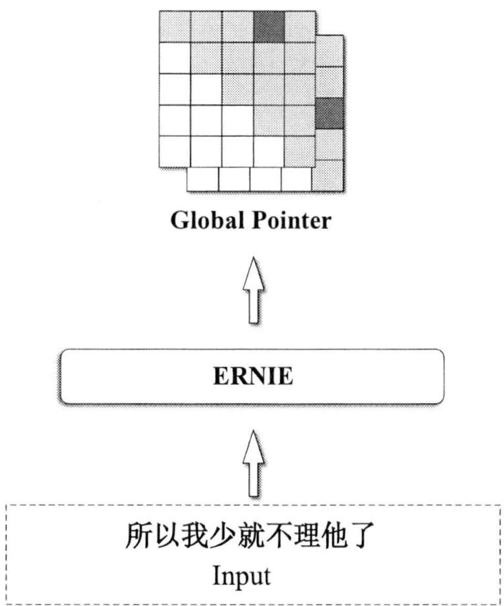

Figure 1: ERNIE+Global Pointer模型结构图

ERNIE+CRF 模型结构如图2所示，首先，与上述模型相同，将输入序列通过ernie-3.0-xbase-zh编码以获取每个字符的表征信息。然后，将表征向量通过一层分类器获取每个字符在语病标签空间的分布，将其作为CRF层的发射矩阵。最后，得到输入序列的语病标签输出序列。

第二十二届中国计算语言学大会论文集，第230页-第238页，哈尔滨，中国，2023年8月3日至5日。

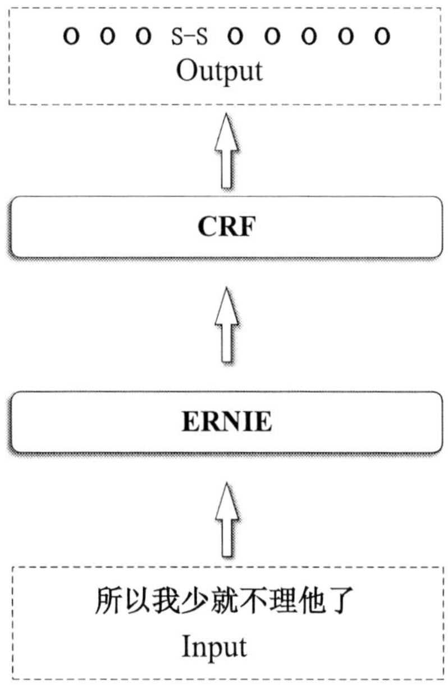

Figure 2: ERNIE+CRF模型结构图

3.3 语病纠错模块

3.3.1 BART

BART（Bidirectional and AutoRegressive Transformer） (Lewis et al., 2020)是一种结合了BERT的双向编码器和GPT的从左到右解码器的模型。它是建立在标准的seq2seq Transformer模型的基础上，相较于BERT更适用于文本生成任务，并且相较于GPT，BART还包含了双向上下文语境信息。BART模型在生成任务上取得了显著的进步，同时在一些文本理解类任务上也达到了最先进的水平。

BART模型被设计为用于预训练序列到序列模型的降噪自动编码器。它的训练包括两个关键步骤：首先，利用任意一种噪声函数对文本进行处理；其次，学习一个模型来将处理后的文本重构回原始文本。BART采用了更多样的噪声方法，旨在破坏序列结构信息，防止模型过度依赖这些信息，具体包括：

Token Masking： 类似于BERT的方法，将随机的单词替换为[MASK]。

Token Deletion： 随机删除输入中的字符。与字符屏蔽相反，模型需要确定缺少输入的哪些位置。

Text Infilling： 随机将一段连续的单词（称为span）替换为一个[MASK]，其中span的长度服从一定的泊松分布。特别需要注意的是，当span长度为0时，相当于在该位置插入一个[MASK]。

Sentence Permutation： 根据句号将文档分割为多个句子，然后随机排列这些句子的顺序。

Document Rotation： 从文档序列中随机选择一个单词，并将该单词作为文档的开头。

这些噪声方法的引入增加了BART模型的鲁棒性和泛化能力，使其能够更好地处理文本生成任务和文本理解类任务。

3.3.2 指针生成网络

指针生成网络（Pointer-Generator Networks）是一种结合了传统的序列到序列（seq2seq）

第二十二届中国计算语言学大会论文集，第230页-第238页，哈尔滨，中国，2023年8月3日至5日。

模型和指针机制的模型，用于处理涉及生成和复制两种操作的任务。指针生成网络的核心思想是在模型的输出中引入指针机制，使模型能够决定是生成一个词汇表中的词语，还是从输入序列中复制一个片段。具体来说，指针生成网络在词汇表中为每个词分配一个概率，同时为输入序列中的每个位置分配一个概率。然后，它根据这些概率来决定是生成一个词，还是从输入序列中复制一个片段。

指针生成网络通常由两个子模型组成：生成模型（Generator）和复制模型（Pointer）。生成模型使用传统的seq2seq模型结构，通过学习输入序列和输出序列之间的映射关系来生成序列。复制模型使用注意力机制（Attention）来计算输入序列中每个位置的重要性，并为每个位置分配一个概率。这些概率表示模型应该从输入序列中复制哪个片段。在训练过程中，指针生成网络通过最大化目标序列的对数似然来学习参数。这包括生成模型和复制模型的参数。在推理过程中，模型可以根据生成模型的概率分布或者复制模型的概率分布来决定生成或复制。

3.3.3 语病纠错模型

GECToR GECToR (Omelianchuk et al., 2020)是一种序列标注的语病纠错模型，采用了seq2edit方法来解决语法错误修改的问题。模型结构如图3所示，首先，使用StructBert编码器对源句子序列进行编码，然后，在每个字符位置上使用分类器来预测最可能的编辑标签。每个字符都被映射到一个编辑操作，包括"KEEP"（保留当前字符）、"DELETE"（删除当前字符）、"APPEND"（在当前字符后添加特定字符）和"REPLACE"（将当前字符替换为特定字符）。其中，"KEEP"和"DELETE"是单标签操作，而"APPEND"和"REPLACE"则需要添加或替换相应的字符。

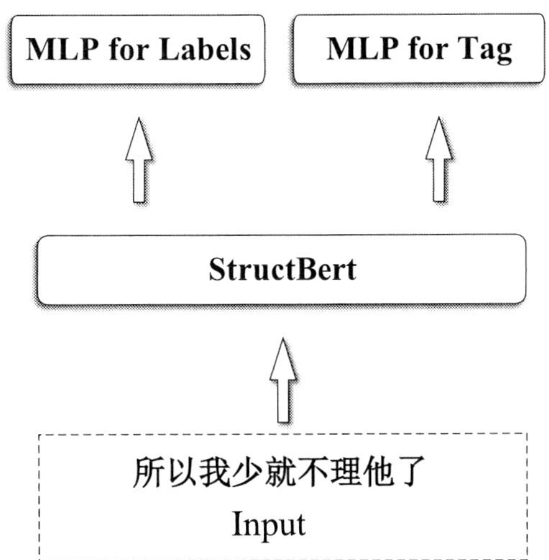

Figure 3: GECToR模型结构图

BART+指针生成网络 如图4所示，该模型的结构如下：首先，将输入序列通过bart-large-chinese编码以获取每个字符的表征信息。然后，使用指针生成网络来更好地解决纠错模型的过度纠正问题。同时，使用label smooth缓解错误标签的现象。

第二十二届中国计算语言学大会论文集，第230页-第238页，哈尔滨，中国，2023年8月3日至5日。

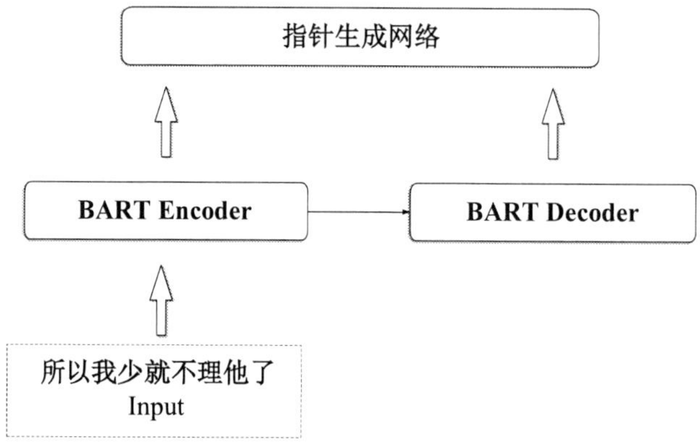

Figure 4: BART+指针生成网络模型结构图

3.3.4 模型融合模块

参与最终融合的模型共有5个，它们包括：1个GECToR模型、2个结合了BART+指针生成网络的模型、1个基于ERNIE+Global Pointer序列标注模型，以及1个基于ERNIE+CRF的序列标注模型。模型融合的主要流程为：

(1) 将所有模型的预测结果合并，形成一个包含所有模型预测结果的集合。

(2) 利用模型的预测结果进行投票，如果有至少3个模型预测该样本为正确，那么将该样本判定为正确。

(3) 删除起始和结束位置相同的W类型错误点。

(4) 由于BART+指针网络模型在处理乱序类型的错误方面表现良好，并在验证集中的W类型指标精确率较高，因此在融合过程中，将该模型输出的W类型错误判定为无误，并将与之重合的错误或之前被判定为正确的样本剔除。

(5) 将每个样本的错误点按照位置排序，依次遍历每个错误点。将位置有重合的错误点放入一个列表中，对该重合列表中的错误点进行筛选。选择被多个模型判定的错误位置作为最终判定结果，即判定数目越高，置信度越大。

(6) 对于融合结果中同一个位置可能存在多个错误类型，并且参与判定的模型数量差异不大的情况，采用局部困惑度进行筛选。通过初始化基于ERNIE的语言模型来计算困惑度。如果修改前后的困惑度降低值（delta）越大（>0），说明修改前句子的困惑度较高，修改后困惑度降低，句子变得更准确。因此，可以倾向于将具有较大降低值的错误类型判定为正确的结果。

4 实验与结果

4.1 实验流程与参数设置

在训练过程中，我们使用两阶段训练的方法，第一阶段使用lang8数据集+CGED历年数据集，第二阶段只使用CGED历年数据集。

ERNIE+Global Pointer 在第一阶段中，我们使用差分学习率进行训练，ERNIE模型学习率设置为2e-5,Global Pointer解码器学习率设置为6e-5，epoch为10，dropout为0.1，全局随机种子为42，batch size为32，输入序列的最大长度为200，优化器为AdamW，并使用Cosine Warmup学习率调整器。在第二阶段中，模型的学习率设置为5e-6。

ERNIE+CRF 在第一阶段中，我们设置学习率设置为1e-5, epoch为10，dropout为0.1，全局随机种子为99，batch size为32，输入序列的最大长度为200，优化器为AdamW，并使用Cosine学习率调整器。在第二阶段中，模型的学习率设置为5e-6，dropout为0.3。

GECToR 在第一阶段中，我们只对MLP for Labels层和MLP for Tag层进行训练，学习率设置为1e-3，batch size为16，epoch为2。在第二阶段，模型的学习率设置为1e-5，batch size为64，梯度累积为4，epoch为20，patience为3。

BART+指针生成网络 在第一阶段中，我们设置学习率设置为1e-5，epoch为8，dropout为0.1，全局随机种子为42，batch size为128，梯度累积为16，输入序

第二十二届中国计算语言学大会论文集，第230页-第238页，哈尔滨，中国，2023年8月3日至5日。

列的最大长度为180，beam search的k为3，优化器为AdamW，并使用Cosine Warmup学习率调整器。在第二阶段中，模型的学习率设置为5e-6，batch size为64，梯度累积为4，epoch为10。

4.2 实验结果与分析

模型	COM	FPR	DET	IDE	POS	COR
GECToR	37.94	40.11	82.04	54.64	33.28	21.94
BART+指针生成网络	44.48	21.39	82.30	56.17	36.05	24.78
最终融合结果	48.68	19.47	83.25	63.45	40.15	27.34

Table 2: 模型对比结果

根据实验结果（见表2），GECToR模型的COM值为37.94，BART+指针生成网络模型的COM值为44.48。然而，我们发现在使用ERNIE+Global Pointer模型、ERNIE+CRF模型、GECToR模型和BART+指针生成网络模型融合后，达到了最佳效果，COM值提升至48.68。

这些结果表明，在文本校对任务中，模型融合可以显著提升性能。ERNIE+Global Pointer模型和ERNIE+CRF模型的融合，以及GECToR模型和BART+指针生成网络模型的融合，都能够在COM值方面取得明显的改进。通过结合不同模型的优势，能够克服单一模型的局限性，从而实现更好的文本校对效果。此外，BART+指针生成网络模型在单独使用时也取得了较高的COM值。这表明该模型在处理文本校对任务上具有潜力，但与其他模型相比，在模型融合方面仍存在改进空间。

4.3 案例分析

原始文本	**BART+指针生成网络**	**GECToR**	最终融合结果
美国的诺贝尔奖获得者的人数远远**矗**其他国家。	美国的诺贝尔奖获得者的人数远远**高于**其他国家。	美国的诺贝尔奖获得者的人数远远**比**其他国家。	美国的诺贝尔奖获得者的人数远远**高于**其他国家。
他到以后，他们聊天一**会**。	他到以后，他们聊一会**天**。	他到**了**以后，他们聊天一会。	他到**了**以后，他们聊一会**天**。
我**拿出去**饼干和啤酒去客厅	我**拿着**饼干和啤酒去公司	我**拿**饼干和啤酒去公司	我**拿着**饼干和啤酒去公司

Table 3: 模型预测结果案例

根据表3所示的结果，在原始文本中，句子中的一些表达存在一些语法错误或不通顺的问题。在使用BART+指针生成网络模型进行文本校对后，第一行的句子被修正为"美国的诺贝尔奖获得者的人数远远高于其他国家"，明显改善了表达的准确性。使用GECToR模型进行文本校对后，第二行的句子被修正为"他到了以后，他们聊天一会"，修正了原始文本中的一个语法错误。最终的融合结果是将多个模型的输出进行综合，第二行的句子被修正为"他到了以后，他们聊一会天。"，结合了BART+指针生成网络模型和GECToR模型的优点，使得表达更加准确和自然。

在进行文本校对任务时，采用投票和基于ERNIE模型的困惑度作为融合方法，将ERNIE+Global Pointer模型、ERNIE+CRF模型、GECToR模型和BART+指针生成网络模型进行融合，相较于仅使用BART+指针生成网络模型或GECToR模型，能够综合各模型的优点，从而显著提升效果。

5 总结

在这次评测任务中，我们采用了ERNIE+Global Pointer和ERNIE+CRF序列标注模型来检测错误地址和错误类型。同时还应用了BART+指针生成网络模型和GECToR模型对文本进行纠错。通过将多个模型进行融合，我们的COM指标达到了48.68%的成绩。

第二十二届中国计算语言学大会论文集，第230页-第238页，哈尔滨，中国，2023年8月3日至5日。

然而，在接下来的中文语病诊断研究中，还面临着一些挑战。其中之一是如何更好地解决过度纠正问题。虽然我们的系统在纠错过程中表现出较高的准确性，但有时可能会过度修改文本，导致意思的扭曲或不必要的改动。因此需要进一步探索新的方法和策略，以确保在纠错过程中能够保持语义的一致性和原始文本的风格。

此外，我们还致力于进一步提升纠错效果。这可以通过优化模型的结构和参数，改进数据预处理方法以及引入更多的上下文信息等方式来实现，通过不断地研究和创新，我们能够取得更好的成果，提高中文语病诊断和纠错的准确性和实用性。

参考文献

Zhang S, Huang H, Liu J, et al. 2020. *Spelling error correction with soft-masked BERT*. In proceedings of the 58th Annual Meeting of the Association for Computational Linguistics.

Hong Y, Yu X, He N, et al.. 2019. *FASPell: A fast, adaptable, simple, powerful Chinese spell checker based on DAE-decoder paradigm*. In Proceedings of the 5th Workshop on Noisy User-generated Text (W-NUT 2019), pages 160-169.

Cheng X, Xu W, Chen K, et al. . 2020. *Spellgcn: Incorporating phonological and visual similarities into language models for chinese spelling check*. In proceedings of the 58th Annual Meeting of the Association for Computational Linguistics.

Lai S, Zhou Q, Zeng J, et al.. 2022. *Type-Driven Multi-Turn Corrections for Grammatical Error Correction*. In proceedings of the 60th Annual Meeting of the Association for Computational Linguistics, pages 3225-3236.

Li Y, Zhou Q, Li Y, et al.. 2022. *The past mistake is the future wisdom: Error-driven contrastive probability optimization for Chinese spell checking*. In proceedings of the 60th Annual Meeting of the Association for Computational Linguistics, pages 3202-3213.

Sun Y, Wang S, Feng S, et al. . 2021. *Ernie 3.0: Large-scale knowledge enhanced pre-training for language understanding and generation*. arXiv preprint arXiv:2107.02137.

Su J, Lu Y, Pan S, et al.. 2021. *Roformer: Enhanced transformer with rotary position embedding*. arXiv preprint arXiv:2104.09864, 2021.

Lewis M, Liu Y, Goyal N, et al.. 2020. *Bart: Denoising sequence-to-sequence pre-training for natural language generation, translation, and comprehension*. In proceedings of the 58th Annual Meeting of the Association for Computational Linguistics, pages 7871-7880.

Omelianchuk K, Atrasevych V, Chernodub A, et al. . 2020. *GECToR–grammatical error correction: tag, not rewrite*. Inproceedings of the 58th Annual Meeting of the Association for Computational Linguistics, pages 163-170.

第二十二届中国计算语言学大会论文集，第230页-第238页，哈尔滨，中国，2023年8月3日至5日。

CCL23-Eval 任务7总结报告：汉语学习者文本纠错

常鸿翔[1], 刘洋[1], 徐萌[1], 王莹莹[1], 孔存良[1], 杨麟儿[1],
杨尔弘[1], 孙茂松[2], 饶高琦[1], 胡韧奋[3], 刘正皓[4]
[1]北京语言大学, [2]清华大学,
[3]北京师范大学, [4]东北大学
blcuicall@163.com

摘要

汉语学习者文本纠错（Chinese Learner Text Correction）评测比赛，是依托于第22届中国计算语言学大会举办的技术评测。针对汉语学习者文本，设置了多维度汉语学习者文本纠错和中文语法错误检测两个赛道。结合人工智能技术的不断进步和发展的时代背景，在两赛道下分别设置开放和封闭任务。开放任务允许使用大模型。以汉语学习者文本多维标注语料库YACLC为基础建设评测数据集，建立基于多参考答案的评价标准，构建基准评测框架，进一步推动汉语学习者文本纠错研究的发展。共38支队伍报名参赛，其中5支队伍成绩优异并提交了技术报告。

关键词： 学习者文本 ； 文本纠错 ； 技术评测

Overview of CCL23-Eval Task: Chinese Learner Text Correction

Hongxiang Chang[1], Yang Liu[1], Meng Xu[1], Yingying Wang[1], Cunliang Kong[1],
Liner Yang[1], Erhong Yang[1], Maosong Sun[2], Gaoqi Rao[1], Renfen Hu[3], Zhenghao Liu[4]
[1]Beijing Language and Culture University, [2]Tsinghua University,
[3]Beijing Normal University, [4]Northeastern University

Abstract

Chinese Learner Text Correction (CLTC) is the seventh shared task attached to the 22st China National Conference on Computational Linguistics (CCL 2023). CLTC shared task sets up two tracks: Multidimensional Chinese Learner Text Correction and Chinese Grammatical Error Diagnosis. In the context of the continuous progress and development of artificial intelligence technology, open and closed tasks are set up under two tracks. Open tasks allow the use of large models. Based on the YACLC multidimensional annotation corpus for Chinese learners, a benchmark dataset is constructed, a multi-reference answer-based evaluation standard is established, and a benchmark evaluation framework is built to further promote the development of Chinese learner text error correction research. A total of 38 teams registered for the competition, of which 5 teams excelled and submitted their system reports.

Keywords: Chinese learner text , text correction , shared task

第二十二届中国计算语言学大会论文集，第239页-第249页，哈尔滨，中国，2023年8月3日至5日。

1 引言

近年来，全球汉语学习需求与日俱增，据教育部中外语言交流合作中心数据显示，目前全球共有180多个国家和地区开展汉语教育[1]，中国以外累计学习中文人数已达2亿[2]。日趋增多的汉语学习者给国际中文教育带来了机遇和挑战，同时也使得技术、方法、理念上的创新成为了迫切的需要。

随着科技的发展与进步，特别是人工智能技术的创新，智能计算机辅助语言学习 (Intelligent Computer-Assisted Language Learning, **ICALL**) 在国际中文教育中的作用越来越突出。其中，汉语学习者文本纠错就是一项重要的应用。

汉语学习者文本 (Chinses Learner Text) 指的是以汉语作为第二语言的学习者在说或写的过程中产出的文本。汉语学习者文本纠错 (Chinese Learner Text Correction, **CLTC**) 旨在通过智能纠错系统，自动检测并修改学习者文本中的标点、拼写、语法、语义等错误，从而获得符合原意的正确句子。

学界关于汉语学习者文本纠错已经开展了多方面、多角度的研究，如语法纠错 (Grammatical Error Correction, GEC)、语法错误检测 (Grammatical Error Detection, GED) 等，也已发布有一些相关的评测任务。语法纠错任务受到关注较多，研究者众 (张生盛et al., 2021; Wang et al., 2021; Zhang et al., 2022b; Yang et al., 2022)。2018 年，NLPCC 会议举办有中文语法纠错比赛 (Zhao et al., 2018a)，吸引了许多研究者参与。这些研究与评测对中文语法纠错进行了不断的探索与推进。不过，这些工作使用的数据集、任务设置、评价指标等均存在差异，不利于各研究之间的横向对比。相比于语法纠错，语法检查只要求找到句子中出现错误的位置。自 2014 年起，NLP-TEA (Workshop on Natural Language Processing Techniques for Educational Applications，用于教育应用的自然语言处理技术) 已经举办了六次语法检测评测任务 (Yu et al., 2014a; Lee et al., 2015; Lee et al., 2016; Rao et al., 2017; Rao et al., 2018; Rao et al., 2020)，且自 2018 年始加入了进行语法纠错的任务要求。

Figure 1: CCL2023-CLTC 评测任务与赛道

为延续上述汉语学习者文本纠错研究，我们在CCL 2023 会议上举办了本次评测。如图 1 所示，本次评测设置有两个赛道，分别是多维度学习者文本纠错和中文语法错误检测，对应汉语学习者文本纠错研究的两个角度。相比于之前的研究，本次评测有以下几点特色。

1. 数据集方面：赛道一关注语法纠错中的多维度问题，即从最小改动(Minimal Edit) 和流利提升(Fluency Edit) 两个方面给出多种句子修改方案，使用YACLC 数据集 (王莹莹et al., 2023; Wang et al., 2021) 用于开发和测试。赛道二要求对留学生在汉语水平考试(HSK) 作文中出现的错误进行检测、纠正，并公开了历年CGED 评测数据[3]用于训练和开发。

2. 任务设置方面：为探索大模型在文本纠错任务中的应用潜力，在本次评测的两个赛道内，分别下设了开放任务和封闭任务，共收集四个榜单。开放任务的参赛队伍可以使用包括ChatGPT、文心一言、ChatGLM 等在内的大模型，通过调整指令等方式来实现更好的纠错效果。

2 语法自动纠错任务介绍

本次评测包含的多维度汉语学习者文本纠错和中文语法错误检测均属于语法自动纠错任

[1]数据来源：http://www.chinese.cn/page/#/pcpage/article?id=714
[2]数据来源：http://www.chinese.cn/page/#/pcpage/article?id=352
[3]历年CGED 评测数据：https://github.com/blcuicall/cged_datasets

第二十二届中国计算语言学大会论文集，第239页-第249页，哈尔滨，中国，2023年8月3日至5日。

务。语法自动纠错任务旨在自动检测并修改出全部的错误，包括标点、拼写、词汇、语序、语法、语义等方面，从而获得符合原意的正确句子。该任务既可面向母语者所写文本，也可面向第二语言学习者在说或写的过程中产出的文本，即学习者文本。

2.1 现有汉语语法自动纠错数据集

汉语学习者文本较难采集，也仍需人工精标注偏误信息，因此现有的带偏误标注信息的汉语学习者语料库十分匮乏，可应用于语法错误检测和纠正任务的训练和评测数据集尤为稀少。从2014年开始，面向教育应用的自然语言处理技术（Natural Language Processing Techniques for Educational Applications，NLPTEA）开始组织汉语语法错误检测（Chinese Grammatical Error Diagnosis）的评测比赛 (Yu et al., 2014b)，语料采集自参加汉语托福考试（Test of Chinese as a Foreign Language，TOCFL） (Chang, 2013)的学生所写的繁体作文。当时的任务要求更偏向于判断句子的对错，每个句子中或无错误或包含一个错误。2015 年的 CGED 比赛开始增加了判断偏误位置的任务 (Lee et al., 2015)，2016 年开始加入汉语水平考试（Hanyu Shuiping Kaoshi，HSK）的简体作文语料 (Lee et al., 2016)，2017年开始仅提供HSK语料 (Rao et al., 2017)，每年发布更新数据集。尤为重要的是，2018年，CGED比赛开始加入了纠错任务，要求在错误检测的基础上修改错误，这一改变也延续到了 2020 年 (Rao et al., 2018; Rao et al., 2020)。比赛使用的数据集来源于HSK动态作文语料库和全球汉语中介语语料库。2020年CGED评测训练集包含1129个段落单元，其中错误点2909个，每个单元包含1-5个句子。2018 年， NLPCC 举办了首次公开的中文语法自动纠错评测比赛 (Zhao et al., 2018a)，评测任务要求直接对句子进行错误纠正。训练语料来自语言学习和写作平台Lang8，包含717241个句子，其中123501个句子为正确句子、300004个句子有1个纠正结果、170407个句子有2个纠正结果。测试语料来自北京大学汉语学习者语料库，从中选取了2000个句子及其编辑信息作为测试集。

现有的评测数据仍存在如下关键问题：第一，语料来源较为固定，多为课堂、作业、考试场景，无法评测开放场景下对学习者文本的错误检测和纠正效果；第二，现有的评测数据集基本采用最小改动的标注方式，因此欠缺流利度维度的偏误纠正结果，继而无法评测纠错模型在流利提升这一真实写作需求下的应用效果；第三，现有的评测数据集中大部分句子仅提供一种修改结果。这种单一的修改结果，极易出现语法自动纠错模型修改正确但与答案不匹配的现象，进而出现模型学习困难以及评测结果不够精准的问题。因此本次评测设计了多个中文语法纠错赛道，采用多个各有侧重的评测数据集，多方面评价现有纠错系统的性能。

2.2 现有语法自动纠错方法

深度学习方法兴起之后，中文语法错误检测往往被作为序列标注任务进行研究。2016 年起，多个研究使用双向长短期记忆网络结合条件随机场（BiLSTM+CRF）的方法检测语法错误的位置，并通过添加如词向量、分词、词性标注信息和 N 元特征(n-gram)等特征增强建模，如 (Zheng et al., 2016; Shiue et al., 2017; Fu et al., 2018b)等人。在 2020 年 NLPTEA 的 CGED 评测比赛中，预训练语言模型BERT大展身手， (Wang et al., 2020)在Transformer 语言模型的基础上融入残差网络，增强输出层中每个输入字的信息； (Cao et al., 2020)使用 BERT 模型结合门控机制，融合了语义特征、输入序列的位置特征和基于评分的特征； (Luo et al., 2020)使用基于 BERT 模型和图卷积网络的方法在多任务学习框架下结合序列标注和端到端模型来提高原始序列标注任务的性能； (陈柏霖et al., 2022)使用ELECTRA预训练语言模型对文本进行表征，接着采用卷积神经网络提取文本的局部位置和语义信息，并引入了残差和门控机制，在CGED2020的评测集上达到了目前最好结果。

自2016年神经机器翻译方法崭露头角，语法纠错任务往往被视作文本生成任务，使用序列到序列（Seq2Seq）的生成模型，尤其是 Transformer (Vaswani et al., 2017)模型成为主流趋势。在NLPCC 2018的中文语法纠错评测比赛中，Fu等人 (2018a)提出一种分阶段纠正方案，先利用语言模型移除表层错误，再利用 Transformer 模型移除深层的复杂语法错误，并进行模型融合和纠错结果重排序。Zhou等人 (2018)采用多模型平行结构，使用基于规则、基于统计和神经网络三大类模型，采用高、低两种不同的组合策略得到最终纠错结果。Ren等人 (2018)将词语切分成子词单元，并采用了基于 CNN 的序列生成模型。随后的大多中文语法纠错研究都是针对 NLPCC 2018 数据集开展的，如王辰成等人 (2020)采用提出一种动态残差结构来增强Transformer架构挖掘文本语义信息的能力，Zhao和Wang (2020)在训练过程中采用动态的词

第二十二届中国计算语言学大会论文集，第239页-第249页，哈尔滨，中国，2023年8月3日至5日。

频、同音等替换策略作用于错误句子，从而得到更多的错误－正确句对来提高模型的泛化能力。

2019年开始，英文语法纠错任务的研究者们尝试将文本生成任务转换为文本编辑任务，即序列到编辑（Seq2Edit）模型，有效地提升了预测速度，如LaserTagger (Malmi et al., 2019)结合BERT编码器与一个自回归的Transformer解码器来预测编辑。PIE模型 (Awasthi et al., 2019)可以并行迭代地输入编辑而非文本，GECToR模型 (Omelianchuk et al., 2020)结合BERT编码器与非自回归的线性变化层去预测Token级别的编辑。2020年，Liang等人 (2020)首次将英文中的Seq2Edit模型GECToR引入到中文语法纠错中。Hinson等 (2020)结合了三个模型循环纠正包含语法错误的句子，三个模型分别为：基于 Transformer 的 Seq2Seq 模型，基于 LaserTagger 的 Seq2Edit 模型和拼写检查模型。

为解决中文语法纠错数据匮乏的问题，现有工作往往从以下方面进行研究：（1）融合外部资源，如拼音、字形等信息作为额外特征集成到模型中，在处理拼写错误时使用较多，如 Wang 等(2019)使用一个带有指针网络的生成模型利用混淆集解决拼写错误，Cheng等人(2020)提出的SpellGCN模型利用图卷积神经网络融合字符的音近形近信息，李嘉诚等人(2022)在序列到编辑的纠错模型上利用指针网络融入汉字之间的音近和形近知识；（2）使用预训练语言模型，如孙邱杰等人(2022)通过BART（Bidirectional and Auto-Regressive Transformers）噪声器对输入样本引入噪声，并使用基于BERT 的中文预训练语言模型对编码器参数进行初始化；（3）使用随机遮蔽、替换或回译的数据增强方法，如王辰成等人(2020)提出了一种基于腐化语料的单语数据增强方法，扩充了训练集规模，且可以在任何领域或者语言的单语语料上使用，汤泽成等人(2021)首先对文本纠错中出现的错误进行了字和词粒度的分类，在此基础上提出了融合字词粒度噪声的数据增强方法；（4）使用迁移学习方法，如张生盛等人(2021)提出个性化文本纠错，通过迁移学习方法将一般的文本纠错系统适应到汉语学习者不同的领域。

3 赛道设置

3.1 赛道一：多维度汉语学习者文本纠错（Multidimensional Chinese Learner Text Correction）

3.1.1 赛道简介

同一个语法错误从不同语法点的角度可被划定为不同的性质和类型(张宝林, 2013)，也会因语言使用的场景不同、具体需求不同，存在多种正确的修改方案。赛道一的数据中提供针对一个句子的多个参考答案，并且从最小改动（Minimal Edit，M）和流利提升（Fluency Edit，F）两个维度对模型结果进行评测。最小改动维度要求尽可能好地维持原句的结构，尽可能少地增删、替换句中的词语，使句子符合汉语语法规则；流利提升维度则进一步要求将句子修改得更为流利和地道，符合汉语母语者的表达习惯。如表1中所示，原句在两个维度均有多个语法纠错的参考答案。

表 1: 多参考中文语法纠错任务示例

原句		因为我的中文没有好，我还要努力学汉语。
最小改动	参考答案1	因为我的中文~~没有~~不好，我还~~要~~在努力学汉语。
	参考答案2	因为我的中文~~没有~~不好，所以我还要努力学汉语。
流利提升	参考答案1	~~因为~~我的中文没有那么好，因此我还要努力学汉语。
	参考答案2	因为我的中文还没有学好，所以我还要更加努力地学~~汉语~~中文。

注：其中，红字表示替换字符，蓝字表示插入字符，~~删除线~~表示删除字符。

赛道一下设置开放任务和封闭任务，开放任务的参赛队伍应使用包括ChatGPT、文心一言、ChatGLM等在内的大模型，并通过调整prompt等方式来实现更好的纠错效果。封闭赛道则禁止使用大模型。

3.1.2 评测数据

本次评测针对赛道一提供评测数据集，包括供参赛队伍进行模型调优的开发集，以及评测参赛队伍的模型性能的封闭测试数据集。数据来源为汉语学习者文本多维标注数据

第二十二届中国计算语言学大会论文集，第239页-第249页，哈尔滨，中国，2023年8月3日至5日。

集 YACLC 。YACLC 是一个大规模、高质量、篇章级别、多维度、多参考的中文语法纠错数据集。标注实践中采用众包策略，在搭建的可供多人同时使用的在线标注平台上分组、分任务、分阶段地进行标注和审核工作。

评测数据包括最小改动和流利提升两个维度的两个多参考数据集 YACLC-Minimal 和 YACLC-Fluency 。其中 YACLC-Minimal 属于最小改动维度，YACLC-Fluency 属于流利提升维度。我们从公开发布的YACLC 1.0中随机抽取了9,135句及对应的71,969句标注结果。其中的1,839句作为开发集YACLC-Minimal-Dev和YACLC-Fluency-Dev，平均参考答案的数量分别为8.67和1.81句。剩余的7,296句作为封闭测试集YACLC-Minimal-Test和YACLC-Fluency-Test，平均参考答案的数量分别为5.82和1.86句。赛道一的数据集统计信息如表2所示。

表 2: 赛道一数据集统计

	原句数	参考句数	平均参考句数	有修改的参考句数（比例）	原句平均字符数	参考句平均字符数
YACLC-Minimal-Dev	1,839	15,938	8.67	15,935 (99.98%)	25.85	27.22
YACLC-Minimal-Test	7,296	42,462	5.82	40,334 (94.99%)	21.19	23.25
YACLC-Fluency-Dev	1,839	3,332	1.81	3,332 (100.00%)	25.85	27.14
YACLC-Fluency-Test	5,515	10,237	1.86	8,604 (84.05%)	20.81	21.40

3.1.3 评价标准

赛道一所需的结果文件格式是每行对应一个原句的纠正结果。且每个原句仅需提供一个结果。采用的评测指标为基于字的编辑级别的$F_{0.5}$指标。其具体计算步骤如下所示：1) 首先使用基于字的编辑抽取工具抽取出预测编辑集合e和正确编辑集合g；2) 然后通过如下公式计算$F_{0.5}$指标:

$$P = \frac{TP}{TP + FP} = \frac{|g \cap e|}{|e|}$$

$$R = \frac{TP}{TP + FN} = \frac{|g \cap e|}{|g|}$$

$$F_{0.5} = \frac{(1 + 0.5^2) \times R \times P}{R + 0.5^2 \times P}$$

其中，$|*|$代表集合内的编辑数目，$\cap$代表两个编辑集合的交集。$F_{0.5}$代表更重视精确度，是目前中英文语法纠错最广泛使用的评估指标。如果当前句子有多种修改方式（假设n种），那么对每个修改方式都抽取一个编辑集合，将预测编辑集合与所有正确编辑集合对比，选取尽可能大的$F_{0.5}$指标作为当前句子的指标。

3.2 赛道二：中文语法错误检测（Chinese Grammatical Error Diagnosis）

3.2.1 赛道简介

中文语法错误检测目的是检测出中文文本中每一处语法错误的位置、类型。语法错误的类型分为赘余(Redundant Words，R)、遗漏(Missing Words，M)、误用(Word Selection，S)、错序(Word Ordering Errors，W)四类。针对M和S类错误，给出纠正结果。如表3中所示，原句的第一个错误是位置为第6到7的词“了解”，错误类型为R，即误用；第二个错误是位置为8的词“这”，错误类型为R，即赘余。

表 3: 中文语法错误检测任务示例

原句	(sid=00038800481) 我根本不能了解这妇女辞职回家的现象。 在这个时代，为什么放弃自己的工作，就回家当家庭主妇？
语法错误检测	00038800481, 6, 7, S, 理解 00038800481, 8, 8, R

赛道二下同样设置开放任务和封闭任务，开放任务的参赛队伍应使用包括ChatGPT、文心一言、ChatGLM等在内的大模型，并通过调整prompt等方式来实现更好的纠错效果。封闭赛道则禁止使用大模型。

3.2.2 评测数据

赛道二提供CGED8数据集，数据来源为HSK动态作文语料库(张宝林, 2009)和全球汉语中介语语料库(张宝林and 崔希亮, 2022)。同时给出前七届所提供的训练集、测试集用于训练。CGED-8共包括约1400个段落单元、3,000个错误。每个单元包含1-5个句子，每个句子都被标注了语法错误的位置、类型和修改结果。数据示例如表3。

3.2.3 评价标准

赛道二在从五个方面以精确率、召回率和F1值对参赛系统性能进行评价：

假阳性（False Positive，FPR）：正确句子被判包含错误的比例。

检测层（Detective-level，DET）：对句子是否包含错误做二分判断。

识别层（Identification-level，IDE）：给出错误点的错误类型。

定位层（Position-level，POS）：对错误点的位置和覆盖范围进行判断，以字符偏移量计。

修正层（Correction-level，COR）：提交针对字符串误用（S）和缺失（M）两种错误类型的修正词语。修正词语可以是一个词，也可以是一个词组。

综合打分（Comprehensive Score，COM）：2022年CGED-8引入2.1-2.5这五项指标F1值的加权评价分数。计算公式为：

$$COM = 0.25 * DET + 0.25 * IDE + 0.25 * POS + 0.25 * COR - 0.25 * FPR$$

赛道二规定在所有错误定界中，均不再考虑词的边界问题，错误均以字定界。这也符合第二语言学习者的实际学习情况，即缺乏词观念。如对于S型错误，即便只有一个语素错误（通常是一个字），也不再将整个词判为误用。

4 参赛情况

本次比赛吸引了38支队伍报名参赛，包括清华大学、苏州大学、重庆大学、北京信息科技大学等高校，中国电信、方寸无忧、清华同方等企业。综合评价各赛道参赛队伍的榜单成绩、代码完善和复现情况以及所提交的评测报告，本次比赛共有5支队伍成绩优异，其中赛道二开放任务无队伍提交技术报告，故奖项将悬置。优秀队伍及单位如表4所示：

表 4: 各赛道优秀队伍排名

<table>
<tr><th rowspan="2"></th><th colspan="2">赛道一</th><th colspan="2">赛道二</th></tr>
<tr><th>开放任务</th><th>封闭任务</th><th>开放任务</th><th>封闭任务</th></tr>
<tr><td>第一名</td><td>123123
（苏州大学、阿里巴巴达摩院）</td><td>123123
（苏州大学、阿里巴巴达摩院）</td><td>奖项悬置</td><td>Ifuncun
（方寸无忧）</td></tr>
<tr><td rowspan="2">第二名</td><td rowspan="2">响当当
（清华大学）</td><td>响当当
（清华大学）</td><td rowspan="2">奖项悬置</td><td rowspan="2">对对队
（北京信息科技大学）</td></tr>
<tr><td>智科（中国电信数字智能科技分公司）</td></tr>
</table>

5 方法及分析

5.1 赛道一：多维度汉语学习者文本纠错

5.1.1 封闭任务

赛道一封闭任务上共有9支队伍进行了有效提交。其中来自苏大和达摩院、清华大学、中国电信数字智能科技分公司的3支队伍获得前三名。三支队伍的参赛模型及基线模型BART在最小改动和流利提升两个维度以及平均的$F_{0.5}$分数如表5。

第二十二届中国计算语言学大会论文集，第239页-第249页，哈尔滨，中国，2023年8月3日至5日。

表 5: 赛道一封闭任务优秀队伍成绩

	平均	最小改动			流利提升		
	$F_{0.5}$	$F_{0.5}$	Prec	Rec	$F_{0.5}$	Prec	Rec
苏大&达摩院	60.59	76.3	85.44	53.44	44.88	56.53	24.6
清华大学	59.41	74.92	82.25	55.23	43.89	53.82	25.24
中国电信数字智能科技分公司	57.6	73.05	82.37	50.3	42.15	54.82	21.9
BART	40.59	55.7	63.34	37.58	25.47	34.33	12.54

来自苏大和达摩院的参赛队伍采用Seq2Seq 和Seq2Edit 两种模型，并进行模型集成以取得更好的改错效果。Seq2Seq 使用NaSGEC模型，Seq2Edit使用GECToR模型。训练过程中该队伍使用三阶段训练策略，第一阶段使用基于规则加噪的伪数据预训练，第二阶段使用主办方提供的Lang8 数据集微调，第三阶段则使用YACLC 开发集进行精调。在两种模型的基础上，该队伍也尝试了基于规则的数据增强、训练数据清洗、基于规则的后处理等泛用性较强的性能提升技术，在封闭赛道取得了$F_{0.5}$的60.59的成绩，位列第一。

来自清华大学的参赛队伍从数据的角度出发，提出了数据增强和数据去噪两项方法。数据增强创造伪数据以提高模型的泛化能力，数据去噪则从现实的训练数据中去除噪音，提高其质量。该队伍展示了三种数据增强方法对改进GEC任务的有效性，三种方法分别为模式噪声（pattern noise，PN）、反向翻译（back-translation，BT）和截断（cutoff）。训练过程中该队伍同样使用三阶段训练策略，第一阶段使用基于模式噪声和反向翻译方法构造的Lang8伪数据（仅对Seq2Edit做预训练），第二阶段使用主办方提供的Lang8数据集做一次微调，第三阶段使用YACLC开发集做二次微调。该队伍在封闭赛道的$F_{0.5}$取得了59.41的成绩。

来自中国电信数字智能科技分公司的参赛队伍设计了基于序列到序列的文本生成式自动化纠错流程。数据方面，该队伍对数据进行清洗并基于开发集数据的错误分布引入了增强数据。模型上，他们分析并试验了基于Transformer编码器+解码器的模型和只基于Transformer解码器的生成式模型，同时对模型生成的结果进行了针对性后处理，并采用投票集成的方式进一步提升性能。最终得到57.6的$F_{0.5}$得分。

5.1.2 开放任务

赛道一开放任务上共有8支队伍做了有效提交，其中来自苏大和达摩院、清华大学的两支队伍分别获得前两名。两支队伍的参赛模型及基线模型BART在最小改动和流利提升两个维度以及平均的$F_{0.5}$分数如表6。

表 6: 赛道一开放任务优秀队伍成绩

	平均	最小改动			流利提升		
	$F_{0.5}$	$F_{0.5}$	Prec	Rec	$F_{0.5}$	Prec	Rec
苏大&达摩院	61.75	78.07	87.25	54.95	45.44	55.87	26.01
清华大学	60.16	76.14	83.58	56.15	44.17	54.5	25.13
BART	40.59	55.7	63.34	37.58	25.47	34.33	12.54

来自苏大和达摩院的参赛队伍仍使用了Seq2Seq 和Seq2Edit 两种模型，Seq2Seq 使用NaSGEC (Zhang et al., 2023) 提供的基于100M 伪数据预训练的BART 模型；Seq2Edit则使用GECToR自己构建的10M 伪数据进行预训练。在此基础上进行三阶段微调训练，首先使用Lang8、HSK 、CGED 、MuCGEC-Dev (Zhang et al., 2022a)、NLPCC-2018-Test (Zhao et al., 2018b) 进行第一阶段训练，然后去掉 Lang8 进行第二阶段训练，最后使用 YACLC 开发集进行精调。值得一提的是，该队伍的实验结果显示在开放任务中使用单参考数据会让模型性能更好。此外，来自苏大和达摩院的参赛队伍结合大模型对纠错进行了一些探索，考虑到大模型普遍出现的过纠问题，该队伍转换思路，通过将大模型和纠错模型集成，调整大模型参与集成的权重，以此解决过纠问题。具体而言，在多模型投票集成中，该队伍将大模型的投票权重设为3，纠错模型的投票权重设为1，最终采纳编辑的投票阈值设为4，即只要有任意纠错模型预测结果和大模型相同，就采纳；而纠错模型通常不会有过度改写的编辑，即使有，由于过

第二十二届中国计算语言学大会论文集，第239页-第249页，哈尔滨，中国，2023年8月3日至5日。

度改写的多样性，编辑恰好和大模型重复的概率也很低，因此可以很好的筛选大模型地过度改写，同时保留真正错误的纠正，最终在开放任务中$F_{0.5}$取得61.75的成绩。

在开放任务上，来自清华的参赛队伍基于模式噪声和反向翻译两种方法用news2016zh种子数据集生成了8M的伪数据，并用其作为预训练数据，之后使用Lang8、CGED、HSK数据集做一次微调，最后使用YACLC-dev做二次微调。该队伍集成了基于序列到序列的BART-large和基于序列到编辑的StructBERT-large模型，最终在开放任务中$F_{0.5}$取得60.16的成绩。

5.2 赛道二：中文语法错误检测

5.2.1 封闭任务

赛道二封闭任务上共有12支队伍做了有效提交，其中来自方寸无忧、北京信息科技大学的参赛队伍分别获得了前两名。两支队伍的参赛模型及基线模型ELECTRA (Clark et al., 2020)、BERT (Kenton and Toutanova, 2019)和RoBERTa (Liu et al., 2019)在句级和字级的错误纠正和检测维度上的F1值分数如表7。

表 7: 赛道二封闭任务优秀队伍成绩

	COM	FPR	DET	IDE	POS	COR
方寸无忧	49.12	19.47	84.26	60.06	41.16	30.46
北京信息科技大学	48.68	19.47	83.25	63.45	40.15	27.34
RoBERTa	33.48	30.24	74.26	46.83	27.82	15.25
BERT	32.83	31.93	74.45	46.34	27.53	14.63

来自方寸无忧的参赛队伍主要采用多模型融合方法提升效果。在模型推理中，对Bart, Bart+Seq2Seq, GECToR, T5 模型进行weights平均化、多轮纠错、纠正UNK字符、优化解码参数等处理。在此基础上对多模型检错结果进行融合，包含 ppl 策略，保持每个模型的特性，优势互补，先进行位置的筛选，再进行结果的筛选。最后使用基于 pycorrector[4]的拼写纠错和语法纠错、长句切分、过滤非中文纠错、繁简转换等后处理策略，提升检测效果。

来自北京信息科技大学的参赛队伍提出了一种融合序列标注与指针生成网络的中文语法纠错模型。首先，在数据方面，使用了官方提供的 Lang8 数据集和历年的CGED数据集，并对该数据集进行了繁体转简体、数据清洗等操作。其次，在模型方面，采用了基于ERNIE+Global Pointer的序列标注模型、基于ERNIE+CRF的序列标注模型、基于BART+指针生成网络的纠错模型以及基于GECToR的纠错模型。最后，在模型集成方面，使用了投票和基于ERNIE模型计算困惑度的方法，来生成最终预测结果。

5.2.2 开放任务

赛道二开放任务上共有6支队伍做了有效提交，但所有参赛队伍均未提交技术报告，故开放任务奖项将悬置。

6 总结

本次汉语学习者文本纠错评测比赛(CLTC 2023)依托于第22届中国计算语言学大会(CCL 2023) 举办，由北京语言大学联合清华大学、东北大学、北京师范大学共同组织。本次评测聚焦该研究领域中的前沿问题，整合了已有的文本纠错的相关评测数据和任务，使用了YACLC数据集，构建了汉语学习者文本纠错任务的基准评测框架，以设置多赛道、多任务、统一入口的方式开展比赛任务，开发了支持随时、长期进行评测的公共平台，旨在不断改进文本纠错数据及任务，充分发挥评测引领技术发展、推进研究进步的作用。在多维度汉语学习者文本纠错、中文语法错误检测这两个赛道上，共有38支来自各大高校、科研院所以及企业的队伍报名提交参赛系统，其中5支队伍表现优异并提交了技术报告。相较于基线模型，参赛系统的性能有大幅提升，展现出了汉语学习者文本纠错任务上的现有水平。

[4]https://github.com/shibing624/pycorrector

第二十二届中国计算语言学大会论文集，第239页-第249页，哈尔滨，中国，2023年8月3日至5日。

参考文献

Abhijeet Awasthi, Sunita Sarawagi, Rasna Goyal, Sabyasachi Ghosh, and Vihari Piratla. 2019. Parallel iterative edit models for local sequence transduction. *CoRR*, abs/1910.02893.

Yongchang Cao, Liang He, Robert Ridley, and Xinyu Dai. 2020. Integrating BERT and score-based feature gates for Chinese grammatical error diagnosis. In *Proceedings of the 6th Workshop on Natural Language Processing Techniques for Educational Applications*, pages 49–56, Suzhou, China, December. Association for Computational Linguistics.

Liping Chang, 2013. *TOCFL*作文语料库的建置与应用, pages 141–152. 12.

Xingyi Cheng, Weidi Xu, Kunlong Chen, Shaohua Jiang, Feng Wang, Taifeng Wang, Wei Chu, and Yuan Qi. 2020. SpellGCN: Incorporating phonological and visual similarities into language models for Chinese spelling check. In *Proceedings of the 58th Annual Meeting of the Association for Computational Linguistics*, pages 871–881, Online, July. Association for Computational Linguistics.

Kevin Clark, Thang Luong, Quoc V Le, and Christopher Manning. 2020. Electra: Pre-training text encoders as discriminators rather than generators.

Kai Fu, Jin Huang, and Yitao Duan. 2018a. Youdao's winning solution to the NLPCC-2018 task 2 challenge: A neural machine translation approach to chinese grammatical error correction. In Min Zhang, Vincent Ng, Dongyan Zhao, Sujian Li, and Hongying Zan, editors, *Natural Language Processing and Chinese Computing*, pages 341–350. Springer International Publishing.

Ruiji Fu, Zhengqi Pei, Jiefu Gong, Wei Song, Dechuan Teng, Wanxiang Che, Shijin Wang, Guoping Hu, and Ting Liu. 2018b. Chinese grammatical error diagnosis using statistical and prior knowledge driven features with probabilistic ensemble enhancement. In *Proceedings of the 5th Workshop on Natural Language Processing Techniques for Educational Applications*, pages 52–59, Melbourne, Australia, July. Association for Computational Linguistics.

Charles Hinson, Hen-Hsen Huang, and Hsin-Hsi Chen. 2020. Heterogeneous recycle generation for Chinese grammatical error correction. In *Proceedings of the 28th International Conference on Computational Linguistics*, pages 2191–2201, Barcelona, Spain (Online), December. International Committee on Computational Linguistics.

Jacob Devlin Ming-Wei Chang Kenton and Lee Kristina Toutanova. 2019. Bert: Pre-training of deep bidirectional transformers for language understanding. In *Proceedings of NAACL-HLT*, pages 4171–4186.

Lung-Hao Lee, Liang-Chih Yu, and Li-Ping Chang. 2015. Overview of the NLP-TEA 2015 shared task for Chinese grammatical error diagnosis. In *Proceedings of the 2nd Workshop on Natural Language Processing Techniques for Educational Applications*, pages 1–6, Beijing, China, July. Association for Computational Linguistics.

Lung-Hao Lee, Gaoqi Rao, Liang-Chih Yu, Endong Xun, Baolin Zhang, and Li-Ping Chang. 2016. Overview of NLP-TEA 2016 shared task for Chinese grammatical error diagnosis. In *Proceedings of the 3rd Workshop on Natural Language Processing Techniques for Educational Applications (NLPTEA2016)*, pages 40–48, Osaka, Japan, December. The COLING 2016 Organizing Committee.

Deng Liang, Chen Zheng, Lei Guo, Xin Cui, Xiuzhang Xiong, Hengqiao Rong, and Jinpeng Dong. 2020. BERT enhanced neural machine translation and sequence tagging model for Chinese grammatical error diagnosis. In *Proceedings of the 6th Workshop on Natural Language Processing Techniques for Educational Applications*, pages 57–66, Suzhou, China, December. Association for Computational Linguistics.

Yinhan Liu, Myle Ott, Naman Goyal, Jingfei Du, Mandar Joshi, Danqi Chen, Omer Levy, Mike Lewis, Luke Zettlemoyer, and Veselin Stoyanov. 2019. Roberta: A robustly optimized bert pretraining approach. cite arxiv:1907.11692.

Yikang Luo, Zuyi Bao, Chen Li, and Rui Wang. 2020. Chinese grammatical error diagnosis with graph convolution network and multi-task learning. In *Proceedings of the 6th Workshop on Natural Language Processing Techniques for Educational Applications*, pages 44–48, Suzhou, China, December. Association for Computational Linguistics.

第二十二届中国计算语言学大会论文集，第239页-第249页，哈尔滨，中国，2023年8月3日至5日。

Eric Malmi, Sebastian Krause, Sascha Rothe, Daniil Mirylenka, and Aliaksei Severyn. 2019. Encode, tag, realize: High-precision text editing. In *Proceedings of the 2019 Conference on Empirical Methods in Natural Language Processing and the 9th International Joint Conference on Natural Language Processing (EMNLP-IJCNLP)*, pages 5054–5065, Hong Kong, China, November. Association for Computational Linguistics.

Kostiantyn Omelianchuk, Vitaliy Atrasevych, Artem Chernodub, and Oleksandr Skurzhanskyi. 2020. GECToR – grammatical error correction: Tag, not rewrite. In *Proceedings of the Fifteenth Workshop on Innovative Use of NLP for Building Educational Applications*, pages 163–170, Seattle, WA, USA → Online, July. Association for Computational Linguistics.

Gaoqi Rao, Baolin Zhang, Endong Xun, and Lung-Hao Lee. 2017. IJCNLP-2017 task 1: Chinese grammatical error diagnosis. In *Proceedings of the IJCNLP 2017, Shared Tasks*, pages 1–8, Taipei, Taiwan, December. Asian Federation of Natural Language Processing.

Gaoqi Rao, Qi Gong, Baolin Zhang, and Endong Xun. 2018. Overview of NLPTEA-2018 share task Chinese grammatical error diagnosis. In *Proceedings of the 5th Workshop on Natural Language Processing Techniques for Educational Applications*, pages 42–51, Melbourne, Australia, July. Association for Computational Linguistics.

Gaoqi Rao, Erhong Yang, and Baolin Zhang. 2020. Overview of nlptea-2020 shared task for chinese grammatical error diagnosis. In *Proceedings of the 6th Workshop on Natural Language Processing Techniques for Educational Applications*, pages 25–35.

Hongkai Ren, Liner Yang, and Endong Xun. 2018. A sequence to sequence learning for chinese grammatical error correction. In *NLPCC*.

Yow-Ting Shiue, Hen-Hsen Huang, and Hsin-Hsi Chen. 2017. Detection of Chinese word usage errors for non-native Chinese learners with bidirectional LSTM. In *Proceedings of the 55th Annual Meeting of the Association for Computational Linguistics (Volume 2: Short Papers)*, pages 404–410, Vancouver, Canada, July. Association for Computational Linguistics.

Zecheng Tang, Yixin Ji, Yibo Zhao, and Junhui Li. 2021. 基于字词粒度噪声数据增强的中文语法纠错(Chinese grammatical error correction enhanced by data augmentation from word and character levels). In *Proceedings of the 20th Chinese National Conference on Computational Linguistics*, pages 813–824, Huhhot, China, August. Chinese Information Processing Society of China.

Ashish Vaswani, Noam Shazeer, Niki Parmar, Jakob Uszkoreit, Llion Jones, Aidan N Gomez, Łukasz Kaiser, and Illia Polosukhin. 2017. Attention is all you need. *Advances in neural information processing systems*, 30.

Dingmin Wang, Yi Tay, and Li Zhong. 2019. Confusionset-guided pointer networks for Chinese spelling check. In *Proceedings of the 57th Annual Meeting of the Association for Computational Linguistics*, pages 5780–5785, Florence, Italy, July. Association for Computational Linguistics.

Shaolei Wang, Baoxin Wang, Jiefu Gong, Zhongyuan Wang, Xiao Hu, Xingyi Duan, Zizhuo Shen, Gang Yue, Ruiji Fu, Dayong Wu, Wanxiang Che, Shijin Wang, Guoping Hu, and Ting Liu. 2020. Combining ResNet and transformer for Chinese grammatical error diagnosis. In *Proceedings of the 6th Workshop on Natural Language Processing Techniques for Educational Applications*, pages 36–43, Suzhou, China, December. Association for Computational Linguistics.

Yingying Wang, Cunliang Kong, Liner Yang, Yijun Wang, Xiaorong Lu, Renfen Hu, Shan He, Zhenghao Liu, Yun Chen, Erhong Yang, et al. 2021. Yaclc: A chinese learner corpus with multidimensional annotation. *arXiv preprint arXiv:2112.15043*.

Liner Yang, Chengcheng Wang, Yun Chen, Yongping Du, and Erhong Yang. 2022. Controllable data synthesis method for grammatical error correction. *Frontiers of Computer Science*, 16(4):1–10.

Liang-Chih Yu, Lung-Hao Lee, and Li-Ping Chang. 2014a. Overview of grammatical error diagnosis for learning chinese as a foreign language. In *Proceedings of the 1st Workshop on Natural Language Processing Techniques for Educational Applications*, pages 42–47.

Liang-Chih Yu, Lung-Hao Lee, Yuen-Hsien Tseng, and Hsin-Hsi Chen. 2014b. Overview of sighan 2014 bake-off for chinese spelling check. In *Proceedings of The Third CIPS-SIGHAN Joint Conference on Chinese Language Processing*, pages 126–132.

第二十二届中国计算语言学大会论文集，第239页-第249页，哈尔滨，中国，2023年8月3日至5日。

Yue Zhang, Zhenghua Li, Zuyi Bao, Jiacheng Li, Bo Zhang, Chen Li, Fei Huang, and Min Zhang. 2022a. Mucgec: a multi-reference multi-source evaluation dataset for chinese grammatical error correction. *arXiv preprint arXiv:2204.10994*.

Yueli Zhang, Zhenghua Li, Zuyi Bao, Jiacheng Li, Bo Zhang, Chen Li, Fei Huang, and Min Zhang. 2022b. Mucgec: a multi-reference multi-source evaluation dataset for chinese grammatical error correction. In *NAACL*.

Yue Zhang, Bo Zhang, Haochen Jiang, Zhenghua Li, Chen Li, Fei Huang, and Min Zhang. 2023. Nasgec: a multi-domain chinese grammatical error correction dataset from native speaker texts. *arXiv e-prints*, pages arXiv–2305.

Zewei Zhao and Houfeng Wang. 2020. Maskgec: Improving neural grammatical error correction via dynamic masking. In *AAAI*.

Yuanyuan Zhao, Nan Jiang, Weiwei Sun, and Xiaojun Wan. 2018a. Overview of the nlpcc 2018 shared task: Grammatical error correction. In *CCF International Conference on Natural Language Processing and Chinese Computing*, pages 439–445. Springer.

Yuanyuan Zhao, Nan Jiang, Weiwei Sun, and Xiaojun Wan. 2018b. Overview of the nlpcc 2018 shared task: Grammatical error correction. In *Natural Language Processing and Chinese Computing: 7th CCF International Conference, NLPCC 2018, Hohhot, China, August 26–30, 2018, Proceedings, Part II 7*, pages 439–445. Springer.

Bo Zheng, Wanxiang Che, Jiang Guo, and Ting Liu. 2016. Chinese grammatical error diagnosis with long short-term memory networks. In *Proceedings of the 3rd Workshop on Natural Language Processing Techniques for Educational Applications (NLPTEA2016)*, pages 49–56, Osaka, Japan, December. The COLING 2016 Organizing Committee.

Junpei Zhou, Chen Li, Hengyou Liu, Zuyi Bao, Guangwei Xu, and Linlin Li. 2018. Chinese grammatical error correction using statistical and neural models. In Min Zhang, Vincent Ng, Dongyan Zhao, Sujian Li, and Hongying Zan, editors, *Natural Language Processing and Chinese Computing*, pages 117–128. Springer International Publishing.

张宝林and 崔希亮. 2022. "全球汉语中介语语料库" 的特点与功能. 世界汉语教学, 36(1):90–100.

张宝林. 2009. "hsk 动态作文语料库" 的特色与功能. 汉语国际教育, 2009(4):71–79.

张宝林. 2013. 关于通用型汉语中介语语料库标注模式的再认识. 世界汉语教学, 27(1):128–140.

张生盛, 庞桂娜, 杨麟儿, 王辰成, 杜永萍, 杨尔弘, and 黄雅平. 2021. 面向汉语作为第二语言学习的个性化语法纠错. 中文信息学报, 35(12):28–35.

李嘉诚, 沈嘉钰, 龚晨, 李正华, and 张民. 2022. 基于指针网络融入混淆集知识的中文语法纠错. 中文信息学报, 36(4):29.

李思, 梁景贵, and 孙邱杰. 2022. 基于bart噪声器的中文语法纠错模型. 计算机应用, 42(3):860–866.

王莹莹, 孔存良, 杨麟儿, 胡韧奋, 杨尔弘, and 孙茂松. 2023. 汉语学习者文本多维标注语料库建设. 语言文字应用, 2023(1):88–100.

王辰成, 杨麟儿, 王莹莹, 杜永萍, and 杨尔弘. 2020. 基于transformer增强架构的中文语法纠错方法. 中文信息学报, 34(6):106.

陈柏霖, 王天极, 任丽娜, and 黄瑞章. 2022. 融合electra和文本局部信息的中文语法错误检测方法. 计算机工程, 49(3):1–12.

第二十二届中国计算语言学大会论文集，第239页-第249页，哈尔滨，中国，2023年8月3日至5日。

System Report for CCL23-Eval Task 7: Chinese Grammatical Error Diagnosis Based on Model Fusion

Yanmei Ma, Laiqi Wang, Zhenghua Chen, Yanran Zhou, Ya Han and Jie Zhang
Beijing Funcun-wuyou Technology Co., Ltd.
{mayanmei, wanglaiqi, chenzhenghua, zhouyanran, hanya, zhangjie}@ifuncun.cn

Abstract

The purpose of the Chinese Grammatical Error Diagnosis task is to identify the positions and types of grammar errors in Chinese texts. In Track 2 of CCL2023-CLTC, Chinese grammar errors are classified into four categories: Redundant Words, Missing Words, Word Selection, and Word Ordering Errors. We conducted data filtering, model research, and model fine-tuning in sequence. Then, we performed weighted fusion of models based on perplexity calculations and introduced various post-processing strategies. As a result, the performance of the model on the test set, measured by COM, reached 49.12.

1 Introduction

The purpose of the Chinese grammatical error diagnosis (CGED) task is to detect the location and type of each grammatical error in the Chinese text. The types of grammatical errors are divided into four categories: Redundant Words (R), Missing Words (M), Word Selection (S), and Word Ordering Errors (W). In recent years, the task of Chinese grammar error correction has attracted more and more attention, and some applications with potential commercial value have also appeared. This technology has a broad application space in education, news, official documents and other fields. The mainstream methods to solve this task are Seq2Seq and Seq2Edits. The Seq2Seq method regards the grammatical error correction task as the process of translating an erroneous sentence into a correct sentence, and uses an advanced neural translation model to solve it; the Seq2Edits method is to design editing actions (such as insertion, deletion, replacement, etc.), the grammar diagnosis task is regarded as a sequence labeling task to solve. In the CCL2023-CLTC track 2: Chinese grammar error detection task, we use the multi-model fusion method and post-processing strategy to realize the text grammar error correction function. Finally, on the CCL2023-CLTC track 2 Chinese grammar error diagnosis task, the result of COM is 49.12.

2 Model

We did a lot of research on models and papers when we were doing the task of Chinese grammar error detection in Track 2. The mainstream methods to solve this task are Seq2Seq and Seq2Edits. The benchmark models we choose are the current mainstream BART (Bidirectional and Auto-Regressive Transformers) (Lewis et al., 2020), GECToR (Grammatical Error Correction: Tag, Not Rewrite) and T5 (Text-to-Text Transfer Transformer) that have achieved SOTA performance on the CGEC (Chinese Grammatical Error Correction) dataset. The following is a detailed introduction to the models we use in this task.

2.1 BART

The BART model (Lewis et al., 2020) uses the Transformer structure (Vaswani et al., 2017). The overall architecture consists of two parts: an encoder and a decoder. The encoder is responsible for converting the input sequence into a high-dimensional representation, and the decoder generates an output sequence based on the representation.

Proceedings of the 22nd China National Conference on Computational Linguistics, pages 250-261, Harbin, China, August 3 - 5, 2023.
(c) Technical Committee on Computational Linguistics, Chinese Information Processing Society of China

The encoder of the BART model is stacked by multi-layer encoders. Each encoder consists of a multi-head self-attention mechanism and a feed-forward neural network. This structure enables the encoder to model different positions of the input sequence and capture the dependencies between global and local. Although the decoder of the BART model also uses the Transformer structure, it is different from the traditional Transformer decoder in that it uses an autoregressive generation method. In the decoding stage, the BART model gradually generates output sequences through autoregressive methods, and the generation of each step depends on the previously generated parts.

The basic architecture of the BART model based on the Transformer neural network is shown in Figure 1.

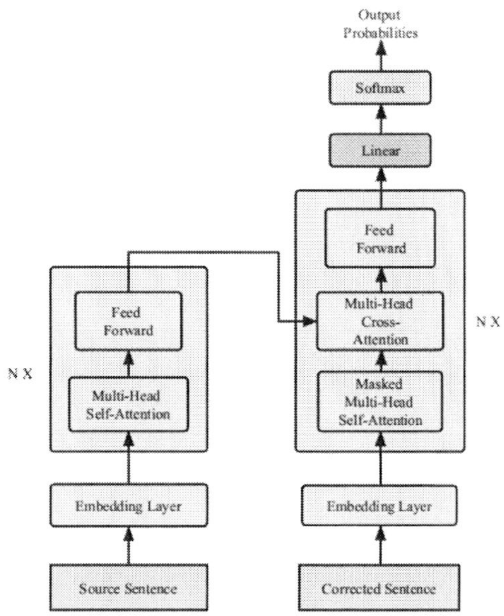

Figure 1: Basic network structure of BART model

2.1.1 Pre-training

Pre-training of the BART model: First, the original text is destroyed by using a variety of noises, and then the original text is reconstructed by the seq2seq model. Therefore, the loss function is the cross entropy of the output of the decoder and the original text. The BART model introduces a total of 5 noise methods that destroy the original text, as shown in the figure 2.

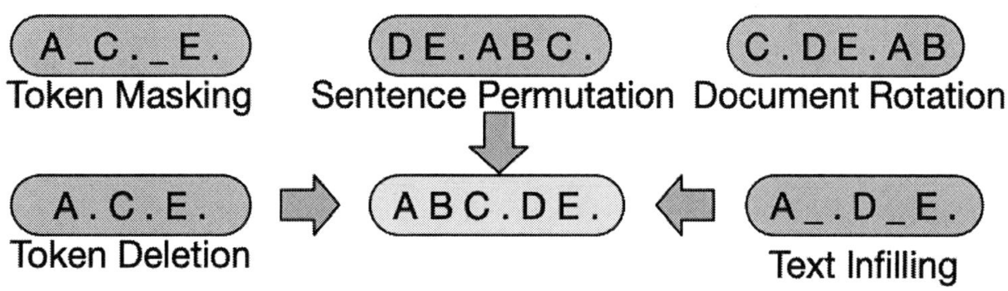

Figure 2: Pre-training strategy for BART model

Proceedings of the 22nd China National Conference on Computational Linguistics, pages 250-261, Harbin, China, August 3 - 5, 2023.

Token Masking: Token mask, which is consistent with the BERT model strategy, randomly extracts tokens and replaces them with [MASK] marks.

Token Deletion: Token deletion, which randomly deletes tokens from the input. Unlike masks, this strategy is for the model to learn which positions lack input information.

Text Infilling: Text filling, randomly select a text segment (the length of the text segment conforms to the Poisson distribution of $\lambda = 3$), and replace it with a [MASK] tag. When the fragment length is 0, it is equivalent to inserting a [MASK] mark at the original position. Different from the SpanBERT model, the SpanBERT model is replaced by the [MASK] mark of the number of fragment lengths.

Sentence Permutation: Sentence sorting, splitting the text according to periods, generating a sequence of sentences, and then randomly shuffling the order between sentences.

Document Rotation: Document rotation, randomly select a token, and then rotate the text, that is, select the token as the beginning of the text. This strategy lets the model learn the beginning of the text.

2.1.2 Fine-tuning

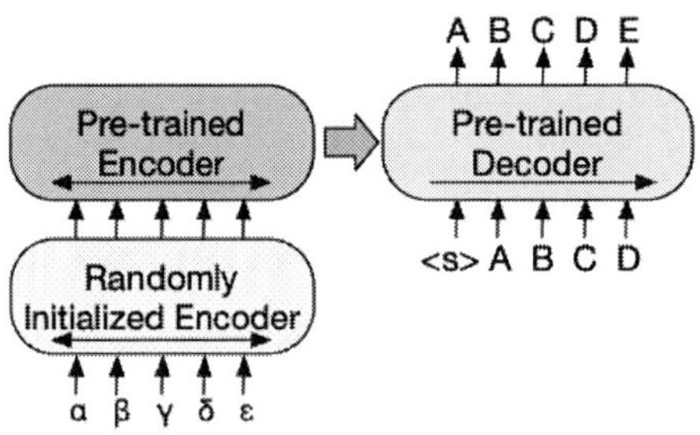

Figure 3: Fine-tuning of BART on translation tasks

Figure 3shows the fine-tuning process of BART in the translation task. Machine Translation: Since the pre-training process is trained in the same language, but machine translation is translated from one language to another, the BART model randomly initializes the Embedding layer of the encoder when performing machine translation tasks, that is, replaces the dictionary. Retrain representations for another language.

In the fine-tuning process, first freeze most of the parameters of the original BART model, and only train the randomly initialized Embedding, the BART model position embedding and the self-attention parameters of the first layer of the BART model encoder connected to the Embedding; then all parameters of the model Do a small amount of training.

2.2 GECToR

GECToR (Grammar Error Correction with Transformer) (Omelianchuk et al., 2020) is also a Transformer-based neural network model, which is specially used for text error correction tasks. Its goal is to automatically detect and correct grammatical and spelling errors in text. The GECToR model as a whole is similar to a sequence labeling task. For the Chinese error correction training task, the input of the model needs to compare two sentences, and use the edit distance operation to represent the label of each character in the original sentence. The total score of the label is There are four forms (KEEP, APPEND, DLETE, REPLAES). The training objective of the model is to minimize the difference between the generated sequence and the reference sequence, using the cross-entropy loss function or other similar objective function as the model loss function. During training, the model learns how to automatically detect and correct grammatical and spelling errors in text.

Proceedings of the 22nd China National Conference on Computational Linguistics, pages 250-261, Harbin, China, August 3 - 5, 2023.

2.3 T5

T5 (Text-to-Text Transfer Transformer) (Raffel et al., 2020) is a powerful language generation model, which is a model architecture or a paradigm for solving NLP tasks. The author borrows the idea of Seq2Seq to unify the tasks of different stages of the model (Pretrain, Fine-tune, Predict) into the task of Text-to-Text (that is, the model input is text, and the output is also text).

T5 retains most of the architecture of the original Transformer, but emphasizes some key aspects. Additionally, some minor changes have been made to vocabulary and functionality. Some main concepts of the T5 mode are listed below:

The encoder and decoder remain in the model. The encoder and decoder layers become blocks, and the sublayers become subcomponents that contain self-attention layers and feed-forward neural networks. The self-attention mechanism is order-independent. Use dot product of matrices instead of recursion. Positional encodings are added to word embeddings before doing the dot product, which explores the relationship between each word and other words in a sequence.

Transformer uses sine and cosine to generate positional encoding, while T5 uses relative positional encoding. In T5, positional encoding relies on the extension of self-attention to compare pairwise relations. The positional encoding of T5 is shared and re-evaluated in all layers of the model simultaneously.

3 Data

Track 2 provides the processed Lang8 dataset and CGED dataset (Rao et al., 2020). The word count statistics of the lang8 dataset and the official test set are shown in Table 1 and Table 2. The statistical results show that: basically all are within 80 characters, of which 97.6% are within 80 characters in the test set, and a few exceed 80 characters. The data sources of CGED are the HSK dynamic composition corpus and the global Chinese interlanguage corpus. CGED-8 includes about 1,400 paragraph units and 3,000 errors. Each unit contains 1-5 sentences, and each sentence is marked with the position, type and modification result of the grammatical error. 5,000 entries were randomly selected from the Lang8 and CGED datasets as the in-group test set.

word count	0-30	30-50	50-80	80-100	100-150	150-200	200 or more
quantity	104.5w	14.5w	2.1w	1395	286	3	1

Table 1: Word count analysis of lang8 dataset

word count	0-30	30-50	50-80	80-100	100-150	150-200	200 or more
quantity	2465	890	322	53	31	5	1

Table 2: Official test set word count analysis

4 Experiment and Results

We use the above data sets to conduct fine-tuning training and comparative experiments on several models, and adopt model fusion and various post-processing strategies to achieve the final submitted result COM: 49.12. Below we will introduce in detail several of the important experiments that have obvious improvement effects.

4.1 Experiment 1: BART

4.1.1 Model training

During the experiment, we used the fairseq tool library to load the BART pre-training model, trained the model with the Lang8 and CGED datasets announced by the competition organizer, and optimized the model parameters through backpropagation and gradient descent algorithms. In each training step, the source language sequence is input into the encoder, and then the decoder is used to generate the

Proceedings of the 22nd China National Conference on Computational Linguistics, pages 250-261, Harbin, China, August 3 - 5, 2023.

target language sequence, and the loss function is calculated, and the decoder parameters are updated according to the gradient of the loss function to gradually improve the performance of the model. The hyperparameter settings during model training are shown in Table 3.

Configurations	**Values**
Pretrained Language model	Chinese-BART-Large
Learning rate	3×10^{-5}
Max epochs	100
Learning rate scheduler	Polynomial
Batch size per GPU	4096 tokens
Loss function	Label smoothed cross entropy (label-smoothing=0.1)
Optimizer	Adam($\beta_1 = 0.9, \beta_2 = 0.99, \epsilon = 1 \times 10^{-8}$)
Dropout	0.3
Max tokens	4096
Patience	5

Table 3: BART model hyperparameter settings

4.1.2 Experimental results

After the model is trained, use the trained BART model to perform reasoning on grammar error correction tasks. Feed the test data as the source language into the encoder, and use the decoder to generate the target language sequences.

In the process of using the model for inference, I tried to average the weights of the model, multiple rounds of error correction, correct UNK characters, optimize decoding parameters, etc. The specific optimization process of the experimental results is introduced as follows:

Model weight averaging: This strategy refers to averaging the parameters of the model saved at different time points during the training process to obtain a model with smoother and better generalization performance. In the experiment, we selected 5 models with better effects for parameter averaging operation. This strategy will increase the comprehensive score on the test set by 0.15 compared with the baseline.

Multiple rounds of error correction: This strategy is to iterate the reasoning process of the model for multiple rounds, and obtain the best number of multiple rounds of iterations by comparing the experimental results. By comparing the experimental results, it is found that when the number of iterations N=2, the comprehensive score on the test set is the highest. Using this strategy further improves the composite score by 1.11 on the test set. The flow chart of using the model for multiple iterations of inference is shown in Figure 4.

Correct UNK characters: By analyzing the results, it is found that the model decodes some English characters such as BAHAYKUBO, SOGO, MOS into UNK characters during the inference process, then compares the result with the original sentence and replaces the UNK characters in the result by using the content in the original sentence. This strategy will further improve the composite score on the test set by 0.13.

Optimize decoding parameters: In the process of model inference, we use Beam Search, a decoding algorithm that explores potential high-probability sequences by retaining a certain number of candidates at each time step. Among the parameters of the Beam Search algorithm, the beam size is an important parameter, which controls the number of candidates retained at each time step. It is verified by experiments: when the beam size is 12, the comprehensive score on the test set is the best .

By using the above various strategies, the comprehensive score COM obtained by a single model on the validation set is 47.89. The specific experimental results of each item are shown in Table 4.

Proceedings of the 22nd China National Conference on Computational Linguistics, pages 250-261, Harbin, China, August 3 - 5, 2023.

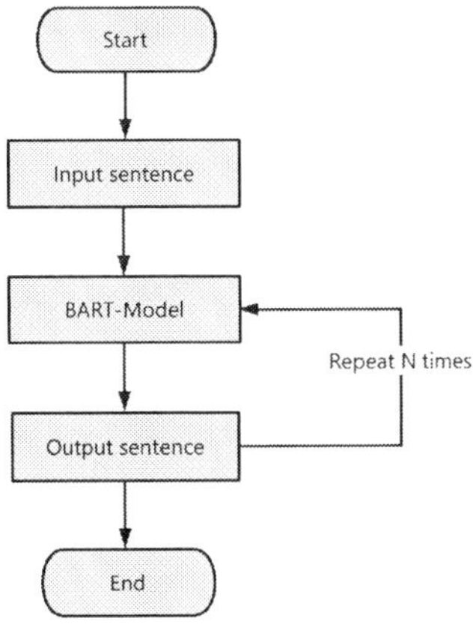

Figure 4: BART model reasoning process

COM	FPR	DET	IDE	POS	COR
47.89	21.79	83.18	59.64	40.93	29.81

Table 4: Experimental results of BART single model on the official test set

4.2 Experiment 2: BART-based seq2seq model

4.2.1 Model training

1. Use lang8 to train the seq2seq model, train 10 epochs, and store the model parameters of each epoch separately.

2. Set max_length to 100 and 256 respectively, and then train with lang8 data. The model parameters are shown in Table 5.

Configurations	Values
Pretrained Language model	Chinese-BART-Large
Learning rate	3×10^{-6}
Max epochs	10
Learning rate scheduler	Polynomial
Batch size per GPU	32

Table 5: seq2seq model hyperparameter settings

4.2.2 Experimental results

1. Use the model inference test set saved in each epoch to compare the results.

2. The models trained with different max_lengths reasoned about the test set separately and compared the results. seq2seq model's experimental results on the in-group test set are shown in Table 6, the value of epoch is inversely proportional to the model's effect under the condition that max_length is the same and epoch is not zero. Under the condition of the same epoch, the model effect of max_length=256 is better than that of max_length=100. So the model with epoch=1 and max_length=256 was selected for the synthesis.

Proceedings of the 22nd China National Conference on Computational Linguistics, pages 250-261, Harbin, China, August 3 - 5, 2023.

model	COM	COR	DET	FPR	IDE	POS
epoch=0,max_length=100	29.46	15.88	70.12	33.83	41.60	24.07
epoch=1,max_length=100	37.76	22.01	83.13	39.09	54.19	30.84
epoch=2,max_length=100	36.82	26.10	72.82	38.20	51.30	35.24
epoch=10,max_length=100	30.24	24.70	84.57	75.81	55.37	32.12
epoch=0,max_length=256	29.55	16.08	70.28	33.78	41.45	24.17
epoch=1,max_length=256	38.55	20.86	78.54	26.25	51.41	29.64
epoch=2,max_length=256	36.91	19.13	71.11	16.52	47.12	26.78
epoch=10,max_length=256	31.08	18.13	79.32	51.77	50.02	28.61

Table 6: Experimental results of the seq2seq model on the test set within the group

4.3 Experiment 3: GECToR

4.3.1 Model training

In this experiment, the GECToR model was used, and two pre-trained models, chinese-bert-wwm-ext (Cui et al., 2020) and structbert-large-zh (Wang et al., 2019), were used for comparative experiments. During the initial experiments, it was found that the model was more inclined to predict the deletion label—$DELETE label. To solve this problem, split the $DELETE tag in the original task to delete the corresponding Chinese character -$DELETE_char. The training set uses the preprocessed Lang8 data set provided by Track 2 and all the simplified Chinese data sets of CGED, and the test set of CGED2021 is used as the test set for training. In the prediction process of this experiment, multiple predictions are used to obtain the final prediction result, that is, the first prediction result of the model is used as the input of the second prediction of the model, and the process is repeated three times to obtain the final result. The hyperparameter settings of the GECToR model are shown in Table 7.

Configurations	Values
Learning rate	1×10^{-5}
Max epochs	10
Max length	128
Batch size per GPU	64

Table 7: GECToR model hyperparameter settings

4.3.2 Experimental results

The experimental results of the GECToR model on the test set within the group are shown in Table 8.

model	COM	COR	DET	FPR	IDE	POS
base_chinese-bert-wwm-ext	37.70	15.95	67.80	17.40	41.23	23.21
$DELETE_char_chinese-bert-wwmext	37.08	18.98	77.33	22.86	49.38	25.47
$DELETE_char_structbert-large-zh	39.03	26.00	82.66	43.51	55.73	35.24

Table 8: Experimental results of the GECToR model on the test set within the group

4.4 Experiment 4: T5

4.4.1 Model training

The T5 model training uses the T5Corrector base v2 model as the pre-training model, and fine-tunes the model based on it. The training set uses the Lang8 and CGED data sets, and the CGED2021 test set is selected as the verification set, and the model of each epoch is saved. Select the 0th, 10th, 20th, 50th, and 60th epoch models for the official test set test, and analyze the relationship between the model effect and the training time.

T5 model hyperparameter settings are shown in Table 9.

Configurations	Values
Pretrained Language model	T5Corrector_base_v2
Learning rate	5×10^{-4}
weight_decay	0.01
Max epochs	60
Learning rate scheduler	Polynomial
Batch size per GPU	64
Optimizer	Adam($\beta_1 = 0.9, \beta_2 = 0.99, \epsilon = 1 \times 10^{-8}$)

Table 9: T5 model hyperparameter settings

4.4.2 Experimental results

model	COM	COR	DET	FPR	IDE	POS
T5	15.05	17.70	41.31	20.66	8.88	7.06
T5(epoch=10)	27.96	20.35	68.10	41.69	13.21	9.18
T5(epoch=20)	35.12	28.32	76.45	49.80	26.43	16.12
T5(epoch=50)	44.25	28.32	82.65	57.08	37.46	28.15
T5(epoch=60)	42.26	30.38	82.92	57.03	33.76	25.74

Table 10: Experimental results of the T5 model on the test set within the group

The experimental results of the T5 model on the test set within the group are shown in Table 10. The results show that when the T5 model is trained and fine-tuned using the lang8 and CGED datasets, the effect is the best at 50 epochs, and the model indicators will decline after more than 50 epochs.

4.5 Experiment 5: Model Fusion

4.5.1 Experimental analysis

A single model may be weak in correcting certain types of grammatical errors. By using multiple models, especially specialized models for different types of errors, the ability to cover a wide range of grammatical errors can be improved. Different models may have different focuses and expertise, so fusion can integrate their strengths to provide a more comprehensive correction capability. Individual models may have problems with missing or false positives when correcting certain types of syntax errors. With model fusion, the output of multiple models can be combined, thereby reducing the number of missed and false positives of errors. For example, GECToR is a non-autoregressive model, so it does not correct errors for multiple consecutive characters correctly, e.g., GECToR will change "This opinion reflects the theory of the average Briton." to "This opinion reflects the theory of the average Briton." This kind of error correction has a high score in ppl and can be filtered by adding ppl to the fusion strategy.

Through the above analysis for single-model results, we find that by model fusion, the advantages of multiple models can be combined and the shortcomings of a single model can be compensated to improve the performance of Chinese grammar error correction tasks.

4.5.2 Fusion strategy

Based on traditional voting strategy

1. In this evaluation, we integrated the corrected results of multiple models based on the inference results of different models and the perplexity calculated on sentences modified by the models. Proceed as follows: Set the weights of model 1, ..., model n

$$model\_weights = [mw_1, \ldots, mw_n] \tag{1}$$

Proceedings of the 22nd China National Conference on Computational Linguistics, pages 250-261, Harbin, China, August 3 - 5, 2023.

We set the threshold value for error location detection is threshold_detect, and the threshold value for error correction is threshold_correct. Each model has different thresholds, and the exact values can be found in the code.

2. The score for an error detection position in a sentence is:

$$score_{detect} = \sum_{i=1}^{n} mw_i \times detect_i \tag{2}$$

Where $detect_i$ is the error detection result of the i-th model,

$$detect_i = \begin{cases} 1, & \text{if the i-th model detected the error} \\ 0, & \text{if the i-th model didn't detected the error} \end{cases} \tag{3}$$

The score for correcting an error-checked position to a token in a sentence is:

$$score_{token} = \sum_{i=1}^{n} mw_i \times token_i \tag{4}$$

$token_i$represents whether model i corrects this error-checking position to token:

$$token_i = \begin{cases} 1, & \text{if the i-th model corrected this position to this token} \\ 0, & \text{if the i-th model didn't correct this position to this token} \end{cases} \tag{5}$$

ppl-based voting strategy

1. Add confusion strategy, calculate the perplexity for the original sentence and corrected sentences of n models respectively, and analyze the difference of perplexity:

$$diff = \frac{ppl_i - ppl_{src}}{ppl_{src}} \tag{6}$$

ppl_i is perplexity of the i-th model prediction sentence, ppl_{src} is perplexity of the original sentence.

We set perplexity weighting value is in out experiment.

$$weight_{ppl} = \begin{cases} 0.8, & \text{if } diff < 0 \\ 1, & \text{if } 0 \leq diff < 0.2 \\ 1.3, & \text{if } 0.2 \leq diff < 0.4 \\ 1.5, & \text{if } 0.4 \leq diff \leq 1 \end{cases} \tag{7}$$

The formula for each model's score on whether the error-checking position in a sentence requires error correction becomes:

$$score_{detect} = max(weight_{ppl\_1}, ..., weight_{ppl\_n}) \sum_{i=1}^{n} mw_i \times detect_i \tag{8}$$

$weight_{ppl\_i}$ is the perplexity weighted value of i-th model to make error detection judgments for that location.

The score for correcting an error-checking position to this token in a sentence is:

$$score_{token} = max(weight_{ppl\_token\_1}, ..., weight_{ppl\_token\_n}) \sum_{i=1}^{n} mw_i \times detect_i \tag{9}$$

$weight_{ppl\_token\_i}$ indicates the perplexity weighting value when the i-th model modifies this error detection location to this token, and if the error correction result of the i-th model is not a token, then $weight_{ppl\_token\_i}$ is 0.

Proceedings of the 22nd China National Conference on Computational Linguistics, pages 250-261, Harbin, China, August 3 - 5, 2023.

2. Screening Strategy:

Calculate $score_{detect}$ for the error correction results of n models at the position, and $score_{token\_i}$ for each of the multiple error corrections $token_i$ given by n models at the position. Only when:

$$score_{detect} \geq threshold\_detect \tag{10}$$

and:

$$max(score_{token\_1}, ..., score_{token\_i}, ..., score_{token\_n}) \geq threshold\_correct \tag{11}$$

are satisfied, the maximum token is adopted as the correction result for the error-checking position. When either condition is not satisfied, the error is not corrected.

4.5.3 Experimental results of two fusion strategies

We conducted experiments with the above two fusion strategies separately, and the results are shown in Table 11. By comparison, the ppl fusion strategy performs better than the traditional voting strategy.

Fusion strategy	COM	COR	DET	FPR	IDE	POS
Traditional Voting	48.23	29.81	83.86	20.20	59.63	40.24
PPL Voting	48.57	30.19	84.34	19.62	59.15	40.23

Table 11: Results of two fusion strategies

4.5.4 Post-processing strategy

(1) First correct the spelling of the sentence based on pycorrector (Xu, 2021), and then perform grammatical error correction.

(2) Segmentation of long sentences: Words of more than 80 characters are first segmented according to punctuation marks, and then sequentially spliced according to the rules of no more than 80 characters.

(3) For non-Simplified Chinese conversion strategy: Traditional Chinese is uniformly corrected to Simplified Chinese, Japanese Kanji is uniformly corrected to the corresponding Chinese Kanji, and English is not corrected.

4.5.5 Results

Different strategies on the official test set can yield results as shown in the Table 12.

Model	COM	FPR	DET	IDE	POS	COR
model_E[1]	48.57	19.62	84.34	59.15	40.23	30.19
model_E+CSC[2]	48.73	19.62	84.37	59.37	40.41	30.42
model_E+CSC+cut[3]	48.90	20.35	84.24	60.03	41.09	30.20
model_E+CSC+cut+T2S[4]	49.12	19.47	84.26	60.06	41.16	30.46

[1] The result of the model fusion, as the baseline of the post-processing strategy, is called model_E (model_ensemble)
[2] CSCSpelling Correction
[3] cutLong Sentence Syncopation
[4] T2SNon-simplified conversion strategies

Table 12: Results of different strategies on the official test set

5 Summarize

In this competition, we adopted the method of multi-model fusion, combined with various post-processing strategies, which can effectively improve the performance of the model, and finally obtained the result of COM being 49.12 on the official test set.

Proceedings of the 22nd China National Conference on Computational Linguistics, pages 250-261, Harbin, China, August 3 - 5, 2023.
(c) Technical Committee on Computational Linguistics, Chinese Information Processing Society of China

5.1 Innovation

For this competition, we have the following innovations:

(1) In the process of model reasoning, methods such as averaging model weights and multiple rounds of error correction have been tried.

(2) The fusion technology of multi-model error detection results, including the ppl strategy, maintains the characteristics of each model, complements each other's advantages, first screens the position, and then screens the results.

(3) In the experiment, we tried a variety of post-processing strategies, and compared and selected several strategies that can improve the results.

5.2 Disadvantages

For this competition, we have the following regrets and deficiencies: the models investigated and used in this competition are limited, and they are all character-sized, which cannot cover all the current error correction models. In future work, we can study and use Chinese-specific words information and rich semantic information, further improving the performance of the Chinese grammar error correction model.

Acknowledgements

After two months of data analysis, model research, and comparison experiments, we finally finished this competition.

First of all, we would like to thank our leader, Xueqian Liu, the CTO of Funcun Intelligence, for giving us the opportunity to participate in this competition and for his technical guidance during the competition. Thank him for his support and encouragement. From the selection of the topic to its finalization, he has always given us patient guidance and unremitting support, and he has patiently guided us in model selection, model fusion and other strategies from his professional point of view.

Secondly, we would like to thank the organizers and hosts for providing us with this competition opportunity, which is a valuable experience and enhances the cohesion of our team, which will be a valuable asset for us.

Finally, we sincerely thank the teachers of the working committees of the organizer will attend the evaluation of our evaluation report in their busy schedules.

References

Yiming Cui, Wanxiang Che, Ting Liu, Bing Qin, Shijin Wang, and Guoping Hu. 2020. Revisiting pre-trained models for Chinese natural language processing. In *Proceedings of the 2020 Conference on Empirical Methods in Natural Language Processing: Findings*, pages 657–668, Online, November. Association for Computational Linguistics.

Mike Lewis, Yinhan Liu, Naman Goyal, Marjan Ghazvininejad, Abdelrahman Mohamed, Omer Levy, Veselin Stoyanov, and Luke Zettlemoyer. 2020. BART: Denoising sequence-to-sequence pre-training for natural language generation, translation, and comprehension. In *Proceedings of the 58th Annual Meeting of the Association for Computational Linguistics*, pages 7871–7880, Online, July. Association for Computational Linguistics.

Kostiantyn Omelianchuk, Vitaliy Atrasevych, Artem Chernodub, and Oleksandr Skurzhanskyi. 2020. GECToR – grammatical error correction: Tag, not rewrite. In *Proceedings of the Fifteenth Workshop on Innovative Use of NLP for Building Educational Applications*, pages 163–170, Seattle, WA, USA → Online, July. Association for Computational Linguistics.

Colin Raffel, Noam Shazeer, Adam Roberts, Katherine Lee, Sharan Narang, Michael Matena, Yanqi Zhou, Wei Li, and Peter J Liu. 2020. Exploring the limits of transfer learning with a unified text-to-text transformer. *The Journal of Machine Learning Research*, 21(1):5485–5551.

Gaoqi Rao, Erhong Yang, and Baolin Zhang. 2020. Overview of NLPTEA-2020 shared task for Chinese grammatical error diagnosis. In *Proceedings of the 6th Workshop on Natural Language Processing Techniques for Educational Applications*, pages 25–35, Suzhou, China, December. Association for Computational Linguistics.

Proceedings of the 22nd China National Conference on Computational Linguistics, pages 250-261, Harbin, China, August 3 - 5, 2023.

Ashish Vaswani, Noam Shazeer, Niki Parmar, Jakob Uszkoreit, Llion Jones, Aidan N Gomez, Łukasz Kaiser, and Illia Polosukhin. 2017. Attention is all you need. *Advances in neural information processing systems*, 30.

Wei Wang, Bin Bi, Ming Yan, Chen Wu, Zuyi Bao, Jiangnan Xia, Liwei Peng, and Luo Si. 2019. Structbert: Incorporating language structures into pre-training for deep language understanding. *arXiv preprint arXiv:1908.04577*.

Ming Xu. 2021. Pycorrector: Text error correction tool. https://github.com/shibing624/pycorrector.

Proceedings of the 22nd China National Conference on Computational Linguistics, pages 250-261, Harbin, China, August 3 - 5, 2023.

System Report for CCL23-Eval Task 7: THU KELab (sz) - Exploring Data Augmentation and Denoising for Chinese Grammatical Error Correction

Jingheng Ye[1], **Yinghui Li**[1], **Hai-Tao Zheng**[1,2] *
[1]Shenzhen International Graduate School, Tsinghua University
[2]Peng Cheng Laboratory
{yejh22,liyinghu20}@mails.tsinghua.edu.cn

Abstract

This paper explains our GEC system submitted by **THU KELab (sz)** in the CCL2023-Eval Task 7 CLTC (Chinese Learner Text Correction) Track 1: Multidimensional Chinese Learner Text Correction. Recent studies have demonstrate GEC performance can be improved by increasing the amount of training data. However, high-quality public GEC data is much less abundant. To address this issue, we propose two data-driven techniques, data augmentation and data denoising, to improve the GEC performance. Data augmentation creates pseudo data to enhance generalization, while data denoising removes noise from the realistic training data. The results on the official evaluation dataset YACLC demonstrate the effectiveness of our approach. Finally, our GEC system ranked second in both close and open tasks. All of our datasets and codes are availabel at https://github.com/THUKElab/CCL2023-CLTC-THU_KELab.

1 Introduction

The CCL2023-CLTC Track 1 (Multidimensional Chinese Learner Text Correction) is a subtask of Grammatical Error Correction (GEC) (Ye et al., 2023), aiming to correct sentences written by Chinese learners through a two-dimensional annotation scheme, namely grammar and fluency (Wang et al., 2021). Adhering to the minimal edits principle, the former ensures that the structure of the original sentence is maintained as much as possible with the smallest number of revisions. Conversely, the latter emphasizes fluency-based correction, where annotators strive to make the sentences more fluent and native-sounding.

Numerous studies (Stahlberg and Kumar, 2021; Kiyono et al., 2020; Koyama et al., 2021b) have shown that the performance of GEC can be improved by increasing the volume of training data. However, obtaining publicly-available and high-quality data for GEC is a challenge (Ma et al., 2022; Ye et al., 2022). Training GEC models with limited data could lead to the fact that GEC models are very likely to overfit and make predictions based on spurious patterns (Tu et al., 2020), owing to the huge gap between the number of model parameters and limited data available for GEC.

This paper attempts to alleviate the aforementioned problem using two techniques, namely data augmentation and data denoising. Thanks for the ease of constructing pseudo grammatical errors, various GEC data augmentation methods have been widely explored, including *noise injection* (Kiyono et al., 2020; Grundkiewicz et al., 2019; Xu et al., 2019), *pattern noise* (Choe et al., 2019), *back-translation* (Sennrich et al., 2016; Xie et al., 2018; Stahlberg and Kumar, 2021) and *round-trip translation* (Zhou et al., 2020). Inspired by the success of GEC data augmentation, we first generate synthetic parallel data from clean monolingual corpora, which is used for pre-training GEC models [0]. Then, we introduce *Cutoff* in the fine-tuning stage to encourage GEC models to make consistent predictions regardless of random noise applied to the sentences (Shen et al., 2020).

Furthermore, we observe that the provided official Lang8 training set contains a significant amount of noise due to low-quality annotation, which could harm the performance of GEC models. To address this

*Corresponding author: Hai-Tao Zheng. (E-mail: zheng.haitao@sz.tsinghua.edu.cn)

[0]We introduce extra corpora only in the open task.

issue, we reconstruct the denoised training set using a well-trained GEC model or ensemble. Specifically, we use a GEC model/ensemble to further correct the target sentences from Lang8, which effectively removes some of the noise present in the data. We then replace the original noisy target sentences with the new corrected target sentences based on the assumption that the outputs of the well-trained model/ensemble can denoise the original dataset caused by low-quality annotation.

We evaluate our data-driven ideas on the official evaluation dataset YACLC using two backbone models: BART (Lewis et al., 2020) and GECToR (Omelianchuk et al., 2020). In the close task, our best single model achieves 71.88 $F_{0.5}$ for minimal correction and 42.02 $F_{0.5}$ for fluent correction (with an average of 56.95 $F_{0.5}$). Our best BART + GECToR ensemble secured the 2nd position in the close task with 74.92 $F_{0.5}$ for minimal correction and 43.89 $F_{0.5}$ for fluent correction (with an average of 59.41 $F_{0.5}$), and also secured the 2nd position in the open task with 76.14 $F_{0.5}$ for minimal correction and 44.17 $F_{0.5}$ for fluent correction (with an average of 60.16 $F_{0.5}$).

In words, the contributions of our paper are three folds:

(1) We showcase the effectiveness of GEC data augmentation methods, including pattern noise (PN), back-translation (BT) and Cutoff.

(2) We observe that the noise present in Lang8 harms the performance of GEC models. By denoising the dataset using a well-trained GEC model/emsemble, we significantly improve the GEC performance.

(3) The evaluation results confirm the effectiveness of our proposed approach. Our system achieves the 2nd place in both close task and open tasks.

2 Background

Generally, GEC models learn the monolingual translation probability $P(\mathbf{y} \mid \mathbf{x}; \boldsymbol{\theta})$, where $\mathbf{x}$ denotes an ungrammatical source sentence and $\mathbf{y}$ represents a grammatically correct target sentence. Given a parallel training dataset $\mathcal{D}$, the standard training objective is to minimize the empirical risk:

$$\mathcal{L}(\boldsymbol{\theta}) = \mathbb{E}_{(\mathbf{x},\mathbf{y})\sim\mathcal{D}}[\mathcal{L}_{\text{CE}}(\mathbf{x},\mathbf{y};\boldsymbol{\theta})], \quad (1)$$

where $\mathcal{L}_{\text{CE}}$ denotes the cross entropy loss, $\mathcal{D}$ can either be a realistic dataset $\mathcal{D}_r$ in a standard supervised learning setting or a pseudo dataset $\mathcal{D}_p$ commonly used for GEC data augmentation. In the latter, source sentences are often generated from monolingual corpora as seen in (Kiyono et al., 2020).

Recent studies have attempted to improve the performance of GEC models by incorporating various data augmentation techniques. To this end, we examine and compare the effectiveness of two data augmentation methods that aim to improve generalization through increased training data scale.

Pattern Noise (PN). PN introduces in-distribution grammatical errors to sentences (Choe et al., 2019). Specifically, it first identifies error patterns in GEC datasets using an automated error annotation toolkit (e.g., ERRANT (Bryant et al., 2017)). Then, it applies a noising function to sentences by randomly replacing text segments with pre-extracted grammatical errors.

Backtranslation (BT). BT generates more genuine grammatical errors by learning the distribution of human-written grammatical errors using noisy Seq2Seq models (Kiyono et al., 2020; Koyama et al., 2021a; Xie et al., 2018). The noisy model is trained with the inverse of the GEC parallel dataset, where the ungrammatical sentence is treated as the target and the grammatical sentence as the source. Several variants of BT were proposed by (Xie et al., 2018), and their study revealed that the variant **BT (Noisy)** achieved the best performance. Consequently, we focus on this variant in our work. During decoding of ungrammatical sentences, BT (Noisy) adds $r\beta_{\text{random}}$ to the score of each hypothesis in the beam for each time step, where r is drawn uniformly from the interval $[0, 1]$, and β_{random} is a hyper-parameter that controls the noise degree.

Proceedings of the 22nd China National Conference on Computational Linguistics, pages 262-270, Harbin, China, August 3 - 5, 2023.

Original Target	他们有两个孩子，一男一女 They have two children, one boy and one girl
Denoised Target	他们有两个孩子，一男一女。 They have two children, one boy and one girl.
Original Target	妈妈在银行工作，她今年自己买了一个公寓房间 My mother works in a bank and she bought an apartment room on her own this year
Denoised Target	妈妈在银行工作，她今年自己买了一个公寓。 My mother works in a bank and she bought an apartment on her own this year.
Original Target	我去年十二月开始住在上海。 I have been living in Shanghai December last year.
Denoised Target	我从去年十二月开始住在上海。 I have been living in Shanghai since December last year.

Table 1: Examples of denoised samples. We mark the correction part.

3 System Overview

3.1 Denoising Data

As shown in Table 1, we observe significant noise in the training set, most of which is primarily due to under-correction resulting from low-quality annotation. We hypothesize that such noise data is not useful for providing teaching signals to the model, and eventually harms its performance. As a solution, we employ a well-trained GEC model to correct the original target sentences. However, we have observed instances where the GEC model over-corrects the target, which can be problematic. To address this issue, we also explore denoising the dataset using a GEC ensemble.

3.2 Dynamically Noising Data

We introduce *Cutoff* (Shen et al., 2020), a simple yet efficient data augmentation approach that adds dynamic noise during training. The central idea behind Cutoff is to promote consistent predictions across various sentence views, each containing only partial information, to enhance the model's generalization capabilities and reduce prediction errors. Specifically, given a text sequence $\mathbf{x}$, Cutoff constructs augmented samples $\mathbf{x}'$ by randomly removing the information from the input embedding. In our implementation, we randomly convert the input token embeddings of both the encoder and decoder to 0. By imposing constraints on the input views, the learned model is taught to be robust against random noise. The training objective of Cutoff can be described as follow:

$$\mathcal{L} = \mathcal{L}_{\mathrm{CE}}(\mathbf{x}, \mathbf{y}) + \alpha \mathcal{L}_{\mathrm{CE}}(\mathbf{x}', \mathbf{y}) + \beta \mathcal{L}_{\mathrm{KL}}(\mathbf{x}, \mathbf{x}', \mathbf{y}), \tag{2}$$

where $\mathbf{y}$ refers to the target sentence, while α and β are weights used to balance the contribution of learning from the original data and augmented data. $\mathcal{L}_{\mathrm{CE}}$ denotes the cross-entropy loss, and $\mathcal{L}_{\mathrm{KL}}$ is the KL divergence, which is defined as:

$$\mathcal{L}_{\mathrm{KL}}(\mathbf{x}, \mathbf{x}', \mathbf{y}) = \mathrm{KL}\left[P(\mathbf{y} \mid \mathbf{x}') \parallel P_{avg}\right], \tag{3}$$

where P_{avg} represents the average prediction probability across realistic and augmented samples. We only apply Cutoff in Seq2Seq models and leave the exploration of its effectiveness for Seq2Edit models to future work.

4 Experiments

4.1 Experimental Settings

We participate in both the close and open tasks of CCL2023-CLTC Track 1. The only distinction between the experimental settings of these tasks lies in their training sets, while we utilize the same GEC backbone models. We introduce additional pseudo and realistic data in the open task, which has been proven effective in improving the $F_{0.5}$ score.

Proceedings of the 22nd China National Conference on Computational Linguistics, pages 262-270, Harbin, China, August 3 - 5, 2023.

GEC backbone model. Inspired by the complementary power in dealing with different error types of the Seq2Seq and Seq2Edit model in the filed of CGCC (Zhang et al., 2022a), we train both models separately. For the Seq2Seq model, we employ Chinese BART [1] as our backbone model (Shao et al., 2021), which has been proven a strong baseline in GEC (Zhang et al., 2022b; Zhang et al., 2022a). We do **not** modify the vocabulary since the updated version of Chinese BART has replaced the old vocabulary with a larger one. We adopt the Dropout-Src mechanism (Junczys-Dowmunt et al., 2018) for source-side word embeddings, following (Zhang et al., 2022b). The training of Seq2Seq models is conducted using the `Fairseq` (Ott et al., 2019) public toolkit. For the Seq2Edit model, we employ the GECToR model (Omelianchuk et al., 2020) initialized with the weights of StructBERT (Wang et al., 2020; Zhang et al., 2022a). We train the Seq2Edit model using the open-source project (Zhang et al., 2022a). The primary hyperparameters for both models are provided in Table 2.

Configuration	Value
Pre-training	
Backbone	BART-large
Devices	4 Tesla V100 (80GB)
Epochs	20
Batch size per GPU	4096 tokens
Optimizer	Adam
Learning rate	3×10^{-5}
Warmup updates	2000
Max source length	1024
Dropout	0.2
Dropout-src	0.2
Fine-tuning	
Epoch	3
Cutoff Weights	α=1.0, β=1.0
Learning rate	3×10^{-5}, 2×10^{-5}
Warmup updates	2000
Inference	
Beam size	12

Table 2: Hyperparameter of Seq2Seq.

Configuration	Value
Pre-training	
Backbone	StructBERT
Devices	1 Tesla V100 (80GB)
Epochs	10
Batch size per GPU	512 sentences
Optimizer	Adam
Learning rate	1×10^{-5}
Patience	3
Fine-tuning	
Epoch	1
Learning rate	1×10^{-5}, 5×10^{-6}
Inference	
Keep bias	0.05
Iterations	5

Table 3: Hyperparameters of Seq2Edit.

Data Augmentation. We introduce pseudo datasets to pre-train our GEC models. As the close task do not allow additional datasets, we apply PN and BT on the official training set to generate more pseudo data. Finally, we construct a combination of pseudo datasets consisting of 4 and 4 pseudo datasets respectively generated by PN and BT, where a target sentence correspond to 8 pseudo source sentences. We pre-train our Seq2Edit models using these pseudo datasets [2]. For the open task, we generate 8M pseudo data using the seed corpus *news2016zh* [3] with the same target sentences for both PN and BT.

	Dataset	#Sentences	Usage
Close	**Pseudo Lang8**	9,707,656	Pre-training (Seq2Edit)
	Official Lang8	1,213,457	Fine-tuning I
	YACLC-*dev*	19,195	Fine-tuning II
Open	**News2016zh**	8,000,000	Pre-training
	Lang8+CGED+HSK	1,423,196	Fine-tuning I
	YACLC-*dev*	19,195	Fine-tuning II
Test	**YACLC-*test*-minimal**	7,296	Testing
	YACLC-*test*-fluent	5,515	Testing

Table 4: Statistics of GEC datasets.

Datasets and evaluation. We decompose the fine-tuning of GEC models into two stages following (Huang, 2022). For the close task, we fine-tune the GEC models on 1) the official Lang8 training set, and 2) the YACLC validation set. For the open task, we fine-tune the GEC models on 1) a combination

[1] https://huggingface.co/fnlp/bart-large-chinese

[2] We also attempt to pre-train our Seq2Seq models but it fail to improve the performance.

[3] `https://github.com/brightmart/nlp_chinese_corpus`

Proceedings of the 22nd China National Conference on Computational Linguistics, pages 262-270, Harbin, China, August 3 - 5, 2023.

	System	Backbone	YACLC-*test*-minimal P	R	$F_{0.5}$	YACLC-*test*-fluent P	R	$F_{0.5}$	Average $F_{0.5}$
Close	**Huang (2022)**	BART-large	76.53	54.61	70.84	48.67	24.26	40.52	55.68
	Our Seq2Seq Baseline	BART-large	75.75	55.63	70.64	47.55	24.88	40.22	55.43
	Seq2Seq (ours)	BART-large	77.01	56.75	**71.88**	49.67	26.00	**42.02**	**56.95**
	Seq2Edit (ours)	StructBERT-large	72.10	52.76	67.17	47.43	25.01	40.22	53.70
	Huang (2022)	N×BART-large	79.95	50.27	71.51	50.69	21.66	39.97	55.74
	Ensemble (ours)	5×Seq2Seq + 4×Seq2Edit	82.25	55.23	**74.92**	53.82	25.24	**43.89**	**59.41**
Open	**Seq2Seq** (ours)	BART-large	79.27	58.45	**74.00**	50.80	26.50	**42.93**	**58.47**
	Seq2Edit (ours)	StructBERT-large	74.11	52.16	68.36	49.48	23.73	40.65	54.50
	Ensemble (ours)	5×Seq2Seq + 4×Seq2Edit	83.58	56.15	76.14	54.50	25.13	44.17	60.16

Table 5: Results on YACLC-*test*.

of Lang8, CGED and HSK[4], and 2) the YACLC validation set. We evaluate the GEC models using the YACLC validation set in the first stage, and then further fine-tune them for several runs. We report the results on the official YACLC test set.

Post-processing. In our pilot experiments, we observe that GEC models tend to make unnecessary edits to numbers and letters, which adversely affected performance. Therefore, we filter out the edits involving numbers and letters, resulting in an improvement of 0.5~1.0 point in the average $F_{0.5}$ score.

Ensemble. Following previous works (Zhang et al., 2022a; Huang, 2022), we ensemble heterogeneous models by edit-wise majority voting mechanism. Specifically, we first extract edits of system hypotheses using the open-source evaluation tool ChERRANT (Zhang et al., 2022a), and then preserve the edits that appear more than $N/2$ times, where N represents the number of models.

4.2 Main Results

The main results are listed in Table 5. When training only on the official Lang8 dataset, our single Seq2Seq baseline model using cutoff achieves an average of 55.43 $F_{0.5}$ score in both close and open tasks, which is comparable to the previous best result. If data denoising are available, our Seq2Seq model improve the $F_{0.5}$ score by approximately 1.5 points, achieving an average of 56.95 $F_{0.5}$. However, there is a huge gap of performance between the Seq2Edit and Seq2Seq model, possibly because the cutoff technique is not applicable for the Seq2Edit model. Considering the performance gap between the Seq2Seq and Seq2Edit models, we ensemble them with imbalance numbers. Our best ensemble, which is composed of 5×Seq2Seq + 4×Seq2Edit, achieves an average of 59.41 $F_{0.5}$ score in the close task.

For the open task, both models perform better since they are trained using pseudo data generated from additional monolingual corpora and more realistic data. An interesting finding is the improvement of the Seq2Seq model is more significant in comparison to the Seq2Edit model, even though the performance of the former is better. This suggests the enormous potential of Seq2Seq models when massive data is available. Finally, our best ensemble achieves an average of 60.16 $F_{0.5}$ score in the open task.

4.3 Analysis

In this section, we conduct several ablation studies to highlight the contribution of our proposed techniques. We mainly report the performance of our Seq2Seq model since it has been shown that Seq2Seq models outperform Seq2Edit models in Table 5.

Effectiveness of denoising. We explore the effectiveness of denoising the training data using multiple strategies. Considering the strong performance of a single Seq2Seq model, we first denoise the datasets using a single Seq2Seq model. As shown in Table 6, it improves the GEC model by 0.66 $F_{0.5}$ in the close task. However, it does not benefit the GEC model in the open task. We suspect the extra high-quality training data offset the negative effects of the noise in Lang8. Furthermore, we adopt to denoise the datasets with a GEC ensemble, which is composed of 5× Seq2Seq and 5 × Seq2Edit models. We tune the majority voting number M in the close task, where M is the threshold for controlling the edit

[4]We filter out the sentences that already exist in the YACLC dataset.

	Denoise	YACLC-*test*-minimal P	R	$F_{0.5}$	YACLC-*test*-fluent P	R	$F_{0.5}$	Average $F_{0.5}$
Close	-	75.75	55.63	70.64	47.55	24.88	40.22	55.43
	Seq2Seq	75.35	57.67	71.00	47.78	26.51	41.18	56.09
	5×Seq2Seq + 5×Seq2Edit							
	M=4	75.95	57.93	71.50	48.58	26.76	41.77	56.64
	M=5	75.65	57.96	71.30	48.19	26.79	41.55	56.43
	M=6	77.01	56.75	**71.88**	49.67	26.00	**42.02**	**56.95**
	M=7	76.69	56.82	71.68	49.50	25.95	41.90	56.79
Open	-	79.42	57.05	73.65	50.95	25.16	42.29	57.97
	Seq2Seq	78.78	57.31	73.35	50.88	25.53	42.45	57.90
	5×Seq2Seq + 5×Seq2Edit							
	M=6	79.27	58.45	**74.00**	50.80	26.50	**42.93**	**58.47**

Table 6: Effect of data denoising. We report the performance of Seq2Seq models trained with different datasets.

	Pre-training	YACLC-*test*-minimal P	R	$F_{0.5}$	YACLC-*test*-fluent P	R	$F_{0.5}$	Average $F_{0.5}$
Open	-	**79.67**	54.97	73.10	**52.71**	23.87	42.45	57.78
	PN	79.28	57.09	73.56	52.06	25.69	43.19	58.38
	BT	78.87	**58.52**	**73.74**	51.64	26.18	**43.23**	**58.49**

Table 7: Effect of pre-training using 8M pseudo data. We report the performance of Seq2Seq models in the open task.

	Cutoff Ratio	YACLC-*test*-minimal P	R	$F_{0.5}$	YACLC-*test*-fluent P	R	$F_{0.5}$	Average $F_{0.5}$
Close	0.05	75.75	55.63	**70.64**	47.55	24.88	40.22	55.43
	0.10	75.21	56.70	70.60	48.00	26.07	**41.09**	**55.85**
	0.15	72.63	58.90	69.40	44.95	28.05	40.12	54.76
	0.20	71.84	60.02	69.12	44.55	28.97	40.22	54.67
	0.25	74.11	57.76	70.14	45.85	26.55	40.03	55.09
	0.30	73.36	56.51	69.23	45.86	26.10	39.83	54.53

Table 8: Effect of Cutoff ratios. We report the performance of Seq2Seq models in the close task.

preservation. It is observed that GEC models achieve the peak of average $F_{0.5}$ when $M = 6$. Training with denoised datasets is also helpful in the open task. The results demonstrate the effectiveness of data denoising, particularly for GEC datasets with considerable noise.

Effectiveness of pre-training. Pre-training GEC models using pseudo data has been proven effective in previous works (Kiyono et al., 2020; Stahlberg and Kumar, 2021). We compare data augmentation methods, PN and BT, in terms of constructing pseudo data. We train Seq2Seq models with an additional pre-training stage on 8M pseudo data. The results, reported in Table 7, demonstrate that both methods can significantly improve the Recall and $F_{0.5}$ scores of GEC models, with a slight decrease in Precision.

The effect of Cutoff ratios. One important hyperparameter with the Cutoff approach is the ratio of tokens to be removed. We attempt to investigate how GEC models perform with varying cutoff ratios in $\{0.05, 0.10, 0.15, 0.20, 0.25, 0.30\}$. As shown in Table 8, various cutoff ratios significantly impact the $F_{0.5}$ score, where the model achieves the highest $F_{0.5}$ score at a ratio of 0.10. The decreased performance of a higher cutoff ratio may be attributed to the assumption that more noise could not necessarily lead to better generalization ability.

5 Conclusion

In this CCL2023-CLTC Track 1 Open&Close Task, we improve GEC models by adopting two data-driven techniques, namely data augmentation and data denoising. Our experiments on YACLC evaluation

Proceedings of the 22nd China National Conference on Computational Linguistics, pages 262-270, Harbin, China, August 3 - 5, 2023.

datasets annotated with two principles demonstrate the effectiveness of our proposed methods. Our best ensemble, which is consisting of Seq2Seq and Seq2Edit models, achieves an average $F_{0.5}$ of 59.41 in the close task and 60.16 in the open task, ranking second in both tasks. In the future, we will explore the effectiveness of our approach in other languages and datasets.

Limitations

First, despite the improvement of data denoising, it requires extra computational costs, particularly when denoising large-scale datasets using well-trained ensembles. It is also promising to develop a dynamic denoising strategy during training of GEC models. Secondly, our Seq2Edit models lag far behind our Seq2Seq model, which could lead to a mismatch in ability when used for model ensemble. Given the inference efficiency of Seq2Edit models, extra improvements should have been considered.

Acknowledgements

This research is supported by National Natural Science Foundation of China (Grant No.62276154), Research Center for Computer Network (Shenzhen) Ministry of Education, Beijing Academy of Artificial Intelligence (BAAI), the Natural Science Foundation of Guangdong Province (Grant No. 2023A1515012914), Basic Research Fund of Shenzhen City (Grant No. JCYJ20210324120012033 and JSGG20210802154402007), the Major Key Project of PCL for Experiments and Applications (PCL2021A06), and Overseas Cooperation Research Fund of Tsinghua Shenzhen International Graduate School (HW2021008).

References

Christopher Bryant, Mariano Felice, and Ted Briscoe. 2017. Automatic annotation and evaluation of error types for grammatical error correction. In *Proceedings of the 55th Annual Meeting of the Association for Computational Linguistics (Volume 1: Long Papers)*, pages 793–805, Vancouver, Canada, July. Association for Computational Linguistics.

Yo Joong Choe, Jiyeon Ham, Kyubyong Park, and Yeoil Yoon. 2019. A neural grammatical error correction system built on better pre-training and sequential transfer learning. In *Proceedings of the Fourteenth Workshop on Innovative Use of NLP for Building Educational Applications*, pages 213–227, Florence, Italy, August. Association for Computational Linguistics.

Roman Grundkiewicz, Marcin Junczys-Dowmunt, and Kenneth Heafield. 2019. Neural grammatical error correction systems with unsupervised pre-training on synthetic data. In *Proceedings of the Fourteenth Workshop on Innovative Use of NLP for Building Educational Applications*, pages 252–263, Florence, Italy, August. Association for Computational Linguistics.

Rong Huang. 2022. Ccl2022-cltc track3: Technical reports of kk team. *CCL2022-CLTC Technical Reports*.

Marcin Junczys-Dowmunt, Roman Grundkiewicz, Shubha Guha, and Kenneth Heafield. 2018. Approaching neural grammatical error correction as a low-resource machine translation task. In *Proceedings of the 2018 Conference of the North American Chapter of the Association for Computational Linguistics: Human Language Technologies, Volume 1 (Long Papers)*, pages 595–606, New Orleans, Louisiana, June. Association for Computational Linguistics.

Shun Kiyono, Jun Suzuki, Tomoya Mizumoto, and Kentaro Inui. 2020. Massive exploration of pseudo data for grammatical error correction. *IEEE/ACM transactions on audio, speech, and language processing*, 28:2134–2145.

Aomi Koyama, Kengo Hotate, Masahiro Kaneko, and Mamoru Komachi. 2021a. Comparison of grammatical error correction using back-translation models. In *Proceedings of the 2021 Conference of the North American Chapter of the Association for Computational Linguistics: Student Research Workshop*, pages 126–135, Online, June. Association for Computational Linguistics.

Shota Koyama, Hiroya Takamura, and Naoaki Okazaki. 2021b. Various errors improve neural grammatical error correction. In *Proceedings of the 35th Pacific Asia Conference on Language, Information and Computation*, pages 251–261.

Proceedings of the 22nd China National Conference on Computational Linguistics, pages 262-270, Harbin, China, August 3 - 5, 2023.

Mike Lewis, Yinhan Liu, Naman Goyal, Marjan Ghazvininejad, Abdelrahman Mohamed, Omer Levy, Veselin Stoyanov, and Luke Zettlemoyer. 2020. BART: Denoising sequence-to-sequence pre-training for natural language generation, translation, and comprehension. In *Proceedings of the 58th Annual Meeting of the Association for Computational Linguistics*, pages 7871–7880, Online, July. Association for Computational Linguistics.

Shirong Ma, Yinghui Li, Rongyi Sun, Qingyu Zhou, Shulin Huang, Ding Zhang, Yangning Li, Ruiyang Liu, Zhongli Li, Yunbo Cao, Haitao Zheng, and Ying Shen. 2022. Linguistic rules-based corpus generation for native chinese grammatical error correction. In Yoav Goldberg, Zornitsa Kozareva, and Yue Zhang, editors, *Findings of the Association for Computational Linguistics: EMNLP 2022, Abu Dhabi, United Arab Emirates, December 7-11, 2022*, pages 576–589. Association for Computational Linguistics.

Kostiantyn Omelianchuk, Vitaliy Atrasevych, Artem Chernodub, and Oleksandr Skurzhanskyi. 2020. GECToR – grammatical error correction: Tag, not rewrite. In *Proceedings of the Fifteenth Workshop on Innovative Use of NLP for Building Educational Applications*, pages 163–170, Seattle, WA, USA → Online, July. Association for Computational Linguistics.

Myle Ott, Sergey Edunov, Alexei Baevski, Angela Fan, Sam Gross, Nathan Ng, David Grangier, and Michael Auli. 2019. fairseq: A fast, extensible toolkit for sequence modeling. In *Proceedings of the 2019 Conference of the North American Chapter of the Association for Computational Linguistics (Demonstrations)*, pages 48–53, Minneapolis, Minnesota, June. Association for Computational Linguistics.

Rico Sennrich, Barry Haddow, and Alexandra Birch. 2016. Improving neural machine translation models with monolingual data. In *Proceedings of the 54th Annual Meeting of the Association for Computational Linguistics (Volume 1: Long Papers)*, pages 86–96, Berlin, Germany, August. Association for Computational Linguistics.

Yunfan Shao, Zhichao Geng, Yitao Liu, Junqi Dai, Hang Yan, Fei Yang, Li Zhe, Hujun Bao, and Xipeng Qiu. 2021. Cpt: A pre-trained unbalanced transformer for both chinese language understanding and generation. *arXiv preprint arXiv:2109.05729*.

Dinghan Shen, Mingzhi Zheng, Yelong Shen, Yanru Qu, and Weizhu Chen. 2020. A simple but tough-to-beat data augmentation approach for natural language understanding and generation. *arXiv preprint arXiv:2009.13818*.

Felix Stahlberg and Shankar Kumar. 2021. Synthetic data generation for grammatical error correction with tagged corruption models. In *Proceedings of the 16th Workshop on Innovative Use of NLP for Building Educational Applications*, pages 37–47, Online, April. Association for Computational Linguistics.

Lifu Tu, Garima Lalwani, Spandana Gella, and He He. 2020. An empirical study on robustness to spurious correlations using pre-trained language models. *Transactions of the Association for Computational Linguistics*, 8:621–633.

Wei Wang, Bin Bi, Ming Yan, Chen Wu, Jiangnan Xia, Zuyi Bao, Liwei Peng, and Luo Si. 2020. Structbert: Incorporating language structures into pre-training for deep language understanding. In *International Conference on Learning Representations*.

Yingying Wang, Cunliang Kong, Liner Yang, Yijun Wang, Xiaorong Lu, Renfen Hu, Shan He, Zhenghao Liu, Yun Chen, Erhong Yang, et al. 2021. Yaclc: A chinese learner corpus with multidimensional annotation. *arXiv preprint arXiv:2112.15043*.

Ziang Xie, Guillaume Genthial, Stanley Xie, Andrew Ng, and Dan Jurafsky. 2018. Noising and denoising natural language: Diverse backtranslation for grammar correction. In *Proceedings of the 2018 Conference of the North American Chapter of the Association for Computational Linguistics: Human Language Technologies, Volume 1 (Long Papers)*, pages 619–628, New Orleans, Louisiana, June. Association for Computational Linguistics.

Shuyao Xu, Jiehao Zhang, Jin Chen, and Long Qin. 2019. Erroneous data generation for grammatical error correction. In *Proceedings of the Fourteenth Workshop on Innovative Use of NLP for Building Educational Applications*, pages 149–158, Florence, Italy, August. Association for Computational Linguistics.

Jingheng Ye, Yinghui Li, Shirong Ma, Rui Xie, Wei Wu, and Hai-Tao Zheng. 2022. Focus is what you need for chinese grammatical error correction. *CoRR*, abs/2210.12692.

Jingheng Ye, Yinghui Li, Qingyu Zhou, Yangning Li, Shirong Ma, Hai-Tao Zheng, and Ying Shen. 2023. CLEME: debiasing multi-reference evaluation for grammatical error correction. *CoRR*, abs/2305.10819.

Yue Zhang, Zhenghua Li, Zuyi Bao, Jiacheng Li, Bo Zhang, Chen Li, Fei Huang, and Min Zhang. 2022a. MuCGEC: a multi-reference multi-source evaluation dataset for Chinese grammatical error correction. In *Proceedings of the 2022 Conference of the North American Chapter of the Association for Computational Linguistics: Human Language Technologies*, pages 3118–3130, Seattle, United States, July. Association for Computational Linguistics.

Proceedings of the 22nd China National Conference on Computational Linguistics, pages 262-270, Harbin, China, August 3 - 5, 2023.

Yue Zhang, Bo Zhang, Zhenghua Li, Zuyi Bao, Chen Li, and Min Zhang. 2022b. SynGEC: Syntax-enhanced grammatical error correction with a tailored GEC-oriented parser. In *Proceedings of the 2022 Conference on Empirical Methods in Natural Language Processing*, pages 2518–2531, Abu Dhabi, United Arab Emirates, December. Association for Computational Linguistics.

Wangchunshu Zhou, Tao Ge, Chang Mu, Ke Xu, Furu Wei, and Ming Zhou. 2020. Improving grammatical error correction with machine translation pairs. In *Findings of the Association for Computational Linguistics: EMNLP 2020*, pages 318–328, Online, November. Association for Computational Linguistics.

Proceedings of the 22nd China National Conference on Computational Linguistics, pages 262-270, Harbin, China, August 3 - 5, 2023.

System Report for CCL23-Eval Task 8: Chinese Grammar Error Detection and Correction Using Multi-Granularity Information

Yixuan Wang, Yijun Liu, Bo Sun, Wanxiang Che*
Research Center for Social Computing and Information Retrieval (SCIR),
Harbin Institute of Technology, China
{yixuanwang, bsun, car}@ir.hit.edu.cn
7203610630@stu.hit.edu.cn

Abstract

This paper introduces our system at CCL-2023 Task: Chinese Essay Fluency Evaluation (CEFE). The CEFE task aims to study the identification and correction of grammatical errors in primary and middle school students' test compositions. The evaluation has three tracks to examine the recognition of wrong sentence types, character-level error correction, and wrong sentence rewriting. According to the task characteristics and data distribution of each track, we propose a token-level discriminative model based on sequence labeling for the multi-label classification task of wrong sentences, an auto-encoder model based on edited labels for character-level error correction and a seq2seq model obtained by pre-training on pseudo data and fine-tuning on labeled data to solve the wrong sentence rewriting task. In the final evaluation results, the method we proposed won the first place in all three tracks according to the corresponding evaluation metrics.

1 Introduction

With the development of the Internet, the scale of online texts is also increasing, and it is difficult to meet the needs of text proofreading by relying on manual review alone. Especially in some error-intensive fields, such as the composition evaluation of elementary and middle school students, manual evaluation has become expensive and inefficient. At this time, it becomes very necessary to use deep learning technology to build an efficient evaluation system, which can assist teachers in identifying.

In order to promote the development of the field of text error correction, the China National Conference on Computational Linguistics (CCL-2023) has taken Chinese Essay Fluency Evaluation (CEFE) as one of the shared tasks. This task systematically classifies text errors at different granularities, provides human-annotated data, and proposes three tracks covering error correction and error detection.

In this work, we introduce our method at CCL-2023 CEFE task. For error detection, we adopt a fine-grained error detection model based on sequence annotation. Sentence-level multi-label tasks are accomplished by discriminating the type of error involved in each token. At the same time, we use techniques such as model inheritance and threshold post-processing to alleviate the bias caused by pseudo-data training. Due to the misalignment between the sequence labeling task and the provided human-annotated data, we constructed a large amount of pseudo-data for various types of errors based on LTP(Che et al., 2020) and heuristic rules, which were used for the training of the Track1 model and the pre-training of Track2 and Track3 models. For error correction, we trained an auto-encoder model based on edit label prediction and an auto-regressive model of seq2seq for character-level errors and extensive errors (including character-level and component-level), respectively. In the final evaluation, our method won the first place in the three tracks of wrong sentence type discrimination, character-level error correction, and wrong sentence rewriting.

This article is organized as follows: Section 2 briefly introduces the CEFE shared task; Section 3 mainly expounds the methods we use in this evaluation, including data level and model level; Section 4

*Email corresponding.

Proceedings of the 22nd China National Conference on Computational Linguistics, pages 271-281, Harbin, China, August 3 - 5, 2023.
(c) Technical Committee on Computational Linguistics, Chinese Information Processing Society of China

presents the main experimental results; Section 5 introduces some related work on text error correction; Finally, we conclude in Section 6 with reflections on future work.

2 Chinese Essay Fluency Evaluation

The goal of the CCL2023 CEFE task is to identify wrong sentences in primary and middle school students' compositions, judge the wrong sentence category they belong to, and propose amendments.

The previous work did not carry out a detailed classification of wrong sentences. This evaluation is the first to start from the two perspectives of character-level errors and component-level errors, and defines four categories of coarse-grained error categories (Character-level error, Component Incompleteness error, Component Redundancy error, and Component Mismatch error) , which contain 14 fine-grained error categories, as shown in Table 1.

Coarse-grained Error	Fine-grained Error	Amount of Pseudo Data
Character-level	Missing Word	20w
	Typo	27w
	Missing Punctuation	16w
	Punctuation Misuse	20w
Component Incompleteness	Subject unknown	5w
	Predicate Incompleteness	5w
	Object Incompleteness	5w
	Other Incompleteness	5w
Component Redundancy	Subject Redundancy	1k
	Function Word Redundancy	1k
	Other Redundancy	1k
Component Mismatch	Improper Word Order	1k
	Verb-object Mismatch	1k
	Other Mismatch	1k

Table 1: The 4 types of coarse-grained error categories and their corresponding 14 fine-grained error categories provided in this evaluation, among which Track 1 and Track 3 involve all categories, and Track 2 only involves Character-level error category. The table also shows the number of pseudo data we constructed for each error category, which will be explained in 4.2.

Specifically, Track 1 of the task is mainly dedicated to identifying the error types of wrong sentences, Track 2 requires the identification and correction of Character-level coarse-grained errors in sentences, and Track 3 requires the rewriting of wrong sentences containing extensive errors.

3 Methodology

According to the requirements of each track, the system we submitted needs to complete the identification and error correction of wrong sentences. Below we will introduce our method from these two aspects.

3.1 Wrong Sentence Type Recognition

Track 1 is a sentence-level multi-label classification task, which requires the model to determine the coarse-grained error and fine-grained error categories contained in the wrong sentence. However, due to the large number of types of wrong sentences and the large differences in the scale of various types of errors (a token is involved at the character level, and a span is usually involved at the component level), using conventional multi-label classification methods has not achieved good results.

Therefore, we consider classifying wrong sentences from the token level rather than the sentence level. The token-level sequence labeling task can not only convert sentence-level multi-label classification into token-level classification tasks (different errors usually involve different characters), but also simplify

Proceedings of the 22nd China National Conference on Computational Linguistics, pages 271-281, Harbin, China, August 3 - 5, 2023.

relatively difficult tasks (such as Component Mismatch) through interpretable token labeling. Specifically, the sequence labels for Character-level, Component Incompleteness, Component Redundancy, and Component Mismatch are shown in Figure 1.

Coarse-grained Category	Sequence Label
Character-level	#char_error 感受秦 谁 河所承载的历史
Component Incompleteness	#miss_other 试验了6000 多 材料
Component Redundancy	#redu_sub 我 过了一会，我完成了测试
Component Mismatch	#coll_vobj #coll_vobj 但也 达到 了很大 进步

Figure 1: Illustration of the sequence labels for each category. The correct character is marked as **#correct**, and all **#correct** labels are omitted in the table for clarity.

Sequence Labeling Method

According to the error category definition of Track1, our sequence labeling model has a total of 15 categories (correct label and other fine-grained error labels). Through the sequence labeling model, we obtain fine-grained error labels for each token. Finally, we integrate all the involved fine-grained labels as the result of the sentence-level fine-grained category, and then deduce the coarse-grained category according to the fine-grained category. The entire pipeline processing flow is shown in Figure 2.

Pseudo Data Construction

Since the human-annotated data provided by Track1 and the sequence labeling task are not aligned, and the amount of each track's data is not large. We consider using some semantic parsing tools and open-source data to construct a large amount of pseudo data for model pre-training.

Finally, we use LTP(Che et al., 2020) and some heuristic rules to construct a parallel corpus containing corresponding errors for the correct sentences in the CGED(Rao et al., 2018) training set. The specific rules are as follows:

1. **Character-level** error's construction mainly includes additions, deletions, and modifications to the original text. We construct **Missing Word** and **Missing Punctuation** by random delete operations. Relying on the word confusion sets proposed by Wang et al. (2018) and the Pinyin confusion set collected from the Internet, we construct **Typo** and **Punctuation Misuse** errors. We also randomly inserted some words from the vocabulary to cover the case of redundant word errors, whether it is Chinese characters or punctuation.

2. **Component Incompleteness** error's construction mainly depends on the syntactic analysis of LTP. According to the syntactic analysis results of LTP, we randomly delete the subject, object, predicate, and other component in it to construct **Subject unknown**, **Predicate Incompleteness**, **Object Incompleteness**, and **Other Incompleteness**. It should be noted that **Subject Unknown** also contains error subject sentences, so we will also randomly replace some subjects to construct this type of pseudo data.

Proceedings of the 22nd China National Conference on Computational Linguistics, pages 271-281, Harbin, China, August 3 - 5, 2023.

3. **Component Redundancy** error's construction also depends on the syntactic analysis of LTP. We construct **Subject Redundancy** and **Function Word Redundancy** by repeating or inserting the corresponding components. **Other Redundancy** is difficult to construct, so we directly use the corresponding part of the open-source Chinese semantic error dataset (CSED) proposed by Sun et al. (2023) as the training set.

4. **Component Mismatch** error mainly includes three types of errors. **Improper Word Order** error can be achieved by randomly shuffling spans, and we also use some of this type of data in CSED. For **Verb-object Mismatch** and **Other Mismatch** errors, we first constructed some subject-verb, verb-object collocation knowledge bases according to the LTP analysis results, and then we randomly replaced the subject, predicate, object in sentences from the knowledge base to realize improper collocation errors.

Transformer Model for Sequence Labeling

We use the model of the Transformer architecture (Vaswani et al., 2017) to complete the sequence labeling task. As usual, we first use the encoder model to model the input token to obtain hidden layer features, and then, we predict the label type of each token through the linear layer. For the input sequence: $S = t_0, t_1, ..., t_n$, the formula for the labeling process is as follows:

$$h_i^0 = W_e t_i + W_p \tag{1}$$

$$h_i^l = TransformerBlock(h_i^{l-1}) \tag{2}$$

$$y_i = Softmax(W_{linear} h_i^l + b) \tag{3}$$

where t_i is the current token, W_e is the word embedding matrix, and W_e is the position embedding matrix. After the extraction of each block, the hidden layer representation of the L layer h_i^l is obtained to predict the final label y_i by linear layer W_{linear}.

During the training stage, we use the label cross-entropy loss to optimize the model, which can be formulated as follow:

$$loss_{sequence\_labeling} = \sum_{i=1}^{n} CrossEntropy(y_i, \hat{y_i}) \tag{4}$$

where y_i represents the model prediction result, and $\hat{y_i}$ represents the gold label.

Model Integration

Due to the large difference in the scale of the four coarse-grained category errors, we found that a single model can't discriminate all errors well. Therefore, we consider using four different sequence labeling models to model errors of different scales. The specific method we use for inheriting model results can be formulated as follows:

$$Final_i = \bigcup_{m=1}^{4} Pred_m \tag{5}$$

where $Pred_m$ is the set of fine-grained error categories predicted by the mth model. For efficiency, we directly union the results of each model at the sentence level. This enables our system to learn more specifically about different types of errors and make more reasonable judgments.

Threshold Filtering

Although through model ensembles, we have been able to guarantee the requirement on recall. Our model still suffers from excessive false positives, due to the bias of pseudo data and the difficulty of the task.

Therefore, we consider the post-processing operation of threshold filtering on the model output.

We set a bound of confidence. When the predicted label is not correct and its corresponding confidence value is less than this lower limit, set this label to correct.

Proceedings of the 22nd China National Conference on Computational Linguistics, pages 271-281, Harbin, China, August 3 - 5, 2023.

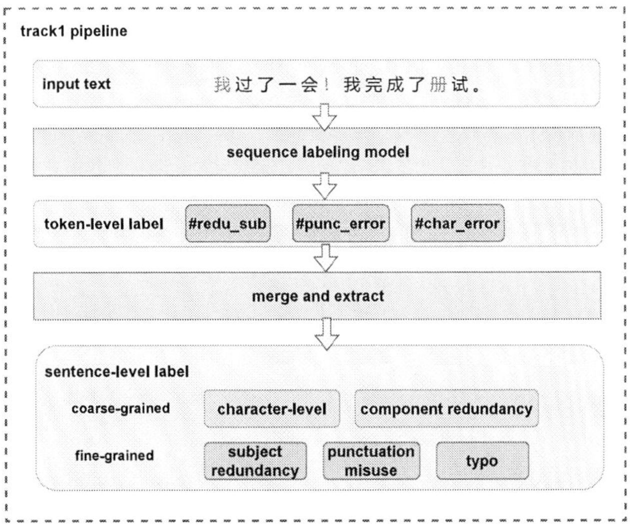

Figure 2: Illustration of the pipeline for the detection of the entire track1 wrong sentence category. First, we obtain the token-level error labels involved in the input text through the sequence labeling model, and then obtain the sentence-level results by merging and extracting the token-level labels.

Specifically, we set a confidence hyperparameter as a threshold. When the model confidence is lower than this hyperparameter, we will set it as correct. The filter formula is as follows:

$$label_{ij} = \begin{cases} y_{ij}, & \text{if } P(y_{ij}) > threshold \\ correct, & \text{else} \end{cases} \tag{6}$$

where y_{ij} is the predicted label, and $P(y_{ij})$ is the model's confidence in the label.

3.2 Wrong Sentence Correction

In addition to detecting the wrong sentence category, Track2 and Track3 also require us to correct the sentences to varying degrees. Considering the difference between these two categories of errors (the edit distance involved in Character-level errors is relatively short, usually within 1 word, while the edit distance involved in component-level errors is usually longer), We use two model architectures, auto-encoder and auto-regressive, to accomplish these two error correction tasks, respectively.

Operation	Detail	explanation
insert	repeat	insert a repeated word or token (including punctuation)
	redundancy	insert a synonym, based on bigcilin[0]
	random	insert a random word from the vocabulary
delete	random	delete a token (including punctuation)
replace	token-level	replace based on token-level confusion set (Wang et al., 2018)
	word-level	replace based on word-level confusion set[1]
	random	randomly replace from the vocabulary

Table 2: Introduction to the method of constructing Character-level error pseudo data

[0]www.bigcilin.com
[1]constructed from token-level confusion set

Proceedings of the 22nd China National Conference on Computational Linguistics, pages 271-281, Harbin, China, August 3 - 5, 2023.

Pseudo Data Construction

As in the error detection part, in view of the relatively small number of training sets provided by the evaluation, we used a similar LTP-based method (see in 3.1) to construct some pseudo data for the alignment error correction task in the pre-training stage.

In particular, we have constructed more fine-grained pseudo data for Character-level errors. The main construction methods are shown in Table 2. We randomly process the unlabeled corpus according to the operations in the table, so as to obtain sentences containing corresponding errors.

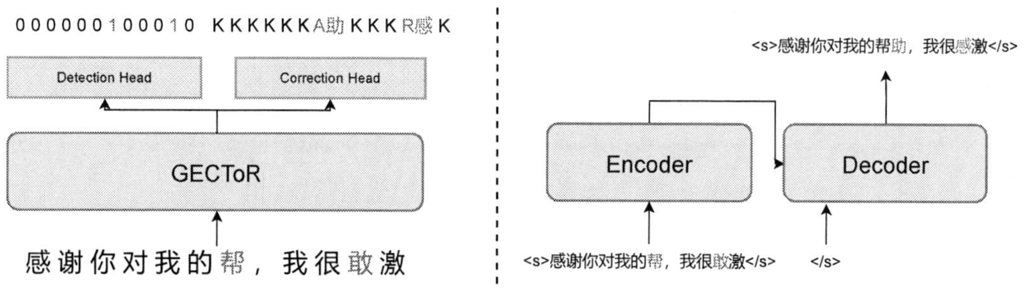

Figure 3: Illustration of the multi-task GECToR model used in Track2 and the seq2seq model used in Track3. For error correction header prediction labels, **A** means insertion and **R** means replacement.

Character-level Error Correction

For Character-level errors, we use the GECToR framework (Omelianchuk et al., 2020) based on editing tag sequence annotations to implement addition, deletion, and modification operations for Chinese characters and punctuation errors. We believe that non-generative models are easier to fit to the training set than generative models, and can make more conservative modifications.

In order to obtain a reliable Chinese GECToR model, we initialized with the weights of Chinese Bert(Cui et al., 2021), pre-trained on pseudo data and fine-tuned on the provided real distribution training set. We use error detection and correction multi-task learning to train the model. The model architecture is shown in the left side of Figure 3. As shown in the figure, we use the loss of multi-task learning as the optimization target during our GECToR model's training stage, which can be formulated as follows:

$$loss_{detect} = \sum_{i=1}^{n} CrossEntropy(y_{bi}, \hat{y}_{bi}) \tag{7}$$

$$loss_{correct} = \sum_{i=1}^{n} CrossEntropy(y_{token}, \hat{y}_{token}) \tag{8}$$

$$loss_{gector} = loss_{detect} + loss_{correct} \tag{9}$$

where y_{bi}, $\hat{y}_{bi}$ represents the binary label of the model prediction and the gold label, while y_{token}, $\hat{y}_{token}$ represents the edit distance label. We simply add the error detection and error correction losses as the final loss in the task.

Wrong Sentence Rewriting

For the wrong sentence rewriting task that contains all the above error types, we consider using a seq2seq model to cover the correction with a larger edit distance. The model architecture is shown in the right side of Figure 3. we finally chose BART(Lewis et al., 2019) as our backbone model due to its pre-training task of denoising. We believe that BART is more suitable for the task of text error correction than other models, because denoising and error correction are related tasks. Specifically, we used Shao et al. (2021)'s Chinese BART weights for model initialization.

Considering the amount of real training data, we still use the two-stage method of pre-training with pseudo data and fine-tuning with real data to train the error correction model. In the pre-training stage,

Proceedings of the 22nd China National Conference on Computational Linguistics, pages 271-281, Harbin, China, August 3 - 5, 2023.

we combined the previously constructed pseudo data (see in 3.1) and other open source semantic datasets (Sun et al., 2023) for training; in the fine-tuning stage, considering the data distribution, we integrated the Track2 and Track3 parallel corpus datasets for training.

We use the conventional way to train the seq2seq model. It should be noted that in order to avoid over-correction, we use greedy-search decoding in the inference stage.

4 Experiment

4.1 Data Analysis

We first counted the distribution of various errors in the data provided by Track1, which is used to guide our subsequent model training and pseudo-data construction guidelines.

The distribution diagram is shown in Figure 4. Through the analysis, no matter which source of the data set, Character-level errors account for the main part, and the metric of Character-level error contributes the most to the overall metrics. The result is in line with intuition, and Character-level error is also the most likely to occur and catch errors in composition writing scenarios.

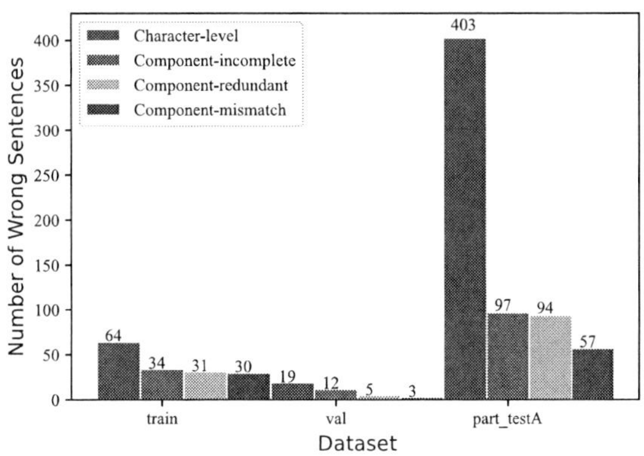

Figure 4: The distribution of each reference data set provided by Track1.

Specifically, the error of Character-level type accounts for a large proportion, followed by the error of Component Incompleteness and Component Redundancy, and the least is the type of Component Mismatch. Such a proportion also affects the amount of pseudo-data later to a certain extent.

4.2 Dataset

We present the source and number of other (unofficially provided) datasets we used in the datasets section. Overall, our model relies more on pseudo data constructed with Section 3.1. For Character-level error which has extensive open-source datasets, we use SIGHAN(Tseng et al., 2015) and CTC(Wang et al., 2022) as supplements. In addition, as mentioned in Section 3.1, we directly use the relevant parts of CSED(Sun et al., 2023) for some composition errors difficult to construct.

The amount of pseudo data we constructed for each category is shown in Table 1.

4.3 Metric

Referring to the requirements of the Task, we use the coarse-grained and fine-grained precision (P), recall (R), and F-score as metrics in Track1. And the F-score of character-level and sentence-level is used for Track2's Character-level correction model. Track3 integrates the edit distance label $F_{0.5}$, EM, Bert PPL, Levenshtein distance, BLEU-4, and BERT-Score as a reference.

4.4 Training Details

We generally use the AdamW optimizer and 128 max sequence length for model training. For Track1, we finally select the Chinese-electra-base model as encoder, we train four models for 50 epochs with a

Proceedings of the 22nd China National Conference on Computational Linguistics, pages 271-281, Harbin, China, August 3 - 5, 2023.

batch size of 32 and a learning rate of 5e-5 on the pseudo dataset, respectively. For Track2, we used Chinese-bert-base weight initialization. We pre-train on the pseudo dataset with batchsize 64, epoch 6, learning rate 1e-4, and fine-tune on the real dataset with batchsize 32, epoch 20, learning rate 5e-5. For Track3, we used the same settings as Track2, and submitted the best result on the validation set.

4.5 Validation Results

Due to time and submission mechanism factors, we mainly conducted ablation experiments on the setting of the error detection model.

Integrated Policy Validation

In order to verify our conjecture, we performed ablation experiments on the methods of directly predicting 14 error categories and model integration based on 4 coarse-grained error categories. As shown in the Table 3 below, the experimental results show that using four models to model various types of errors can reduce the task difficulty to a certain extent and improve the detection ability.

	Coarse-grained Error			**Fine-grained Error**			
method	**P**	**R**	**F**	**P**	**R**	**F**	**score**
single model	**35.41**	27.96	31.24	19.77	13.36	15.94	23.59
model integration	35.34	**68.51**	**46.63**	**21.16**	**36.45**	**26.77**	**36.70**

Table 3: Validation results using a single model and model integration method. For fair comparison, we used the Bert-base model for experiments.

Backbone Model Selection

Besides, we tried two transformer-based backbone networks, BERT(Devlin et al., 2018) and ELECTRA(Clark et al., 2020), for sequence labeling tasks. The experimental results are shown in Figure 4, ELECTRA achieves better performance on error detection due to discriminative-based pre-training tasks.

	Coarse-grained Error			**Fine-grained Error**			
model	**P**	**R**	**F**	**P**	**R**	**F**	**score**
BERT-base	**35.34**	68.51	46.63	**21.16**	36.45	**26.77**	36.70
ELECTRA-base	34.21	**89.96**	**49.56**	18.70	**46.17**	26.62	**38.09**

Table 4: Results on the validation set using different backbone networks. The structure of the two models both adopt the method of integrating four coarse-grained models.

Threshold Hyperparameter Selection

In order to determine an appropriate threshold, we tuned the threshold hyperparameters on the validation set, and the experimental results are shown in Figure 5. Combining the macro and micro metrics, we finally choose 0.99 as the confidence threshold hyperparameter.

4.6 Testing Results

Our final score and ranking on each track are shown in Table 5 below. According to the official evaluation metric, we achieved the first place in all the tracks.

5 Related Work

Due to the complexity of the Chinese language itself, Chinese text error correction has always been a challenging task. For Chinese spelling error correction, Hong et al. (2019) utilizes a pre-trained language model to generate candidate words. Cheng et al. (2020) uses GCN to enhance the modeling of confusing

Proceedings of the 22nd China National Conference on Computational Linguistics, pages 271-281, Harbin, China, August 3 - 5, 2023.

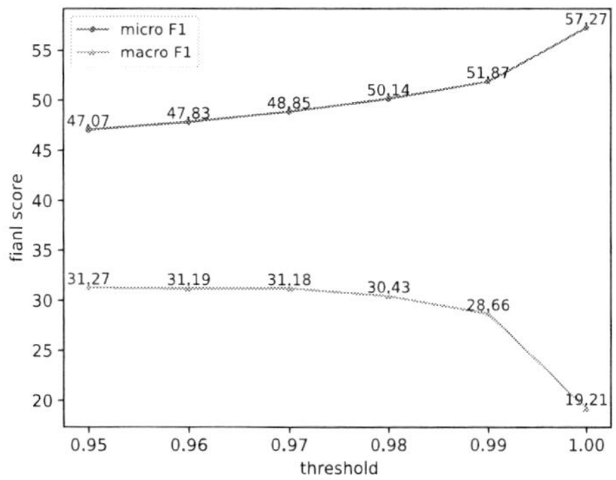

Figure 5: Illustration of threshold and detection metric on val under the optimal setting, which uses the ELECTRA-base backbone network and adopts model integration method.

<table>
<tr><th>Track</th><th colspan="6">Reference Metric</th><th>Score</th><th>Ranking</th></tr>
<tr><td rowspan="3">1</td><td colspan="2">Coarse-grained F1</td><td colspan="2">Fine-grained F1</td><td rowspan="2">micro F1</td><td rowspan="2">macro F1</td><td rowspan="3">52.16</td><td rowspan="3">1</td></tr>
<tr><td>micro</td><td>macro</td><td>micro</td><td>macro</td></tr>
<tr><td>56.7</td><td>42.81</td><td>47.62</td><td>16.46</td><td>52.16</td><td>29.64</td></tr>
<tr><td rowspan="3">2</td><td colspan="2">Detection</td><td colspan="2">Correction</td><td rowspan="2">Identify</td><td rowspan="2">Correct</td><td rowspan="3">67.33</td><td rowspan="3">1</td></tr>
<tr><td>char</td><td>sent</td><td>char</td><td>sent</td></tr>
<tr><td>62.28</td><td>55.86</td><td>62.76</td><td>40.02</td><td>74.22</td><td>60.44</td></tr>
<tr><td rowspan="2">3</td><td>$F_{0.5}$</td><td>EM</td><td>PPL_{BERT}</td><td>LD</td><td>$BLEU_4$</td><td>$BERT_{Score}$</td><td rowspan="2">57.83</td><td rowspan="2">1</td></tr>
<tr><td>45.81</td><td>17.34</td><td>2.91</td><td>1.91</td><td>89.85</td><td>97.60</td></tr>
</table>

Table 5: Metrics and rankings on the official test sets for each track.

characters. Liu et al. (2021) proposes PLOME which incorporates pinyin information and font information to assist in error correction. And DCN(Wang et al., 2021) calculates the transfer matrix through the neural network, and generates more fluent error correction results through beam search.

For Chinese grammatical error correction, we continue to follow up the excellent methods of CGED. Wang et al. (2020) combines ResNet and Transformer structures for error detection. Luo et al. (2020) also uses GCN to model the syntactic dependency tree, thereby enhancing the error detection ability. Cao et al. (2020) proposes a feature-based gating mechanism, which can reduce the amount of training parameters of the model.

A major difficulty in Chinese grammar error correction is the lack of high-quality labeled data. In recent years, some scholars have also devoted themselves to the construction of high-quality grammar data sets. Zhang et al. (2022) relabeles and integrates the current CGEC dataset to build a multi-reference dataset that can evaluate the model more accurately. Xu et al. (2022), Sun et al. (2023) organizes manual annotation according to the exam questions of wrong sentences in primary and secondary school, and construct high-quality native Chinese grammar error datasets with fine-grained classification.

6 Conclusion and Future Work

This paper describes our detection and correction system on the CCL-2023 CEFE task, which includes token-level error correction and the implementation of two different paradigm GEC models. In all three tracks, the metrics of our model reached the first. In future work, we will continue to study more efficient grammatical error correction methods, such as the adaptation of the seq2seq model to error correction tasks, the improvement of the speed of autoregressive methods, and the utilization of LLMs like chatgpt, etc.

Proceedings of the 22nd China National Conference on Computational Linguistics, pages 271-281, Harbin, China, August 3 - 5, 2023.

References

Yongchang Cao, Liang He, Robert Ridley, and Xinyu Dai. 2020. Integrating bert and score-based feature gates for chinese grammatical error diagnosis. In *Proceedings of the 6th Workshop on Natural Language Processing Techniques for Educational Applications*, pages 49–56.

Wanxiang Che, Yunlong Feng, Libo Qin, and Ting Liu. 2020. N-ltp: An open-source neural language technology platform for chinese. *arXiv preprint arXiv:2009.11616*.

Xingyi Cheng, Weidi Xu, Kunlong Chen, Shaohua Jiang, Feng Wang, Taifeng Wang, Wei Chu, and Yuan Qi. 2020. Spellgcn: Incorporating phonological and visual similarities into language models for chinese spelling check. *arXiv preprint arXiv:2004.14166*.

Kevin Clark, Minh-Thang Luong, Quoc V Le, and Christopher D Manning. 2020. Electra: Pre-training text encoders as discriminators rather than generators. *arXiv preprint arXiv:2003.10555*.

Yiming Cui, Wanxiang Che, Ting Liu, Bing Qin, and Ziqing Yang. 2021. Pre-training with whole word masking for chinese bert. *IEEE/ACM Transactions on Audio, Speech, and Language Processing*, 29:3504–3514.

Jacob Devlin, Ming-Wei Chang, Kenton Lee, and Kristina Toutanova. 2018. Bert: Pre-training of deep bidirectional transformers for language understanding. *arXiv preprint arXiv:1810.04805*.

Yuzhong Hong, Xianguo Yu, Neng He, Nan Liu, and Junhui Liu. 2019. Faspell: A fast, adaptable, simple, powerful chinese spell checker based on dae-decoder paradigm. In *Proceedings of the 5th Workshop on Noisy User-generated Text (W-NUT 2019)*, pages 160–169.

Mike Lewis, Yinhan Liu, Naman Goyal, Marjan Ghazvininejad, Abdelrahman Mohamed, Omer Levy, Ves Stoyanov, and Luke Zettlemoyer. 2019. Bart: Denoising sequence-to-sequence pre-training for natural language generation, translation, and comprehension. *arXiv preprint arXiv:1910.13461*.

Shulin Liu, Tao Yang, Tianchi Yue, Feng Zhang, and Di Wang. 2021. Plome: Pre-training with misspelled knowledge for chinese spelling correction. In *Proceedings of the 59th Annual Meeting of the Association for Computational Linguistics and the 11th International Joint Conference on Natural Language Processing (Volume 1: Long Papers)*, pages 2991–3000.

Yikang Luo, Zuyi Bao, Chen Li, and Rui Wang. 2020. Chinese grammatical error diagnosis with graph convolution network and multi-task learning. In *Proceedings of the 6th Workshop on Natural Language Processing Techniques for Educational Applications*, pages 44–48.

Kostiantyn Omelianchuk, Vitaliy Atrasevych, Artem Chernodub, and Oleksandr Skurzhanskyi. 2020. Gector–grammatical error correction: Tag, not rewrite. *ACL 2020*, page 163.

Gaoqi Rao, Qi Gong, Baolin Zhang, and Endong Xun. 2018. Overview of NLPTEA-2018 share task Chinese grammatical error diagnosis. In *Proceedings of the 5th Workshop on Natural Language Processing Techniques for Educational Applications*, pages 42–51, Melbourne, Australia, July. Association for Computational Linguistics.

Yunfan Shao, Zhichao Geng, Yitao Liu, Junqi Dai, Hang Yan, Fei Yang, Li Zhe, Hujun Bao, and Xipeng Qiu. 2021. Cpt: A pre-trained unbalanced transformer for both chinese language understanding and generation. *arXiv preprint arXiv:2109.05729*.

Bo Sun, Baoxin Wang, Yixuan Wang, Wanxiang Che, Dayong Wu, Shijin Wang, and Ting Liu. 2023. Csed: A chinese semantic error diagnosis corpus. *arXiv preprint arXiv:2305.05183*.

Yuen-Hsien Tseng, Lung-Hao Lee, Li-Ping Chang, and Hsin-Hsi Chen. 2015. Introduction to sighan 2015 bake-off for chinese spelling check. In *Proceedings of the Eighth SIGHAN Workshop on Chinese Language Processing*, pages 32–37.

Ashish Vaswani, Noam Shazeer, Niki Parmar, Jakob Uszkoreit, Llion Jones, Aidan N Gomez, Łukasz Kaiser, and Illia Polosukhin. 2017. Attention is all you need. *Advances in neural information processing systems*, 30.

Dingmin Wang, Yan Song, Jing Li, Jialong Han, and Haisong Zhang. 2018. A hybrid approach to automatic corpus generation for chinese spelling check. In *Proceedings of the 2018 Conference on Empirical Methods in Natural Language Processing*, pages 2517–2527.

Shaolei Wang, Baoxin Wang, Jiefu Gong, Zhongyuan Wang, Xiao Hu, Xingyi Duan, Zizhuo Shen, Gang Yue, Ruiji Fu, Dayong Wu, et al. 2020. Combining resnet and transformer for chinese grammatical error diagnosis. In *Proceedings of the 6th Workshop on Natural Language Processing Techniques for Educational Applications*, pages 36–43.

Proceedings of the 22nd China National Conference on Computational Linguistics, pages 271-281, Harbin, China, August 3 - 5, 2023.

Baoxin Wang, Wanxiang Che, Dayong Wu, Shijin Wang, Guoping Hu, and Ting Liu. 2021. Dynamic connected networks for chinese spelling check. In *Findings of the Association for Computational Linguistics: ACL-IJCNLP 2021*, pages 2437–2446.

Baoxin Wang, Xingyi Duan, Dayong Wu, Wanxiang Che, Zhigang Chen, and Guoping Hu. 2022. Cctc: A cross-sentence chinese text correction dataset for native speakers. In *Proceedings of the 29th International Conference on Computational Linguistics*, pages 3331–3341.

Lvxiaowei Xu, Jianwang Wu, Jiawei Peng, Jiayu Fu, and Ming Cai. 2022. Fcgec: Fine-grained corpus for chinese grammatical error correction. *arXiv preprint arXiv:2210.12364*.

Yue Zhang, Zhenghua Li, Zuyi Bao, Jiacheng Li, Bo Zhang, Chen Li, Fei Huang, and Min Zhang. 2022. Mucgec: a multi-reference multi-source evaluation dataset for chinese grammatical error correction. *arXiv preprint arXiv:2204.10994*.

Proceedings of the 22nd China National Conference on Computational Linguistics, pages 271-281, Harbin, China, August 3 - 5, 2023.

Overview of CCL23-Eval Task 8: Chinese Essay Fluency Evaluation (CEFE) Task

Xinshu Shen[1], **Hongyi Wu**[1], **Man Lan**[1,2,*], **Xiaopeng Bai**[2,3], **Yuanbin Wu**[1,2], **Aimin Zhou**[1,2], **Shaoguang Mao**[4], **Tao Ge**[4] and **Yan Xia**[4]

[1]School of Computer Science and Technology, East China Normal University
[2]Shanghai Institute of AI for Education, East China Normal University
[3]Department of Chinese Language and Literature, East China Normal University
[4]Microsoft Research Asia

{xinshushen,hongyiwu}@stu.ecnu.edu.cn
{mlan,ybwu,amzhou}@cs.ecnu.edu.cn, xpbai@zhwx.ecnu.edu.cn
{shaoguang.mao,tage,yanxia}@microsoft.com

Abstract

This paper provides a comprehensive review of the CCL23-Eval Task 8, i.e., *Chinese **E**ssay **F**luency **E**valuation* (**CEFE**). The primary aim of this task is to systematically identify the types of grammatical fine-grained errors that affect the readability and coherence of essays written by Chinese primary and secondary school students, and then to suggest suitable corrections to enhance the fluidity of their written expression. This task consists of three distinct tracks: (1) *Coarse-grained and fine-grained error identification*; (2) *Character-level error identification and correction*; (3) *Error sentence rewriting*. In the end, we received 44 completed registration forms, leading to a total of 130 submissions from 11 dedicated participating teams. We present the results of all participants and our analysis of these results. Both the dataset and evaluation tool used in this task are available[1].

1 Introduction

As a life-long and continuous process, education continually evolves and adapts, especially with the widespread of the Internet. Consequently, the task of student essay assessment has considerably broadened in scale. This significant growth has brought the issues of cost-effectiveness and efficiency in manual essay correction to the forefront, marking them as noteworthy considerations in modern educational practices. In response to this, numerous researchers and institutions have begun exploring the potential of computer technology for automated essay correction (Rudner et al., 2006). This initiative serves a dual purpose. First, by analyzing various aspects of an essay, including its language, content, structure, and the challenges that exist within, it allows for the provision of objective, precise, and timely feedback and may equip students with an enriched understanding of their writing challenges, enhancing their overall skills. Second, this allows teachers to effectively gauge students' writing proficiency and provide more targeted guidance, thereby advancing the educational development of students.

Among the key aspects considered during essay correction by teachers is the fluency of expression. The fluency of an essay mirrors the coherence and grammatical correctness of the text, in addition to giving an insight into the author's writing proficiency and expressive capabilities. Enhancing this aspect carries significant implications for improving the quality of essay corrections and elevating the writing standards of the authors themselves.

However, existing evaluation of essay fluency at primary and secondary levels has the following issues: **1) Lack of specifications:** Current work mainly evaluates essay quality overall, with little in-depth research in fluency and a lack of systematic evaluation specifications, which is not beneficial for comprehensive understanding and improvement of students' writing skills. **2) Poor interpretability:** Prior research typically treats fluency as a scoring task (Mim et al., 2021), providing only an overall rating or score. Alternatively, it is treated as a simple grammatical error correction (GEC) task (Gong et al.,

*Corresponding author.

[1]https://github.com/cubenlp/2023CCL_CEFE

Proceedings of the 22nd China National Conference on Computational Linguistics, pages 282-292, Harbin, China, August 3 - 5, 2023.
(c) Technical Committee on Computational Linguistics, Chinese Information Processing Society of China

2021; Tsai et al., 2020). These studies focus primarily on identifying and rectifying simple grammatical errors in sentences, examining them through the lens of revisions such as additions, deletions, and modifications. However, these approaches often neglect to study the specific types of grammatical errors and do not indicate the particular error type. However, both detailed error types and correction references are helpful to students, enabling them to understand their mistakes, revise their essays, and avoid the same errors in the future. **3) Lack of data from authentic writing contexts of primary and secondary school students:** Public datasets for researching essay fluency among Chinese primary and secondary school students are scarce, and previous GEC-based research often relies on rule-based or inter-language datasets from Chinese language learners. However, the types of errors found in Chinese students' compositions are more diverse and involve more complex grammar knowledge. Figure 1 provides exemplars of sentences extracted from compositions penned by primary and secondary school students, highlighting their respective errors alongside appropriate corrective suggestions. Usually, an individual sentence encompasses multiple categories of errors that go beyond the confines of mere spelling errors.

Chinese Sentence	English Translation
Sentence：我一共种了两株在阳台上，我平时见不到它们，只有在周末才能望上几眼。 ErrorType：语序不当、主语多余 RevisedSentence：我在阳台上一共种了两株，平时见不到它们，只有在周末才能望上几眼。	Sentence： I planted two plants in totalon the balcony. I can't see them usually, only catch a glimpse of them on weekends. ErrorType： Inappropriate Word Order,Subject Redundancy RevisedSentence： I on the balcony planted two plants in total, andcan't see them usually, only catch a glimpse of them on weekends.

Figure 1: An example of our task. In modern Chinese, adverbials are typically positioned between the subject and the predicate rather than at the end of the sentence, thereby leading to an 'Inappropriate Word Order' error. Moreover, in the first two short sentences, there is a problem of 'Subject Redundancy' where the subject 'I' is repeated unnecessarily.

These gaps in existing methodologies underscore the necessity for a fine-grained, interpretable approach that not only identifies errors but also provides detailed, actionable feedback for students, and emphasize the importance of using composition data from authentic writing contexts of primary and secondary school students. Motivated by this, we present the CCL23-Eval task: *Chinese Essay **F**luency **E**valuation* (**CEFE**), which aims to identify and correct errors that affect the fluency of writing for primary and secondary school students. The task featured three tracks: (1) *Coarse-grained and fine-grained error identification*; (2) *Character-level error identification and correction*; (3) *Error sentence rewriting*, aiming at providing a higher-quality evaluation of fluency in primary and secondary school essays.

This task attracted 44 teams to sign up for the competition, and in the end, we received 130 submissions from 11 teams. The task description is presented in Section 2. We describe the data we used in this task in Section 3. In Section 4, we discuss the metrics used to rank participant submissions. We list participants' information and results from their submissions and provide a more in-depth discussion in Section 6. In Section 7, we introduce the methods of the excellent teams. We finally conclude the paper in Section 8.

2 Task Description

The mission of our evaluation is categorized into three distinct tracks, each designed to address a specific aspect of identifying and rectifying errors within primary and secondary school compositions. The tasks aim to illuminate the types of errors that students commonly make, thereby providing a foundation for targeted improvements in writing skills.

2.1 Track 1: Coarse-Grained and Fine-Grained Error Identification

Track 1 focuses on the identification of erroneous sentence types in primary and secondary school compositions. Different types of grammatical errors can reflect various writing challenges faced by students, but traditional practices fail to highlight these errors explicitly. This task approaches the issue from two perspectives, character-level and component-level errors, and defines four types of coarse-grained

Proceedings of the 22nd China National Conference on Computational Linguistics, pages 282-292, Harbin, China, August 3 - 5, 2023.

grammatical error types: *Character-Level Error **(CL)***, *Incomplete Component Error **(IC)***, *Redundant Component Error **(RC)***, and *Incorrect Constituent Combination Error **(ICC)***. Furthermore, we have defined fourteen fine-grained error types, which provide a more detailed understanding of the errors that may occur in writing. This task is especially challenging due to the limited writing skills of primary and middle school students, resulting in multiple errors within the same sentence. Therefore, this track is characterized as a multi-label classification task. The detailed descriptions and examples of each types are available on the competition homepage[1], and the detailed category definitions are as follows:

Character-Level Error (CL) Including four fine-grained error types: Word Missing (**WM**), where a word in a commonly used fixed collocation is missing from the sentence and needs to be added; Typographical Error (**TE**), where there are typos in the sentence that need to be revised or deleted; Missing Punctuation (**MP**), where punctuation is missing from the sentence and needs to be added; and Wrong Punctuation (**WP**), where the punctuation used in the sentence is wrong and needs to be revised or deleted.

Redundant Component Error (RC) Three fine-grained error types are: Subject Redundancy (**SR**), which occurs when a complex adverb is followed by a repeated subject referring to the same entity, and the modification is to delete one subject; Particle Redundancy (**PR**) refers to the redundant use of particles, which should be deleted during editing; Other Redundancy (**OR**) refers to any redundant elements not covered by the previous types, which should also be deleted in modification.

Incomplete Component Error (IC) Four fine-grained error types with incomplete components are: Unknown Subject (**US**), which occurs when the sentence lacks a subject or the subject is unclear, and the solution is to add or clarify the subject; Predicate Missing (**PM**) refers to a sentence lacking verbs, which may be corrected by adding predicates; Object Missing (**OBM**) means that a sentence lacks an object, and the solution is to add an object; Other Missing (**OTM**) refers to other missing components besides the incomplete subject, predicate, and object, which may be corrected by adding the missing components except for the subject, predicate, and object.

Incorrect Constituent Combination Error (ICC) Including three fine-grained error types: Inappropriate Verb-Object Collocation (**IVOC**) refers to the predicate and object not being properly matched, and may be corrected by replacing either the predicate or object with other words; Inappropriate Word Order (**IWO**) means that the order of words or clauses in the sentence is unreasonable, and may be corrected by rearranging some words or clauses; Inappropriate Other Collocation (**IOC**) refers to any element in the sentence not covered by the previous types being improperly matched, and may be corrected by replacing it with other words.

2.2 Track 2: Character-Level Error Identification and Correction

Track 2 centers around the recognition and correction of character-level errors in primary and secondary school compositions. These errors primarily fall into four categories: *Word Missing **(WM)***, *Typographical Error **(TE)***, *Missing Punctuation **(MP)***, and *Wrong Punctuation **(WP)***. This track necessitates a composition sentence as input and generates an output in the form of a triplet consisting of the error category and the correction method, including the position of the original error, the operation to be performed (addition-A, replacement-R, or deletion-D) and the result of the modification. Given the multiplicity of error categories, this task also stands as a multi-label classification task.

2.3 Track 3: Error Sentence Rewriting

Track 3 entails the rewriting of incorrect sentences in primary and secondary school compositions. The challenge here is to provide a minimal modification plan for the erroneous sentences while preserving the original semantics. The revision should make as few alterations as possible, as excessive modifications cannot assist students in identifying their writing problems. This concept of automatic sentence correction is vital for teachers to comprehend their students' writing challenges and to consequently improve the students' writing proficiency. It reflects the importance of preserving the student's original thought process while guiding them towards grammatical correctness and clarity of expression.

[1] `https://github.com/cubenlp/2023CCL_CEFE`

Proceedings of the 22nd China National Conference on Computational Linguistics, pages 282-292, Harbin, China, August 3 - 5, 2023.

	Train Set	Dev Set	Test A	Test B
Track 1	104	27	1,237	4,116
Track 2	103	22	998	4,001
Track 3	100	19	1,236	4,116

Table 1: The statistics of the **CEFE 1.0** corpus and the number of sentences in each of three tracks.

3 Datasets

In a bid to promote and advance research on essay fluency in primary and secondary school students, we annotated both fine-grained grammatical error types and corresponding correction references that affect sentence fluency. We constructed a fine-grained dataset for **C**hinese **E**ssay **F**luency **E**valuation (**CEFE 1.0**), which aims to provide meaningful insights into the nature and types of grammatical errors students typically make in their writing.

3.1 Data Collection

The seed material for the dataset originated from actual compositions written by primary and secondary school students for their exams. The collected data covered various genres of writing, such as character and scene description. This data source was chosen due to its inherent authenticity and richness, emanating from real-world writing scenarios. These exam essays provide authentic and unadulterated insights into the writing abilities, patterns, and common mistakes of students within these age groups. As a result, we were able to encounter a diverse and complex array of error types and revisions, offering a genuine reflection of the challenges students face when writing essays. By grounding our research in these authentic compositions, we ensured that our findings and solutions would remain relevant and applicable to actual student writing, thereby significantly enhancing the potential impact of our work.

3.2 Data Annotation

Annotators, consisting of four undergraduates, four postgraduates majoring in language-related fields, and four expert reviewers with experience as Chinese teachers, were tasked with annotating error types and providing sentence revisions based on error types. The annotation followed the principle of minimal changes. Before actual annotation, annotators received training on the specifications. During the annotation process, the initial annotation was carried out by an undergraduate and a postgraduate student. Following this, expert reviewers conducted a verification pass and made any necessary corrections to ensure the accuracy and reliability of the annotated data. We divided the data into five groups for annotation and held weekly online discussions to address common issues and make adjustments. This dual focus on identifying specific errors and providing correction suggestions not only enhances the interpretability of the task but also empowers students with the necessary understanding to rectify their writing.

3.3 Data Statistics

This section presents the released training and test data for each track. Due to the scarcity of annotated data in real-world scenarios, we require participants to establish high-quality sentence fluency evaluation models on a given small number of samples. The evaluation is divided into two stages, Test A and Test B. The test set may contain correct sentences, and a subset of blind test data is selected for evaluation. We provide standard answers to half of the test data for participating teams to review their own results and conduct in-depth research. The two-phased evaluation design was aimed at optimizing the participating teams' error detection and correction strategies, promoting innovation, and enhancing the overall quality of outcomes in this challenging task. The size of the dataset for each task is shown in Table 1.

4 Evaluation Metrics

We use different evaluation metrics in different tracks of the task. Our precision and recall calculations are the same in all tracks. Precision is defined as the ratio of correctly identified instances to the total

Proceedings of the 22nd China National Conference on Computational Linguistics, pages 282-292, Harbin, China, August 3 - 5, 2023.

number of identified instances. Recall is defined as the ratio of correctly identified instances to the total number of instances labeled in the ground truth. The F1-score, often used in tasks involving binary or multi-class classification, is the harmonic mean of precision and recall, calculated using the formula: $F_1 = \frac{2PR}{P+R}$.

4.1 Track1: Coarse-Grained and Fine-Grained Error Identification

The total score of Track1 is composed of two parts: coarse-grained and fine-grained wrong sentence identification score. The specific calculation method is as follows:

$$F_1 = 0.5 * F_1^{coarse\_grained} + 0.5 * F_1^{fine\_grained} \quad (1)$$

Specifically, precision (P), recall (R), and micro F_1 are used to evaluate the recognition effect of coarse and fine-grained wrong sentence types.

4.2 Track2: Character-Level Error Identification and Correction

The total score for Track 2 is composed of two parts: the score for character-level error type recognition and the score for character-level error correction. The specific calculation method is detailed below (note that correct sentences are not included in these calculations):

$$F_1^{final} = 0.5 * F_1^{identify} + 0.5 * F_1^{correct} \quad (2)$$

4.2.1 Character-Level Error Type Identification Score

We use precision (P), recall (R), micro F_1 to evaluate the recognition effect of character-level error types.

4.2.2 Character-Level Error Correction Score

We also use precision (P), recall (R), and micro F_1 to evaluate the results. Evaluate from word granularity and sentence granularity, the specific calculation method is as follows:

$$F_1^{correct} = 0.8 * F_1^{character\_level} + 0.2 * F_1^{sentence\_level} \quad (3)$$

Each particle size evaluates the result from two parts of detection and correction. The specific calculation method is as follows:

$$F_1^{character\_level} = 0.8 * F_1^{character\_level}(Detection) + 0.2 * F_1^{character\_level}(Correction) \quad (4)$$

$$F_1^{sentence\_level} = 0.8 * F_1^{sentence\_level}(Detection) + 0.2 * F_1^{sentence\_level}(Correction) \quad (5)$$

4.3 Track3: Error Sentence Rewriting

Due to the diversity of rewriting results provided by participants,we evaluate the results of the model from two perspectives, and the top 5 teams in the final rankings will be subject to manual evaluation(correct sentences will not be included in the evaluation):

Comparison with golds We employ three evaluation metrics: **1)** Exact Match (EM): calculates the percentage of correct sentences generated by the model that exactly match the correct references; **2)** Edit metrics proposed by MuCGEC (Zhang et al., 2022): converts error-correct sentence pairs into operations, and compares the model's output operations with the correct references, and calculates the highest scores for precision, recall, and $F_{0.5}$; **3)** BLEU (Papineni et al., 2002): measures the overlap between the model-generated sentences and the correct references.

Correctness and reasonableness of results We also use three evaluation metrics: **1)** Perplexity (PPL): measures the quality of rewritten sentences by BERT (Devlin et al., 2018); **2)** Levenshtein Distance: calculates the edit distance between the rewritten sentence and the original sentence. In composition correction, we aim to transform incorrect sentences into correct ones with as few modifications as possible, as excessive revisions may hinder students' understanding of their mistakes; **3)** BERTScore (Zhang et al., 2019): measures the similarity between the rewritten sentence and the original sentence.

We finally weighted multiple metrics to obtain the final score:

$$FinalScore = (EM + BLEU + F_{0.5} + BERTScore)/4 - Levenshtein - BERT_{PPL} \quad (6)$$

Proceedings of the 22nd China National Conference on Computational Linguistics, pages 282-292, Harbin, China, August 3 - 5, 2023.

ID	Team Name	Organization	Track 1	Track 2	Track 3
1	HIT-SCIR	Harbin Institute of Technology	✓	✓	✓
2	ZUT	Zhongyuan University of Technology	✓	✓	✓
3	ihuman	ihuman	✓	✗	✗
4	HDZ	Individual	✓	✗	✗
5	SEU-SC	Southeast University	✗	✗	✓
6	HIT_2	Harbin Institute of Technology	✗	✗	✓
7	HYY	Individual	✗	✗	✓
8	BLCU-LCC-Lab	Beijing Language and Culture University	✓	✗	✗
9	QT	Individual	✗	✗	✓
10	MBZ	Individual	✗	✗	✓
11	BK	Individual	✗	✗	✓
	Total Number	44	36	28	30

Table 2: The basic information of the participants with a total of 44 teams, where 36 teams for Track 1, 28 teams for Track 2 and 30 teams for Track 3.

Team Name	Rank	Final Score	Test	Avg F_1	Coarse-Grained F_1	Fine-Grained F_1
HIT-SCIR	1	52.16	A	47.09	60.18	34.00
			B	52.16	56.70	47.62
ZUT	2	51.96	A	45.89	58.16	33.63
			B	51.96	59.60	44.31
ihuman	3	51.60	A	47.99	61.26	34.71
			B	51.60	58.30	44.89
HDZ	4	49.40	A	-	-	-
			B	49.40	59.99	38.81
Baseline	-	49.40	A	-	-	-
			B	49.40	54.39	44.41
BLCU-LCC-Lab	-	-	A	40.54	53.70	27.38
			B	-	-	-

Table 3: Results of Track 1 *Coarse-Grained and Fine-Grained Error Identification*, where "-" indicates that the team did not submit results. Our baseline model was trained on the training dataset and Test A dataset.

Team Name	Rank	Final Score	Test	Avg F_1	Identify	Correct	Character		Sentence	
							Detection	Correction	Detection	Correction
HIT-SCIR	1	67.33	A	19.99	36.77	3.21	4.00	2.06	1.85	0.58
			B	67.33	74.22	60.44	62.28	62.76	55.86	40.02
ZUT	2	59.85	A	54.42	56.73	52.12	53.49	54.93	48.29	34.32
			B	59.85	67.08	52.61	53.86	55.01	49.81	34.28
Baseline	-	57.81	A	-	-	-	-	-	-	-
			B	57.81	68.76	46.85	47.07	53.33	43.89	29.26

Table 4: Results of Track 2 *Character-Level Error Identification and Correction*. We trained our baseline model using the training dataset and Test A dataset.

Proceedings of the 22nd China National Conference on Computational Linguistics, pages 282-292, Harbin, China, August 3 - 5, 2023.

Team Name	Rank	Final Score	Test	$F_{0.5}$	EM	BLEU-4	BERT_{PPL}	Levenshtein	BERTScore
HIT-SCIR	1	57.83	A	17.97	7.44	85.85	3.16	3.35	96.57
			B	45.81	17.34	89.85	2.91	1.91	97.60
ZUT	2	56.27	A	42.91	19.42	91.45	3.23	1.24	97.78
			B	40.32	13.03	90.75	2.94	1.23	97.64
SEU-SC	3	55.87	A	42.69	19.26	91.35	3.27	1.19	97.78
			B	39.14	12.58	90.57	2.95	1.16	97.63
Baseline	-	53.40	A	-	-	-	-	-	-
			B	35.32	9.43	89.10	2.96	1.45	97.40
HIT_2	4	53.39	A	33.81	15.13	89.70	3.47	1.75	97.48
			B	34.52	10.87	89.22	2.98	1.65	97.48
HYY	5	52.70	A	17.06	5.18	88.44	3.40	1.00	96.96
			B	30.84	8.45	89.94	3.01	0.97	97.51
MBZ	-	-	A	28.48	7.77	90.43	3.33	0.69	97.73
			B	-	-	-	-	-	-
BK	-	-	A	15.09	4.45	88.45	3.41	0.91	96.90
			B	-	-	-	-	-	-
QT	-	-	A	14.26	4.69	76.74	4.54	7.26	94.63
			B	-	-	-	-	-	-

Table 5: Results for Track 3 *Error Sentence Rewriting*, where "-" indicates that the team did not submit results. Our baseline model was trained using training dataset and Test A dataset.

5 Baselines

We present the outcomes of our baseline models for reference. The training dataset and Test A dataset are utilized for training, and we evaluate the performance of our model on Test B dataset. For Track 1, we fine-tune BERT (Devlin et al., 2018) on our dataset over 100 epochs, employing batch sizes within the range of $[16, 24]$, a learning rate of $2e^{-5}$, and the Adam (Kingma and Ba, 2015) optimizer. Sentences are encoded with these Pretrained Language Models (PLMs) to derive contextual representations (utilizing $[CLS]$ embedding), and error types are identified via fully-connected layers. For Track 3, we fine-tune Chinese BART (Lewis et al., 2019) on our dataset over 100 epochs, with a batch size of 16, a learning rate of $2e^{-5}$, and the AdamW (Loshchilov and Hutter, 2019) optimizer. For Track 2, we employ the model framework of Track 1 and Track 3 to train on Track 2 data, and the error correction result is transformed into the Track 2 format via a script. The results of our baseline models are detailed in Section 6.

6 Results and Analysis

6.1 Results

In our competition, a total of 11 teams submitted their final results. The basic information about them are detailed in Table 2. Ultimately, the performance of the teams was evaluated based on the results from the Test B. It's important to note that any team that did not submit results for this set was not included in the final rankings. The final results for the each track are given in Table 3, Table 4 and Table 5.

6.2 Futher Analysis

Given that our evaluation represents a few-shot task, data augmentation emerges as a prevalent strategy. Moreover, considering the impressive language understanding and generation capabilities of contemporary Large Language Models (LLMs), these models present an effective solution to address such few-shot challenges. Therefore, we counted the use of these two technologies by the participating teams, as shown in Table 6. Based on their results, their performance is superior to the baseline system trained using more

Proceedings of the 22nd China National Conference on Computational Linguistics, pages 282-292, Harbin, China, August 3 - 5, 2023.
(c) Technical Committee on Computational Linguistics, Chinese Information Processing Society of China

Team Name	used LLMs	used Data Augmentation
HIT-SCIR	✗	✓
ZUT	✗	✗
ihuman	✓	✗
SEU-SC	✗	✓

Table 6: A summary of the methods used by participating teams that contributed implementations. "LLMs" indicates whether the participating team uses large language models; "Data Augmentation" indicates whether to use data outside the task for training.

data, demonstrating the effectiveness of their data augmentation methods and indicating that both data augmentation and using LLMs may effectively increase data quantity, improve model generalization ability, and accuracy.

Moreover, we collected performance metrics for each team on fine-grained error categories and conducted further analysis. Specifically, we assessed the teams' proficiency in identifying 4 coarse-grained and 14 fine-grained error categories, as shown in Figure 2. It may be observed that the models developed by participating teams generally performed well in identifying character-level error categories. However, for more complex grammar error categories such as ICC, the performance is generally less satisfactory whether using rule-based methods or existing CGEC dataset for data augmentation. In other words, there exists a significant discrepancy between the complex grammatical errors present in data constructed using rule-based methods and the actual mistakes made by students in real-world writing scenarios. This further highlights the challenges of our task and underscores the necessity of researching more complex grammar errors that arise in real-world writing scenarios.

For the error sentence rewriting task, the performance of participating teams compared to the standard answers was not ideal, which was shown in Table 5. However, based on metrics such as BERTScore and PPL, the generated sentences were semantically consistent and fluent, according to human cognition of natural language sentences. Existing generation models produce diverse results, but our task aims to correct error sentences on the basis of minimal changes, and this strongly constrained generation requires further exploration.

7 Participant Systems

The participating teams in the task adopted diverse approaches for error detection and correction in primary and secondary school students' essays. This section gives an overview of the methods that have been successful in each of the tracks. Each team's unique approach illustrates the diversity of methods that can be utilized in automated essay assessment and presents various potential directions for future research.

7.1 Track1: Coarse-grained and Fine-grained Error Identification

For Track 1, ***HIT-SCIR*** adopted a fine-grained error detection model based on sequence labeling. Due to the misalignment between the sequence labeling task and the provided human-annotated data, they constructed a large amount of pseudo-data for various types of errors based on LTP (Che et al., 2020) and heuristic rules, which were used for the training of the Track 1 model. At the same time, they used techniques such as model inheritance and threshold post-processing to alleviate the bias caused by pseudo-data training.

ZUT used the unified heterogeneous supervised multi-task pre-training learning model UTC as the framework. During the fine-tuning process, they incorporated prompt learning, which transformed the multi-classification task into a form similar to cloze-style completion, in order to fully leverage the potential of the pre-trained model.

ihuman directly fine-tuned the ChatGLM-6B (Du et al., 2022) large language pre-training model through LoRa (Hu et al., 2022) technology, and directly used the probability distribution of the output

Proceedings of the 22nd China National Conference on Computational Linguistics, pages 282-292, Harbin, China, August 3 - 5, 2023.

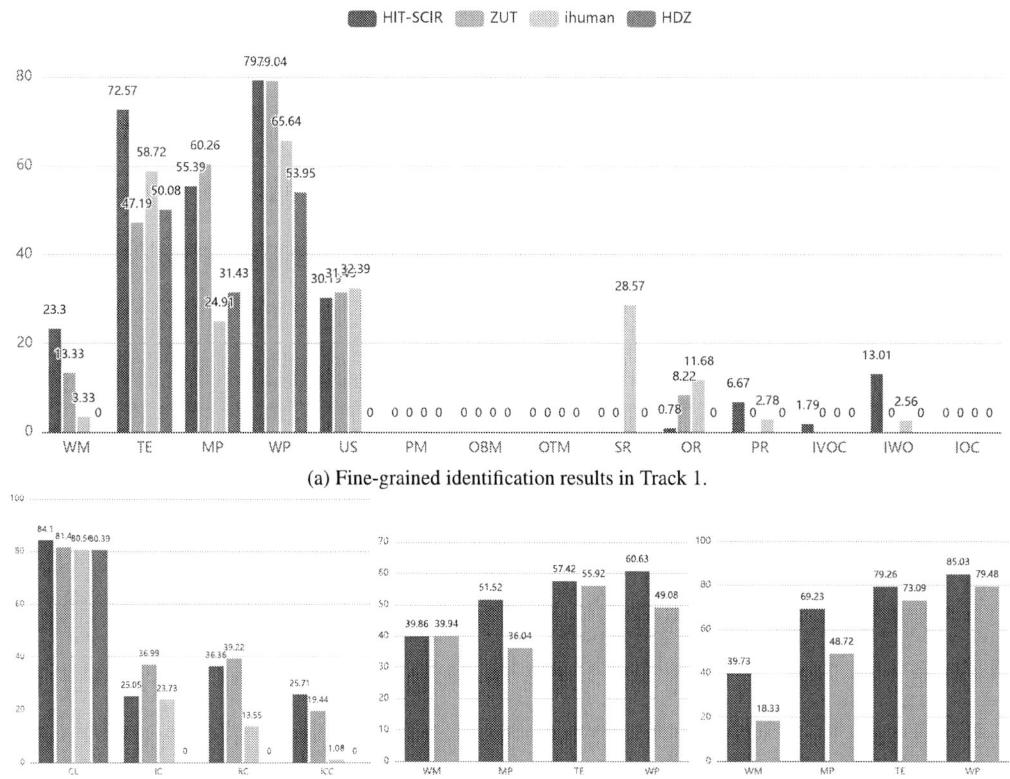

(a) Fine-grained identification results in Track 1.

(b) Coarse-grained results in Track 1. (c) Identification results in Track 2. (d) Correction results in Track 2.

Figure 2: (a) shows the fine-grained identification results in Track 1. (b) displays coarse-grained identification results in Track 1. (c) shows the character-level error identification results in Track 2. (d) indicates the character-level error correction results in Track 2. The blue color in the figures represents the results of Team ***HIT-SCIR***, the green color represents the results of Team ***ZUT***, the yellow color represents the results of Team ***ihuman***, and the red color represents the results of Team ***HDZ***.

specific token to predict the result. Key innovative features of their methodology include: foregoing the addition of an extra classification model to enhance the efficiency of model learning; improving the utility of the input information for the same input sentence by concatenating a variety of different prompts; and targeting multiple tokens for model output, thereby enhancing model stability, as well as effectively mitigating the risk of model overfitting.

7.2 Track2: Character-level Error Identification and Correction

For Track2, ***HIT-SCIR*** used the same method in Track 1 for the error identification task and trained an auto-encoder model based on edit label for the character-level error correction based on the pseudo-data mentioned in Track 1. In particular, they constructed more fine-grained pseudo data for character-level errors. They used the GECToR framework (Omelianchuk et al., 2020) based on editing tag sequence labeling to implement addition, deletion, and modification operations for Chinese characters and punctuation errors. ***ZUT*** employed frameworks used on Track 1 and Track 3 to make predictions on the test dataset.

7.3 Track 3: Error Sentence Rewriting

For Track 3, ***HIT-SCIR*** considered using a Seq2Seq model BART (Lewis et al., 2019) to cover the correction with a larger edit distance. They still used the two-stage method of pre-training with pseudo data and fine-tuning with real data to train the error correction model. They used the conventional way to train the Seq2Seq model and adopted greedy-search decoding in the inference stage to avoid over correction.

ZUT proposed a sequence diffusion process that leverages pre-trained models. By treating the erroneous and correct text as sequences, they designed a classifier-free sequence diffusion process that established connections between two different feature spaces. Additionally, they combined the pre-trained model ERNIE (Sun et al., 2021) with the diffusion model to align decoding ability of ERNIE with the denoising process of the diffusion model, thus achieving text correction capability. As for the dataset, they increased the number of samples by combining data from other tracks in this task to address the issue of insufficient training data.

SEU-SC proposed a model framework consisting of four key modules to address the problems of popular research that often overlooks the utilization of syntactic information and suffers from excessive correction: the data augmentation module, the semantic encoding module, the syntactic encoding module, and the fused information decoding module. To augment the existing Chinese text corpus, a data augmentation approach grounded in syntactic rules and error distribution was employed. This approach strives to amass supplementary training data and enhance the efficacy, generalization, and resilience of the Chinese text correction model. Moreover, the model integrates a graph convolutional network (GCN) (Kipf and Welling, 2016) within the encoder to encode syntax information. The encoded outcomes from the GCN-based syntax information encoder are combined with the encoded outputs from the BART Encoder-based text information encoder. Subsequently, the combined results are fed into the BART Decoder-based decoder to generate grammatically accurate sentences.

8 Conclusions and Future Work

This paper presents an overview of the CCL23-Eval Task *Chinese **E**ssay **F**luency **E**valuation* (**CEFE**). We conduct this evaluation using our meticulously annotated **CEFE 1.0** dataset. The evaluation is divided into three distinct tracks: (1) *Coarse-grained and fine-grained error identification*; (2) *Character-level error identification and correction*; (3) *Error sentence rewriting*. Each one aims at addressing a specific facet of grammatical error identification and correction within primary and secondary school compositions. We received a total of 44 completed registration forms, culminating in 130 submissions from 11 participating teams. In addition, we provide a comprehensive analysis and summary of the methodologies employed by the participants, which will contribute to future research in this field of natural language processing. In the future, we will continue to explore methods to improve the identification of fine-grained error types and moderate correction, as well as further investigate the effectiveness of LLMs in our task.

Acknowledgements

We appreciate the support from National Natural Science Foundation of China with the Main Research Project on Machine Behavior and Human Machine Collaborated Decision Making Methodology (72192820 & 72192824), Pudong New Area Science Technology Development Fund (PKX2021-R05), Science and Technology Commission of Shanghai Municipality (22DZ2229004) and Shanghai Trusted Industry Internet Software Collaborative Innovation Center.

References

Wanxiang Che, Yunlong Feng, Libo Qin, and Ting Liu. 2020. N-ltp: An open-source neural language technology platform for chinese. *arXiv preprint arXiv:2009.11616*.

Jacob Devlin, Ming-Wei Chang, Kenton Lee, and Kristina Toutanova. 2018. Bert: Pre-training of deep bidirectional transformers for language understanding. *arXiv preprint arXiv:1810.04805*.

Zhengxiao Du, Yujie Qian, Xiao Liu, Ming Ding, Jiezhong Qiu, Zhilin Yang, and Jie Tang. 2022. Glm: General language model pretraining with autoregressive blank infilling. In *Proceedings of the 60th Annual Meeting of the Association for Computational Linguistics (Volume 1: Long Papers)*, pages 320–335.

Proceedings of the 22nd China National Conference on Computational Linguistics, pages 282-292, Harbin, China, August 3 - 5, 2023.

Jiefu Gong, Xiao Hu, Wei Song, Ruiji Fu, Zhichao Sheng, Bo Zhu, Shijin Wang, and Ting Liu. 2021. Iflyea: A chinese essay assessment system with automated rating, review generation, and recommendation. In *Proceedings of the 59th Annual Meeting of the Association for Computational Linguistics and the 11th International Joint Conference on Natural Language Processing: System Demonstrations*, pages 240–248.

Edward J Hu, Yelong Shen, Phillip Wallis, Zeyuan Allen-Zhu, Yuanzhi Li, Shean Wang, Lu Wang, and Weizhu Chen. 2022. LoRA: Low-rank adaptation of large language models. In *International Conference on Learning Representations*.

Diederik P. Kingma and Jimmy Ba. 2015. Adam: A method for stochastic optimization. In Yoshua Bengio and Yann LeCun, editors, *3rd International Conference on Learning Representations, ICLR 2015, San Diego, CA, USA, May 7-9, 2015, Conference Track Proceedings*.

Thomas N Kipf and Max Welling. 2016. Semi-supervised classification with graph convolutional networks. *arXiv preprint arXiv:1609.02907*.

Mike Lewis, Yinhan Liu, Naman Goyal, Marjan Ghazvininejad, Abdelrahman Mohamed, Omer Levy, Ves Stoyanov, and Luke Zettlemoyer. 2019. Bart: Denoising sequence-to-sequence pre-training for natural language generation, translation, and comprehension. *arXiv preprint arXiv:1910.13461*.

Ilya Loshchilov and Frank Hutter. 2019. Decoupled weight decay regularization. In *7th International Conference on Learning Representations, ICLR 2019, New Orleans, LA, USA, May 6-9, 2019*. OpenReview.net.

Farjana Sultana Mim, Naoya Inoue, Paul Reisert, Hiroki Ouchi, and Kentaro Inui. 2021. Corruption is not all bad: Incorporating discourse structure into pre-training via corruption for essay scoring. *IEEE/ACM Transactions on Audio, Speech, and Language Processing*, 29:2202–2215.

Kostiantyn Omelianchuk, Vitaliy Atrasevych, Artem Chernodub, and Oleksandr Skurzhanskyi. 2020. Gector–grammatical error correction: tag, not rewrite. *arXiv preprint arXiv:2005.12592*.

Kishore Papineni, Salim Roukos, Todd Ward, and Wei-Jing Zhu. 2002. Bleu: a method for automatic evaluation of machine translation. In *Proceedings of the 40th annual meeting of the Association for Computational Linguistics*, pages 311–318.

Lawrence M Rudner, Veronica Garcia, and Catherine Welch. 2006. An evaluation of intellimetric™ essay scoring system. *The Journal of Technology, Learning and Assessment*, 4(4).

Yu Sun, Shuohuan Wang, Shikun Feng, Siyu Ding, Chao Pang, Junyuan Shang, Jiaxiang Liu, Xuyi Chen, Yanbin Zhao, Yuxiang Lu, et al. 2021. Ernie 3.0: Large-scale knowledge enhanced pre-training for language understanding and generation. *arXiv preprint arXiv:2107.02137*.

Chung-Ting Tsai, Jhih-Jie Chen, Ching-Yu Yang, and Jason S Chang. 2020. Lingglewrite: a coaching system for essay writing. In *Proceedings of the 58th Annual Meeting of the Association for Computational Linguistics: System Demonstrations*, pages 127–133.

Tianyi Zhang, Varsha Kishore, Felix Wu, Kilian Q Weinberger, and Yoav Artzi. 2019. Bertscore: Evaluating text generation with bert. *arXiv preprint arXiv:1904.09675*.

Yue Zhang, Zhenghua Li, Zuyi Bao, Jiacheng Li, Bo Zhang, Chen Li, Fei Huang, and Min Zhang. 2022. Mucgec: a multi-reference multi-source evaluation dataset for chinese grammatical error correction. *arXiv preprint arXiv:2204.10994*.

Proceedings of the 22nd China National Conference on Computational Linguistics, pages 282-292, Harbin, China, August 3 - 5, 2023.

CCL23-Eval 任务9系统报告：基于重叠片段生成增强阅读理解模型鲁棒性的方法

何苏哲
北京理工大学
北京市海量语言信息处理与云计算应用工程技术研究中心
hesuzhe@163.com

杨崇盛
北京理工大学
北京市海量语言信息处理与云计算应用工程技术研究中心
csyang@bit.edu.cn

史树敏*
北京理工大学
北京市海量语言信息处理与云计算应用工程技术研究中心
bjssm@bit.edu.cn

摘要

目前机器阅读理解在抽取语义完整的选项证据时存在诸多挑战。现有通过无监督方式进行证据抽取的工作主要分为两类，一是利用静态词向量，采用集束搜索迭代地提取相关句子；另一类是使用实例级监督方法，包括独立式证据抽取和端到端式证据抽取。前者处理流程上较为繁琐，后者在联合训练时存在不稳定性，直接导致模型性能难以稳定提升。在CCL23-Eval 任务9中，本文提出了一种基于重叠片段生成的自适应端到端证据抽取方法。该方法针对证据句边界不明确的问题，通过将文档划分为多个重叠的句子片段，并提取关键部分作为证据来实现整体语义的抽取。同时，将证据提取嵌入模块予以优化，实现了证据片段置信度自动调整。实验结果表明本文所提出方法能够极大地排除冗余内容干扰，仅需一个超参数即可稳定提升阅读理解模型性能，增强了模型鲁棒性。

关键词： 重叠片段生成 ; 无监督证据抽取 ; 机器阅读理解 ; 鲁棒性 ; 置信度

System Report for CCL23-Eval Task 9: Improving MRC Robustness with Overlapping Segments Generation for GCRC_advRobust

Suzhe He
Beijing Institute of Technology
Beijing Engineering Research Center of High Volume Language Information Processing and Cloud Computing Applications
hesuzhe@163.com

Chongsheng Yang
Beijing Institute of Technology
Beijing Engineering Research Center of High Volume Language Information Processing and Cloud Computing Applications
csyang@bit.edu.cn

Shumin Shi*
Beijing Institute of Technology
Beijing Engineering Research Center of High Volume Language Information Processing and Cloud Computing Applications
bjssm@bit.edu.cn

Abstract

There are many challenges in machine reading comprehension when it comes to extracting semantically complete evidence for specific statement. Existing works on unsupervised evidence extraction can be mainly divided into two categories. The first category

* Corresponding Author

utilizes static word vectors and employs beam search iteratively to extract relevant sentences. The second category uses instance-level supervised methods, including independent evidence extraction and end-to-end evidence extraction. The former category involves a more complex process, while the latter category suffers from instability during joint training, which directly affects the stable improvement of model performance. In Task 9 of CCL23-Eval, this paper proposes an adaptive end-to-end evidence extraction method based on overlapping segments generation. This method addresses the uncertainty in evidence sentence boundaries by dividing the document into multiple overlapping sentence segments and extracting key parts as evidence to achieve overall semantic extraction. Simultaneously, the evidence extraction embedding module is optimized to achieve automatic adjustment of evidence segment confidence. Experimental results demonstrate that the proposed method greatly eliminates interference from redundant content, and with just one hyperparameter, it can stably improve the performance of the reading comprehension model, improving model robustness.

Keywords: Overlapping Segments Generation , Unsupervised Evidence Extraction , Machine Reading Comprehension , Robustness , Confidence

1 引言

近年来，随着预训练模型的出现和大规模数据的提出，自然语言处理中的任务性能得到了大幅提升，甚至有些超过人类。但是没有理由的预测适用性有限，一些任务需要计算机在进行答案预测的同时进行答案相关证据进行提取，这就需要有证据标注的数据以供模型学习。比如，对于机器阅读理解，单纯的文章分块训练可能存在适用性的限制，因为这些任务需要模型理解文章，找到相关证据后进行答案预测。证据通常表现为篇章中的一个或多个连续序列，序列一般以句为单位。Figure 1为VGaokao 数据集(Zhang et al., 2021)的样例：

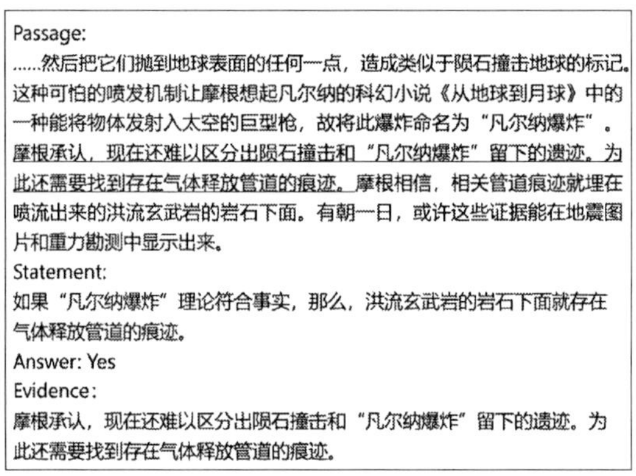

Figure 1: VGaokao 数据集的样例

对于论述“如果“凡尔纳爆炸”理论符合事实，那么，洪流玄武岩的岩石下面就存在气体释放管道的痕迹。”模型不仅需要回答文档是否支持此论述，还需要抽取出支持论述的证据“摩根承认，现在还难以区分出陨石撞击和“凡尔纳爆炸”留下的遗迹。为此还需要找到存在气体释放管道的痕迹。”其中证据包含两句话，抽取符合人类理性的证据需要保留整体语义。特别是在中文中句子难以界定(Wang et al., 2021)的情况下，如何抽取语义完整的证据是一个挑战。

本文提出了一种基于自适应的端到端证据抽取方法。对于如何抽取出具有整体语义的问题，本文提出将文档以句子为单位划分多个片段，对关键部分进行提取作为证据，对于端到端范式需要多个超参数导致训练不稳定的问题，本文提出将证据提取模块嵌入原模型一同进行优化，仅需要唯一超参数的条件下自动调整证据片段置信度，而且在重读排除干扰的关键内容（证据）后，能够稳定提升模型性能。

第二十二届中国计算语言学大会论文集，第293页-第302页，哈尔滨，中国，2023年8月3日至5日。

2 相关工作

早期机器阅读理解研究侧重于建模问题和参考文档之间的语义匹配。之后为了模拟人类的阅读模式，提出了从粗到细的分级方法。这样的模型首先阅读全文以选择相关的文本跨度，然后从这些相关跨度中推断答案。Li et al. (2018)提出了一种类似人类的阅读策略，该策略与学生进行阅读理解测试时的逻辑相似并结合了对文档和问题的一般理解。在长文档摘要场景下突出部分对模型复杂度降低和性能提升有着重要作用，Bajaj et al. (2021)尝试通过使用基于GPT-2语言模型困惑评分的新算法，在低资源机制下运行，通过识别源中最能支撑摘要的突出句子，压缩这些长文档，在实验中还发现识别出的突出句子往往与领域专家的独立人类标签一致。

由于人工标注证据代价高昂，之前的工作仅通过无监督的方式进行证据抽取，第一种无监督方法借助静态词向量，一些工作工作使用集束搜索（Beam Search）的方法迭代提取相关句，Li and Gaussier (2021)首先通过本地查询块预排序来选择长文档的关键重读块，然后聚合几个块以形成一个短文档，该短文档可以由BERT 等模型处理，有些工作改进了Beam Search方法。然而，这种无监督方法不能模拟人类推理过程进而理解文本。

而另一种无监督方法使用实例级监督，常用范式包括独立式证据抽取和端到端证据抽取方法，独立式提取由于多阶段特性其流程较为繁琐，而端到端提取方法将问题分成两个子任务解决，分别是提取和预测，提取任务通过构造提供忠实的解释，从输入中离散地提取片段，并传递给预测器，预测器利用这些片段做出预测，然后将两个任务联合进行训练优化。但是这种端到端的方法训练非常不稳定，无法有效转移到其他数据其它任务和帮助提升模型性能。

一方面端到端证据抽取方法抽取是离散的，是对词级别进行抽取，不能形成具有完整语义的证据进而形成弱监督数据供模型学习。另一方面端到端方法涉及多个超参数导致了结果不稳定，由于需要对提取和预测两个模型进行联合训练，在提取时需要对生成的隐向量$\mathbf{z}$ 进行约束，旨在规范证据抽取的简洁性和连续性。具有代表性的Lei et al. (2016)提出的模型损失函数如式1所示：

$$Loss_{total} = Loss\left(\mathbf{z}, x, y\right) + \lambda_1 \left\|\mathbf{z}\right\| + \lambda_2 \sum_t abs\left(\mathbf{z_t} - \mathbf{z_{t-1}}\right) \quad \text{(式1)}$$

其中$Loss(\mathbf{z}, x, y)$ 为输入x 经过提取后输入预测器的预测，与真实标签之间的标准损失，可以使用常见的分类损失来实现，例如交叉熵损失，表示提取的证据必须足以替代输入文本。为了规范抽取的证据，需要对长度为输入序列长度的隐向量$\mathbf{z}$ 进行约束，式1中第二项和第三项分别表示惩罚选择词的数量和不鼓励转换（鼓励选择的连续性）。由于需要多个超参数（λ_1和λ_2），导致结果相当不稳定，不能迁移到其他任务和数据，最后因为联合优化是不可微的，所以一般使用强化式估计对模型进行端到端训练(Williams, 1992)。

为了解决端到端方法的局限性和受识别和重读突出部分后能够帮助模型理解文本语义的启发，本文提出将证据抽取模块嵌入原模型，在共同优化调整的情况下使模型充分利用原文信息，能够在稳定提升模型性能同时抽取突出部分作为证据片段。

3 模型框架与方法

本节从模型整体框架（如Figure 2所示）出发，介绍自适应的端到端证据抽取的“整体与部分”训练流程，首先介绍引入整体语义的模型结构，然后对证据片段（部分）抽取模块进行详细描述，最后说明如何添加到整体模型中实现重读关键部分。

3.1 整体语义引入

本文面向多选阅读理解场景提出一种基于自适应的端到端证据抽取方法，该方法结构可以分为两部分：整体与部分。首先整体旨在整体语义的融入，让模型在全局信息中粗读文本并且做出预测。这部分的模型结构如Figure 2左半部分所示。

首先将陈述O（在需要问题信息时表现为问题与选项的拼接）和文档D 按照“[CLS]+ 陈述O+[SEP]+ 文档D+[SEP]”的格式进行拼接后输入模型M，其中[CLS] 和[SEP] 是用于分隔不同部分的特殊标记，模型M 由预训练模型和一层全连接层组成，模型M 中使用[CLS] 特殊标记的向量表示输入全连接层，输出为每个类别的概率值，经过$softmax$ 函数后，训练的损失函数为交叉熵损失：

第二十二届中国计算语言学大会论文集，第293页-第302页，哈尔滨，中国，2023年8月3日至5日。

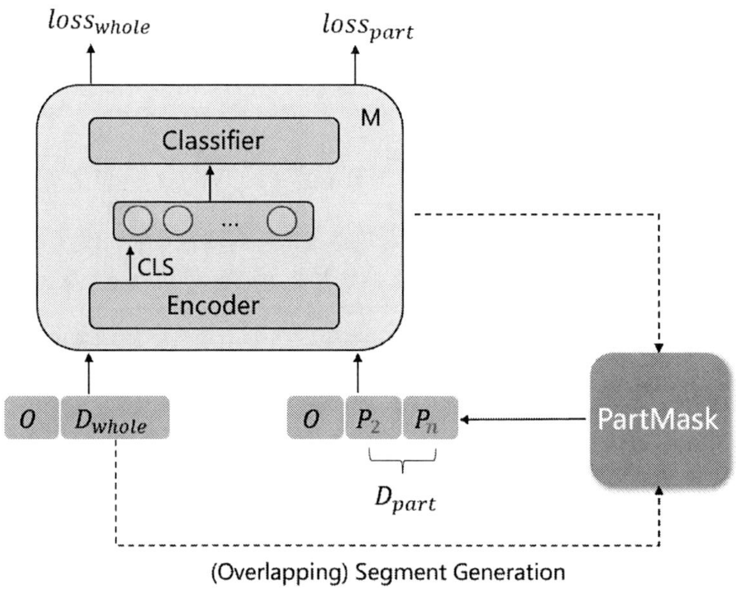

Figure 2: 整体模型结构

$$L_{total} = -log(P_y) \quad \text{(式2)}$$

3.2 非证据片段遮蔽

Figure 3展示了非证据片段遮蔽模块，此步骤分为文章片段生成、证据片段识别和证据片段抽取三部分，分别对应图中序号①、②和③，首先，为了抽取出语义完整的证据，对文档进行相对合理的片段划分，具体先将文档D 按句划分成t 句话，然后对其按式3进行部分（片段）的划分。

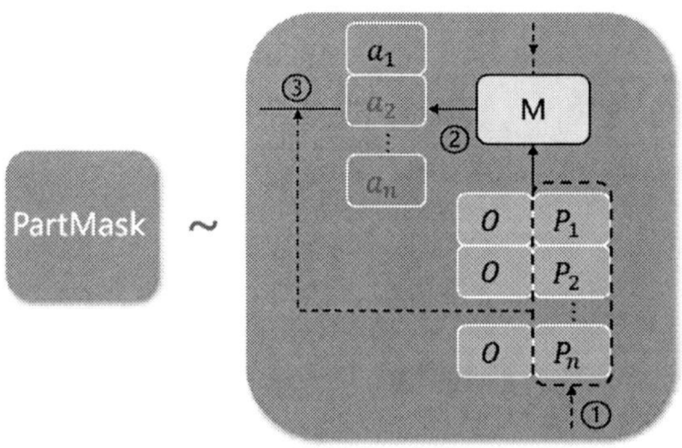

Figure 3: 证据片段抽取模块

$$n = \lceil t/r \rceil \quad \text{(式3)}$$

其中，

$$r = \begin{cases} 1 & if \quad t \leq k \\ \lceil t/k \rceil & if \quad t > k \end{cases}$$

第二十二届中国计算语言学大会论文集，第293页-第302页，哈尔滨，中国，2023年8月3日至5日。

其中r 为需合并的句子数，k 为文章依照句子划分出部份数的上限。使用向上取整保证了部分数$n \leq k$，n 为需最终划分的片段数。

（1）"孔子精通诗、书、礼、易，对音乐也很擅长。",
（2）"有一次孔子出访齐国，正赶上齐国的国王举行祭祀祖先的典礼，三天的典礼中一直在演奏齐国的音乐。",
（3）"孔子对齐国的音乐极其喜爱，在听了美妙无比的齐乐后，脑袋里很长一段时间都被音乐所带来的快乐占据着。",
（4）"他常常边弹琴边演唱，有时还忍不住手舞足蹈起来。",
（5）"一连三个月，孔子就连在睡梦中也反复练习，吃饭时也在考虑曲子的音韵问题，以致都品尝不出一直喜欢的红烧肉的味道了。",
（6）"所以，他感慨道：“三月不知肉味!",
（7）"”孔子对自己所学的内容非常感兴趣，而且极为专注，所以他才能够拥有丰富的知识和深刻的思想，成为中国历史上最伟大的人物之一。",
（8）"“三月不知肉味”现在也常常用来形容专心一意，做某件事情时全力以赴，对别的事都不在意。"

（a）划分前

（1,2）"孔子精通诗、书、礼、易，对音乐也很擅长。有一次孔子出访齐国，正赶上齐国的国王举行祭祀祖先的典礼，三天的典礼中一直在演奏齐国的音乐。",
（3,4）"孔子对齐国的音乐极其喜爱，在听了美妙无比的齐乐后，脑袋里很长一段时间都被音乐所带来的快乐占据着。他常常边弹琴边演唱，有时还忍不住手舞足蹈起来。",
（5,6）"一连三个月，孔子就连在睡梦中也反复练习，吃饭时也在考虑曲子的音韵问题，以致都品尝不出一直喜欢的红烧肉的味道了。所以，他感慨道：“三月不知肉味!",
（7,8）"”孔子对自己所学的内容非常感兴趣，而且极为专注，所以他才能够拥有丰富的知识和深刻的思想，成为中国历史上最伟大的人物之一。三月不知肉味”现在也常常用来形容专心一意，做某件事情时全力以赴，对别的事都不在意。"

（b）划分后

Figure 4: 文档划分样例

如Figure 4将文档（a）划分为（b）中多个部分，在这种灵活部分划分下，能够使每个部分语义更加完整，如原文（a）的带颜色标记的主语“他”表示“孔子”，只按句划分指向无法明确，而划分后融入了之前的语句，使每个部分都具有完整语境。最终将文档D 分为n 个片段：$D = \{P_1, P_2, ..., P_n\}$。以上是完整的无重叠片段生成操作细节。

接下来介绍证据片段识别，其目的是获得每个划分片段的置信度以供排序后抽取，首先将每个部分P_i 替换文档D，同样按照“[CLS]+ 陈述O +[SEP]+ 部分P_i+[SEP]” 的格式进行拼接输入模型M，将输出的概率值表示为每个部分作为证据的置信度v。由于每个样本的证据片段数量不同，需要对置信度v 进行标准化实现动态证据抽取，为了进一步扩大置信分数之间的差异，运用如式4所示的$Gumbel - Softmax$ 重参数化方法：

$$a_i = \frac{exp((log(v_i)+g_i)/T)}{\sum_j exp((log(v_j)+g_j)/T)} \quad i \in [1, n] \qquad \text{(式4)}$$

其中T 是温度系数，为$Gumbel-Softmax$ 函数的超参数。为每个部分置信分数标准化后，可以对关键部分进行动态抽取，这里将置信分数a_i 大于β 的部分作为关键部分。在Figure 3右半部分例子中，从n 个片段$\{P_1, P_2, ..., P_n\}$ 中抽取出了P_2 和P_n 两个关键部分，将关键部分按原文档中顺序排列后形成新文档D_{part} 。证据抽取模块在无监督数据情况下不参与模型训练，用于关键部分抽取后形成新文档间接的参与训练，而在有监督情况下可以对置信分数实现损失计算，已达到更好的效果。

3.3 证据片段重读

为了精读证据片段，在生成新文档D_{part} 后，按照“[CLS]+ 陈述O+[SEP]+ 新文档D_{part}+[SEP]”的格式拼接后输入模型M，训练的损失函数为分类的交叉熵损失。最终的损失函数设计如式5所示：

$$Loss_{total} = Loss_{whole} + \alpha Loss_{part} \quad \alpha \in [0, 1] \qquad \text{(式5)}$$

3.4 整体算法

本文方法整体算法流程如Algorithm 1所示，训练期间使用总损失函数$Loss_{total}$ 进行模型优化，为了衡量重读模块对模型性能的提升，只使用$Loss_{whole}$ 部分得到的概率值（即Figure 3左半部分）进行预测。最后保存所有训练周期的最优模型，重新获取3.2小节介绍的文档每个片段的置信分数a_i ，同样将置信分数a_i 大于β 的片段抽取为证据片段。

第二十二届中国计算语言学大会论文集，第293页-第302页，哈尔滨，中国，2023年8月3日至5日。

Algorithm 1 Training Algorithm

Input: Initial model M, Document D_{total}, Statement O(or concatenation of question and option)
Output: Trained model M, Evidence segments set D_{part}
Initialize model M randomly
Get $\{P_1, P_2, ..., P_n\} = D_{total}$ using document segments generation // Figure 3 step ①
for All epochs **do**
  Calculate $Loss_{total}$ according to M, D_{total}, O
  Get $D_{part} = \{P_i, P_j, ...\}$ using evidence segment identification // Figure 3 step ②
  Calculate $Loss_{part}$ according to M, D_{part}, O
  Train M by combining $Loss_{total}$ and $Loss_{part}$
end for
Get D_{part} according to M **return** M, D_{part}

以上，模型完成了整个训练与预测过程。首先进行整体信息引入，让模型获得全局词向量表示，之后对原文档关键部分抽取形成新文档，嵌入模型中重读关键信息，以求优化模型性能和准确抽取证据片段。

4 实验

4.1 数据集和评价指标

GCRC_advRobust(Tan et al., 2021)数据集是竞赛数据集，为衡量机器阅读理解模型的鲁棒性而设计，其训练集、验证集和测试集题目数分别为6994、336 和288，每题包括四个选项，GCRC 包含关键词扰动、推理逻辑扰动、时空属性扰动和因果关系扰动四种对抗攻击策略，每个待测试样本都有正负对抗选项，其具体划分如Table 1所示。

数据集划分	验证集	测试集
问题/侯选项数量	336/1344	288/1152
关键字词扰动侯选项数量	504	418
推理逻辑扰动侯选项数量	619	543
因果关系扰动侯选项数量	192	172
时空属性扰动侯选项数量	29	19

Table 1: GCRC_advRobust 数据集

系统的最终得分由Acc_0、Acc_1、Acc_2三个指标加权求和决定，具体计算式为：Score=0.2*Acc_0+0.3*Acc_1+0.5*Acc_2。其中，Acc_0为原始题目正确预测个数/题目总数，Acc_1为原始题目和任意一个对抗题目正确预测个数/题目总数，Acc_2为原始选项和两个对抗题目均正确预测个数/题目总数。

4.2 实验设置

实验均在一台NVIDIA GeForce RTX 3090 上运行。在证据抽取模块中将k 设为4，对于$Gumbel-Softmax$ 函数的超参数T 固定为0.5，对于决定抽取证据片段数的参数β ，由于所需证据片段数不同，为GCRC_advRobust 将β分别设为0.4。所有实验均在相同的环境中进行。训练批次设置为32，学习率为3.0e-5，训练周期设为10，编码器使用MacBERT-base预训练模型。对于损失函数，实验记录了$\alpha \in \{0.1, 0.5, 1\}$ 的最优准确率。

对GCRC_advRobust 数据集进行分块训练，测试时使用分块预测策略。实验中分析比较本文提出的添加关键重读模块（**E**vidence **F**ragment **R**ereading）的方法和基线模型的效果，并且侧面验证自适应证据抽取方法的有效性。基线模型不增加关键重读模块，直接在数据集上进行微调，如Figure 2中的左半部分。

第二十二届中国计算语言学大会论文集，第293页-第302页，哈尔滨，中国，2023年8月3日至5日。

基线模型（即baseline）将编码后的序列输入一个全连接层，从而得到多分类的概率值。EFR 为本文所提出的方法，在整体语义上进训练的同时，也对文档关键部分进行重读，最后经过自适应训练后可对文档进行证据片段抽取并衡量其有效性。

4.3 实验结果

模型方法	GCRC_advRobust_dev			
	Acc_0	Acc_1	Acc_2	Score
Block strategy	44.35	22.02	5.06	18.01
Block strategy+EFR	**47.01(+2.66)**	**24.27(+2.25)**	**7.73(+2.67)**	**20.55(+2.54)**
	GCRC_advRobust_test			
	Acc_0	Acc_1	Acc_2	Score
Block strategy	44.10	22.57	5.21	18.19
Block strategy+EFR	**46.59(+2.49)**	**28.57(+6)**	**5.78(+0.57)**	**20.78(+2.59)**

Table 2: GCRC_advRobust 数据集的实验结果

如Table 2所示，在数据集GCRC_advRobust 上使用所提出的方法相比基线分别在验证集和测试集上将Score 指标提升了2.54% 和2.59%，证明了本文提出模型能够稳定提升模型鲁棒性。

5 基于重叠片段生成的优化方法

虽然在3.2中对文档进行了合理的片段划分，但是仍可继续改进，因为无交集的片段划分可能破坏证据的完整性，导致指代不明确和关键语义缺失，如Figure 5为缺少主语的样例，在第（10）句话中"但它有两类"中的"它"与其指代"流行音乐"被分开为两个独立片段。

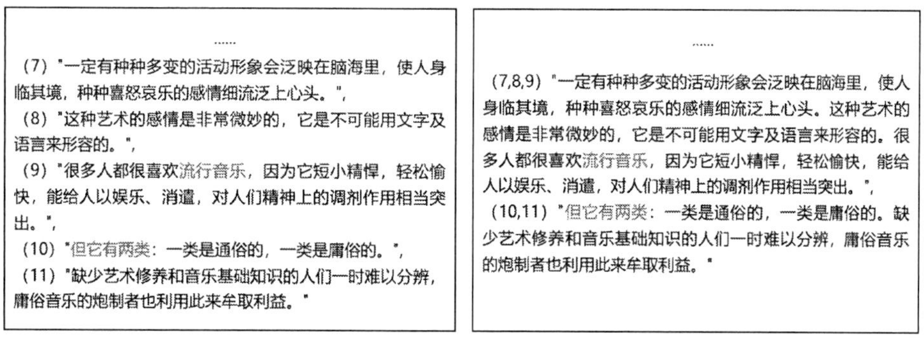

(a) 划分前　　(b) 划分后

Figure 5: 原划分片段后的指代不明样例

为了生成更合理的文档片段，本文提出了重叠片段生成（Overlapping Segments Generation）方法以优化原方法。在具体操作方面，该方法在原划分基础上，要求序号$n \geq 2$ 的文档片段包含其前一片段的后γ句，本文设置$\gamma = 1$，在Figure 5的例子中，可将其划分为如Figure 6所示结果。

第二十二届中国计算语言学大会论文集，第293页-第302页，哈尔滨，中国，2023年8月3日至5日。

……

（6,7,8,9）"… 。一定有种种多变的活动形象会泛映在脑海里，使人身临其境，种种喜怒哀乐的感情细流泛上心头。这种艺术的感情是非常微妙的，它是不可能用文字及语言来形容的。很多人都很喜欢流行音乐，因为它短小精悍，轻松愉快，能给人以娱乐、消遣，对人们精神上的调剂作用相当突出。"，

（9,10,11）"很多人都很喜欢流行音乐，因为它短小精悍，轻松愉快，能给人以娱乐、消遣，对人们精神上的调剂作用相当突出。但它有两类：一类是通俗的，一类是庸俗的。缺少艺术修养和音乐基础知识的人们一时难以分辨，庸俗音乐的炮制者也利用此来牟取利益。"

(b) 有重叠方法划分后

Figure 6: 重叠片段生成划分后样例

其中括号中蓝色数字表示加入的有重叠句子，在标记为（9,10,11）的片段中绿色部分的"它"明确指代"流行音乐"。

5.1 实验结果

本文使用重叠片段生成方法（OSG）重新进行实验，其结果如Table 3所示。

模型方法	GCRC_advRobust_dev			
	Acc_0	Acc_1	Acc_2	Score
Block strategy	44.35	22.02	5.06	18.01
Block strategy+EFR	**47.01**	24.27	7.73	20.55
Block strategy+EFR（OSG）	46.73	**24.70(+0.43)**	**8.04(+0.31)**	**20.77(+0.22)**
	GCRC_advRobust_test			
	Acc_0	Acc_1	Acc_2	Score
Block strategy	44.10	22.57	5.21	18.19
Block strategy+EFR	46.59	28.57	5.78	20.78
Block strategy+EFR（OSG）	**48.26(+1.67)**	**31.60(+3.03)**	**6.25(+0.47)**	**22.26(+1.48)**

Table 3: 实验结果

在数据集GCRC_advRobust 上，如Table 3所示，使用重叠片段生成方法的自适应方法在所有指标下都得到了更好的效果，在两个数据集上将Score 指标在原片段生成方法基础上进一步提升了0.22% 和1.48%，这表示自适应方法确实能够提升模型的鲁棒性。

第二十二届中国计算语言学大会论文集，第293页-第302页，哈尔滨，中国，2023年8月3日至5日。

Figure 7: 自适应证据抽取效果样例

此外Figure 7也展示了端到端证据抽取方法的具体效果样例，重点在展示证据片段生成方法是有重叠片段划分并且证据句被包含在两个文章片段的结果，Figure 7中有红色下划线的语句表示与证据句有重叠的文章片段，绿色文字表示本文方法最终抽取的证据片段，右侧数据表示两部分结果证据片段抽取在3.2节中得到的置信分数，能够看出证据句被准确抽取出来，并且当证据被包含在两个文章片段中时会优先抽取出更具有完整语义的片段（即给片段较高置信分数）。

6 结果与讨论

证据抽取能提供原文中能够回答问题的证据，本章基于文章证据句子的精读能够优化模型性能的特点，提出了将关键（证据）重读模块引入文章整体训练中，自适应的改变证据片段的抽取，在无需增加参数的条件下提升模型性能上限。在具体实现上，该任务通过文章片段生成、证据片段识别和证据片段重读三部分完成关键重读模块的构建。

参考文献

Ahsaas Bajaj, Pavitra Dangati, Kalpesh Krishna, Pradhiksha Ashok Kumar, Rheeya Uppaal, Goldman Sachs, Bradford Windsor, Eliot Brenner, Dominic Dotterrer, Rajarshi Das, et al. 2021. Long document summarization in a low resource setting using pretrained language models. *ACL-IJCNLP 2021*, 120(4,268):71.

Tao Lei, Regina Barzilay, and Tommi Jaakkola. 2016. Rationalizing neural predictions. *arXiv preprint arXiv:1606.04155*.

Minghan Li and Eric Gaussier. 2021. Keybld: Selecting key blocks with local pre-ranking for long

第二十二届中国计算语言学大会论文集，第293页-第302页，哈尔滨，中国，2023年8月3日至5日。

document information retrieval. In *Proceedings of the 44th International ACM SIGIR Conference on Research and Development in Information Retrieval*, pages 2207–2211.

Weikang Li, Wei Li, and Yunfang Wu. 2018. A unified model for document-based question answering based on human-like reading strategy. In *Proceedings of the AAAI Conference on Artificial Intelligence*, volume 32.

Hongye Tan, Xiaoyue Wang, Yu Ji, Ru Li, Xiaoli Li, Zhiwei Hu, Yunxiao Zhao, and Xiaoqi Han. 2021. Gcrc: A new challenging mrc dataset from gaokao chinese for explainable evaluation. In *Findings of the Association for Computational Linguistics: ACL-IJCNLP 2021*, pages 1319–1330.

Jiawei Wang, Hai Zhao, Yinggong Zhao, and Libin Shen. 2021. What if sentence-hood is hard to define: A case study in chinese reading comprehension. In *Findings of the Association for Computational Linguistics: EMNLP 2021*, pages 2348–2359.

Ronald J Williams. 1992. Simple statistical gradient-following algorithms for connectionist reinforcement learning. *Machine learning*, 8:229–256.

Chen Zhang, Yuxuan Lai, Yansong Feng, and Dongyan Zhao. 2021. Extract, integrate, compete: Towards verification style reading comprehension. In *Findings of the Association for Computational Linguistics: EMNLP 2021*, pages 2976–2986.

第二十二届中国计算语言学大会论文集，第293页-第302页，哈尔滨，中国，2023年8月3日至5日。

CCL23-Eval 任务9总结报告：汉语高考阅读理解对抗鲁棒评测

郭亚鑫[1]，闫国航[1]，谭红叶[1,2,⋆]，李茹[1,2]
[1]山西大学 计算机与信息技术学院，山西 太原 030006
[2]山西大学 计算智能与中文信息处理教育部重点实验室，山西 太原 030006
{202112407002, 202222407055}@email.sxu.edu.cn
{tanhongye,liru}@sxu.edu.cn

摘要

汉语高考阅读理解对抗鲁棒评测任务致力于提升机器阅读理解模型在复杂、真实对抗环境下的鲁棒性。本次任务设计了四种对抗攻击策略（关键词扰动、推理逻辑扰动、时空属性扰动、因果关系扰动），构建了对抗鲁棒子集GCRC_advRobust。任务需要根据给定的文章和问题从4个选项中选择正确的答案。本次评测受到工业界和学术界的广泛关注，共有29支队伍报名参赛，但由于难度较大，仅有8支队伍提交了结果。有关该任务的所有技术信息，包括系统提交、官方结果以及支持资源和软件的链接，可从任务网站获取[1]。

关键词： 机器阅读理解 ；鲁棒性 ；对抗攻击

Overview of CCL23-Eval Task 9: Adversarial Robustness Evaluation for Chinese Gaokao Reading Comprehension

Yaxin Guo[1]，Guohang Yan[1]，Hongye Tan[1,2,⋆]，Ru Li[1,2]
[1]School of Computer and Information Technology，Shanxi University，Taiyuan，Shanxi 030006, China
[2]Key Laboratory of Computational Intelligence and Chinese Information Processing of Ministry of Education，Shanxi University，Taiyuan，Shanxi 030006,China
{202112407002, 202222407055}@email.sxu.edu.cn
{tanhongye,liru}@sxu.edu.cn

Abstract

The Adversarial Robustness Evaluation for Chinese Gaokao Reading Comprehension Task aims to improve the robustness of machine reading comprehension models in complex and realistic adversarial environments. This task includes four types of adversarial attack strategies: Keyword perturbation, Reasoning logic perturbation, Temporal/spatial perturbation, and Cause-effect perturbation. The task constructs an adversarial robust subset called GCRC_advRobust. Participants are required to select the correct answer from four options based on the given passage and questions. A total of 29 teams registered for the competition, but due to the high difficulty, only 8 teams submitted their results. All technical information related to this task, including system submissions, official results, and links to supporting resources and software, can be found on the task website[1].

Keywords: Machine Reading Comprehension , Robustness , Adversarial attack

⋆ 通讯作者 Corresponding Author
[1]http://cuge.baai.ac.cn/#/ccl/2023/gcrc

项目资助： 国家重点研发计划项目(2020AAA0106100) 、国家自然科学基金面上项目(62076155)

第二十二届中国计算语言学大会论文集，第303页-第309页，哈尔滨，中国，2023年8月3日至5日。

1 背景和动机

机器阅读理解(Machine Reading Comprehension，MRC) 是指让机器阅读文本，然后回答与文本内容相关的问题。它是自然语言处理和人工智能领域的重要前沿课题，对于提升机器的智能水平、使机器具有持续知识获取的能力等具有重要价值，近年来受到学术界和工业界的广泛关注。

MRC模型的鲁棒性是衡量该技术能否在实际应用中大规模落地的关键(Jia and Liang, 2017)。随着技术的进步，现有模型已经能够在封闭测试集上取得较好的性能，但在面向开放、动态、真实环境下的推理与决策时，其鲁棒性仍表现不佳 (Wu and Xu, 2020; Zhou et al., 2020; Ren et al., 2023; Gan and Ng, 2019)。为了评估模型的鲁棒性，Tang等人(2021)从现有数据库和人类的写作中进行检索并构建分散注意力的问题，创建了中文MRC鲁棒性基准数据集。Wu等人(2020)为了分析影响模型鲁棒性的因素，在SQuAD数据集上应用了各种常见的扰动。Si等人(2021)构建了AdvRACE数据集，用于评估MRC模型在多种不同类型的对抗性攻击下的鲁棒性。但上述工作扰动方式比较单一，题目难度较小。

为了解决上述问题，我们根据阅读理解模型常见的四项推理能力（细节推理、逻辑推理、时空推理和因果推理），设计了四种对抗攻击策略，以衡量模型的推理能力鲁棒性，并在高考阅读理解数据集GCRC (Tan et al., 2021)上进行标注。具体来说，我们根据GCRC原始题目涉及到的推理能力采用相应的对抗攻击策略，为其分别设计了一个正对抗题目（选项正误相同）和负对抗题目（选项正误相反），以此构建了对抗鲁棒子集GCRC_advRobust，并组织了本次评测。

2 任务描述

本评测针对每篇文章及每道原始题目，分别构造了一个正对抗题目和一个负对抗题目。三个题目均为单选题，即从多个选项中选择唯一的答案。参赛队伍要基于给定文章输出原始题目及两个对抗题目的答案。

本次评测设置了开放和封闭两个赛道，其中开放赛道中，参赛队伍可以使用ChatGPT、文心一言等大模型；封闭赛道中，参赛的模型参数量最多不超过1.5倍Bert-large（≤510M）。

3 评测数据

本次评测数据来源于GCRC，即近十年中国高考语文试题中的阅读理解多项选择题，题目由各个省、市的教育专家制定。阅读理解多项选择题是中国高考语文中最为常见的一类题目，其提供一篇文章以及与文章相关的问题和选项（大多数问题都有四个选项），要求选选择一个作为正确答案。

3.1 对抗攻击策略

高考阅读理解从不同的角度衡量考生的文本理解能力和逻辑推理能力，涉及到的推理类型主要有:

- **细节推理** 旨在区分给定文章和选项之间的语义差异。大多数情况下，选项保留了原文章的大多数词汇，但通过使用不同的修饰语或限定词，在细节上有一些细微的差异。
- **时空推理** 旨在理解事件、实体和状态的各种时间或空间属性。
- **因果推理** 旨在理解在给定文章中明确或隐含表达的因果关系。
- **逻辑推理** 逻辑推理包括演绎推理和归纳推理。演绎推理侧重于采用文章中描述的一般规则或关键思想，并将其应用于对选项中表达的特定示例或现象进行推论。归纳推理从单独的单词和句子中整合信息，并对一个选项进行推断，通常是对几个句子、一个段落或整篇文章的总结。

本次评测依据上述推理类型，设计了四种对抗攻击策略:

- **关键词扰动策略** 通过词语替换或重新表述，对影响选项语义的关键词进行干扰。

第二十二届中国计算语言学大会论文集，第303页-第309页，哈尔滨，中国，2023年8月3日至5日。

- **时空属性扰动策略** 通过改变时间或空间属性，对选项中的时空信息进行干扰。
- **因果关系扰动策略** 通过更改或去除因果联系，对选项中的因果关系进行干扰。
- **推理逻辑扰动策略** 通过改写前提或结论，对选项的逻辑推理过程进行干扰。

对抗攻击策略	选项	文本
关键词扰动	原始选项	自然资源丰富的湿地，是人类的"衣食父母"，为人类生存发展提供了所有物资，如食物、饮水、能源等。（错误选项）
	正对抗选项	自然资源丰富的湿地，是人类的"衣食父母"，为人类生存发展提供了**全部**物资，如食物、饮水、能源等。
	负对抗选项	自然资源丰富的湿地，是人类的"衣食父母"，为人类生存发展提供了**部分**物资，如食物、饮水、能源等。
时空属性扰动	原始选项	原始选项：由于19世纪中叶中国文化在与西方文化的抗争中处于弱势地位，人们才提出"保存国学""振兴国学"的口号，"国学"一词由此出现。（错误选项）
	正对抗选项	正对抗选项：**20世纪**中叶中国文化在与西方文化的抗争中处于弱势地位，人们才提出"保存国学""振兴国学"的口号。
	负对抗选项	负对抗选项：19世纪中叶中国文化在与西方文化的抗争中处于弱势地位，**20世纪初**，人们才提出"保存国学""振兴国学"的口号。
因果关系扰动	原始选项	原始选项：中国之所以选择和平共处五项原则，是为了在务实的基础上让外界消除误解。（错误选项）
	正对抗选项	正对抗选项：**因为中国选择了**和平共处五项原则，**所以**在务实的基础上让外界消除误解。
	负对抗选项	负对抗选项：**中国选择**和平共处五项原则，**并积极**在务实的基础上让外界消除误解。
推理逻辑扰动	原始选项	原始选项：气味分子在属于G蛋白的嗅觉受体的作用下从化学信号转变成为电信号。（正确选项）
	正对抗选项	正对抗选项：**与属于G蛋白的嗅觉受体结合后，在它的作用下**，气味分子从化学信号转变成为电信号.
	负对抗选项	负对抗选项：气味分子**与嗅觉受体结合后，气味分子便自行**从化学信号转变成为电信号。

Table 1: 对抗攻击策略样例

表 1展示了各种对抗攻击策略的样例。其中正确选项指与原文意思相符的选项；错误选项指与原文意思不符的选项。推理逻辑扰动策略主要攻击由原文经过归纳推理或演绎推理得出结论的推理过程。

通过上述四种对抗攻击策略，我们对GCRC的验证集和测试集题目进行了标注，构建了对抗鲁棒子集GCRC_advRobust。数据集中每条数据由原始题目及其正负对抗题目三者组成。其中原始题目包含文章、问题和原始选项集合；正对抗题目包含文章、问题和正对抗选项集合，题干和原问题一致，选项发生改变；负对抗题目包含文章、负对抗问题和负对抗选项集合，题干和选项均改变。

所有样例均由人工标注。标注过程中遇到困难主要有：某些对抗题目很难构建，比如有些原始问题的选项过短（甚至只有一个词）；形成的对抗题目质量不高。对于第一个问题，我们去除难以构建对抗的题目。对于第二个问题，我们采取初次标注+交叉检查的策略。在数据初标阶段，每道题目仅需一名标注者进行标注，而在检查阶段，我们安排了两名标注者分别对初标数据进行检查，如果两名标注者一致通过则保留该标注，否则进行讨论形成最终的标注。

第二十二届中国计算语言学大会论文集，第303页-第309页，哈尔滨，中国，2023年8月3日至5日。

3.2 数据集规模

数据集划分	验证集	测试集
问题/选项数量	336/1344	288/1152
关键字词扰动选项数量	504	418
推理逻辑扰动选项数量	619	543
因果关系扰动选项数量	192	172
时空属性扰动选项数量	29	19

Table 2: GCRC_advRobust数据集规模

本评测提供GCRC原始数据作为训练集[1]，题目数为6994，提供GCRC_advRobust作为验证集与测试集。GCRC_advRobust数据集规模如表 2所示。

4 评估方法

参赛者须将验证集和测试集每条样例拆分成原始题目、正对抗题目和负对抗题目作为模型的输入，并得到对应的三个答案。参赛系统的最终得分由Acc_0、Acc_1、Acc_2 三个指标综合决定，具体计算公式如下:

$$Score = 0.2 * Acc_0 + 0.3 * Acc_1 + 0.5 * Acc_2 \tag{1}$$

其中:
Acc_0 = 原始题目正确预测个数/题目总数
Acc_1 = 原始题目和任意一个对抗题目正确预测个数/题目总数
Acc_2 = 原始选项和两个对抗题目均正确预测个数/题目总数
我们通过Acc_0 来评估系统对原问题的理解程度，并通过Acc_1 和Acc_2 来判断系统对与对抗攻击的鲁棒性。

5 提交和结果

在评测期间，共有29支队伍报名参赛并下载数据，其中16支队伍来自学术界，7支来自工业界，还有6支个人队伍。在最终测试结果提交截止前，共有8支队伍提交了评测结果，其中开放赛道和封闭赛道各4支。

参赛队伍	**Score(%)**	Acc_0(%)	Acc_1(%)	Acc_2(%)
北京理工大学	22.26	48.26	31.6	6.25
华东交通大学	18.26	42.71	24.31	4.86
华中科技大学	6.91	28.82	3.82	0
苏州大学	6.46	27.08	3.47	0
基线模型	6.42	22.22	6.6	0

Table 3: 封闭赛道排名

[1]该数据集具体信息参见如下链接：http://cuge.baai.ac.cn/#/dataset?id=22&name=GCRC

第二十二届中国计算语言学大会论文集，第303页-第309页，哈尔滨，中国，2023年8月3日至5日。

参赛队伍	Score(%)	Acc_0(%)	Acc_1(%)	Acc_2(%)
华中科技大学	45.62	66.32	53.47	32.64
SHW(个人)	32.08	50.35	39.24	20.49
基线模型	6.91	28.82	3.82	0
广东工业大学	6.04	25	3.47	0
国际关系学院	5.45	23.61	2.43	0

Table 4: 开放赛道排名

表 3和表 4分别给出了两个赛道的官方排名，排名主要依据Score得分高低给出。在封闭赛道中，4支队伍得分均高于基线模型，而在开放赛道中，仅有两支队伍得分超过基线模型。其中北京理工大学和华东交通大学队伍在封闭赛道取得第一名，且得分远超基线模型，而其余队伍和基线模型得分非常接近。华中科技大学队伍取得开放赛道第一名，SHW(个人)获得第二名，其余队伍均未超过基线模型。我们注意到开放赛道两支获胜队伍的得分均远高于封闭赛道，这体现出大模型的优势。还值得注意的是所有队伍的Acc_1 和Acc_2 对比Acc_0 得分均有较大幅度下降，这证明我们的对抗攻击取得了一定的成效。

6 方法概述

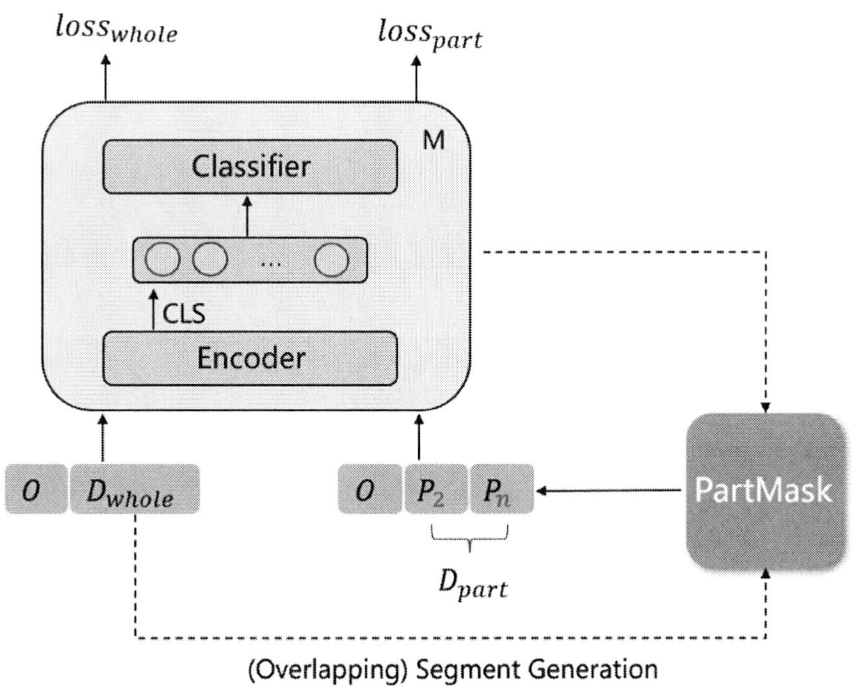

Figure 1: 北京理工大学队伍模型整体模型结构

由于两个赛道各只有一支队伍向我们提交了技术报告，因此本节只对其进行介绍。

封闭赛道中，北京理工大学队伍提出一种基于自适应的端到端证据抽取方法，该方法结构

第二十二届中国计算语言学大会论文集，第303页-第309页，哈尔滨，中国，2023年8月3日至5日。

可以分为两部分：整体与部分，整体模型结构如图 1所示[2]。首先整体旨在整体语义的融入，让模型在全局信息中粗读文本并且做出预测。为了抽取出语义完整的证据，对文档进行相对合理的片段划分，并获得每个划分片段的置信度以供排序后抽取。最后精读证据片段。此外，由于无交集的片段划分可能破坏证据的完整性，导致指代不明确和关键语义缺失，为了生成更合理的文档片段，他们还提出重叠片段生成（Overlapping Segment Generation）方法以优化原方法，即在后面的划分中包含上一个划分的最后几句。实验结果表明，该方法确实能够提升模型的鲁棒性。

Prompt
段落:
The passage field of the test set data
问题1：The question field of the test set data
选项:
A: Option A content
B: option B content
C: option C content
D: option D content
答：answer1
问题2：The question field of the test set data
选项:
A: positive option A content
B: positive option B content
C: positive option C content
D: positive option D content
答：answer2
问题3：The negative question field of the test set data
选项:
A: negative option A content
B: negative option B content
C: negative option C content
D: negative option D content
答:

Table 5: 华中科技大学队伍提示样例

开放赛道中，华中科技大学队伍重点探索了提示工程如何影响大模型（ChatGLM、GPT3.5 和GPT4）的阅读理解能力。他们首先测试各种大型语言模型在中文阅读理解中的表现。然后专注于为大型语言模型设计有效的提示策略，尝试了不同的答案提取方法，使用不同的拼接技术测试了不同的系统提示词、段落和选项，以优化算法，并在开放赛道取得第一，提示样例如表 5所示[3]。

7 总结

本次评测吸引了学术界和工业界的广泛关注，多个队伍踊跃报名，但由于任务难度较大，最终提交的结果数较少。我们认为本次评测对于当前的技术来说仍然非常困难，主要在于小模型语义理解和推理能力不强，而大模型也很难从长篇大论中找准关键信息，并做出正确的推论。参赛者尝试了很多新颖有趣的方法，也取得一定的成果，但最终得分没有达到我们的预期，这也从侧面反映了评测难度较大，对模型要求较高。总的来说，本次评测针对现有的对抗

[2]该图来自于北京理工大学队伍提交的技术报告
[3]该表中的提示样例来自华中科技大学队伍提交的技术报告

第二十二届中国计算语言学大会论文集，第303页-第309页，哈尔滨，中国，2023年8月3日至5日。

攻击策略攻击方式比较单一、题目难度相对较小的问题，对MRC模型推理能力鲁棒性的评估进行了初步探索，促进了MRC模型的鲁棒性研究。未来的评测可以考虑更多复杂的攻击方式和更具挑战性的题目，更全面地评估模型在实际应用中的鲁棒性，推动机器阅读理解技术在各个领域的落地应用。

致谢

感谢科技创新2030-"新一代人工智能"重大项目（2020AAA0106100）和国家自然科学基金面上项目（62076155）的支持。感谢CCL评测委员会的支持。

参考文献

Wee Chung Gan and Hwee Tou Ng. 2019. Improving the robustness of question answering systems to question paraphrasing. In Anna Korhonen, David R. Traum, and Lluís Màrquez, editors, *Proceedings of the 57th Conference of the Association for Computational Linguistics, ACL 2019, Florence, Italy, July 28- August 2, 2019, Volume 1: Long Papers*, pages 6065–6075. Association for Computational Linguistics.

Robin Jia and Percy Liang. 2017. Adversarial examples for evaluating reading comprehension systems. In Martha Palmer, Rebecca Hwa, and Sebastian Riedel, editors, *Proceedings of the 2017 Conference on Empirical Methods in Natural Language Processing, EMNLP 2017, Copenhagen, Denmark, September 9-11, 2017*, pages 2021–2031. Association for Computational Linguistics.

Feiliang Ren, Yongkang Liu, Bochao Li, Shilei Liu, Bingchao Wang, Jiaqi Wang, Chunchao Liu, and Qi Ma. 2023. An understanding-oriented robust machine reading comprehension model. *ACM Trans. Asian Low Resour. Lang. Inf. Process.*, 22(2):43:1–43:23.

Chenglei Si, Ziqing Yang, Yiming Cui, Wentao Ma, Ting Liu, and Shijin Wang. 2021. Benchmarking robustness of machine reading comprehension models. In Chengqing Zong, Fei Xia, Wenjie Li, and Roberto Navigli, editors, *Findings of the Association for Computational Linguistics: ACL/IJCNLP 2021, Online Event, August 1-6, 2021*, volume ACL/IJCNLP 2021 of *Findings of ACL*, pages 634–644. Association for Computational Linguistics.

Hongye Tan, Xiaoyue Wang, Yu Ji, Ru Li, Xiaoli Li, Zhiwei Hu, Yunxiao Zhao, and Xiaoqi Han. 2021. GCRC: A new challenging MRC dataset from gaokao chinese for explainable evaluation. In Chengqing Zong, Fei Xia, Wenjie Li, and Roberto Navigli, editors, *Findings of the Association for Computational Linguistics: ACL/IJCNLP 2021, Online Event, August 1-6, 2021*, volume ACL/IJCNLP 2021 of *Findings of ACL*, pages 1319–1330. Association for Computational Linguistics.

Hongxuan Tang, Hongyu Li, Jing Liu, Yu Hong, Hua Wu, and Haifeng Wang. 2021. Dureader_robust: A chinese dataset towards evaluating robustness and generalization of machine reading comprehension in real-world applications. In Chengqing Zong, Fei Xia, Wenjie Li, and Roberto Navigli, editors, *Proceedings of the 59th Annual Meeting of the Association for Computational Linguistics and the 11th International Joint Conference on Natural Language Processing, ACL/IJCNLP 2021, (Volume 2: Short Papers), Virtual Event, August 1-6, 2021*, pages 955–963. Association for Computational Linguistics.

Zhijing Wu and Hua Xu. 2020. Improving the robustness of machine reading comprehension model with hierarchical knowledge and auxiliary unanswerability prediction. *Knowl. Based Syst.*, 203:106075.

Winston Wu, Dustin Arendt, and Svitlana Volkova. 2020. Evaluating neural machine comprehension model robustness to noisy inputs and adversarial attacks. *CoRR*, abs/2005.00190.

Mantong Zhou, Minlie Huang, and Xiaoyan Zhu. 2020. Robust reading comprehension with linguistic constraints via posterior regularization. *IEEE ACM Trans. Audio Speech Lang. Process.*, 28:2500–2510.

第二十二届中国计算语言学大会论文集，第303页-第309页，哈尔滨，中国，2023年8月3日至5日。

System Report for CCL23-Eval Task 9: HUST1037 Explore Proper Prompt Strategy for LLM in MRC Task

Xiao Liu, Junfeng Yu, Yibo He, Lujun Zhang, Kaiyichen Wei, Hongbo Sun, Gang Tu*
School of Computer Science and Technology, Huazhong University of Science and Technology
{liuxiaocs,heiheiyoyo,Heyibo,sheli,vichayturen,sunhb}@hust.edu.cn
tugang@hust.edu.cn

Abstract

Our research paper delves into the Adversarial Robustness Evaluation for Chinese Gaokao Reading Comprehension (GCRC_advRobust). While Chinese reading comprehension tasks have gained significant attention in recent years, previous methods have not proven effective for this challenging dataset. We focus on exploring how prompt engineering can impact a model's reading comprehension ability. Through our experiments using ChatGLM, GPT3.5, and GPT4, we discovered a correlation between prompt and LLM reading comprehension ability, and found that prompt engineering improves the performance of each model. Our team submitted the results of our system evaluation, which ranked first in three indexes and total scores.

***Keywords*— LLM, Prompt, Chinese Reading Comprehension**

1 Introduction

Machine Reading Comprehension (MRC), involves machines reading and comprehending human natural language text. Based on this, the machines are expected to answer questions related to the information in the text. This task is often used to evaluate the machine's ability to comprehend natural language, which can help humans quickly identify relevant information from a large amount of text. Additionally, it can help reduce the cost of manual information acquisition. MRC has strong application value in the fields of text Q&A, information extraction, and dialogue systems. In recent years, machine reading comprehension has gained significant attention from both industry and academia and has become one of the research hotspots in the field of natural language processing.

The competition, entitled GCRC_advRobust: Adversarial Robustness Evaluation for Chinese Gaokao Reading Comprehension, adds inference logic perturbation strategies to the regular reading comprehension task to improve the robustness of the machine reading comprehension model. Neural MRC has shown superiority over traditional rule-based and machine-learning-based MRC, and has gradually become the mainstream in the research community. However, compared with the large model, this method has obvious shortcomings. For example, BERT(Devlin et al., 2018) cannot handle too long input, and its input is only 512 tokens, which cannot solve the task at all. Taking into account the setting of the competition questions and the shortcomings of the existing solutions, We chose a suitable large language model that works efficiently with Chinese and adjusted the prompting strategy continuously to enable the model to reason based on the original text. Considering the length of the paragraphs in the reading comprehension task, we first want to find sentences that are highly relevant to the options and questions from the paragraphs and then analyze them, but the effect is not very good. So we tried to feed the entire paragraph into the model, and then analyzed the test results to improve the prompt continuously. Our final approach involved combining the model output with the original text to obtain the correct answer. Our team achieved significant improvements in all indicators, with a 39.2% increase in score, 44.1% in Acc0, 46.87% in Acc1, and 32.4% in Acc2 compared to the official benchmark model.

*Corresponding author: Gang Tu.

Proceedings of the 22nd China National Conference on Computational Linguistics, pages 310-319, Harbin, China, August 3 - 5, 2023.
(c) Technical Committee on Computational Linguistics, Chinese Information Processing Society of China

2 Related Work

Assessing the scalability of machine reading comprehension models relies heavily on their robustness in practical applications(Jia and Liang, 2017). Although current models have made significant strides in performing well on closed test datasets, their robustness in open, dynamic, real-world environments for reasoning and decision-making remains inadequate(Ren et al., 2022). To evaluate model robustness, previous studies have introduced text noise(Náplava et al., 2021) or rephrased the problem(Tang et al., 2021). However, these methods have limitations in measuring model performance due to their narrow focus on a single attack and relatively low topic difficulty.

Thanks to the fast evolution of big language models and their vast amount of semantic information, along with their impressive reasoning abilities, adopting a prompt modification paradigm can outperform the original models in certain NLP tasks. For instance, in reading comprehension tasks, the model can read the original text and select the correct answer from the options. This task is especially fitting as it involves a lengthy original text, and the options have overlapping content.

In our research, we examined the common methods that are currently used for large language models, which inspired our approach. We use p_θ to denote an LLM with parameters θ, and lowercase letters to represent an input language sequence, e.g. $x = (x_1, \cdots, x_n)$ where each x_i is a token, so that $p_\theta(x) = \prod_{i=1}^{n} p_\theta(x_i|x_1, \cdots, x_{i-1})$. We use uppercase latter to denote an output language sequence.

Prompt is the approach of adding extra information for the model to condition on during its generation of Y(Lester et al., 2021), which has become the prevailing method in the field of NLP. With prompt, we can turn the input x into output Y with LLM: $p_\theta(y|prompt(x)$, where $prompt(x)$ warps input x with extra information for the problem, prompt methods include the following.

Zero-Shot Large language models like GPT-3 are capable of performing certain tasks without any prior training due to their ability to follow instructions and being trained on vast amounts of data. Recent studies have shown that instruction tuning can enhance zero-shot learning(Wei et al., 2022a).

Few-Shot Although large-language models have impressive zero-shot abilities, they struggle with more complex tasks when relying solely on this approach. To address this, few-shot prompting can be used to facilitate in-context learning. By providing demonstrations within the prompt, we can guide the model towards better performance. These demonstrations act as conditioning for subsequent examples where we want the model to generate a response. In a study by (Min et al., 2022), the importance of these demonstrations for the success of in-context learning was explored.

CoT Introduced in (Wei et al., 2022b), Chain-of-Thought (CoT) prompting enables complex reasoning capabilities through intermediate reasoning steps. By using CoT with few-shot prompting, one can achieve even better results on challenging tasks that require reasoning before responding.

In our research, considering that the original paragraph is long, we first construct the Prompt based on Zero-shot, then add examples using the Few-shot prompt model to the extent allowed by the Token, and finally construct CoT prompt samples based on different question types.

3 Task Description

3.1 Data

To improve the robustness of machine reading comprehension models in complex, realistic adversarial environments, construct a subset of adversarial robustness based on GCRC(Tan et al., 2021), the dataset of Gaokao Chinese Reading Comprehension and proposed the task of "GCRC_advRobust: Adversarial Robustness Evaluation for Chinese Gaokao Reading Comprehension". This assessment designs four adversarial attack strategies (keyword perturbation, inference logic perturbation, spatio-temporal attribute perturbation, causality perturbation), focusing on the model's robustness under various adversarial attacks. We can use ChatGPT, ChatGLM and other large models in the open track.

In the following classification, the correct option refers to the option that matches the meaning of the original text; the incorrect option refers to the option that does not match the meaning of the original text; the positive confrontation option is the same as the original option positive or incorrect; the negative confrontation option is the opposite of the original option positive or incorrect. The inference logic per-

Proceedings of the 22nd China National Conference on Computational Linguistics, pages 310-319, Harbin, China, August 3 - 5, 2023.

Option	Text
Original Option(Wrong)	自然资源丰富的湿地，是人类的"衣食父母"，为人类生存发展提供了所有物资，如食物、饮水、能源等。
Positive Confrontation Option	自然资源丰富的湿地，是人类的"衣食父母"，为人类生存发展提供了全部物资，如食物、饮水、能源等。
Negative Confrontation Option	自然资源丰富的湿地，是人类的"衣食父母"，为人类生存发展提供了部分物资，如食物、饮水、能源等。

Table 1: Keyword Scrambling Strategy Example

Option	Text
Original Option(Wrong)	由于19世纪中叶中国文化在与西方文化的抗争中处于弱势地位，人们才提出"保存国学""振兴国学"的口号，"国学"一词由此出现。
Positive Confrontation Option	20世纪中叶中国文化在与西方文化的抗争中处于弱势地位，人们才提出"保存国学""振兴国学"的口号。
Negative Confrontation Option	19世纪中叶中国文化在与西方文化的抗争中处于弱势地位，20世纪初，人们才提出"保存国学""振兴国学"的口号。

Table 2: Spatio-temporal attribute perturbation strategy

turbation strategy mainly attacks the reasoning process of concluding the original text through inductive or deductive reasoning.

1. **Keyword scrambling strategy**: as shown in Table 1, interfere with keywords that affect the semantics of the options by word substitution or rephrasing. In the following example, the positive confrontation option replaces 所有(all) with 全部(all), these two words are very close in meaning in Chinese, and the negative confrontation option replaces 全部(all) with 部分(some) so that the meaning changes.

2. **Spatio-temporal attribute perturbation strategy**: as shown in Table 2, interfere with the spatio-temporal information in the options by changing the temporal or spatial attributes. In the example below, the positive confrontation option uses "20世纪中叶" (mid-20th century) to replace "19世纪中叶" (mid-19th century) in the original option, but neither option matches the meaning of the original, so both are incorrect. The time of the corresponding event in the negative confrontation option is correct.

3. **Cause-and-effect perturbation strategy**: as shown in Table 3, interfering with the cause-and-effect relationship in an option by changing or removing the causal link. In the example below, the positive confrontation option replaces the conjunction in the original option. Still, there is no causal relationship before or after the sentence, so both are incorrect options, while the negative confrontation option is correct.

4. **Reasoning logic perturbation strategy**: as shown in Table 4, interfere with the logical reasoning

Option	Text
Original Option(Wrong)	中国之所以选择和平共处五项原则，是为了在务实的基础上让外界消除误解。
Positive Confrontation Option	因为中国选择了和平共处五项原则，所以在务实的基础上让外界消除误解。
Negative Confrontation Option	中国选择和平共处五项原则，并积极在务实的基础上让外界消除误解。

Table 3: Cause-and-effect perturbation strategy

Proceedings of the 22nd China National Conference on Computational Linguistics, pages 310-319, Harbin, China, August 3 - 5, 2023.

Option	Text
Original Option(Right)	气味分子在属于G蛋白的嗅觉受体的作用下从化学信号转变成为电信号。
Positive Confrontation Option	与属于G蛋白的嗅觉受体结合后，在它的作用下，气味分子从化学信号转变成为电信号。
Negative Confrontation Option	气味分子与嗅觉受体结合后，气味分子便自行从化学信号转变成为电信号。

Table 4: Reasoning logic perturbation strategy

DataSet	Validate	Test
Questions/Options	336/1344	288/1152
Keyword Scrambling Strategy	504	418
Spatio-temporal Attribute Perturbation Strategy	619	543
Cause-and-effect Perturbation Strategy	192	172
Reasoning Logic Perturbation Strategy	29	19

Table 5: Dataset

process of the options by rewriting the premises or conclusion. In the example below, both the positive-opposition option and the original option are correct in the original text. Ill, the negative-opposition option needs to include the prerequisite for G protein action and is therefore incorrect.

3.2 Evaluation

This evaluation provides GCRC raw data as a training set, the number of questions is 6994, and GCRC_advRobust is provided as a verification set and a test set. The scale of the GCRC_advRobust dataset is shown in Table 7.

The final score of the participating system is determined by a combination of Acc_0, Acc_1, and Acc_2 metrics, which are calculated as follows:

$Score = 0.2 * Acc_0 + 0.3 * Acc_1 + 0.5 * Acc_2$

Where:

Acc_0 = number of original questions correctly predicted/total number of questions

Acc_1 = number of correct predictions for the original question and any of the confrontation questions/total number of questions

Acc_2 = number of correct predictions for both the original and the two confrontation questions/total number of questions

4 Model Selection

The open track does not limit the models that can be used. Considering that the task needs to process hundreds of data, we selected the LLM that can be called in the form of api, and introduced some models below.

4.1 Available Models

ChatGLM-6B(Du et al., 2022) is an open bilingual language model based on General Language Model (GLM) framework, with 6.2 billion parameters. ChatGLM-6B uses technology similar to ChatGPT, optimized for Chinese QA and dialogue. The model is trained for about 1T tokens of Chinese and English corpus, supplemented by supervised fine-tuning, feedback bootstrap, and reinforcement learning with human feedback. With only about 6.2 billion parameters, the model can generate answers that align with human preference.

Proceedings of the 22nd China National Conference on Computational Linguistics, pages 310-319, Harbin, China, August 3 - 5, 2023.

GPT-3.5 models can understand and generate natural language or code. The most capable and cost-effective model in the GPT-3.5 family is gpt-3.5-turbo which has been optimized for chat but works well for traditional completions tasks as well.

GPT-4 is a large multimodal model that can solve difficult problems with greater accuracy than any of the previous models of OpenAI, thanks to its broader general knowledge and advanced reasoning capabilities. Like gpt-3.5-turbo, GPT-4 is optimized for chat but works well for traditional completions tasks both using the Chat Completions API.

4.2 Selection Strategy

We applied the same testing strategy on various models and their respective scores are displayed in Table 7 on validate dataset. After thorough evaluation, we have chosen gpt-3.5-turbo as our preferred model for further enhancements. It has demonstrated exceptional performance on the validation dataset and is also convenient to access through its API. We opted not to use gpt-4 due to the unavailability of a stable API and the tendency for the generated content to be excessively long, making it difficult to discern the correct answer from the provided options. The strategy we used is Strategy 3, shown in the appendix.

We also explored the impact of the parameters of the gpt-3.5-turbo api on the performance of the model.

Temperature What sampling temperature to use, between 0 and 2. Higher values like 0.8 will make the output more random, while lower values like 0.2 will make it more focused and deterministic.

Top_p An alternative to sampling with temperature, called nucleus sampling, where the model considers the results of the tokens with top_p probability mass. So 0.1 means only the tokens comprising the top 10% probability mass are considered.

Max_tokens The maximum number of tokens to generate in the chat completion.

Presence_penalty Number between -2.0 and 2.0. Positive values penalize new tokens based on whether they appear in the text so far, increasing the model's likelihood to talk about new topics.

Frequency_penalty Number between -2.0 and 2.0. Positive values penalize new tokens based on their existing frequency in the text so far, decreasing the model's likelihood to repeat the same line verbatim.

We began by analyzing the API request's system field, which imposes stricter constraints on the model compared to the prompt. Our goal was to transform the model into a reading comprehension tool that could accurately answer questions. Next, we conducted thorough experiments to evaluate the impact of the aforementioned parameters on the model. Ultimately, we identified the optimal parameter settings that yielded the best results.

Parameters	Temperature	Top_p	Max_tokens	Presence_penalty	Frequency_penalty
Value	0.15	0.1	2048	-1.25	-0.75

Table 6: Parameters setting

5 Experiment

5.1 Experiment Setup

During the competition, our team conducted two phases of experiments. The first phase involved testing various large language models for their performance in Chinese reading comprehension. As the official training set provided only one question per passage, we utilized the validation set to evaluate different models, given that the format of the test set was different. In the second phase, we focused on devising an effective hinting strategy for the large language model. We experimented with different answer extraction methods, testing various system prompt words, paragraphs, and options using different splicing techniques to optimize the algorithm.

Proceedings of the 22nd China National Conference on Computational Linguistics, pages 310-319, Harbin, China, August 3 - 5, 2023.
(c) Technical Committee on Computational Linguistics, Chinese Information Processing Society of China

5.2 Prompt Strategy

Following phase 1, we acquire a collection of parameter values that exhibit the most exceptional overall performance. These values are subsequently utilized in all subsequent strategy experiments. Table 6 displays the corresponding values.

Model	Score	Acc_0	Acc_1	Acc_2
MacBert	6.91	28.82	3.82	0
chatglm-6b	10.38	27.78	13.19	1.74
vicuna-7b	12.85	29.51	17.36	3.47
gpt-3.5-turbo	31.08	50.00	37.85	19.44

Table 7: Using the same strategy on different models

During our experiments, we utilized different prompts to assess the impact on gpt-3.5-turbo. The outcomes of these varied prompts on the test set are presented in Table 8. We attempted multiple methods to adjust the prompt format in order to produce the desired output option directly from gpt-3.5-turbo, but none proved successful. However, we did notice that gpt-3.5-turbo tends to analyze the question before providing an answer. As a result, we utilized the last option of the regular match response as the answer. Based on our tests, we discovered that gpt-3.5-turbo performed exceptionally well in answering question 2 when tested on the validation dataset. To improve the robustness between questions, we design a strategy. We start by asking question 2 and integrate it into the history record. Then, we move on to question 1, integrate it into the record, and conclude by asking question 3. For further assistance on implementing these strategies, please refer to the appendix.

In our research, we conducted a detailed examination of the model's performance on the validation dataset. When considered individually, the accuracy rates for question one and question two were each approximately 50%, while question three had an accuracy rate of around 30%. Despite the relatively high accuracy rates for each separate question, the model's ability to correctly answer all questions simultaneously was found wanting, leading to a deficiency in the final score. The objective of this task was to test the model's robustness, that is, its capacity to handle multiple questions at once. If the model could correctly answer all three questions in a single attempt, then its score would be significantly boosted. We observed that in human problem-solving processes, if the first question is answered correctly, this provides additional information that greatly increases the likelihood of correctly answering all questions simultaneously. Therefore, we believe that this human problem-solving habit should be considered during the model's training and optimization process. The model should be able to utilize the information provided by correctly answered questions to increase its accuracy when dealing with subsequent questions. This approach may help improve the model's robustness when handling multiple questions simultaneously, ultimately enhancing its overall score.

Model	Strategy	Score	Acc_0	Acc_1	Acc_2
	1	33.96	51.39	41.32	22.57
	2	32.47	45.14	38.19	23.96
gpt-3.5-turbo	3	12.99	28.47	17.36	4.17
	4	31.08	50.00	37.85	19.44
	5	29.86	49.31	35.42	18.75

Table 8: Using different strategies on the same model

5.3 Result

The test dataset for this competition is given in a closed format, with only the original text provided, and each team submits the results file to the online measurement platform. Each team was allowed to submit

Proceedings of the 22nd China National Conference on Computational Linguistics, pages 310-319, Harbin, China, August 3 - 5, 2023.

test set results three times per day. Table 9 shows the results of this competition, **Baseline** is the official baseline, and HUST1037 is our team name.

Team	Score	Acc_0	Acc_1	Acc_2
Baseline	6.42	22.22	6.6	0
HUST1037	**45.62**	**66.32**	**53.47**	**32.64**
斯灵思	32.47	45.14	38.19	23.96
lostlost	32.08	50.35	39.24	20.49
一二三四	6.04	25	3.47	0
UIRISC	5.45	23.61	2.43	0

Table 9: Official baseline model and top five team metrics

We concluded from the experiment that the prompt should present the task content as clearly as possible and be very concise.

6 Conclusion

Our team used a large language model based on GPT4 for the Adversarial Robustness Evaluation in the Chinese Gaokao Reading Comprehension task. We modified and tested various prompting strategies to enable the model to make logical inferences from the original text. This method utilizes the semantic information and reasoning ability of the large model more effectively compared to the original approach to solving reading comprehension tasks. However, there are still some limitations to the current system. We were unable to try more hinting strategies due to the display limitation of the GPT4 model API. Additionally, the original text in this task was lengthy, and the model input length was restricted, leading to a shorter scalable content. We aim to compress the original text information to enable us to try out more hinting strategies in the future.

References

Jacob Devlin, Ming-Wei Chang, Kenton Lee, and Kristina Toutanova. 2018. Bert: Pre-training of deep bidirectional transformers for language understanding. *arXiv preprint arXiv:1810.04805*.

Zhengxiao Du, Yujie Qian, Xiao Liu, Ming Ding, Jiezhong Qiu, Zhilin Yang, and Jie Tang. 2022. Glm: General language model pretraining with autoregressive blank infilling. In *Proceedings of the 60th Annual Meeting of the Association for Computational Linguistics (Volume 1: Long Papers)*, pages 320–335.

Robin Jia and Percy Liang. 2017. Adversarial examples for evaluating reading comprehension systems. In *Proceedings of the 2017 Conference on Empirical Methods in Natural Language Processing*, pages 2021–2031, Copenhagen, Denmark, September. Association for Computational Linguistics.

Brian Lester, Rami Al-Rfou, and Noah Constant. 2021. The power of scale for parameter-efficient prompt tuning. In *Proceedings of the 2021 Conference on Empirical Methods in Natural Language Processing*, pages 3045–3059, Online and Punta Cana, Dominican Republic, November. Association for Computational Linguistics.

Sewon Min, Xinxi Lyu, Ari Holtzman, Mikel Artetxe, Mike Lewis, Hannaneh Hajishirzi, and Luke Zettlemoyer. 2022. Rethinking the role of demonstrations: What makes in-context learning work? In *Proceedings of the 2022 Conference on Empirical Methods in Natural Language Processing*, pages 11048–11064, Abu Dhabi, United Arab Emirates, December. Association for Computational Linguistics.

Jakub Náplava, Martin Popel, Milan Straka, and Jana Straková. 2021. Understanding model robustness to user-generated noisy texts. In *Proceedings of the Seventh Workshop on Noisy User-generated Text (W-NUT 2021)*, pages 340–350, Online, November. Association for Computational Linguistics.

Feiliang Ren, Yongkang Liu, Bochao Li, Shilei Liu, Bingchao Wang, Jiaqi Wang, Chunchao Liu, and Qi Ma. 2022. An understanding-oriented robust machine reading comprehension model. *ACM Trans. Asian Low-Resour. Lang. Inf. Process.*, 22(2), dec.

Proceedings of the 22nd China National Conference on Computational Linguistics, pages 310-319, Harbin, China, August 3 - 5, 2023.

Hongye Tan, Xiaoyue Wang, Yu Ji, Ru Li, Xiaoli Li, Zhiwei Hu, Yunxiao Zhao, and Xiaoqi Han. 2021. GCRC: A new challenging MRC dataset from Gaokao Chinese for explainable evaluation. In *Findings of the Association for Computational Linguistics: ACL-IJCNLP 2021*, pages 1319–1330, Online, August. Association for Computational Linguistics.

Hongxuan Tang, Hongyu Li, Jing Liu, Yu Hong, Hua Wu, and Haifeng Wang. 2021. DuReader_robust: A Chinese dataset towards evaluating robustness and generalization of machine reading comprehension in real-world applications. In *Proceedings of the 59th Annual Meeting of the Association for Computational Linguistics and the 11th International Joint Conference on Natural Language Processing (Volume 2: Short Papers)*, pages 955–963, Online, August. Association for Computational Linguistics.

Jason Wei, Maarten Bosma, Vincent Zhao, Kelvin Guu, Adams Wei Yu, Brian Lester, Nan Du, Andrew M. Dai, and Quoc V Le. 2022a. Finetuned language models are zero-shot learners. In *International Conference on Learning Representations*.

Jason Wei, Xuezhi Wang, Dale Schuurmans, Maarten Bosma, brian ichter, Fei Xia, Ed H. Chi, Quoc V Le, and Denny Zhou. 2022b. Chain of thought prompting elicits reasoning in large language models. In Alice H. Oh, Alekh Agarwal, Danielle Belgrave, and Kyunghyun Cho, editors, *Advances in Neural Information Processing Systems*.

A Appendix

A.1 Strategy 1

The gpt-3.5-turbo request format is as follows:

```
[
 {
    'role': 'system',
    'content': '你现在是一个答题系统，根据输入的段落、问题、选项，回答A、B、C、D其中一个即可。'
 },
 {
    'role': 'user',
    'content': ''
 }
]
```

The prompt is as follows:
段落:
The passage field of the test set data
问题：The question field of the test set data
选项:
A: Option A content
B: option B content
C: option C content
D: option D content
根据以上内容选择答案。

A.2 Strategy 2

The gpt-3.5-turbo request format is as follows:

```
[
 {
    'role': 'system',
    'content': '你现在是一个答题系统，根据输入的段落、问题、选项，回答A、B、C、D其中一个即可。'
 },
 {
    'role': 'user',
```

Proceedings of the 22nd China National Conference on Computational Linguistics, pages 310-319, Harbin, China, August 3 - 5, 2023.

'content': ''
}
]
The prompt is as follows:
段落:
The passage field of the test set data
问题1：The question field of the test set data
选项:
A: Option A content
B: option B content
C: option C content
D: option D content
答：answer1
问题2：The question field of the test set data
选项:
A: positive option A content
B: positive option B content
C: positive option C content
D: positive option D content
答：answer2
问题3：The negative_question field of the test set data
选项:
A: negative option A content
B: negative option B content
C: negative option C content
D: negative option D content
答:

A.3 Strategy 3

The gpt-3.5-turbo request format is as follows:

```
[
 {
   'role': 'system',
   'content': 'IMPORTANT: You are a quiz assistant powered by the gpt-3.5-turbo model'
 },
 {
   'role': 'user',
   'content': ''
 }
]
```

The prompt is as follows:
段落:
The passage field of the test set data
问题1：The question field of the test set data
选项:
A: Option A content
B: option B content
C: option C content
D: option D content
问题2：The question field of the test set data
选项:

Proceedings of the 22nd China National Conference on Computational Linguistics, pages 310-319, Harbin, China, August 3 - 5, 2023.

A: positive option A content
B: positive option B content
C: positive option C content
D: positive option D content
问题3： The negative_question field of the test set data
选项:
A: negative option A content
B: negative option B content
C: negative option C content
D: negative option D content
根据以上内容选择答案。

Proceedings of the 22nd China National Conference on Computational Linguistics, pages 310-319, Harbin, China, August 3 - 5, 2023.

Association for Computational Linguistics
209 N. Eighth Street
Stroudsburg, Pennsylvania 18360

CURRAN ASSOCIATES INC.
proceedings.com

ISBN 978-1-7138-8990-8

9 781713 889908